本书是教育部人文社会科学研究规划基金项目“欧盟积极公民教育及其对中国公民教育的启示（10YJAZH100）”的最终研究成果。

21Shijichu Oumeng
Jiji Gongmin Jiaoyu Yanjiu

21世纪初欧盟积极公民教育研究

颜剑英 著

知识产权出版社
全国百佳图书出版单位

图书在版编目（CIP）数据

21 世纪初欧盟积极公民教育研究/颜剑英著．—北京：知识产权出版社，2016.2
ISBN 978－7－5130－3924－6

Ⅰ．①2… Ⅱ．①颜… Ⅲ．①欧洲国家联盟—公民教育—研究—21 世纪 Ⅳ．①D750.4

中国版本图书馆 CIP 数据核字（2015）第 280139 号

内容提要

欧盟积极公民教育是指欧盟及其成员国为培养积极公民而进行的公民教育活动。本书在分析欧盟国家积极公民教育的现实背景与理论基础的前提下，以终身学习进程中的学前教育、中小学教育、高等教育与成人教育四个阶段以及正规教育、非正规教育和非正式教育三种教育方式为分析框架，对欧盟积极公民教育的必要性、主要内容、具体实践、成效与问题及其对中国公民教育的启示进行了较为全面的分析。本书对从事中外公民教育研究或者关注公民社会建设与公民教育的读者具有一定的参考价值。

责任编辑：国晓健　　**责任校对**：谷　洋
封面设计：春天书装　　**责任出版**：孙婷婷

21 世纪初欧盟积极公民教育研究
颜剑英　著

出版发行：知识产权出版社有限责任公司　　网　　址：http://www.ipph.cn
社　　址：北京市海淀区马甸南村 1 号（邮编：100088）　　天猫旗舰店：http://zscqcbs.tmall.com
责编电话：010－82000860 转 8335　　责编邮箱：guoxiaojian@cnipr.com
发行电话：010－82000860 转 8101/8102　　发行传真：010－82000893/82005070/82000270
印　　刷：三河市国英印务有限公司　　经　　销：各大网上书店、新华书店及相关专业书店
开　　本：787mm×1092mm　1/16　　印　　张：18.5
版　　次：2016 年 2 月第 1 版　　印　　次：2016 年 2 月第 1 次印刷
字　　数：416 千字　　定　　价：49.00 元
ISBN 978-7-5130-3924-6

本书是江苏省教育科学规划“十二五”重点自筹项目“欧洲公民教育一体化趋势中的民主公民教育及其对中国的启示 B－b/2013/01/028)”、江苏高教学会立项课题“欧盟高校的民主公民教育及其启示（KT2011553)”的研究成果。

前　言

20 世纪 90 年代后期，欧盟提出了“积极公民身份”（active citizenship）❶ 理念。自此以后，欧盟及其成员国为了积极公民的培养兴起了公民教育的新浪潮。结合积极公民教育（Education for Active Citizenship）的实践活动，欧盟学者们进行了较多的研究，主要表现在以下几个方面：

第一，关于“积极公民”的含义。尽管学者们对积极公民的定义表述各有不同，但都强调积极公民的“参与”属性。如英国学者伯纳德·克里克认为，积极公民“愿意并且有能力对公共生活施加影响，积极参加志愿者活动与公共服务”（Crick，2000）❷；奥地利知名研究机构 Regioplan 的研究报告认为，积极公民是“以认可法治、人权为基础，以忍耐与非暴力为特征的政治参与和社会参与”（Regioplan，2005）❸；类似的观点还体现在欧盟终身学习研究中心的一份研究报告中，在这份报告中，霍斯金恩斯等学者认为积极公民身份是“以互相尊重、非暴力和遵循人权与民主为特征的公民社会、社区和（或）政治生活参与”（Hoskins et al.，2006）❹；等等。

第二，关于积极公民的公民能力（civic competence）。如同学界对积极公民定义的研究一样，对积极公民公民能力的研究角度也互不相同。有的学者从政治、经济、社会文化三个维度来描述积极公民的公民能力，也有学者从公民个人与社区两个不同的角度加以分析。对公民能力内容的规定也各有差异。如欧盟委员会下属的“终身学习研究中心”的有关研究成果认为，它包括知识、技能、态度、价值观与认同五个方面（CRELL，2008）❺；霍斯金恩斯等学者则将公民能力概括为公民价值观、社会正义、参与态度以及对民主制度的认知四方面（Hoskins et al.，2008）❻；等等。

第三，关于积极公民教育的监测与评价。积极公民教育的评价体系也是学界研究的重要内容。例如，“终身学习研究中心”的“民主积极公民”研究小组构建了一套包括 63 个基础指标的“积极公民综合指数”，并以此为基础对欧盟各国积极公民的现

---

❶ 针对 active citizen 与 active citizenship，我国学界有两种不同的翻译，一种为“积极公民”与“积极公民身份”，另一种为“主动公民”和“主动公民身份”，本书采用第一种翻译。

❷ Bernard Crick，*Essays on Citizenship*，London：Continuum，pp. 2 – 3，2000.

❸ Marga de Weerd，Mireille Gemmeke，Josine Rigter & Coen van Rij，*Indicators for monitoring Active Citizenship and citizenship education*，Amsterdam：Regioplan Beleidsonderzoek，2005，p. Ⅱ.

❹ Bryony L. Hoskins，*Draft framework on indicators for Active Citizenship*. Ispra：CRELL，2006.

❺ CRELL，Measuring Civic Competence in Europe，2008.

❻ Bryony L. Hoskins & Massimiliano Mascherini，“Measuring Active Citizenship through the Development of a Composite Indicator”，*Social Indicators Research*，February 2009，Volume 90，Issue 3，pp. 459 – 488.

状进行了分析（CRELL，2006）。❶ Regioplan 报告的监测指标则包括两方面：在积极公民的评价方面，从政治参与和社会参与两方面提出了 7 个指标；在积极公民教育方面，则依据“投入”与“产出”两个阶段，从知识、态度、价值观、技能与教育文化五方面各设立了 23 个与 16 个指标（Regioplan，2005）。❷

第四，关于积极公民的教育方式。研究者们发现，尽管在欧盟各成员国之间及其成员国内部，积极公民教育的具体措施各有不同，但成员国都强调各级教育机构正规教育（formal education）的课程学习与校园、社区的积极参与是积极公民教育的主要途径，同时也重视非正规教育（nonformal education）与非正式教育（informal education）对积极公民教育的重要作用（ETGACE，2006；DG EAC，2007；Jaap Scheerens et al.，2009，etc.）。❸

第五，关于积极公民的教育实践研究。欧盟官方的研究报告认为，欧盟积极公民教育指“获取以社群价值观为基础的知识、态度与技能的过程”，“包括针对不同年龄与不同社会经济地位的所有目标人群进行的所有与公民教育相关的活动”（DG EAC，2007）❹。因此，对欧盟积极公民教育实践的研究事实上包括了 21 世纪初以来对欧盟公民教育实践的所有相关研究，这方面无疑已经取得了较多的研究成果。其中较有影响的实证研究主要有两个方面：一是欧盟教育、视听与文化执行局（EACEA）下属的研究机构 Eurydice 2005 年、2012 年进行的两次关于欧洲中小学公民教育实施情况的研究，另一个是国际教育成就评价联盟（IEA）在 2009 年组织的国际公民意识和公民教育研究项目（ICCS）中关于欧洲地区初中学生公民教育实施成效的研究（Eurydice，2005、2012；IEA，2009）。❺ 这两项研究与其他大部分的实证研究一样，都是针对欧盟初中等教育阶段的正规教育中的积极公民教育活动进行的，基本没有涉及其他教育阶段的积极公民教育活动以及积极公民教育的其他教育方式。

---

❶ Hermann Josef ABS and Ruud VELDHUIS，*Indicators on Active Citizenship for Democracy – the social，cultural and economic domain*，Paper by order of the Council of Europe for the CRELL – Network on Active Citizenship for Democracy at the European Commission's Joint Research Center in Ispra，Italy，August 2006.

❷ Marga de Weerd，Mireille Gemmeke，Josine Rigter & Coen van Rij，*Indicators for monitoring Active Citizenship and citizenship education*，Amsterdam：Regioplan Beleidsonderzoek，2005.

❸ John Holford and Ruud van der Veen，*Lifelong Learning*，*Governance and Active Citizenship in Europe*，ETGACE project，2006；DG Education and Culture，*Study on Active Citizenship Education*；Jaap Scheerens（ed.），*Informal Learning of Active Citizenship at School*：*An International Comparative Study in Seven European Countries*，Springer，2009.

❹ DG Education and Culture，*Study on Active Citizenship Education*，2007，p.4，available at http：//ec.europa.eu/education/more – information/doc/activecit_ en.pdf.

❺ 1. Eurydice，Citizenship Education at school in Europe，available at http：//www.indire.it/lucabas/lkmw_ file//eurydice///Citizenship_ schools_ Europe_ 2005_ EN.pdf. 2005 年研究报告中涉及 30 个欧洲国家，其中包括 25 个欧盟成员国。

2. Citizenship Education in Europe，available at http：//eacea.ec.europa.eu/education/eurydice/documents/thematic_ reports/139EN.pdf. 2012 年研究报告涉及 31 个欧洲国家，其中包括 27 个欧盟成员国。

3. David Kerr，Linda Sturman，Wolfram Schulz and Bethan Burge，ICCS 2009 European Report：Civic knowledge，attitudes，and engagement among lower – secondary students in 24 European countries，IEA，2010. 该报告涉及 24 个欧洲国家，其中包括 22 个欧盟成员国。

总之，欧盟学界对欧盟积极公民教育的研究已取得了较丰富的成果，但也存在一些不足之处，因此，对欧盟积极公民教育的研究还将进一步加强。预计未来研究的重点可能有以下几点：一是关于各成员国制约积极公民教育的因素以及如何消除积极公民教育过程中政策与实践的差距；二是探索更加有效的积极公民教育方式；三是如何推进学龄前儿童教育、高等教育以及成人教育三个阶段的积极公民教育活动；四是如何进一步发挥非正规、非正式教育对积极公民教育的促进作用；等等。

我国学界只有少数学者对当前西方积极公民身份理论与积极公民教育现象给予了关注。例如，在积极公民身份理论方面，肖滨《让公民直面“res publica”——当代共和主义塑造积极公民的战略性选择》一文立足当代西方共和主义思想，认为培养积极公民是治理当代西方公民唯私主义综合征与政治参与冷漠症的根本途径，而塑造积极公民的战略选择就是“让公民直面作为公共资产、公共领域的‘res publica’，使之成为享有共和权利、富有公共精神、认同和热爱共和国的共和公民”（肖滨，2006）[❶]；任剑涛《论积极公民——共和主义与自由主义的公民定位分析》一文分析了当代西方两大主要公民身份理论——自由主义与共和主义对积极公民身份的理论定位，认为“共和主义站在积极自由的立场上，对积极公民进行了全方位的褒扬，对自由主义的消极自由进行了消极公民的界定并加以严厉批判”，而“自由主义在公私领域、国家与社会领域分流发展的基础上，明确界定了公民以消极自由维权、以积极参与结社的立场”，因此，“共和主义对自由主义消极公民的批判是不成立的”（任剑涛，2014）[❷]。在积极公民教育方面，饶从满在《主动公民教育：国际公民教育发展的新走向》（“主动公民”即本书中的“积极公民”）一文中分析了当代西方公民教育从被动公民教育到主动公民教育的转变，认为主动公民就是“知情的、负责任的、参与型公民”，主动公民教育是一种“广义的公民教育”（饶从满，2006）[❸]；刘丹在《国际公民教育的视界：主动公民身份再造》一文中认为：“为了有效地应对主动公民身份消解带来的危机，西方公民教育界开展了政治性描述、理论性界定和经验性分析三种研究路径。在实践中，以‘全校策略’框架为代表的主动公民身份再造运动更是风起云涌。”[❹] 另外，杜海坤、孙来麟、黄少成在《美国“主动”公民教育理念和实践及启示研究》一文中对美国积极公民教育进行了研究，认为美国“‘主动’公民教育理念提倡在多元化的美国社会，通过实践教育方式促使学生形成公民权责意识、养成公民品格，并掌握‘对话与合作’等公民参与技能”（杜海坤、孙来麟、黄少成，2014）[❺]；康秀云《美国培育积极公民的志愿服务路径研究》一文则对当代美国积极公民教育的途径进行了分

---

❶ 肖滨：“让公民直面‘res publica’——当代共和主义塑造积极公民的战略性选择”，载《南京大学学报（哲学·人文科学·社会科学版）》2006 年第 6 期，第 47－55 页。

❷ 任剑涛：“论积极公民——共和主义与自由主义的公民定位分析”，载《武汉大学学报（哲学社会科学版）》2014 年第 1 期，第 5－16 页。

❸ 饶从满：“主动公民教育：国际公民教育发展的新走向”，载《比较教育研究》2006 年第 7 期，第 1－5 页。

❹ 刘丹：“国际公民教育的视界：主动公民身份再造”，载《比较教育研究》2010 年第 1 期，第 63－66 页。

❺ 杜海坤、孙来麟、黄少成：“美国‘主动’公民教育理念和实践及启示研究”，载《湖北社会科学》2014 年第 6 期，第 176－181 页。

析，认为“志愿服务作为美国培育积极公民的重要路径之一，有多种实践机制保障其持续发展”（康秀云，2012）[1]；等等。

与此同时，我国学界对欧洲地区的公民教育进行了较多的研究，出版了一些较有影响的著作；但这些成果的研究对象主要是西欧英、法、德等发达国家公民教育的历史、演进、现状、经验等方面（秦树理，2005；蓝维、高峰等，2007；唐克军，2008；檀传宝等，2011；李丁，2012；等等），而对欧盟超国家层面的公民教育政策，特别是21世纪初以来欧盟终身学习进程中兴起的以培养积极公民为中心任务的公民教育浪潮的研究还比较缺乏。以“公民教育”“积极公民”（或“主动公民”）为篇名在中国期刊网等中文数据库检索，没有发现直接论及欧盟积极公民教育的论文，在国家图书馆检索也未发现以这一问题为主要研究对象的著作。

由此可见，欧盟积极公民教育无疑是值得我国学界开展更多研究的主题。其研究意义主要体现在两个方面：第一，有助于我们加深对当代西方公民教育理论与实践的认识。欧洲不但是西方公民身份与公民教育理论的发源地，而且在公民教育的实践方面也积累了丰富经验。当前在欧盟一体化进程不断加快的情况下，欧盟公民教育呈现出趋同之势，其推行的积极公民教育代表了当代西方公民教育的新走向。因此，对当前欧盟积极公民教育进行研究，有助于我们把握当代西方公民教育的新发展，丰富我们对公民身份与公民教育理论的认识。第二，可以帮助我们借鉴欧盟公民教育的成功经验，深化对我国公民教育实践活动的思考。公民教育在我国的全面展开，仅靠自己的实践探索是不够的，我们必须充分借鉴国外公民教育的成功经验。研究欧盟的积极公民教育，吸取其有益经验，有助于我们在公民教育的实践活动中扬长避短，更好地推进我国公民教育的发展。

有鉴于此，本书对21世纪初欧盟的积极公民教育进行了初步研究。研究内容如下：

第一章分析了21世纪初欧盟积极公民教育的现实背景。本章第一、二、三节分别从欧盟国家的民主参与赤字、公民社会危机、经济困境分析了自欧盟成立以来欧盟成员国在政治、经济与公民社会建设三个方面面临的各种困难，阐述了欧盟推行的积极公民教育活动对促进欧盟各国发展与一体化进程的重要意义；第四节分析了欧盟自20世纪90年代以来实施的终身学习战略及其对欧盟积极公民教育活动的积极作用，正是这一战略的实施使得当代欧盟公民教育具备了新的时代特征。

第二章阐述了21世纪欧盟积极公民教育的理论基础。本章第一节概括了自由主义、公民共和主义、社群主义、超国家主义、女权主义、多元文化主义等当代西方的主要公民身份理论的主要观点；第二节分析了欧盟积极公民的内涵、外延及其相应的公民能力；第三节梳理了欧盟地区公民教育的发展历史以及当代欧盟地区公民教育的主要模式，进一步阐述了欧盟积极公民教育全过程、全方位的公民教育理念。

第三章从终身学习视域下公民接受教育的四个阶段对欧盟积极公民教育的全过程

[1] 康秀云：“美国培育积极公民的志愿服务路径研究”，载《外国教育研究》2012年第7期，第113－121页。

特征进行了分析。本章包括五节，其中，第一节简要介绍了欧盟国家全过程的积极公民教育所包括的学龄前儿童教育、初等与中等教育、高等教育以及成人教育的四个阶段；第二、三、四、五节分别以终身学习进程中的四个阶段为分析框架，论述了在这四个不同阶段中进行积极公民教育的必要性、可能性以及各个不同阶段中积极公民教育具体的教育内容。

第四章从终身学习视域下公民接受教育的三种方式分析了欧盟积极公民教育的全方位特征。本章第一节分析了公民教育过程中正规教育、非正规教育与非正式教育三种教育方式的表现与特点；第二、三、四节以正规教育、非正规教育与非正式教育为分析框架，分别论述了欧盟积极公民教育在学龄前儿童教育、初等与中等教育、高等教育及成人教育这四个不同阶段中的三种不同教育方式的表现特征，在此基础上相应地介绍了正规、非正规与非正式积极公民教育的主要实践情况。

第五章分析了欧盟积极公民教育的成效及其存在的主要问题。本章第一节基于国际教育成就评价联盟（IEA）2009 年关于国际公民意识与公民身份教育（ICCS）的研究成果，对欧盟初中阶段积极公民教育的成效进行了分析；第二节分析了欧盟积极公民教育实施过程中存在的主要问题，即积极公民教育的全过程与全方位特征未能得到充分体现，具体表现为：全过程方面高等教育与成人教育阶段的公民教育基本缺失；全方位方面非正规与非正式公民教育方式的重要作用未曾得到充分发挥。

第六章揭示了欧盟积极公民教育对中国的借鉴价值。第一节指出我国需要构建“知、情、行合一”的中国特色积极公民，分析了中国特色积极公民在认知、情感与实践三个维度的具体内涵；第二节从建立政府主导下全社会参与的公民教育体制、树立以终身学习为核心的公民教育理念、确立“知、情、行合一”而又具有不同阶段性特点的公民教育内容体系、探索全方位的实践主导型的公民教育模式等四个方面，对构建培育中国特色积极公民的公民教育体系进行了初步的思考。

目　录

表目录

第一章　欧盟积极公民教育的现实背景

1993 年 11 月 1 日，随着《马斯特里赫特条约》[1] 的正式生效，欧盟作为一个重要的区域一体化组织崛起于国际舞台。自此以后，伴随欧盟经济一体化进程的不断加快，政治一体化成为欧盟及其成员国的重要议题。在政治一体化进程中，欧盟及其成员国为了促进民主政治体制的完善与公民社会建设，开始积极倡导培育积极公民，并在公民教育领域推行了一系列相关的积极公民教育政策。欧盟积极公民教育（Education for Active Citizenship）的大力推动具有复杂的现实背景，其中既有欧盟各成员国内部民主政治与公民社会建设的现实诉求，又有重振欧盟经济的迫切需要；既是欧盟及其成员国应对各种社会挑战的有效措施，也是欧盟国家建设终身学习型社会的必然结果。

第一节　欧盟“民主参与赤字”与积极公民教育

20 世纪 90 年代以来，人们发现，不管是在欧盟各国的民主政治与公民社会建设当中，还是在欧盟政治一体化的进程之中，不管是民主制度完善的西欧、北欧发达国家，还是处于民主转型当中的中欧、东欧国家，西方社会赖以建立的基石——民主政治的发展都面临不同程度的考验。一方面，欧盟及其成员国的各种政治治理结果未能达到广大民众的期望，因而逐渐失去民意的支持，进而在民众中引发了对欧盟民主治理合法性与成员国民主治理效率的质疑；另一方面，各国民众对公民社会与民主政治的参与程度总体上呈现不断下降的趋势。学术界的研究把这两种现象都称为“民主赤字”（democratic deficit）。但笔者认为，准确地说，前一种现象表现为民主机构的治理未能达到民众的预期，因此是一种“民主治理赤字”现象；而后一种现象表现为处于民主政治之中的成员本应该积极参与各种民主政治活动而未能参加，是一种“民主参与赤字”现象。前者是后者产生的重要根源，后者反过来加剧了前者的严重程度。而这种“民主参与赤字”现象正是引起欧盟及其成员国政府广泛关注，从而大力推进积极公民教育活动的重要原因。[2]

---

[1] 《马斯特里赫特条约》，也称《欧洲联盟条约》。1991 年 12 月 9 日至 10 日，欧共体第 46 届首脑会议在荷兰的马斯特里赫特举行，会议通过并草签了《欧洲经济与货币联盟条约》和《政治联盟条约》，即《欧洲联盟条约》。这一条约成为 20 世纪 90 年代以来欧盟经济、政治一体化进程的基础，对欧盟一体化的加速发展具有重大意义。参见 http：//baike. baidu. com/view/246737. htm？ fromId = 9909。

[2] Audrey Osley & Hugh Starkey，Study on the Advances in Civic Education in Education System：Good Practices in Industrial Countries，Viola Espinola ed.，Education for Citizenship and Democracy in a Globalized World：A Comparative Perspective. Regional Policy Dialogue of the Inter – American Development Bank，Washington D. C.，July 2005.

一、欧盟“民主参与赤字”现象的主要表现

欧洲学者近年来对“民主赤字”现象的研究主要关注的是欧盟一体化进程中“物质、政治的外在形式与欧盟治理活动民主品质之间的矛盾之处”[1]，即欧盟一体化之中的“精英治理”问题及其由此引发的欧盟治理机构的合法性问题，而对欧盟成员国内部民主政治运行中的“民主治理赤字”以及民众的“民主参与赤字”现象研究得相对少一些。这里我们主要关注欧盟民众的“民主参与赤字”现象，认为这一现象主要表现为以下三个重要方面。

（一）政治选举中公民投票率持续下滑

在西方民主体系中，民选政府一直被认为是民主治理的前提与基础。这就意味着，在这些国家中，具有投票权的公民（选民）积极参与各种政治选举是民主制度赖以存在的必要条件。只有这样才能真正反映出西方民主政治的精髓所在，即政权是在全体公民手中而不是少数人手中。[2] 同样，这也是现代西方国家公民社会建设水平的重要标杆之一。因为只有在公民充分参与政治、经济、文化等各种社会事务时，才能真正体现公民治理社会、公民通过维护社会公共利益来满足自身利益需求的根本要求。然而自20世纪90年代以来，在欧盟成员国中，公民特别是青年公民的投票率却呈现出不断下滑的趋势。

这种有悖于西方民主制度的消极现象在欧盟国家中皆有不同程度的表现。国际民主与选举协助研究所（IDEA）[3] 2004年发表的有关数据表明，在20世纪90年代以来的欧盟国家的议会选举中，法国投票率从1997年的68%下降到2002年的60.3%，希腊从1993年的83.0%下降到2000年的75.0%，德国从1998年的82.2%下降到2002年的79.1%，葡萄牙从1991年的68.2%下降到1999年的61.0%，西班牙从1996年的78.1%下降到2000年的68.7%，瑞典从1991年的86.7%下降到2002年的80.1%。[4] 而英国在所有欧盟国家中表现得最为突出。据英国选举委员会2002年发布的研究报告表明，在2001年的英国大选中，选民投票率下降到1918年实行民主选举以来的最低点，为59.4%；同时，这也是20世纪90年代以来英国大选投票率的持续第二次下滑，1992年大选投票率为77.7%，1997年这一数字下降到71.6%。[5]

在选举中缺席投票的民众中，青年选民的消极态度尤其值得关注。在2001年的英国大选中，18~24岁的青年选民中只有39%的人参加了投票，比65岁以上选民的投票

---

[1] Frank Decker, Governance beyond the nation – state: Reflection on the democratic deficit of the European Union, Journal of European Public Policy, 9: 2 April 202: p. 256.

[2] 修昔底德：《伯罗奔尼撒战争史（上册）》，谢德风译，商务印书馆1983年版，第147页。

[3] IDEA: International Institute of Democracy and Electoral Assistance，一家总部设在瑞典斯德哥尔摩的从事民主与选举研究的国际机构。

[4] International IDEA, Voter turnout in western Europe since 1945, 2004, available at http: //www.idea.int/publications/Voter_ turnout_ weurope.

[5] Andrew Russell, Edward Fieldhouse, Kingsley Purdam & Virinder Kalra, Voter Engagement and Young People, July 2002, available at http: // www.electoralcommission.org.uk/_ data/assets/electoral_ commission_ pdf_ file /0019/16093/youngpplvoting_ 6597 –6188_ E_ N_ S_ W_ . pdf.

率低了26个点。[1] 另外，奥地利维也纳社会研究与分析研究所（SORA）2005年发表的一份关于欧洲八国青年选民政治参与情况的研究报告指出，在奥地利2002年的大选中，青年选民的投票率为80%，比总投票率84.3%低4.3个点；在芬兰2003年的大选中，青年选民的投票率为59.0%，比总投票率69.7%低10.7个点。[2]

欧盟国家公民投票率下降不但发生在各国国内的主要政治选举中，同样也反映在欧盟层次上的选举中。国际民主与选举协助研究所2004年的研究报告同样表明，在20世纪90年代的欧洲议会选举中，欧盟大部分成员国公民的投票率也有较大幅度的下降。例如，奥地利的投票率从1996年的67.7%下降到1999年的49.0%，芬兰从1996年的57.6%下降到1999年的30.1%，法国从1994年的52.7%下降到1999年的46.8%，德国从1994年的60.0%下降到1999年的45.2%，希腊从1994年的80.4%下降到1999年的75.3%，意大利从1994年的74.8%下降到1999年的70.8%，荷兰从1994年的35.6%下降到1999年的29.9%，瑞典从1995年的41.6%下降到1999年的38.8%，英国从1994年的36.4%下降到1999年的24.0%。[3] 这在一定程度上表明，欧盟并没有能够真正成为欧洲民主化的象征，因为在欧盟的治理机制中，唯一由成员国选民直接选举产生的欧洲议会也没有得到各国民众的广泛政治支持。导致这种结果的原因在于："欧洲议会选举只是一些分散、缺乏兴趣的事务，不过小部分选民就成员国国内问题在国内政党之间进行选择而已，很少就超越成员国的欧洲事务进行讨论，更加谈不上超越民族国家的民主协商了。"[4]

（二）民众对政党与议会的信任程度下降

政党在西方民主制度中的作用是一个饱受争议的话题。支持者认为政党在"表达政治选择、精英社会化、公民动员、组织政府"等方面发挥了积极作用（Sartori 1976; Hershey 2004），而反对者则认为政党阻碍了民主的进程（Ignazi，1996）。[5] 但不管学术界的褒贬评价如何，政党在现代西方民主政治中有着巨大的影响。选民往往通过挑选能够代表自己政治、经济等各种社会利益的政党担当国家的执政党来表达自己的政治诉求。从这个意义上来说，公民对政党的信任程度无疑是衡量其政治参与程度的一个重要指标。公民的党派意识越强，公民的政治参与水平就越高；反之，公民对政治活动的冷漠或疏远就越强烈。

20世纪90年代以来，西方国家民众对政党信任程度的持续下降引起了学术界的广

---

[1] Andrew Russell, Edward Fieldhouse, Kingsley Purdam & Virinder Kalra, Voter Engagement and Young People, July 2002, available at http: // www. electoralcommission. org. uk/_ data/assets/electoral_ commission_ pdf_ file /0019/16093/youngpplvoting_ 6597 -6188_ E_ N_ S_ W_ . pdf.

[2] EUYOUPART, Political Participation of Young People in Europe - Development of Indicators for Comparative Research in the European Union, available at http: //www. sora. at/fileadmin/images/content/ Pages/euyoupart_ ergebnisse_ finalcomparativereport. pdf.

[3] International IDEA, Voter turnout in western Europe since 1945, 2004, Ibid.

[4] Andrew Moravcsik, In Defense of "Democratic Deficit": Reassessing Legitimacy in the European Union, *Journal of Common Market Studies*, 2002 Volume 40, Number 4, p. 604.

[5] Russell J. Dalton and Steven A. Weldon, Public Images of Political Parties: A Necessary Evil, *Western European Politics*, Vol. 28, No. 5, 2005, pp. 931 -932.

泛关注。[1] 研究发现，这一现象主要体现在：第一，民众对政党的认同程度下降，这主要反映为民众的非党派意识不断增强，不再认为在民主政治中政党归属是必需的。[2] 第二，欧洲主要国家的政党规模不断下降，不但党员占选民的比重持续降低，而且各主要政党的党员绝对数量出现较大程度的下滑。例如，20世纪末21世纪初，在西欧英、法、德、西班牙以及葡萄牙等国中，政党成员占选民的比例分别为1.92%（1998年）、1.57%（1999年）、2.93%（1999年）、3.42%（2000年）、3.99%（2000年）；中东欧的斯洛伐克、捷克、匈牙利与波兰四国中，这一比例分别为4.11%（2000年）、3.94%（1999年）、2.15%（1999年）、1.15%（2000年）；南欧意大利与希腊分别为4.05%（1998年）、6.77%（1998年）；北欧国家的情况相对好些，但在瑞典与芬兰两国中，这一比例也分别只有5.54%（1998年）、9.65%（1998年）。而在党员数量方面，法国在1978～1999年间减少了1 122 128名，意大利在1980～1998年间减少了2 091 887名，英国在1980～1998年间减少了853 156名，德国在1980～1999年间减少了174 967名，其他国家在差不多同一时期党员人数也相应有不同程度的减少。[3]

同样，在这一时期，欧盟国家民众对各国议会的信任程度也在不断下降。例如，在比利时、法国、希腊、爱尔兰、意大利、葡萄牙与英国七个国家中，信任议会的民众的比例分别从1996年的47%、53%、65%、55%、47%、67%、51%下降到2000年的42%、40%、44%、38%、35%、41%、34%。[4] 同样，欧盟民众对欧洲议会的评价也充满争议。例如，欧盟民意调查机构（Eurobarometre）2007年的调查结果表明，41%的受调查者认为欧洲议会没有反映欧盟民众的意愿，43%的受调查者认为欧洲议会效率低下。[5] 这表明，欧洲议会在欧盟民众中也存在一个信任危机问题。

（三）民众民主体制外的政治参与积极性缺失

西方国家的民众政治参与，既可以通过参加各种层次的选举、投身于各种不同的政党活动以及与不同的政治治理机构互动等方式在民主体制内进行，也可以借由不同于这些方式的体制外途径进行。随着西方国家政治生活的发展变迁，民众体制外的非常规政治参与已经得到社会各界的肯定，同样成为民众表达自身政治诉求的正当方式。[6]

---

[1] Russell J. Dalton, "The Decline of Party Identifications." In *Parties without Partisans: Political Change in Advanced Industrial Democracies*, eds. Russell J. Dalton and Martin P. Wattenberg. New York: Oxford University Press, 2000, pp. 19–36.

[2] Ibid.

[3] Peter Mair and Ingrid van Biezen, Party Membership in Twenty European Democracies. *Party Politics*, Vol. 7, No. 1, pp. 5–21.

[4] Susan Hattis Rolef, Public Trust in Parliament: A Comparative Study, available at http://www.knesset.gov.il/mmm/data/pdf/me01417.pdf.

[5] Eurobarometre, The European Parliament, March 2008, available at http://ec.europa.eu/public_opinion/archives/ebs/ebs_288_en.pdf.

[6] Pippa Norris, Stefaan Walgrave, and Peter Van Aelst. "Does protest signify disaffection? Demonstrators in a Post-industrial democracy", in Mariano Torcal, José Ramón Montero (Eds.). Political Disaffection in Contemporary Democracies: Social Capital, Institutions and Politics, Routledge: 2006. pp. 279–307.

民众政治参与对体制内或体制外途径的选择，一般取决于两个重要因素。一是政治参与的成本。体制内的政治参与要求民众通过民主治理机构及其组织的相关活动来实行，而体制外的参与则无需借助任何机构组织，可以通过非常便捷的方式进行，因此后者的成本无疑低于前者。[1] 第二是有效性，两种方式哪种有效，民众就倾向于选择哪种。从20世纪90年代末欧盟民众的政治参与情况来看，在体制内参与成本高且持续多年参与效率低下，从而导致民众对体制内参与热情减退的情况下，体制外参与似乎应该对民众具有更大的吸引力。但事实并非如此，这一时期里民众体制外的政治参与同样陷于低迷状态。

欧盟民众体制外政治参与方式主要包括以下方面。一是政治消费主义行为，即出于政治、伦理道德或环境保护等方面的原因消费或抵制某些产品；二是政治话语的表达，如发动或参与政治请愿、收集签名、在公开场合发表政治演说、在报纸杂志与互联网上发表文章等；三是参加合法的游行示威与罢工等活动。然而近20年来，这些国家的体制外政治参与活动并非持续高涨，这种情况在欧盟国家的青少年中尤为明显。奥地利维也纳社会研究与分析研究所（SORA）2005年的研究报告显示，在奥地利、芬兰、法国、德国、意大利、英国、爱沙尼亚、斯洛伐克八个国家的受访对象中，参加产品抵制活动的比例分别为16%、25%、10%、12%、17%、4%、4%、8%，参与收集签名活动的比例分别为6%、4%、5%、6%、4%、12%、4%、3%，参与散发传单活动的比例分别为5%、2%、4%、3%、3%、12%、4%、1%，在互联网上参与政治讨论的比例分别为10%、5%、11%、5%、5%、1%、16%、16%，参与合法游行示威的比例分别为14%、5%、7%、20%、23%、32%、4%、4%。[2]

二、欧盟“民主参与赤字”现象的原因分析

众所周知，欧洲发达国家是全世界最早践行代议制民主政治制度的地区，而对中东欧国家而言，经过政治体制转轨的阵痛之后，它们也相继建立了与欧洲发达国家类似的民主政治制度。然而在这些民主国家中，为什么出现了如此明显的“民主参与赤字”现象？对此，我们可以从以下三个重要方面进行分析。

（一）欧盟“民主治理赤字”现象是民众“民主参与赤字”现象的主要根源

“民主治理赤字”是指民主国家治理机制的行为与效率未能达到民众对民主政治的预期。在欧盟地区，这种治理赤字在形式上，既体现为欧盟成员国内部的治理赤字，又有欧盟治理机构的赤字；在内容上，不但有治理行为中的偏差，还包括治理效率的低下。

在欧盟成员国内部，这种“民主治理赤字”现象表现为，议会与政府未能充分体现民主政治的本质要求，偏离了为选民利益服务的目标，把党派利益、利益集团的要求甚至政治家的私欲放在首要位置，致使党派斗争、利益集团互相倾轧的现象时有发

[1] Ernesto Ganuza, Rethinking the Sources of Participation in Europe, 2011, available at http://digital.csic.es/.

[2] EUYOUPART, Political Participation of Young People in Europe - Development of Indicators for Comparative Research in the European Union, Ibid.

生，政治家贪污腐败现象尤其成为欧盟国家特别是西欧国家民众对民主治理过程进行质疑的中心议题（Pujas，2003）[1]，从而使民主治理过程蒙上严重的不民主色彩。治理行为与过程中的不民主势必导致治理效率的低下。因为利己的治理集团不但不会动员所有资源为社会公众利益服务，还会为了各种政治利益而牺牲公众的长远利益。这无疑是最近二十多年来欧盟国家不管是何种政治倾向的政党执政，各国政治、经济、文化等社会各方面都未能取得较大进步的重要原因。

在欧盟层面，“民主治理赤字”现象首先表现为民众对欧盟治理机构本身是否民主的质疑。一是欧盟治理决策形成的合法性问题。因为欧盟各种决策的形成主要取决于欧盟理事会与欧盟委员会中来自各国的代表，而这些代表往往不受各国议会的控制，这样，各国政府在欧盟政策的制定过程中摆脱了其议会的牵制，违背民意的可能性大大增加（Follesdal and Hix，2006）。[2] 二是欧洲议会的地位问题。尽管欧洲议会拥有与欧盟理事会同等的立法权，但事实上欧盟大部分立法还是通过协商程序通过的，欧洲议会的实际立法权受到了限制。三是缺乏真正的“欧洲选举”。不管是成员国内部的选举还是欧洲议会选举，都并非真正的“欧洲选举”，因为这些选举并非欧洲层面上的社会精英与政党的选举，也与欧盟政策议程的发展方向无关，成员国内部的选举为决定国内事务而不是欧洲事务举行，各国政党往往将欧洲事务排除在国内政治议程之外，这就意味着欧盟公民对欧盟政策的偏好对欧盟政策结果的影响非常有限（Follesdal and Hix，2006）。[3] 其次，欧盟的“民主治理赤字”还表现在欧盟的治理效率上。欧盟自1993年成立以来，尽管在政治、经济、文化等社会各方面的一体化进程中采取了许多积极措施，但并未取得大的成就。尤其是在经济方面，自欧元流通以及欧洲银行成立以来，一体化的货币政策在帮助欧元区国家促进宏观经济发展方面没有发挥预期作用，反而由于受到各国财政政策独立的制约，在一定程度上成为欧盟近年来爆发严重债务危机的重要原因，这也是导致欧盟民众对欧盟消极评价的一个关键因素。

（二）民众政治参与意识的弱化是欧盟“民主参与赤字”的重要主观因素

对于这里所言的“民主参与赤字”现象，学者们一般用“政治冷漠”（political apathy）或“政治疏远”（political alienation）来描述其背后的原因。“政治冷漠”是指公民个体对政治家、选举、公众意见、公民责任等一切与民主政治相关内容所形成的一种冷漠心态，或者说对政党、政治家以及选举等政治行为的不喜欢[4]；而“政治疏远”则指公民个体在相对持久的时间里对与政治相关的活动主观上的疏远与隔绝，它又进一步区分为两种情况，即政治上的无能（incapability）与不满意（discontentment）。[5] 但需要指出的是，学者们对“政治冷漠”与“政治疏远”这两种排斥政治活

---

[1] Veronique Pujas, Global Corruption Report 2003: Western Europe, available at http://archive.transparency.org/.

[2] Andreas Follesdal and Simon Hix, Why There is a Democratic Deficit in the EU: A Response to Majone and Moravscik, *Journal of Common Market Studies*, 2006, 44/3, 533 – 562.

[3] Ibid.

[4] Andrew Russell, Edward Fieldhouse, Kingsley Purdam & Virinder Kalra, Voter Engagement and Young People, July 2002, available at http://www.electoralcommission.org.uk/document – summary? assetid = 16093.

[5] Marvin E. Olsen, Two Categories of Political Alienation, *Social Forces*, Vol. 47, No. 3, March 1969, p. 288.

动的心理状态的区分在实践中很难甄别，而通过对欧盟国家20世纪90年代以来的公民政治参与活动的观察不难发现，“政治冷漠”与“政治疏远”这两种对政治活动的排斥心理都是导致民众政治参与意识减弱的原因，但后者的影响相对更大一些。我们可以把欧盟民众政治参与意识弱化的原因分为以下几个方面。

第一，公民个体对自身参与政治活动效能产生了消极的认识。公民由于在参与政治活动的过程中往往认为自己在与政治家、政党、议会等民主制度的博弈中处于弱势，对政治活动的过程及结果几乎不能施加任何影响，因此放弃参加政治活动的意图。这种效能消极评价的主要原因源自面对庞杂繁复的政治机构而产生的“无能为力”的极度心理弱势。这种消极心态在那些既要面对各自国家内部各级政治机制又要参与欧盟超国家层面治理机制的欧盟民众当中表现得尤为突出。

第二，公民对各种政治活动结果的难以预期。尽管公民具有充分的言论自由并通过参与各层次的选举来表达自己的政治意愿，但他们对成员国以及欧盟的各级治理机制对民众意愿的响应程度持消极评价，民众认为各国政党与欧盟治理机制未能为选民提供足够多的选择，也无法真正做到代表广大公众的利益。欧盟现行各级选举制度无法成为欧洲公民提高各级治理机制治理效率或者变革各级政治制度的有效途径。因此，民众认为自己的政治参与活动“毫无意义”，这严重挫伤了他们参加政治活动的积极性。

第三，民主政治的新发展凸显了公民参与政治活动能力的不足。全球化与欧洲一体化的不断发展，使得传统的民主政治与公民政治参与方式已经不能满足欧盟各国公民积极参与政治、达成政治共识的需要。这不但要求加快对传统民主政治进行改革的进程，而且对公民政治参与的能力与水平也提出了新的要求。当前，协商式民主在欧盟国家内部事务与欧盟一体化事务的政治活动过程中的积极作用不断显现出来。这种民主方式不但有助于培养欧洲公民精神、促进决策合法，还能约束欧盟及其成员国的权力行使，避免其偏离民主轨道，已俨然成为欧盟地区民主政治发展的新方向（陈家刚，2006）。[1] 而这种协商民主对公民的政治参与能力无疑提出了新的要求。比如，在协商民主中，公民不但必须对所面临的各种政策争议话题具有充分的经验知识，而且需要掌握相应的道德与哲学知识，以使他们能确定协商过程中的各种争议符合协商民主理论的范式要求（Somin，2010）。[2] 这种更高的能力要求无疑是大部分公民达不到的，从而对他们的政治参与意识产生了不利影响。

（三）政治社会化水平总体偏低是欧盟“民主参与赤字”现象的重要外部因素

尽管早在古希腊时期政治社会化就成为智者与哲人谈论的一个话题，但学术界对它进行全面研究的历史并不长远。20世纪50年代和60年代，学术界认识到政治社会化在培育现代公民中的积极作用，开始对这一问题从多个不同学科的角度进行研究。一般来

---

[1] 陈家刚：“协商民主与当代中国民主政治的发展”，载 http：//theory. people. com. cn/GB/49150/49152/4756185. html，2006－08－30。

[2] Ilya Somin，Deliberative Democracy and Political Ignorance，*Critical Review*，2010，22（2－3），pp. 253－279.

说，政治社会化是指特定社会中向下一代公民传播政治文化的过程（Almond，1960）。[1]换言之，政治社会化是特定社会将一国国民塑造成合格公民的过程。在这一过程中，各种不同的社会化行为主体通过对社会新加入者施加直接或间接的政治影响，使其掌握必需的政治知识，形成自己的价值观与世界观，逐渐具备参与社会政治活动的基本技能，最终积极、富有效率地参与民主政治活动。这些政治社会化行为主体包括家庭、教育制度、大众媒体、同年龄群体、雇佣制度、政治制度以及其他的利益相关组织，这些行为主体既可以帮助社会新加入者学习与民主政治活动直接相关的知识与技能，也可以通过帮助他们获得与民主政治活动没有直接关系的知识、态度、意见、行为意愿与行为模式以及各种技能，从而为他们养成民主政治意识、参与政治活动创造有利条件（Dekker et al.，1991）。[2]从这个意义上说，一个社会的政治社会化过程就是动员社会所有的利益相关者对公民进行全方位、全阶段的教育过程，在本质上它就是一个广义的公民教育过程。

关于政治社会化的研究中，有两种假说值得一提：一种是"结晶假说"，认为公民早期培养起来的公民意识、态度与公民能力比后期获得的重要得多；另一种是"持久假说"，指的是公民孩童少年时期获得的公民知识与能力对他们成人时期的政治生活具有重要的影响。这两种假说无疑都不是决定性的，因为人们的意志和行为必须也能够不断适应环境的变化，人们习得政治文化、培养政治参与能力的过程因而是一个终身学习过程；但这两种观点都强调公民早期政治社会化的重要性以及孩童与青少年时期公民意识培养的必要性，这无疑值得充分肯定（Schwarzer，2011）。[3]

欧盟研究机构发现，20世纪90年代以来，欧盟地区的政治社会化总体呈现低水平的特点，从而对欧盟民众尤其是青年公民民主参与意识的养成产生了消极影响。[4]这种现象可以通过前文言及的维也纳社会研究与分析研究所（SORA）2005年发表的一份关于欧洲八国青年选民政治参与情况的研究报告的有关数据加以证明。在对奥地利、芬兰、法国、德国、意大利、英国、爱沙尼亚、斯洛伐克八国的政治社会化的分析中，在长期以来在公民青年时期民主参与意识培养方面发挥重要作用的家庭、学校、媒体与同年龄群体中，政治社会化都下降到了很低的水平。

具体来说，在家庭的政治社会化方面，以上八国中，父母政治社会化程度普遍较低，八国接受调查的家庭中，各国分别只有36%（意大利）、27%（法国）、25%（德国）、20%（奥地利）、16%（斯洛伐克）、14%（芬兰）、12%（英国）、9%（爱沙尼亚）的家庭认为父母政治社会化程度较高。父母对民主政治参与的冷漠无疑会影响孩

[1] Gabriel A. Almond, "A Functional Approach to Comparative Politics," in Gabriel A. Almond and James S. Coleman (eds.), The Politics of Developing Areas. Princeton, NJ: Princeton University Press, 1960, pp. 26－33.

[2] Dekker, Henk Hrsg. and Meyenberg, Rüdiger Hrsg., Politics and the European younger generation: political socialization in Eastern, Central and Western Europe. BIS Verlag, 1991, pp. 26－38.

[3] Steve Schwarzer, Political Socialization as the Driving Factor for Political Engagement and Political Participation, March 2011, available at http://www.elecdem.eu/.

[4] EUYOUPART, Political Participation of Young People in Europe－Development of Indicators for Comparative Research in the European Union, Ibid.

子与整个家庭的政治社会化水平，因此在受调查的家庭中，各国分别只有36%（意大利）、28%（法国）、34%（德国）、32%（奥地利）、22%（斯洛伐克）、18%（芬兰）、25%（英国）、16%（爱沙尼亚）的家庭父母与孩子经常讨论政治话题。在同年龄群体中，大部分青少年互相之间对别人的政治观点不感兴趣，也不进行政治讨论，很少参加体制内外的各种政治活动，8国接受调查的青少年中，分别只有31%（意大利）、15%（法国）、26%（德国）、18%（奥地利）、12%（斯洛伐克）、11%（芬兰）、6%（英国）、8%（爱沙尼亚）的同年龄群体认为自己的政治社会化程度较高。学校是青少年接受公民教育的主要场所，但在上述八国中，学校的政治社会化水平同样不高。大部分学生不与教师讨论政治议题，对校园以外的各种政治活动没有兴趣参与。八国中接受调查的15~18岁的学生中，分别只有24%（意大利）、8%（法国）、35%（德国）、27%（奥地利）、6%（斯洛伐克）、5%（芬兰）、4%（英国）、15%（爱沙尼亚）的人认为自己经常与教师讨论政治问题，分别只有25%（意大利）、11%（法国）、14%（德国）、17%（奥地利）、27%（斯洛伐克）、25%（芬兰）、19%（英国）、13%（爱沙尼亚）的学生表示自己支持政治选举活动。大众媒体在政治社会化过程中具有极大的作用，它是民众获取各种资讯的主要渠道，但在上述八国中，媒体显然没有发挥其应该发挥的作用。在接受调查的八国青年中，分别只有38.4%（意大利）、21.4%（法国）、38.2%（德国）、23.9%（奥地利）、20.3%（斯洛伐克）、25.1%（芬兰）、11.3%（英国）、29.2%（爱沙尼亚）的人认为自己经常通过大众媒体获取最新的政治资讯。❶

三、欧盟国家的直接应对措施

公民政治参与是现代民主政治的核心，而欧盟地区民众的“民主参与赤字”现象表明，这一核心地位正在逐渐丧失。为了扭转二十多年来的这种公民政治参与萎靡不振的消极现象，欧盟及其成员国政府主要采取了以下两个方面的直接应对措施。

（一）进一步完善选举制度

在欧盟国家中，“民主参与赤字”最重要的一个方面就是民众在成员国及其欧盟各层次选举活动中消极怠慢。针对这一问题，欧盟各界要求改革选举制度的呼声越来越高。因此，近年来欧盟及其成员国都在采取积极措施不断完善选举制度。这些措施包括❷：第一，简化选举登记程序。欧盟简化了在欧盟拥有固定居所的选民与候选人的官方注册程序，使得候选人在成员国国内法律不反对多重候选人身份的情况下，可以成为多个成员国的候选人。第二，促进选举信息传播。欧盟实施了复杂的选举信息交流战略，在2009年的欧洲议会选举前，花费1800万欧元建立了一个统一的公众信息平台，在选民中传播与选举有关的信息。第三，降低选民参与选举的成本。在同一时间安排多场选举活动，使得选民可以在同一时间参与欧盟、成员国政府甚至地方政府的

---

❶ EUYOUPART, Political Participation of Young People in Europe – Development of Indicators for Comparative Research in the European Union, Ibid.

❷ CEPS Working Document, Lost Voters: Participation in EU Elections and Case for Compulsory Voting, July 2009, available at http://www.ceps.eu/files/book/1886.pdf.

各层次选举，从而节省选民在时间、精力甚至金钱方面的支出。第四，实行多元化的投票方式。在传统投票方式依旧发挥主导作用的情况下，欧盟国家还采取了多种其他投票方式为选民参与投票创造便利条件。如实行电子网络投票，通过邮件、代理或者信使投票，或者允许选民在选举日期前提前投票，等等（CEPS，2009）。❶

除了上述各种措施之外，还有一种举措特别值得一提，那就是强制性投票（compulsory voting）。近年来，在英、法、德等国家，强制性投票制度引起了社会的较多关注。例如，英国工党在2001年提出了“强制投票法案”，并得到了较多民众的支持；2008年，法国执政的中右翼党的25位代表也提出了强制性投票的议案；2009年后，强制性投票的呼声越来越高，欧盟国家更多的政党与民众认为应该对逃避投票的选民科以罚款，以法律强制手段迫使全体选民履行自己在民主政治中的义务，减少国家的选举开支，从而达到防止选举腐败、提升公民的政治参与水平、促进民主政治公正与公民社会建设的目的（CEPS，2009）。❷ 但是，强制性投票制度也遭到了不少人的反对。这是因为这一制度的实行不但可能产生“党派偏见”，即特定的政党能从这一制度中获取最大的政治利益，而且在具体推行过程中困难重重、成本高昂，因为任何国家都没有足够的司法资源去处理无数逃避投票的案件（Mackerras and McAllister，1999）。❸ 此外，强制性投票制度违背了“民主的核心要素——自由原则”，因为民众拥有选择参与或不参与、以何种形式参与民主政治的自由（Lever，2008）。❹ 正因为这些反对意见的存在，强制性投票制度至今没有在欧盟成员国中达成共识。

（二）创新公民参与民主政治的方式

面对传统代议制民主制度中民众政治参与水平的下降，欧盟及其成员国政府一直尝试对现行民主制度进行改革完善。通过推行协商民主制度来创新公民参与民主政治的方式就是21世纪初欧盟地区的一种积极探索。

西方国家现行的代议制民主制度经过长期发展，对西方国家的公民社会与民主政治的发展发挥过巨大的积极作用。然而随着时间的推移，代议制民主的缺陷也日益暴露出来，主要表现在：代议制民主制度把公民参与各级选举的投票活动等同于公民政治参与的全部内容，过于重视选举对民主政治的影响，把国家的民主治理寄托于少数精英阶层，从而增加了国家治理的风险（Parkins and Mitchell，2005）。❺ 协商式民主是在代议制民主实践中发展起来的一种新的民主实践模式，一方面是对代议制民主制度

---

❶ CEPS Working Document, Lost Voters: Participation in EU Elections and Case for Compulsory Voting, July 2009, available at http://www.ceps.eu/files/book/1886.pdf.

❷ Ibid.

❸ Malcolm Mackerras and Ian McAllister, Compulsory Voting, Party Stability and Electoral Advantage in Australia, *Electoral Studies*, 1999, Vol. 18, pp. 217 – 233.

❹ Annabelle Lever, A liberal defense of compulsory voting: some reasons for skepticism, *Politics*, Vol. 28, No. 1, 2008, pp. 61 – 64.

❺ John R. Parkins and Ross E. Mitchell, Public participation as public debate: A deliberative turn in natural resource management, *Society and Natural Resources*, 2005, 18 (6), pp. 529 – 540.

缺陷的扬弃，另一方面也继承并进一步发扬了前者的优点（Chambers，2003）。[1] 协商民主不但强调公民在追求“公共善”的过程中公开讨论与分享信息的必要性，还主张必须对“利益集团”政治进行修正（Laborde & Maynor，2008）。[2] 换言之，协商式民主的重点在于公众讨论与公众推理（Cohen，1996）。[3] 在协商民主中，公民的利益与偏好不是预先决定的，必须在公众讨论与争议中随时进行校正（Agustín，2012）。[4] 由此可见，公众在信息充分的情况下对公共政治议题的参与是协商式民主的中心内容，但这必须具备一个十分重要的前提条件，那就是有效的公民参与形式。

欧盟近年来在这一方面进行了有益的尝试，如在 2005 ~ 2009 年的 5 年间，欧盟地区进行的具有协商民主特征的民主实验活动达到 22 起。尽管其中大部分实验活动是在来自同一民族或使用相同语言的民众中进行的，但结果表明这些活动吸引了较多民众的参与，具有典型的协商民主的特点。与此同时，也有一些实验活动超越了民族与语言的限制，是在真正意义上的欧盟地区进行的，并且取得了值得肯定的进展。在这些协商民主实验的形式中，其中非常值得提及的例子有 Futurum 网站论坛与欧洲一体化论坛。Futurum 网站论坛创办于 2001 年，其目的是使欧盟各国公民能积极参与欧洲立宪进程，“使欧盟更加贴近欧盟各国公民”，遏制欧盟的民主赤字趋势。网站将它的基本宗旨翻译成 10 种语言在网上公布，允许欧盟民众使用欧盟地区的任何语言在网站就欧盟一体化相关议题发表评论。Futurum 网站无疑代表着在信息技术不断发展的背景下公民政治参与方式的发展趋势。通过利用现代通信网络技术，民众针对各种政治议题的信息分享与意见表达不再受到时空限制，这不但有助于公众在政治参与过程中降低成本，还可以使他们更加充分地表达自己的意见（Smith，2013）。[5]

如果说 Futurum 网站的尝试有助于普通民众关注欧盟一体化的政治参与活动，那么欧洲一体化论坛则侧重于推进公民社会组织的政治参与。2005 年 9 月，在一份关于移民一体化政策的倡议中，欧盟委员会提出，一体化政策的成功需要探索建立一个综合平台，让所有层次利益相关者积极参与一体化政策制定过程中的辩论。之后，通过与欧洲经济与社会委员会的合作，成立了欧洲一体化论坛（European Integration Forum，EIF）。该论坛的代表来自欧盟的各个机构、成员国的公民社会组织以及其他有关国际组织；其主要目的是提高欧盟公民社会组织在一体化政策形成过程中的参与水平，加强各层级利益相关者之间的合作。该论坛自成立以来的实践表明，通过将欧盟成员国、

---

[1] Simone Chambers，Deliberative democratic theory，*Annual Review of Political Science*，01/2003；18（6），pp. 307 – 326.

[2] Cécile Laborde & John Maynor，“The Republican Contribution to Contemporary Political Theory”，In Laborde，C. and Maynor，J.（eds.），Republicanism and Political Theory. Oxford：Blackwell，2008，pp. 1 – 28.

[3] Joshua Cohen，Procedure and substance in deliberative democracy，In Benhabib，S.（ed.），Democracy and Difference，Contesting the Boundaries of the Political. Princeton，NJ：Princeton University Press，1996，pp. 95 – 119.

[4] óscar García Agustín，Transnational deliberative democracy in the context of the European Union：The institutionalisation of the European Integration Forum，*European Integration online Papers*，Vol. 16（2012），Article 10.

[5] Graham Smith，Trans – national democratic innovation in the European Union：Flirting with Deliberative and Plebiscitary Design，2013 – 08 – 30，available at http：//www. southampton. ac. uk/.

公民社会主体与欧盟机构纳入相关的对话活动，其在提高一体化政策制定过程中的公民社会参与水平方面确实具有一定的积极作用（Agustín，2012）。[1]

四、解决“民主参与赤字”问题需要培养公民的积极参与意识

如果说进一步完善选举制度与创新公民参与民主政治的方式这些措施对欧盟及其成员国解决“民主参与赤字”问题能发挥一定程度的直接作用，那么通过大力推行公民教育来提高公民的参与意识则是具有决定性意义的根本措施。

20世纪90年代末以来，欧盟及其成员国认识到欧盟地区政治参与意识总体水平的下降及其对民主政治与公民社会建设的危害，开始大力推行以培养公民积极参与意识为目的的多种公民教育活动。一方面，欧盟及其成员国开始采取各种措施重塑欧盟地区的政治社会化环境，鼓励民众尽可能多地利用非正规、非正式的公民教育机会培养自身的公民参与意识。例如，在家庭的政治社会化方面，倡导欧盟民众积极以家庭为单位关注从社区到地区、国家、欧盟、全球的各种公共事务；在大众媒体方面，鼓励媒体广泛深入宣传欧盟一体化的各种政治议题，支持建立各种以现代信息技术为载体的大众媒体平台，积极引导民众参与各种社会事务的辩论；在雇佣就业体系方面，倡导雇主创造便利条件，鼓励公民在各种工作场所积极通过工会与其他内部机构参与雇佣单位的管理活动；等等。另一方面，欧盟及其成员国进一步加强了学校正规教育在公民教育过程中的作用。1997年欧洲理事会在其成员国中推动了民主公民教育计划，欧盟委员会后来成为这一公民教育计划的合作与协调组织。欧盟成员国（同时也是欧洲理事会成员国）根据民主公民教育计划的要求，纷纷对各国学校的公民教育制度进行改革，不断提高公民教育的水平。与此同时，21世纪初欧盟委员会提出了将成员国公民培育成“积极的欧洲公民”的目标，成员国政府为了培养积极公民，在继续推行民主公民教育计划的基础上进一步加强了各级学校的正规公民教育活动。

不管是在正规、非正规还是非正式的公民教育活动中，欧盟及其成员国都强调公民通过教育在不断丰富自己的公民知识、主动践行民主国家价值观的基础上，积极参与各层次的政治与公民社会活动，因此，这种以培养公民积极参与意识为中心任务的公民教育活动无疑是当前欧盟地区解决“民主参与赤字”问题的具有决定性意义的举措。

第二节　欧盟社会危机与积极公民教育

在“民主参与赤字”这一政治危机挑战欧盟公民社会与民主政治建设的同时，欧盟各国的各种社会问题也不断凸显，并且逐渐演变为潜伏的社会危机，同样成为欧盟公民社会与民主政治发展的严重障碍。21世纪初特别是2008年全球金融危机以来，欧

[1] óscar García Agustín，Transnational deliberative democracy in the context of the European Union：The institutionalisation of the European Integration Forum，Ibid.

盟地区的社会危机不断加剧，已经达到了几十年以来前所未有的程度（Andor, 2013）。[1] 为了应对社会危机，欧盟及其成员国政府在经济、政治、文化、教育等各方面采取了一系列措施。本书探讨的欧盟积极公民教育无疑也是当前欧盟缓解社会危机的重要举措之一。

一、欧盟社会危机的主要表现

社会危机一般指影响一个国家或地区的社会安全与稳定并且阻碍社会发展的重要消极因素。从欧盟成立以来，欧盟地区的社会危机无论是从危机表现的形式还是危机存在的范围来说，都经历了一个逐渐发展的过程。如果说20世纪90年代欧盟成员国的社会危机主要表现为西欧发达国家经济制度改革导致的“福利社会危机”（吴晓玲，2000）[2]，那么在21世纪初，随着欧盟成员国的不断增加，欧盟社会危机则从“福利社会危机”发展成为波及传统发达国家与中东欧转型国家的欧盟全境危机，表现形式也从20世纪90年代的“社会排斥”现象演变成为包括社会排斥与社会资本流失的多种形式的综合现象。

（一）社会排斥现象日趋严重

社会排斥（social exclusion）这一概念源于法国。20世纪70年代，法国开始使用这一词语来描述那些无法得到社会保障的单身母亲、吸毒者、残疾人等弱势群体的生存状况（Sen，2000）。[3] 后来，社会排斥现象逐渐引起欧洲其他国家的关注，学术界也对此进行了许多研究。在欧盟许多相关理论与政策文献中，社会排斥总是与贫困联系在一起，但这并不意味着它们是两个可以互相替代的概念。贫困主要指人们消费与生活水平状况，一般认为生活低于社会公认的“体面的最低生活标准”就是一种贫困状态（Ringen，1988）。[4] 贫困状况一般可以借助“贫困线”或“贫困门槛”等标准来进行量化分析。而相对于贫困现象而言，社会排斥现象则复杂得多。从所包含的内容来看，社会排斥不但包括物质生活资料严重剥夺状态而导致的生活水平低下（即贫困状态），还包括由于一系列社会制度失灵而导致的政治、经济、文化与社会等多方面权利的剥夺状态；与此同时，学者们还认为社会排斥与贫困之间存在一种因果关系，换言之，社会排斥是导致贫困的原因，反过来，贫困又可能会进一步加剧社会排斥。因此，从这个意义上说，贫困更多地指一种静止的状态，而导致贫困的社会排斥则是一种动态的进程（Berghman，1995）。[5] 学术界关于社会排斥现象的这些观点已为欧盟所接受。在欧盟的官方文献中，社会排斥被定义为“社会中的一些人由于贫困、基本技能与终身学习机

---

[1] László Andor, European Commissioner responsible for Employment, Social Affairs and Inclusion, Europe's social crisis: Is there a way out? 2013－04－12, available at http://europa.eu/rapid/press－release_ SPEECH－13－309_en.htm.

[2] 吴晓玲：“欧洲国家的社会危机与公民资格重建”，载《欧洲》2000年第2期，第80－88页。

[3] Amartya Sen, Social Exclusion: Concept, Application, and Scrutiny, p.1, available at http://housing-forall.org/Social_ exclusion.pdf.

[4] Stein Ringen, Direct and Indirect Measures of Poverty, *Journal of Social Policy*, Volume 17 / Issue 03, p.354.

[5] Jos Berghman, Social Exclusion in Europe: Policy Context and Analytical Fremework, in Graham Room (ed.), Beyond the Threshold: The Measurement and Analysis of Social Exclusion, the policy Press, 1995, pp.11－23.

会的缺失或者歧视等原因而处于社会边缘，从而丧失对社会全面参与机会的过程，这使得他们游离于工作、收入、教育培训以及社会与社区活动之外，他们没有机会进入权力与决策部门，因而孤立无助，无法控制那些影响其日常生活的各种决策”（EC，2003）[1]。

对于21世纪初欧盟地区社会排斥现象的实际情况，这里可以依据欧盟统计局2010年关于欧盟贫困与社会排斥现象的研究报告来加以简要的分析。这份报告从以下四个方面对欧盟的社会排斥问题进行了剖析。

第一，劳动力市场中的排斥现象。21世纪初特别是2008年全球金融危机以来，欧盟地区居高不下的失业率意味着越来越多的民众被排斥在劳动力市场之外，使得欧盟经济复兴与社会融合面临更大的阻力。对于失业人员而言，失业时间越长，他们陷入贫困状态的可能性就越大，这使得他们的物质生活资料与其他社会资源不断减少，融入社会的困难也就越多。对于劳动力市场的排斥现象，可以从欧盟成员国劳动力就业过程中青少年、老年劳动力、女性劳动力以及包括移民在内的少数民族劳动力等群体所面临的不平等状况来加以说明。

一是青少年与高年龄段劳动力面临的就业排斥状况。据2008年欧盟统计局的相关数据显示，2008年欧盟15~64岁之间人口的总体就业率为65.9%，其中25~54岁之间的劳动力就业水平为79.6%，而15~24岁之间的青少年劳动力就业率只有37.6%，55~64岁之间高年龄段劳动力就业水平为45.6%，这表明青少年劳动力与高年龄段劳动力在就业过程中面临较为严重的排斥现象。这种低位与高位年龄段劳动力在劳动力市场的排斥现象在欧盟各国的表现程度互有区别，相对而言，荷兰与丹麦两国劳动力市场对低位与高位年龄段劳动力排斥程度较低，两国25~54岁、15~24岁、55~64岁三个年龄段的就业率，荷兰分别为86.8%、69.3%、53%，丹麦分别为88%、67%、57%；而匈牙利、希腊两国在这一方面的排斥程度要严重得多，两国这三个年龄段的就业水平，匈牙利分别为74.4%、20%、31.4%，希腊分别为76.1%、23.5%、42.8%。二是女性劳动力面临的就业排斥现状。2008年欧盟女性劳动力总体就业水平为59.1%，而同期男性劳动力就业率则达到72.8%。这种缘于性别的就业排斥现象在25~54岁、15~24岁、55~64岁三个年龄段都存在，2008年欧盟男女三个年龄段的就业比例分别为86.9%、72.3%（25~54岁），40.4%、34.6%（15~24岁），55.0%、36.9%（55~64岁）。就业市场的性别排斥现象在欧盟各成员国中程度也互不相同，如在25~54岁年龄段中，男女就业水平差距有的国家较高，达到28.3个百分点（希腊）；有的国家较低，为3个百分点（拉脱维亚）。三是移民面临的就业排斥现象。2008年，欧盟移民的就业水平比非移民平均低3.3个百分点，移民面对的这种就业排斥现象在斯洛伐克、波兰、匈牙利等国更为严重，移民就业比例都比非移民低出了10

[1] European Commission and the Council of the European Union, Joint report by the Commission and the Council on social inclusion, p. 8, available at http: //ec. europa. eu/employment_ social/soc – prot/soc – incl/final_ joint_ inclusion_ report_ 2003_ en. pdf.

个百分点。[1]

第二，教育排斥现象。公民的教育水平对其就业和进行各层次的公民参与具有十分重要的影响，是影响社会融合的重要因素。但当前欧盟成员国公民的教育状况表明[2]，各个国家都不同程度地存在教育排斥现象。从总体教育状况来看，一方面，欧盟依旧有较多的应受教育人口游离于各层次的教育体系之外，如在2007年，欧盟27国15~24岁之间的青少年中，正在接受教育的人群不足60%。另一方面，欧盟各国青少年中仍有不少学生的文化基本常识较低，如经合组织的“国际学生评价项目”2006年的测评显示，欧盟各国15岁的儿童中有22.6%的人阅读能力低下，比2000年高出了2.8个百分点。这意味着这一部分儿童未能如其他人一样接受良好的正规教育，这无疑同样从一个侧面反映出欧盟存在的教育排斥现象。[3]

第三，医疗保障领域的排斥现象。身心健康是公民有效融入社会、参与公民活动的重要前提条件，换言之，身心不健康往往可能成为公民受到社会排斥的诱因，而缺乏有效的医疗保障与家庭、社会的帮助又会加剧社会排斥的程度。自欧盟成立以来，尽管欧盟及其成员国一直致力于在确保民众医疗保障平等的同时不断提高民众医疗保健的质量，但欧盟地区医疗保障领域的社会排斥现象依旧较为严重。从欧盟医疗保障服务的实际情况来看，容易遭受社会排斥的人群主要是移民、老人以及精神残障人士，而导致他们受到排斥的主要因素是与收入水平、教育程度等密切相关的社会经济地位。[4] 而这三者之中，移民又是最可能被医疗保障体系排斥的群体。例如，2009年欧盟统计局相关数据显示，在捷克出生的女性公民中，只有2.74%的人认为自己的医疗需求未被满足；而在斯洛伐克出生的女性公民中，这一比例达到了8.68%；在意大利出生的女性公民中，8.32%的人觉得自己的医疗需求未被满足；而在南美出生的女性公民中，这一比例达到了13.57%；在瑞典出生的女性公民中，这一比例为13.58%；而在中东出生的女性公民中，这一比例高达26.22%。与此同时，移民在接受医疗服务的过程中，也有较大的可能受到医护人员的歧视，如在捷克有12%的罗姆人、在意大利有24%的北非裔公民觉得自己遭到了来自医护人员的不公平待遇。[5]

第四，居住条件方面的社会排斥现象。欧盟各国历来强调，拥有舒适、清洁、安全的居住条件是公民的基本权利，但事实上，不管是西欧、北欧的发达国家还是中东欧与波罗的海的转型国家，人们居住条件方面的不平等现象一直存在。欧盟官方文件

---

[1] Eurostat, Combating poverty and social exclusion: A statistical portrait of the European Union 2010, pp. 21－23, 29－30, available at http://epp.eurostat.ec.europa.eu/cache/ITY_OFFPUB/KS－EP－09－001/KS－EP－09－001－EN. PDF.

[2] 关于欧盟当前的教育状况，本书在第四章第五节中将会继续分析。

[3] Ibid, pp. 71－76.

[4] European Commission, Quality in and Equality of Access to Health Services, pp. 11－13, available at http://www.euro.centre.org/data/1237457784_41597.pdf.

[5] European Union Agency for Fundamental Rights, Inequalities and Multiple Discrimination in Access to and Quality of Healthcare, pp. 31－45, available at http://fra.europa.eu/sites/default/files/inequalities－discrimination－healthcare_en.pdf.

把这一方面的排斥现象概括为两个方面：一是无家可归现象，这被视为欧盟福利社会无法容忍的极端社会排斥形式（Calandrino，2010）[1]，无家可归的人群生活极端贫困，就业、教育、医疗以及人身安全都无法得到保障，各种形式的公民参与活动更加无从谈起；二是居住条件恶劣，或者说平等居住权被严重剥夺，这主要表现为住房过分拥挤、缺乏基本的生活设施、周边污染严重、犯罪现象频繁发生等。[2] 欧盟统计局的有关数据显示，在2011年，欧盟17.1%的人口住房条件过于拥挤，其中，罗马尼亚、保加利亚、波兰、匈牙利与拉脱维亚五国的这一比例分别为54.2%、47.4%、47.2%、47.1%、44.3%；而在贫困人口中，住房拥挤的程度更为严重，欧盟有29.1%的贫困人口住房过于拥挤，其中，匈牙利、罗马尼亚与波兰三国贫困人口中的这一比例分别达到了71.0%、66.0%、62.5%。与此同时，欧盟有5.5%的人口居住条件被严重剥夺（指住房除了过于拥挤之外，还满足没有室内卫生间、屋顶漏水、采光极为不便这些内容中的任意一项），其中，罗马尼亚的这一比例最高，为25.9%。[3]

（二）社会资本流失

虽然社会资本只是最近几十年来中外社会学领域研究的一个重要课题，但这一术语的出现时间要早得多。据美国学者罗伯特·D. 帕特南（Robert D. Putnan）认为，最早使用社会资本这一术语的是美国改革家莱达·贾德森·哈尼凡（L. J. Hanifan），他在描述社区参与对学校教育成功的重要意义时使用了社会资本一词。在哈尼凡看来，社会资本是指那些存在于人们日常生活中的无形物质，如善意、友谊、同情以及个人与家庭之间的社会交往等，这些因素不但有助于个人满足自己的社会需求，而且对改善社区关系同样具有积极意义（Hanifan，1916）。[4] 但在当时，哈尼凡的这一观点并未引起学术界的关注。20世纪50年代以后，社会资本这一概念重新进入学术界的视野，众多学者从不同的学科视角进行了研究。在这些研究中，学者们不同程度地强调了家庭与社区中的社会关系、朋友网络、志愿者组织、公民道德、共享价值、范式与习惯以及人们对各种机构的信任与人与人之间信任关系的重要性（Oorschot etc.，2006）。[5]

20世纪80年代以后，学术界对社会资本问题的研究主要分为两个方面。[6] 一方面，布尔迪厄（Pierre Bourdieu，1981、1985）和科尔曼（James S Coleman，1988、1990）等学者从微观方面对社会资本进行的研究认为，社会资本最重要的属性是社会性，不但存

---

[1] Michele Calandrino，Homelessness and Housing Exclusion in the EU Social Inclusion Process，*European Journal of Homelessness*，Volume 4，December 2010，p. 128.

[2] Eurostat，Combating poverty and social exclusion，p. 64，available at http：//epp. eurostat. ec. europa. eu/cache/ITY_ OFFPUB/KS - EP - 09 - 001/EN/KS - EP - 09 - 001 - EN. PDF.

[3] Eurostat，Housing Statistics，available at http：//epp. eurostat. ec. europa. eu/statistics _ explained/index. php/Housing_ statistics.

[4] L. J. Hanifan，The Rural School Community Center，Annals of the American Academy of Political and Social Sciences，67（1916），pp. 130 - 138，quoted from Robert D. Putnan，Bowling alone：the Collapse and Revival of American Community，New York：Simon and Schuster，2000，p. 19.

[5] Wim van Oorschot，Wil Arts and John Gelissen，Social Capital in Europe：Measurement and Social and Regional Distribution of a Multifaceted Phenomenon，p. 150，Acta Sociologica，June 2006，Vol. 49（2）.

[6] Ibid.

在于个人，还体现在个人之间的相互关系中。也就是说，社会资本指的是个人可以从其所拥有的各种源自人们相互了解与认可的、机制化的关系中获取的资源。社会资本的另一个特点是生产性，即它有助于个人达到某种目的。另一方面，帕特南（1993、1995、2000）与福山（Francis Fukuyama，1995）等人从宏观社会学视角进行的研究认为，社会资本不但具有个人微观的属性，还具有宏观层次的公共性特点，即社会资本对其赖以存在的社会同样具有积极影响，换言之，一个国家或地区加总的社会资本越多，其政治、经济等方面的绩效也就越高（Oorschot etc.，2006）。[1] 特别值得一提的是，帕特南关于社会资本含义的论述，即社会资本是指个人之间的联系——人与人之间形成的社会关系网络、互帮互惠的行为准则以及相互信任（Putnan，2000）[2]，已经得到了学术界的广泛认可。

帕特南（2000）认为，二战结束以后美国社会的社会资本在逐渐消失，因此，美国面临着一个重建美国社区的历史任务，但同样进入后工业化社会的欧洲国家并未像美国一样经历着社会资本的下降时期（Putnan，2002）。[3] 然而欧盟的一些学者与研究机构的研究结果表明，尽管欧盟没有如美国一样经历社会资本全面下降的时期，但欧盟社会资本的发展同样面临困境，这既表现为欧盟各成员国之间社会资本的不均衡特征非常明显，也体现为社会资本的某些重要方面（如社会交际网络、社会信任等方面）在几乎所有欧盟成员国中的现状都令人担忧（Eurobarometer，2005；Halman and Luijkx，2006）。[4]

欧盟著名的民意研究机构"欧洲晴雨表"于2004年针对当时欧盟地区的社会资本，从信任与社会化、协会组织活动的正式社会网络、互帮互助的非正式的社会网络、公民社会与政治参与、老人赡养等五个方面进行了较为全面的研究（Eurobarometer，2005）。[5] 首先，在信任与社会化方面，民众之间的互相信任是一国公民社会和谐发展的重要基础，因而构成了社会资本的主要内容；而邻里之间的互相交往则是社区和睦团结的具体表现，同样是社会资本不可缺少的因素。而调查结果表明，大部分欧盟民众彼此之间互不信任，58%的人认为与别人打交道时要尽量小心，只有30%的人觉得大部分人能被信任。成员国之间的差异也非常明显，其中，丹麦、瑞典、荷兰与芬兰四国认为不能轻易相信他人的比例较低，分别为19%、26%、30%、34%；而拉脱维亚、立陶宛、波兰的这一比例高出很多，分别达到82%、84%、88%。与此同时，只有27%的受访民众表明自己每星期在休闲时间与邻居互动交往，19%的受访者超过一

---

[1] Wim van Oorschot, Wil Arts and John Gelissen, Social Capital in Europe: Measurement and Social and Regional Distribution of a Multifaceted Phenomenon, p. 150, Acta Sociologica, June 2006, pp. 150 – 151.

[2] Robert D. Putnan, Bowling alone: the Collapse and Revival of American Community, New York: Simon and Schuster, 2000, p. 19.

[3] Robert D. Putnan (Ed.), Democracies in Flux: The Evolution of Social Capital in Contemporary Society. Oxford: Oxford University Press, 2002, p. 410.

[4] Loek Halman and Ruud Luijkx, Social capital in contemporary Europe: evidence from the European Social Survey, *Portuguese Journal of Social Science*, Volume 5, Number 1, 2006, pp. 65 – 90.

[5] Eurobarometer, Social Capital, 2005, available at http://ec.europa.eu/public_opinion/archives/ebs/ebs_223_en.Pdf.

个月以上才与邻居交往一次，而有超过1/3的民众从不与邻居进行社会交际活动。❶

其次，社会交际网络是社会资本的主要载体，人们可以通过参与各种不同的正式协会、组织等机构来构建自己的社交网络，因此，参与各种协会与组织的活动既是公民社会参与的主要内容，也是社会资本的重要内容之一。根据调查结果，欧盟民众中，52%的受访者不是体育、文化、宗教、慈善、工会、行业等社会非政府组织的成员；54%的受访者不向这些组织捐缴款项（除了会员缴纳会费外），而向慈善与社会救助机构捐款的民众比例只有20%；与此同时，68%的受访民众既不参加这些组织的活动，也不从事其他志愿者活动，34%的受访者认为志愿者活动对社会不重要。❷ 这些数据说明，大部分欧盟民众没有通过参与各种协会或组织来构建起自己的正式社会交际网络，这无疑是欧盟社会资本的不足之处。

又次，如果人们通过参与正式的协会、组织构建起来的社会交际网络是一种正式的社会资本，那么人们在协会、组织之外通过家人、朋友、同事之间互帮互助建立起来的社会网络就是一种非正式的社会资本（Pichler and Wallace，2007）。❸ 非正式社会资本与正式社会资本一样，对个人与社会的发展也有重要的积极意义。“欧洲晴雨表”对欧盟这种非正式社会资本的调查反映在两个方面。一方面，从民众接受朋友、同事、熟人之间帮助的意愿来看，57%的受访者愿意在个人问题方面得到别人的建议，48%的受访者愿意在家务、购物以及园艺等方面接受别人帮助，32%的受访者愿意偶尔接受别人对自家不能独立生活的家庭成员的帮助，29%的受访者愿意借钱，12%的受访者不愿意接受任何形式的帮助；另一方面，从民众提供帮助的实际情况来看，56%的受访者在过去的一年里曾对别人的个人问题提出了建议，43%的受访者在家务、购物及园艺等方面帮助过别人，26%的受访者帮助过别人照顾不能独立生活的家庭成员，28%的人曾借钱给别人，18%的人未帮助过任何人。虽然这些数据表明大部分欧盟民众愿意帮助别人，但从社会资本角度来看，欧盟社会同样没有形成一种全面的、互帮互助的非正式社会网络。

再次，公民对政治与社会活动的参与既是民主政治与公民社会不断发展的动力，也是社会资本不断积累的重要来源。而在这次关于社会资本的调查中，55%的受访者认为政治在自己的生活中不重要，67%的受访者表明自己与政党关系疏远，81%的人不愿意积极参加涉及政治问题的组织。这表明，不管是从社会资本角度还是从民众的政治参与角度，欧盟民众都对政治存在较强的疏远心理。❹

最后，以家庭为纽带的信任关系与家庭成员之间的关心帮助是社会信任和社会成员互助团结的基础，因为在所有的社会组织中，不管是从成员之间关系的延续时间，

---

❶ Eurobarometer，Social Capital，2005，available at http：//ec. europa. eu/public_ opinion/archives/ ebs/ebs_ 223_ en. Pdf.，pp. 41，52.

❷ Ibid，pp. 61 –68.

❸ Florian Pichler and Claire Wallace，Patterns of Formal and Informal Social Capital in Europe，*European Sociological Review*，Volume 23，Number 4，2007，pp. 423 –435.

❹ Eurobarometer，Social Capital，2005，pp. 71 –78. 关于欧盟民众对政治生活的态度与政治参与活动的情况，本章第一节已进行了较为详细的分析，此处不再赘述。

还是成员互相之间形成的社会网络，以及互帮互助的内容来看，家庭中的表现都是最强的（Putnan，1995）。[1] 对于欧盟以家庭为纽带的社会资本的状况，可以从老人赡养与离婚率两个方面来了解。老人赡养问题直接关系到家庭成员关系的和谐与家庭资本的可持续发展，无疑是社会资本的重要内容。“欧洲晴雨表”2005 年的调查显示，尽管 31% 的受访民众认为赡养老人是子女的责任（在所有照顾老人的方式中，这一比例最高），但实际上只有 12% 的受访者赡养或照顾过 65 岁以上的老人。其中，在瑞典与比利时受访民众中这一比例最高，也只有 20%；而匈牙利的这一比例最低，为 5%。[2] 与此同时，家庭稳定是家庭社会资本的核心要素，而离婚则是导致家庭破裂的主要原因，无疑是对家庭社会资本的严重侵蚀。而在欧盟各国中，离婚率从 1980 年到 2005 年间增加了 55%，其中西班牙、葡萄牙与意大利等国离婚率上升幅度较大，在 1995 年至 2005 年间，三国离婚率分别增加了 183%、89%、62%（Sedano et al.，2009）。[3] 由此可见，欧盟成员国的家庭社会资本也处于侵蚀之中。

二、欧盟社会危机的后果

在欧盟社会危机中，如果说社会排斥现象使得一部分公民平等的公民权利被剥夺而长期游离于公民社会之外，成为欧盟各国民主进程与公民社会建设进程中被遗忘的对象，那么社会资本流失现象则意味着大部分民众对欧盟各国民主与公民社会所具有的一种消极态度。这两种现象的持续存在无疑成了欧盟各国民主发展与社会进步的严重制约因素。欧盟社会危机的后果主要表现在以下三个方面。

（一）社会危机加剧了欧盟社会的贫困现象

与欧盟地区严重的社会排斥现象相伴的是社会贫困现象的不断加剧。“欧洲晴雨表”（Eurobarometer）2009 年的调查结果显示，绝大部分欧盟民众都认为欧盟地区的生活水平与贫困状况在持续恶化，如 75% 的受访民众认为欧盟总体的贫困状况不断加剧，欧盟所有 27 个成员国中的大部分民众都认为本国的贫困程度变得更为严重。其中，在匈牙利、拉脱维亚两国受访民众中，这一比例分别达到了 97% 和 96%；在波兰和马耳他两国受访民众中，这一比例相对较低，但也分别达到了 65% 和 67%。[4]

欧盟官方的统计数据也得出了相似的结论。欧盟官方对欧盟地区的社会贫困问题一般从以下三个因素进行衡量：一是贫困风险人口（persons at – risk – of – poverty）的规模，即那些家庭人均可支配收入处于贫困线以下的人口数量[5]；二是生活资料严重匮

---

[1] Robert D. Putnan，Bowling Alone：American's Declining Social Capital，*Journal of Democracy*，6. 1（1995），pp. 65 – 78.

[2] Ibid，pp. 81 – 86.

[3] Alfredo Rodríguez Sedano，Juan Carlos Aguilera，Ana Costa – Paris，The Decline of the Family as a Source of Social Capital in the EU：Some Indicators，Educación y educadores，Vol. 12，No. 3，2009，pp. 161 – 177.

[4] Eurobarometer，Poverty and Social Exclusion Report，available at http：//ec. europa. eu/public_ opinion/archives/ebs/ebs_ 355_ en. pdf，pp. 16 – 17.

[5] 欧盟贫困线，或欧盟贫困风险门槛（the risk – of – poverty threshold），一般指成员国社会转移支付之后的中位人均可支配收入的 60%。

乏的人口的规模[1]；三是生活在极低工作密度家庭的人口[2]，即那些“生活在18～59岁之间的家庭成员上一年工作量不足工作潜力20%的家庭中的、年龄在59岁以下”的人口。[3] 根据欧盟统计局的研究，在2008～2011年这四年间，欧盟贫困人口（此处指至少符合上述三个标准中一个的人口数量）从2008年的23.5%增加到2011年的24.2%；在欧盟27个成员国中，绝大部分成员国的贫困人口都有所增加，其中，保加利亚从2008年的38.2%增加到2011年的49.1%。如果从前面提到的三种贫困人口的构成来看，2011年欧盟27国中，16.9%的人口属于贫困风险人口，8.8%的人口生活资料严重匮乏，10.0%人口的家庭中18～59岁的家庭成员实际工作量不到其工作潜力的20%。其中，保加利亚贫困风险人口最多，占其人口总数的22.3%，罗马尼亚次之，为22.2%；保加利亚生活资料严重匮乏的人口也最多，达到了总人口的43.6%，拉脱维亚次之，为30.9%；立陶宛18～59岁家庭成员实际工作量不到其工作潜力20%的人口最多，为12.3%，西班牙和拉脱维亚紧随其后，为12.2%。[4]

（二）严重危害社会稳定

一方面，长期存在的社会排斥现象加剧了民众的贫困程度，使得他们逐渐失去了参与公民社会活动的物质基础，同样也使欧盟一直倡导的福利、平等的社会理念遭受严峻挑战，与此同时，与社会排斥相伴的各种社会歧视现象猖獗盛行，使得欧盟社会的平等、宽容、忍耐等核心价值观念面临冲击；另一方面，社会资本的流失意味着人与人之间的关系变得淡薄，各种正式与非正式的社会交际网络被削弱，民众的社会认同感与归属感下降，个人主义与物资主义观念盛行，这同样危及了公民社会赖以存在的基础（Goodhart，2004）。[5] 这两个方面都会加剧下面一些社会问题，从而危害欧盟社会的稳定。

1. 社会歧视

社会歧视既是导致社会排斥现象的重要因素，又是社会排斥的直接后果。这是因为被排斥对象的贫困状况不断加剧，使得他们的社会经济地位进一步下降，从而加大了他们进一步受到歧视的可能性；与此同时，由于被排斥对象基本上处于严重的物质生活资料剥夺状态，他们微弱的社会资本被侵蚀的可能性也大大提高，换言之，他们原有的人际关系将不断被削弱，而被排斥的经历又使得新社会关系的构建面临许多困

---

[1] 生活资料严重匮乏人口（severely materially deprived persons），指满足下面9项条件中的4项的人口：（1）不能按时支付租金或物业账单；（2）家庭不能供暖；（3）不能进行意料之外的支出；（4）不能每隔一天食用肉、鱼或其他蛋白质类食物；（5）一年之中不能离家度假一星期；（6）没有汽车；（7）没有洗衣机；（8）没有彩电；（9）没有电话（包括手机）。

[2] 此部分贫困人口不包括在校学生。

[3] Eurostat，In 2011，24% of the population were at risk of poverty or social exclusion，available at http：//epp. eurostat. ec. europa. eu/cache/ITY_ PUBLIC/3－03122012－AP/EN/3－03122012－AP－EN. PDF.

[4] Eurostat，In 2011，24% of the population were at risk of poverty or social exclusion，available at http：//epp. eurostat. ec. europa. eu/cache/ITY_ PUBLIC/3－03122012－AP/EN/3－03122012－AP－EN. PDF.

[5] David Goodhart，Too Diverse? *Prospect*，February，2004，pp. 30－37.

难，这样，他们最后可能沦落于社会关系网络之外（Maner etc，2007）[1]，这种状况同样是他们被社会歧视的重要因素。随着欧盟持续东扩，欧盟社会人口构成的多元化特征愈发明显，种族主义与排外等歧视现象时有发生。

从欧盟社会的实际情况来看，容易遭受社会歧视的主要有三个群体。一是罗姆人（吉卜赛人）。作为欧盟最大的少数民族群体，尽管大部分罗姆人都是欧盟成员国公民，但他们不但在政治、经济、文化、教育、社会等各个方面都遭受歧视，而且往往成为涉及种族歧视犯罪活动的受害者。欧盟统计局2008年的调查数据显示，77%的民众认为罗姆人在欧盟社会处于不利的境地，大约25%的民众不希望罗姆人作为自己的邻居。[2] 二是移民。在欧盟各国，不管是来自欧盟内部还是非欧盟国家的移民，都是社会歧视的对象。移民群体被歧视的原因是多方面的，但种族是当中的主要因素。据欧盟统计局数据显示，在欧盟各国非欧洲出生的公民中，23%的人认为种族是他们遭受歧视的主要原因，在所有因素中是最高的。[3] 三是宗教少数派。欧盟各国针对伊斯兰教与犹太教等少数派宗教民众的歧视现象也时有发生。调查数据表明，42%的受访者认为基于宗教因素的歧视现象普遍存在，而这种歧视现象在丹麦、法国、英国更为常见，三国分别有62%、57%、56%的民众认可了这种现象。[4] 至于这些社会歧视现象发生的领域，与社会排斥现象一样，主要也集中在就业、教育、医疗保健及住房等几个方面。[5]

2. 社会骚乱与犯罪行为蔓延

不管是社会排斥现象盛行还是社会资本不断遭受侵蚀，都会对欧盟的社会结构与价值观念产生严重的冲击，并且进一步影响人们的思想观念与行为方式。这是因为：一方面，社会排斥现象的滋生与欧盟各国民主政治与政府治理的失灵之间具有密切的关系，在欧盟国家福利制度改革的大趋势下，各国政府未能在分配、就业、教育及医疗等方面充分维护弱势群体的利益，使得他们被社会排挤，陷入贫困与被剥夺状态，这样一来，人们对民主政治、政府官员以及法律规范、社会公德的信任程度将不断降低；另一方面，社会资本的流失同样也表现为民众之间以及民众对政治、政府的信任遭到侵蚀，各种社会关系网络的同情关爱与互帮互助功能被削弱，人们变得更多地以自我为中心，对他人、社会的质疑心理不断加强。[6] 在欧盟成员国中，这两种情况都对

---

[1] Jon K Maner, C. Nathan DeWall, Roy F. Baumeister and Mark Schaller, Does social exclusion motivate interpersonal reconnection? Resolving the "porcupine problem", *Journal of Personality and Social Psychology*, Vol. 92 (1), Jan 2007, pp. 42 – 55.

[2] Eurostat, Discrimination in the European Union: Perceptions, Experiences and Attitudes, p. 43, available at http://ec. europa. eu/public_ opinion/archives/ebs/ebs_ 296_ en. pdf.

[3] Eurostat, Discrimination in the European Union: Perceptions, Experiences and Attitudes, p. 13, available at http://ec. europa. eu/public_ opinion/archives/ebs/ebs_ 296_ en. pdf.

[4] Ibid, p. 66.

[5] Jean – Pierre Gauci, EU Racism Report 2008, pp. 6 – 22, available at http://cms. horus. be/files/99935/MediaArchive/publications/shadowReport2008_ EN_ final. pdf.

[6] Peter Ashton, Social Capital – Its Decline, Effect and Why the Current Social Climate Could See a Change in the World, available at http://www. sociology. cam. ac. uk/news/sociology_ essay_ winner_ 09_ Ashton. pdf.

社会的行为规范产生了冲击，导致的主要后果就是社会骚乱与犯罪现象的蔓延。

社会骚乱是21世纪初尤其是2008年金融危机以来欧盟成员国面临的严重社会问题。近年来，不但英国、法国、希腊、意大利、西班牙、葡萄牙等西欧发达国家民众在反对政府削减福利开支过程中爆发了严重骚乱，中东欧转型国家中的波兰、斯洛伐克、斯洛文尼亚等国公民也因经济不景气导致生活水平下降频频举行游行示威活动，就是福利保障制度向来为世界所称道的北欧国家，如瑞典、芬兰等国家的社会骚乱风险也大大提高。据国际劳工组织2013年6月发表的有关数据表明，欧盟成员国中的社会骚乱风险全球最高，已从2006～2007年间的34%上升至2011～2012年的46%。[1] 欧盟成员国发生的社会骚乱现象具有这样一些特征：第一，参与骚乱活动的人数众多，涉及的地域范围广，持续的时间长；第二，参与骚乱活动的主要成员是遭受严重社会排斥的贫困与失业人士，但也有少数中产阶级与精英分子牵涉其中；第三，骚乱过程中发生了纵火、抢劫等严重暴力犯罪活动。2008年12月希腊社会骚乱现象、2011年8月英国伦敦骚乱事件以及2013年5月瑞典的骚乱事件都体现出这些共同的特征。

与此同时，犯罪现象的重新蔓延也是近年来欧盟各国的一个严重社会问题。欧盟统计局2012年公布的有关资料显示，尽管2006～2009年间欧盟总体犯罪率呈现出下降趋势，但涉及个人财产的相关犯罪活动依旧十分猖獗。例如，希腊、塞浦路斯、卢森堡、保加利亚、荷兰、匈牙利以及瑞典等国的抢劫罪均有大幅增加；欧盟各国室内财产盗窃犯罪率总体提高了3%，其中半数以上国家提高了5%～10%，而丹麦、希腊、瑞典与罗马尼亚的增长幅度都超过了20%；此外，欧盟吸毒和贩毒等与毒品相关的犯罪活动自2002年以来一直在逐年增长，在2006～2009年间，大部分欧盟国家的涉毒犯罪活动的增长幅度都超过了10%。[2]

3. *极端右翼势力逐渐膨胀*

从欧盟近年来政治与社会发展变化来看，社会资本流失现象还伴随着极端右翼势力的复苏与膨胀，这两者之间的相互关系已经引起欧盟各界的重视（Rydgren，2009）。[3] 在社会资本丰厚的社会里，社会成员互相之间以及他们对各种社会组织的信任水平都比较高，民主、自由、平等、宽容等价值观念更容易成为社会共同价值，因为在这些社会里，众多的正式与非正式的社会关系网络有助于培养成员之间团结合作、互帮互助的利他精神与公共意识（Putnan，1993）。[4] 相反，在社会资本稀缺或社会资本被不断侵蚀的社会里，随着社会总体信任水平的下降，民主、自由、平等、宽容等社会价值就有被违背的危险，从而为极端右翼势力的滋生与膨胀创造有利的社会环境。

---

[1] 环球网："全球贫富差距或扩大，欧盟社会骚乱风险最高"，载 http：//finance. huanqiu. com/world/2013 - 06/4000419. html。

[2] Eurostat，Crime and Criminal Justice，2006—2009，pp. 1 - 4，available at http：//epp. eurostat. ec. europa. eu/cache/ITY_ OFFPUB/KS - SF - 12 - 006/EN/KS - SF - 12 - 006 - EN. PDF.

[3] Jens Rydgren，Social Isolation? Social Capital and Radical Right - wing Voting in Western Europe，*Journal of Civil Society*，Vol. 5，No. 2，2009，pp. 129 - 150.

[4] Robert D. Putnan，Making Democracy Work：Civic Traditions in Modern Italy，Princeton：Princeton University Press，2003，pp. 89 - 90.

在近十多年来尤其是2008年以来的金融危机背景之下，奥地利自由党、法国“国民阵线”、希腊“金色黎明党”以及瑞典民主党等右翼政党在各自国家的选举中支持率不断提升，在欧盟的政治生态中引起了很大的震动。在这些极端右翼政治势力宣扬的思想中，抵制欧盟成员国相对开放的移民政策、反对欧盟倡导的多元文化政策甚至欧盟政治经济一体化、反对政府增加福利支出、反对全球化等内容成为它们的共同主张。[1] 随着这些右翼政党在欧盟政坛中话语权的加强，其对欧盟各国的民主政治与公民社会产生的消极影响无疑会不断扩大。

（三）侵犯公民的经济社会权利

公民究竟具有哪些基本权利？西方公民身份理论对这一问题的认识经历了一个逐渐发展的过程。一般认为，在现代西方有关公民权利的理论探讨中，英国学者马歇尔的观点产生了深远的影响，对当代西方国家的公民政治实践具有重要的指导意义。马歇尔在其1950年出版的《公民身份与社会阶级》一书中，将公民要素区分为三个方面：一是“公民的要素”，即公民“个人自由所必需的权利组成，包括人身自由，言论、思想和信仰自由，拥有财产和订立有效契约的权利以及司法权力”；二是“政治的要素”，即“公民作为政治权力实体的成员或这个实体的选举者，参与行使政治权力的权利”；三是“社会的要素”，即“从某种程度的经济福利与安全到充分享有社会遗产并依据社会通行标准享受文明社会的权利等一系列权利”（马歇尔，1950）。[2] 与这三个要素相对应的就是公民的法律权利、政治权利与社会权利。从此以后，公民的社会经济权利开始全面进入人们的视野。

上述公民权利也得到了国际社会的普遍认可。联合国大会1966年通过的《公民权利和政治权利国际公约》指出：“只有在创造了使人人可以享有其公民和政治权利，正如享有其经济、社会和文化权利一样的条件的情况下，才能实现自由人类享有公民及政治自由和免於恐惧和匮乏的自由的理想。”[3] 这就要求联合国成员国不但要维护本国公民的政治与法律权利，同样必须满足公民在经济、社会、文化等方面的要求。同样，公民社会权利的保护在《欧洲联盟基本权利宪章》中也得到了充分体现。例如，宪章规定，欧盟成员国公民拥有受教育权，包括“接受教育、接受职业培训与进修的权利，接受义务教育等权利”；拥有职业自由与工作权利，包括“自由选择与从事职业的权利，在欧盟成员国求职、工作等权利”；拥有不被歧视的权利，即禁止因性别、种族、肤色、血缘或社会出身、基因特性、语言、宗教以及世界观、政治与其他立场观念对公民进行歧视；拥有平等权，包括语言、宗教、文化平等权，就业、工作、工资平等权，以及老人与残障人士的平等权；等等。[4]

---

[1] 何农：“欧洲右翼势力在膨胀”，载环球网，http：//world. huanqiu. com/hot/2012 –05/2718780. html。

[2] ［英］T. H. 马歇尔、安东尼·吉登斯等著：《公民身份与社会阶级》，郭忠华、刘训练编，江苏人民出版社2008年版，第10 –11页。

[3] 《公民权利和政治权利国际公约》，参见 http：//news. xinhuanet. com/ziliao/2003 – 01/20/content _698226. htm。

[4] The European Union, Charter of Fundamenal Rights of the European Union, Official Journal of the European Communities, 2000/ C 364/1, pp. 11 –15, available at http：//www. europarl. europa. eu/charter/pdf/text_ en. pdf.

在欧洲各国的实践中，西欧、北欧国家第二次世界大战结束之后逐渐建立起来的社会保障制度，曾一度被公认为是全球维护公民经济、社会权利的成功实践。但自20世纪80年代末期以来，随着欧洲发达国家的福利制度危机愈演愈烈，欧洲国家公民的社会权利开始面临挑战。在21世纪初尤其是近几年的金融危机中，欧盟国家公民的社会经济权利进一步遭受考验。欧盟成员国中盛行的社会排斥现象表明，包括移民、少数民族等弱势群体在内的一部分公民在就业、教育、文化与医疗等各方面遭受种种歧视，公民社会权利不断被侵蚀。与此同时，欧盟社会资本的流失冲击了欧盟社会长期坚持的民主、平等、宽容等核心价值观念，进一步加剧了社会排斥现象。由此可见，21世纪初欧盟的社会危机对公民的社会权利造成了严重危害。

三、欧盟国家应对社会危机的战略措施

社会排斥现象的持续蔓延与社会资本的逐渐流失已经成为欧盟成员国公民社会建设过程中的严重障碍。为此，欧盟及其成员国21世纪初以来在政治、经济、法律、文化、教育与社会等各个领域采取了一系列积极应对措施，大力实施社会融合（social inclusion）战略，以维护公民的经济社会权利。

从近十多年来欧盟社会排斥现象的主要表现来看，社会排斥主要发生在就业、教育、医疗等经济与社会领域，对公民的经济社会权利造成了严重危害。因此，在欧盟及其成员国的社会政策领域，通过社会融入来反对贫困与社会排斥一直是社会政策的重中之重（world bank，2007）。[1] 2000年3月，当时欧盟15国领导人在里斯本特别首脑会议上，提出了欧盟经济社会的十年发展战略（里斯本战略），而克服贫困与社会排斥就是这一战略中的重要内容。[2] 这一战略规划为2000～2010年之间欧盟的反贫困与社会排斥设定了具体目标，如在就业方面，由2000年的平均就业率61%提高到2010年的70%；在反贫困方面，使2000年18%的贫困率下降到2005年的15%，直至下降到2010年的10%。[3] 与20世纪90年代之前的反贫困政策相比较，里斯本战略在这方面具有两个新的特征：一是成员国在克服贫困与社会排斥方面达成了协调合作的协议，实施开放协作的方法；二是各成员国根据里斯本战略的原则要求，制定相应的国家行动计划。[4] 为了贯彻落实里斯本战略中反对贫困与社会排斥现象的具体目标，欧盟理事会与欧盟委员会2004年专门通过了一个促进欧盟社会融合的共同决议，该决议为成员国2004年以来克服贫困与社会排斥的实践提出了一个政策框架。[5] 2010年3月，在全

---

[1] World Bank, Social Exclusion and the EU's Social Inclusion Agenda, available at http://siteresources.worldbank.org/INTECONEVAL/Resources/SocialExclusionReviewDraft.pdf.

[2] Presidency Conclusion: Lisbon European Council, available at http://www.consilium.europa.eu/uedocs/cms_data/docs/pressdata/en/ec/00100 - r1.en0.htm.

[3] Maurizio Ferrera, Manos Matsaganis and Stefano Sacchi, Open coordination against poverty: the new EU social inclusion process, *Journal of European Social Policy*, Vol. 12 (3), 2002, p. 231.

[4] Mary Daly, Social Exclusion as Concept and Policy Template in the European Union, available at http://aei.pitt.edu/9026/1/Daly135.pdf.

[5] Anthony B. Atkinson, Eric Marlier and Brian Nolan, Indicators and Targets for Social Inclusion in the European Union, *Journal of Common Market Studies*, Vol. 42, March 2004, pp. 47 - 75.

球金融危机的背景下，欧盟提出了2020年战略。在这一新战略中，克服贫困与社会排斥现象依旧处于非常重要的地位。新战略规定了未来十年中欧盟在这一方面的目标分别为：到2020年，20~64岁适龄人群就业率由目前的69%提升至75%，与此同时，至少要帮助2000万的民众摆脱贫困与被排斥状态。[1] 根据欧盟自2000年以来的相关战略部署，欧盟近十多年来反贫困与社会排斥现象的主要对策可以概括为以下两个方面。[2]

（一）成员国的政策措施

尽管欧盟一直不遗余力地强调反贫困与社会排斥的重要性，并为此制定了具体的战略步骤与目标，但具体政策的形成与实施依旧是各个成员国的主要责任。由于各成员国社会贫困与社会排斥现象背后的原因多种多样，表现形式复杂多变，因此，欧盟成员国克服贫困与社会排斥现象的措施也呈现出多元化特征。这些多元化的措施有：第一，促进就业。就业是摆脱贫困的最安全、最有效的途径。为此，欧盟成员国一方面调整本国宏观经济政策，刺激经济发展以增加更多的就业岗位；另一方面加速国内劳动力市场的一体化进程，为贫困与被排斥阶层的劳动力创造更多的就业机会。第二，重塑社会保障体系，提高民众的福利水平。尽管大部分欧盟国家都建立了完善的福利保障制度，但在20世纪90年代以来的福利制度危机与2008年以来的金融危机的双重压力下，欧盟民众的福利水平普遍呈现下降趋势。为此，欧盟各国都在努力探索更加合理的福利制度改革措施，争取在减轻政府财政负担与保障贫困阶层与社会排斥对象的基本福利水平这两者中寻找新的平衡点。第三，加强教育培训。教育水平低、缺乏先进的工作技能往往是导致贫困与被排斥的重要原因。为了改变贫困与被排斥阶层的这种状况，欧盟各国在教育领域推行改革，使各级教育机构更多地面向弱势群体开放，同时不断减少这一群体中的辍学现象，提高他们的教育水平。第四，加强移民的社会融入。随着欧盟移民的增多，各国政府在语言学习、劳动技能培训等方面采取积极措施，以减少移民在社会融入过程中面临的困难。第五，反对歧视。欧盟各国根据欧盟反歧视立法的要求，不断完善本国反歧视的法律措施，从而对减少因性别、宗教、种族、文化、健康等各种原因产生的社会歧视现象发挥了积极作用。

（二）欧盟的政策措施

1. 逐渐增加在反贫困与社会排斥现象过程中的财政支出

反贫困与社会排斥现象需要有持续的财政支撑。在最近十多年欧盟各国的反贫困与社会排斥过程中，各国政府为了扶持弱势群体的就业、提高他们的教育水平与福利保障，不断增加相应的财政支出。与此同时，欧盟为了帮助成员国提高社会融合政策的效率，同样增加了财政开支。欧盟在这个方面的财政支撑主要有两个方面：一是欧盟实施的专门反贫困与社会排斥项目中的财政支出。例如，欧盟2000年在反贫困与社

---

[1] European Commission, COMMUNICATION FROM THE COMMISSION: EUROPE 2020 A strategy for smart, sustainable and inclusive growth, p. 3, Brussels, 3. 3. 2010, COM (2010) 2020.

[2] European Commission, The European Platform against Poverty and Social Exclusion: A European framework for social and territorial cohesion, European Union, 2011.

会排斥方面实施了一个“共同体行动项目”，该项目为提高成员国的工作效率，在2002～2006年一共投入7500万欧元，主要用于促进成员国政策制定者、社会合作者、非政府组织以及科学家在反贫困与社会排斥方面开展合作。❶ 二是欧盟财政预算中的“欧洲社会基金”（European Social Fund）。该基金作为欧盟的结构性预算基金，主要用来加强欧盟地区的社会与经济融合进程，是欧盟促进就业与社会融合的主要政策工具，占欧盟总预算的10%。近年来，反对社会歧视也成为该基金优先支持的活动之一。❷ 值得注意的是，欧盟在总体经济景气不足的背景下，虽然2014～2020年间的财政开支比2006～2013年间的预算削减了3.4%，但“欧洲社会基金”却未受影响，其中，青年就业计划财政预算达60亿欧元，针对“最被剥夺”民众的食品援助计划财政预算为25亿欧元。❸

2. 鼓励欧盟国家社会政策的创新活动

在欧盟福利制度改革过程中，创新成为福利政策的主旋律。但政策的创新活动需要坚实的实证支撑，换言之，在创新政策的过程中政府需要进行大量的调查研究工作，然后在此基础上通过局部地区的试点尝试，总结经验教训，最后推广成功的模式。在欧盟成员国社会福利政策创新过程中，欧盟无疑发挥了重要的积极作用。第一，建设欧盟社会创新网络。欧盟通过实施“社会创新欧洲”计划，为欧盟成员国中的各种社会创新活动创造一个共享平台，为成员国提供互相学习、分享经验的机会。第二，提供资金援助。欧盟不但通过“欧洲社会基金”的财政预算为各国的社会政策创新直接提供资金帮助，还为各种创新实践活动从各国公立部门、政府组织以及各种私立投资机构筹集资金提供便利条件。第三，提供智力支撑。欧盟为各种社会创新试验活动提供咨询服务，组织各个领域的专家为创新实践活动的方案设计、执行程序、效果评估等各方面提供专业意见，从而提高创新活动的效率。❹

3. 促进伙伴合作与社会力量的参与

在克服贫困与社会排斥现象的过程中，欧盟及其成员国政府无疑扮演着主要角色，但其他社会群体的积极参与同样是不可缺少的。因此，在贫困与社会排斥治理过程中，欧盟一直倡导各种利益相关者的通力合作。成员国各级政府部门由于在社会政策改革创新与成果“孵化”过程中具有不可替代的重要作用，需要进一步发挥主导作用；各种非政府组织在欧盟政治、经济、文化、教育等社会各方面都具有重要的影响，因此在维护贫困与被排斥阶层的社会经济权利过程中同样可以发挥积极的作用；企业组织是欧盟经济发展的主导力量，也是欧盟公民社会建设的有力推动者，在克服社会排斥特别是就业排斥中能够发挥决定性作用；志愿者服务是欧盟公民社会发展水平

---

❶ European Commission, Community Action Programme to Combat Social Exclusion 2002－2006, p. 2, available At http://ec. europa. eu/employment_ social/soc－prot/soc－incl/vp2002010/guidelines010_ en. pdf.

❷ The European Parliament's Intergroup on LGBT rights, Major EU fund for employment and social inclusion will combat discrimination, 20 November 2013, available at http://www. lgbt－ep. eu/press－releases/.

❸ EU budget 2014－2020: EU leaders agree to historic cut, available at http://www. epha. org/5579.

❹ What do we do about social innovation? available at http://ec. europa. eu/enterprise/policies/innovation/policy/social－innovation/index_ en. htm.

不断提高的一个重要标志，欧盟每年大约有1亿民众参与的各种志愿者服务活动对促进社区的团结合作与互帮互助发挥了重要作用，在治理贫困与社会排斥现象方面也不例外。❶

4. 加强成员国政策协调

加强成员国之间的政策协调一直是欧盟治理贫困与社会排斥现象的重要措施之一。在2000年里斯本战略确立之后，欧盟就要求当时的成员国政府根据里斯本战略的相关目标制定具体的国家行动计划（National Action Plan）。此后，欧盟在社会保障与社会融合的政策实践过程中，又提出了“开放协调方法”（Open Method of Coordination）。“开放协调方法”是欧盟社会政策的重要内容，作为法律与政策措施的补充形式，其在欧盟成员国社会政策的实施、评估与相互合作等方面发挥了重要的推动作用，对促进欧盟社会政策的一体化进程无疑具有重要的积极意义。❷

四、治理欧盟社会危机呼唤积极公民身份的培育

从前文的分析来看，欧盟所采取的治理贫困与社会排斥现象的各项措施具有典型的“治标”特点。一方面，这些措施的目标对象是社会贫困与被排斥阶层，对其他社会阶层不会产生直接的影响，从这些措施的效果来看，虽然其在帮助特定群体摆脱贫困与排斥状态方面具有重要作用，但没有直接触及贫困与社会排斥现象产生的心理因素与社会基础，因此其作用又是有限的；另一方面，从社会资本的角度来看，克服贫困与社会排斥作为促进欧盟社会融合的重要内容，在贫困与被排斥阶层的社会资本重建方面无疑能够发挥积极作用，但在遏制总体社会资本流失方面的作用也不应被高估。由此可见，在采取上述措施的同时，还需要实施能够针对欧盟当前社会排斥与社会资本流失现象赖以产生的社会根源的应对举措。

与此同时，欧盟的社会排斥与社会资本流失现象对欧盟社会的公民建设形成了严峻的挑战。正如前文所言及的，贫困与社会排斥现象严重危害了公民的社会经济权利。由于公民社会经济权利是实施与保障公民法律、政治权利的物质基础，因此，侵害公民的社会经济权利将导致公民身份的严重削弱。具体来说，基于各种原因产生的社会歧视危害了公民的政治与法律权利，从根本上违背了平等、宽容、忍耐等公民价值理念；长期失业不但意味着公民劳动权的丧失，其导致的物质生活资料的严重剥夺状况还进一步使人们失去了政治与公民社会参与的物质条件，无疑是对民主理念的严重践踏，等等。与此同时，社会资本流失现象从另一个不同的角度体现了欧盟国家公民身份面临的危机。人与人之间以及人们对政治制度与政治机构信任水平的下降意味着人们对公共事务与政治事务变得更加消极，个人主义的盛行也凸显了公民的集体认同意识与归属情感的下降，这些变化不但滋生了消极公民意识，而且成为整个社会民主进

---

❶ CEV Brussels Declaration, On the Role of Volunteering as a Means of Empowerment and Social Inclusion, The European Volunteer Centre, Dec. 2010.

❷ European Commission, Reinforcing the Open Method of Coordination for social protection and social inclusion, available at http://europa.eu/legislation_summaries/.

程的制约因素（Paxton，2002）。[1]

由此可见，为了铲除社会排斥与社会资本流失的社会根源，促进欧盟国家公民社会的建设进程，需要重塑欧盟社会的公民理念，培育积极公民身份。这种新的公民理念以欧盟各国民族国家的公民身份为基础，同时重视欧盟与欧洲维度公民意识的培养；以民主、平等、自由的传统公民价值观念为基本架构，同时增加了宽容、忍耐与多元化等体现时代特征的新的品德要求；以强调公民政治生活中的积极参与为核心，同时注重对社区与社会公共事务的积极投入。这种有别于传统公民理念的积极公民建设无疑能够创建积极、民主、平等、宽容的社会基础，从而成为解决社会排斥与社会资本流失等社会问题、促进欧盟社会融合的决定性措施（Jansen et al.，2006）。[2] 本书研究的积极公民教育正是这一措施的具体体现。

第三节　欧盟经济振兴与积极公民教育

第二次世界大战结束以后，欧洲主要国家在美国的援助之下完成了经济重建，欧美发达国家之间的经济竞争进入了一个新的时期。20 世纪 50 年代和 60 年代是欧洲国家战后经济快速发展的黄金时期。与美国经济相比，欧盟 15 国[3]的人均 GDP（国内生产总值）从 1950 年大约为美国的 40% 增长到 1970 年的 70%；但欧盟国家的这种追赶势头自 1970 年开始陷入了停顿状态，从 20 世纪 70 年代到 90 年代，二十多年里欧盟国家的经济一直处于低速徘徊状态，其人均 GDP 到 90 年代初依旧为美国的 70%（Dierx and Ilzkovitz，2006）。[4] 冷战结束以后，美国经济迎来了新一轮的高速发展，而对同期的欧盟国家而言，尽管来自苏联的巨大安全威胁逐渐消失了，但“和平红利”并未使欧盟国家的经济形势发生根本转变。进入 21 世纪以来，随着经济全球化进程的加快与中国、印度、巴西等发展中国家经济的崛起，欧盟经过几次扩张之后，虽然经济、人口与领土面积总量不断扩大，但其在世界经济体系中面临的竞争也在加剧。在此背景下，21 世纪初欧盟及其成员国为了振兴经济，先后于 2000 年提出了里斯本战略，2010 年又提出了欧盟 2020 年发展战略。除此之外，欧盟还推行了一系列的其他改革措施，本书研究的积极公民培育无疑也是欧盟经济振兴措施当中的一个表现。

---

[1] Pamela Paxton，Social Capital and Democracy：An Interdependent Relationship，*American Sociological Review*，Vol. 67，No. 2，2002，pp. 254 – 277.

[2] Th. Jansen，N. Chioncel and H. Dekkers，Social Cohesion and Integration：Learning Active Citizenship，*British Journal of Sociology of Education*，Vol. 27，No. 2，April 2006，pp. 189 – 205.

[3] 这里指西欧、北欧地区的 15 个发达国家，即法国、德国、意大利、荷兰、比利时、卢森堡、丹麦、爱尔兰、英国、希腊、西班牙、葡萄牙、奥地利、芬兰、瑞典。其中，奥地利、芬兰、瑞典三国于 1995 年加入欧盟；而前 12 个国家为 1993 年欧盟成立时的成员国，其中英国、法国、德国、意大利是欧盟传统经济强国。

[4] Adriaan Dierx and Fabienne Ilzkovitz，Economic Growth in Europe：Pursuing the Lisbon Strategy，in Susanne Mundschenk，Michael H. Stierle，Ulrike Stierle – von Schütz，Julia Traistaru – Siedschlag（eds.），Competitiveness and Growth in Europe，Northampton：Edward Elgar Publishing Inc.，2006，p. 16.

一、21 世纪初欧盟的经济困境及其原因

（一）欧盟经济困境的表现

20 世纪 90 年代以来，虽然欧盟经济并非完全乏善可陈，如这一时期里欧盟各国通胀率持续下降，政府的财政赤字水平得到改善，银行利率水平逐渐趋同，等等，但与其他竞争对手相比，欧盟总体经济严重缺乏活力，这可以从经济增长速度与劳动力就业状态两个重要的方面加以分析。

1. 欧盟经济增长速度缓慢

表 1-3-1　1993～1999 年欧元区 15 国的实际 GDP 增长速度及其比较❶　　单位:%

国家＼年份	1993	1994	1995	1996	1997	1998	1999
欧元区 15 国	-0.7	2.5	2.4	1.5	2.6	2.8	3
美国	2.7	4.1	2.5	3.7	4.5	4.2	4.5
OECD	1.4	3.2	2.5	3	3.6	2.6	3.3
中国	13.9	13.1	10.9	10	9.3	7.8	7.6
巴西	4.9	5.9	4.2	2.2	3.4	—	0.3
英国	2.3	4.3	2.9	2.8	3.1	3.4	3
法国	-0.9	3.6	3.9	3.7	6.1	5.2	3.9
意大利	-0.9	2.2	2.8	0.7	1.9	1.4	1.9
德国	-0.8	2.7	1.9	1	1.8	2	2

根据 OECD 2008 年的统计数据，自 1993 年欧盟成立以来至 1999 年，2008 年时的欧元区 15 个国家❷的平均实际 GDP 增长速度不但低于同期的美国与 OECD 成员国的平均增长速度（除 1998 年高于 OECD 成员国平均速度之外），而且也远低于同期中国以及 1993～1997 年间巴西的增长速度。对此，我们还可以将同属于西方七国集团的法国、英国、意大利及德国的增长情况与美国相比较。这四个欧盟主要的经济强国中，法国情况稍微好些，但七年间除了 1995 年、1997 年、1998 年三年外，其他四年里实际 GDP 增长速度低于美国；英国的实际 GDP 增长速度除了 1994 年、1995 年两年之外，其他五年里也都低于美国；意大利除了 1995 年外，其他六年里的实际 GDP 增长速度同样低于美国；德国七年时间里全部低于美国。

在 21 世纪最初的几年里，欧盟经济增长同样迟缓，这一状况在 2008 年的金融危机之后进一步加剧。表 1-3-2 中的数据表明，在 2002～2010 年的 9 年里，除了 2006 年、2007 年、2008 年三年之外，欧盟 27 国的 GDP 增长速度都低于美国与 OECD 的平均速度；与金砖国家中的中国、印度、南非、俄罗斯四个国家比较，除了 2009 年经济

❶ 表 1-3-1 数据来自 OECD 2008 年的统计数据，参见 http：//dx. doi. org/10. 1787/272530778260。

❷ 2008 年 15 个欧元区国家为德国、法国、意大利、荷兰、比利时、卢森堡、爱尔兰、西班牙、葡萄牙、奥地利、芬兰、希腊、斯洛文尼亚、塞浦路斯、马耳他。

衰退形势好于俄罗斯之外，其他所有年份里欧盟27国的GDP增长速度都远远低于这四个国家。再从同属于七国集团的法国、英国、意大利以及德国四国与美国的对比来看，9年里法国除了2007年、2008两年之外，其余7年里GDP增长速度低于美国；德国除了2006年、2007年、2008年及2010年外，其他5年里GDP增长速度低于美国；英国除了2002年、2003年及2006年、2007年之外，其他5年里的GDP增长速度低于美国；意大利9年里全部低于美国。而这四个主要国家的GDP增长速度都远远不如同期四个金砖国家（除了2009年外）。

表1-3-2　欧盟2002~2010年GDP增长速度及其比较❶　单位:%

国家＼年份	2002	2003	2004	2005	2006	2007	2008	2009	2010
欧盟27国	1.3	1.5	2.5	2.1	3.3	3.2	0.3	-4.3	2.1
美国	1.8	2.8	3.8	3.4	2.7	1.8	-0.3	-2.8	2.5
OECD	1.7（E）	2.2（E）	3.3（E）	2.8	3.2	2.7	0.2	-3.3	3.0
中国	9.1（E）	10.0（E）	10.1（E）	11.3（E）	12.7（E）	14.2（E）	9.6（E）	9.2（E）	10.4
南非	3.7	2.9	4.6	5.3	5.6	5.5	3.6	-1.5	3.1
印度	—	—	—	9.3	9.3	9.8	4.9	9.1	—
俄罗斯	4.7	7.3	7.2	6.4	8.2	8.5	5.2	-7.8	4.5
法国	0.9	0.9	2.5	1.8	2.5	2.3	-0.1	-3.1	1.7
德国	0.0	-0.4	1.2	0.7	3.7	3.3	1.1	-5.1	4.0
意大利	0.5	0.0	1.7	0.9	2.2	1.7	-1.2	-5.5	1.7
英国	2.3	3.9	3.2	3.2	2.8	3.4	-0.8	-5.2	1.7

E：Estimated value.

2. *劳动力就业水平偏低*

经济活力的另一个重要表现是劳动力就业水平。例如，OECD 2013年的有关统计数据表明，在2000~2010年的11年里，OECD组织中的21个欧盟国家❷中的15~64岁人口的平均就业水平（就业人口占该年龄段人口之比，见表1-3-3）与美国比较，同样存在较大的差距。其与OECD成员国的平均就业水平相比，除了2009年与2010年稍好之外，其他9年里也都要低。与部分金砖国家相比，除2001年外，欧盟其余10年里就业水平低于俄罗斯；除2000年、2009年、2010年之外（这3年中没有巴西的相关数据），在其他7年中低于巴西。如将同属7国集团的法、德、意、英4国与美国相比，除英国外（英国在除2000年、2001年外的其他9年里皆高于美国就业水平），德国除2009年、2010年外在其余9年里就业水平低于美国，而同期意、法两国就业水平与美国比较则有较大的不足。

---

❶ 表1-3-2数据来自OECD 2013年的统计数据，参见http：//stats. oecd. org/。

❷ 这21个国家分别为奥地利、比利时、捷克、丹麦、芬兰、法国、德国、希腊、匈牙利、爱尔兰、意大利、卢森堡、荷兰、波兰、葡萄牙、斯洛伐克、西班牙、瑞典、英国、爱沙尼亚、斯洛文尼亚。

表 1－3－3　欧盟 21 国及其他相关国家的 15～64 岁人口的就业水平及其比较[1]　单位：%

国家＼年份	2000	2001	2002	2003	2004	2005	2006	2007	2008	2009	2010
欧盟 21 国	62.6	63.0	63.0	63.2	63.5	64.1	64.9	65.9	66.4	65.2	64.8
欧盟 15 国	63.6	64.3	64.4	64.6	65.0	65.5	66.3	67.0	67.4	66.1	65.8
美国	74.1	73.1	71.9	71.2	71.2	71.5	72.0	71.8	70.9	67.6	66.7
OECD	65.4	65.2	64.9	64.7	65.0	65.3	66.0	66.5	66.5	64.8	64.6
俄罗斯	62.9	62.9	64.1	64.1	65.5	66.3	66.8	68.5	68.6	66.9	67.3
巴西		64.3	65.4	65.0	66.4	67.0	67.4	68.3	67.6		
法国	61.7	62.7	62.9	64.0	63.7	63.7	63.6	64.3	64.8	64.0	63.9
德国	65.6	65.8	65.3	64.6	65.0	65.5	67.2	69.0	70.2	70.4	71.2
意大利	53.9	54.9	55.6	56.2	57.4	57.5	58.4	58.7	58.7	58.3	57.7
英国	72.2	72.5	72.3	72.6	72.7	72.7	72.6	72.4	72.7	70.6	70.3

（二）欧盟经济困境的原因简析

导致欧盟经济困境的原因无疑是多方面的。例如，随着欧盟持续东扩，欧盟的人口总量与疆域不断扩大，欧盟内部市场有了很大的扩张，但中东欧以及波罗的海新成员国的加入也给欧盟经济带来了消极影响。这些国家经济基础薄弱，社会制度不健全，公民的教育水平相对偏低，这些因素都在一定程度上制约着欧盟经济总体的国际竞争力。然而正如前文所指出的，最近二十多年里英、法、德、意等欧盟主要经济发达国家的经济水平与美国相比同样具有较大差距这一事实表明，经济社会发展水平相对落后的新成员国的加入绝非导致欧盟经济困境的主要因素。事实上，欧盟大多数学者通过对 20 世纪 70 年代以来欧盟地区经济发展轨迹的分析发现，导致近二十多年来欧盟经济困境的主要原因在于劳动生产率[2]增长缓慢和社会总体创新水平滞后（Natali，2010）。[3]

1. 劳动生产率增长缓慢

自 20 世纪 90 年代以来的二十多年里，欧盟地区的平均劳动生产率增长水平一直波动起伏。根据 OECD 有关统计数据，这一时期欧盟 15 国[4]劳动生产率增长最快时达到

---

[1] 表 1－3－2 数据来自 OECD 2013 年的统计数据，参见 http：//stats. oecd. org/Index. aspx？ DataSetCode = LFS_ SEXAGE_ I_ R#。

[2] 每小时工作时间的 CDP 产出水平。

[3] David Natali，The Lisbon Strategy，Europe 2020 and the Crisis in Between，in Eric Marlier，David Natali (eds.)，Europe 2020：Towards a More Social EU？Brussels，2010，p. 94.

[4] 同前，指西欧、北欧地区的 15 个发达国家，即法国、德国、意大利、荷兰、比利时、卢森堡、丹麦、爱尔兰、英国、希腊、西班牙、葡萄牙、奥地利、芬兰、瑞典。其中，前 12 个国家为 1993 年欧盟成立时的成员国，奥地利、芬兰、瑞典 3 国于 1995 年加入欧盟。

了4%（1993年），最慢时大约为0.3%（Ortega－Argilés et al.，2013）。[1] 如与美国相比较，在自20世纪70年代以来的四十多年里，欧盟15国的平均劳动生产率增长速度恰好表现出与美国相反的变化趋势。美国劳动生产率增长速度由1973～1995年间的1.2%增长到1995～2006年间的2.3%，而欧盟15国刚好相反，由1973～1995年间的2.4%下降到1995～2006年间的1.5%（van Ark et al.，2008）。[2] 值得一提的是，1999年欧元的流通虽然对欧元国家经济的发展具有重要的积极意义，但对这些国家的劳动生产率未能带来大的推动作用。在2000～2012年这一时期里，欧元国家[3]的平均劳动生产率增长速度为1%，既与美国（1.9%）相比有较大差距，同样也不及OECD的增长水平（1.5%）。而同为七国集团成员的英、法、德、意四国与美国相比，平均劳动生产率的增长速度同样不及美国，见表1－3－4。

表1－3－4　欧元国家2000～2012年年均劳动生产率增长水平[4]　单位:%

	欧元国家	美国	OECD	英国	法国	德国	意大利
年均劳动生产率增长速度	1.0	1.9	1.5	1.1	0.9	1.1	0.0

2. 社会创新水平滞后

社会创新是促进一国劳动生产率增长，从而推动经济发展的主要力量。欧盟地区长时期经济增长乏力与劳动生产率低速徘徊，而社会创新水平滞后是导致这一问题的关键因素。对于欧盟创新水平滞后的认识，研究者们主要从两个因素进行了分析。

一是欧盟社会总体的研究与开发投入（GERD[5]）占GDP的比重。[6] 据OECD 2013年的“主要科学技术指数”的数据显示，在1995～2005年间，欧盟的社会总体研究与开发投入占GDP的比重不但与OECD中的美国、日本、韩国相比是最低的，而且低于OECD的平均水平。而欧盟的四个经济强国——英、法、德、意与美国相比，英、法、意三国同期都低于美国；德国是四国中社会总体研究与开发投入最多的国家，但除了2004年外，其在其余10年里同样低于美国的投入力度，见表1－3－5。

[1] Raquel Ortega－Argilés，Mariacristina Piva and Marco Vivarelli，The Transatlantic Productivity Gap：Is R&D the Main Culprit? pp. 4－5，available at http：//www. ub. edu/irea/working_ papers/2011/201103. pdf.

[2] Bart van Ark，Mary O'Mahony，and Marcel P. Timmer，The Productivity Gap between Europe and the United States：Trends and Causes，*Journal of Economic Perspectives*，Volume 22，Number 1，2008，p. 25.

[3] 此指奥地利、比利时、爱沙尼亚、芬兰、法国、德国、希腊、爱尔兰、意大利、卢森堡、荷兰、葡萄牙、斯洛伐克、斯洛文尼亚、西班牙、塞浦路斯这16个国家。

[4] 表1－3－4数据来自OECD 2013年的统计数据，参见http：//stats. oecd. org/Index. aspx？DataSetCode = LEVEL。

[5] GERD = BERD（Business Enterprise Expenditure on R&D）+ HERD（Higher Education Expenditure on R&D）+ GOVERD（Government Expenditure on R&D）+ PNPRD（Private Non－profit Expenditure on R&D）.

[6] Raquel Ortega－Argilés，Mariacristina Piva and Marco Vivarelli，The Transatlantic Productivity Gap：Is R&D the Main Culprit? ibid.

表 1-3-5　欧盟及其他相关国家 1995~2005 年间的研发投入水平[1]　　单位:%

国家 \ 年份	1995	1996	1997	1998	1999	2000	2001	2002	2003	2004	2005
欧盟	1.653	1.651	1.655	1.664	1.717	1.738	1.756	1.763	1.751	1.725	1.729
美国	2.402	2.442	2.471	2.497	2.540	2.619	2.637	2.549	2.553	2.490	2.506
日本	2.872	2.765	2.828	2.960	2.977	3.002	3.074	3.116	3.144	3.133	3.309
韩国	2.305	2.360	2.471	2.263	2.172	2.296	2.473	2.404	2.486	2.683	2.792
OEDC	2.016	2.044	2.063	2.086	2.129	2.172	2.211	2.188	2.190	2.163	2.192
英国	1.876	1.801	1.734	1.732	1.804	1.795	1.772	1.778	1.732	1.669	1.698
法国	2.282	2.269	2.241	2.144	2.160	2.150	2.199	2.238	2.177	2.156	2.109
德国	2.189	2.196	2.241	2.278	2.409	2.472	2.474	2.503	2.540	2.503	2.506
意大利	0.906	0.980	1.023	1.042	1.016	1.040	1.081	1.121	1.101	1.091	1.086

二是知识经济的角度。一些研究认为，欧盟知识经济发展迟缓是致使二十多年里欧盟经济落后于美国的主要因素。这主要表现在欧盟在信息与通信技术方面的投资回报率低、技术生产产业在欧盟经济中占的比重较小、多要素生产率增长速度缓慢等方面（van Ark etc.，2008）。[2] 学者的实证研究发现，在 1995~2004 年这十年当中，欧盟知识经济对劳动生产率增长的贡献率为 1.1%，而美国为 2.6%。欧盟中的经济强国——英、法、德、意的这一数据分别为 2.2%、1.6%、1.0%、-0.1%，都低于美国的水平（van Ark etc.，2008）。[3]

二、21 世纪初欧盟经济振兴战略分析

面对欧盟经济景气不足的状况，欧盟及其成员国自 21 世纪初以来采取了一系列的积极应对措施。一方面，欧盟成员国在促进宏观经济可持续增长、增加就业机会与改善就业环境、加快劳动生产率发展等多个方面实施了多种改革措施；另一方面，欧盟积极推行一体化的经济发展政策，欧盟 2000 年提出的里斯本战略（Lisbon Strategy）与 2010 年提出的 2020 年战略（Eueope 2020）就是其一体化经济政策的具体体现。

（一）2000 年里斯本战略

2000 年 3 月，在欧盟里斯本特别会议上，为了促进欧盟经济发展与社会融合，15 个成员国政府首脑就欧盟提出的面向 2010 年经济发展规划达成了共识，形成了欧盟经济社会发展的里斯本战略。该战略实施的主要背景即前文分析的欧盟经济困境，与此同时，制约欧盟国家民主政治与公民社会进一步发展的社会危机也是推动这一战略的

[1] 表 1-3-5 数据来源：OECD Main Science and Technology Indicators 2013/2 database，available at http://www.oecd.org/sti/msti.htm。

[2] Bart van Ark，Mary O'Mahony，and Marcel P. Timmer，The Productivity Gap between Europe and the United States：Trends and Causes，p.25，ibid.

[3] Ibid，p.36.

重要因素。

1. 里斯本战略的目标

里斯本战略为欧盟确立的面向2010年的战略目标为：把欧盟建设“成为世界上最具有竞争力与活力的知识经济体，通过创造更多更好的工作岗位与更大程度的社会融合促进经济的可持续发展”（European Council，2000）❶。这一战略目标又具体体现为经济、社会与生态三个方面的任务：

第一，采取更具效率的政策提高欧盟信息社会与研究开发水平，加速有利于促进欧盟竞争力与创新发展的结构改革进程，推动欧盟内部市场化一体化发展，为欧盟向知识经济与知识社会转型做好准备。❷

第二，通过实施健康稳妥的宏观积极政策与开放协调的社会政策，促进欧盟社会模式的现代化进程，克服欧盟国家的社会排斥现象。❸

第三，为了确保上述经济与社会两方面的目标顺利实现，欧盟将在气候、运输、公共卫生与自然资源等四个方面采取行动促进欧盟的可持续发展。❹

2. 实现里斯本战略目标的主要措施

在欧盟一体化进程中，欧盟委员会提出的措施一般有两种类型。一是欧盟层面的一体化政策，即在事关欧盟重大战略问题时，欧盟的法律地位决定其具有制定相关政策的法律能力，具体来说就是由欧盟委员会提出政策草案，经过部长委员会和欧洲议会的接受认可，再由成员国政府负责实施；二是欧盟建议下的成员国政策，即在前一种情况之外的在欧盟没有法定政策能力或者政策能力受到限制的领域，成员国政府是政策的制定者与实施者，欧盟发挥协调与监督的作用。❺ 从欧盟里斯本战略的政策措施的实际情况来看，欧盟协调监督下的成员国政策占据了主导地位。

具体来说，在实现里斯本战略目标的政策措施方面，欧盟委员会指出“没有制定新政策议程的需要”，强调进一步完善已有的政策议程。这些政策议程包括：第一，1993 年起实施的“主要经济政策指南”，即欧盟理事会每年根据委员会提供的成员国经济发展信息提出经济政策方面的建议，这是欧盟成员国经济政策的中央协调机制。❻ 第二，1997 年的“卢森堡议程”，即欧盟就业战略，旨在通过加强欧盟成员国就业政策的协调，促使成员国达到减少失业、培育企业家精神、加强就业适应性与促进就业机会均等这四个方面的目标；欧盟的协调监督方式主要是制定欧盟年度就业报告与就业指南，并使之成为成

---

❶ European Council，Lisbon European Council 23. 03. – 24. 03. 2000：Presidency Conclusions，March 2000，available at http：//www. europarl. europa. eu/summits/lis1_ en. htm.

❷ Ibid.

❸ Ibid.

❹ European Council，Goteborg European Council 15. 06. – 16. 06. 2001：Presidency Conclusions，June 2001，available at http：//ec. europa. eu/smart – regulation/impact/background/docs/goteborg_ concl_ en. pdf.

❺ Barbara Błaszczyk，The Lisbon Strategy：a Tool for Economic and Social Reforms in the Enlarged European Union，Available at https：//papers. ssrn. com/sol3/Data_ Integrity_ Notice. cfm? abid = 838147，pp. 11 – 12.

❻ European Council，the Broad Economic Policy Guidelines（BEPGs），available at http：//europa. eu/legislation_ summaries/glossary/broad_ ec_ pol_ guidelines_ en. htm.

员国就业领域“国家行动计划”的基础。[1] 第三，1998 年的“卡地夫议程”，即为了促进欧盟经济发展、增强就业而对成员国的经济结构改革进行协调监督。[2] 第四，1999 年的“科隆议程”，旨在加强欧盟理事会、欧盟委员会、欧洲中央银行以及社会伙伴之间的对话，帮助它们在增强就业、促进经济发展、维护物价稳定等方面互相支持与合作。[3] 里斯本战略要求欧盟理事会对这些政策进程的实施加强指导与监督，确保它们与里斯本战略目标协调一致。

值得一提的是，欧盟在里斯本战略中特别提出了一种新的政策工具“开放协调方法”（Open Method of Coordination，OMC）。这一政策工具可以溯源到 1997 年欧盟卢森堡峰会上制定的欧盟就业战略，其在实践中被证明在加强欧盟成员国政策协调方面具有积极的效果。欧盟认为，这一政策工具遵循了“权力自主”的原则，能够充分调动各方面利益相关者的参与积极性，且实施方式开放、灵活，不受固定范式的约束，对成员国也没有强制的约束力，因而是欧盟治理方式上的一种创新（Craig & De Burca，2011）。[4] 欧盟希望通过这种“开放协调方法”，既能加强成员国经济、社会政策的协调从而促进欧盟经济社会政策的趋同进程，又可以避免欧盟由于在就业、税收以及社会保障等方面缺乏立法能力而不能制定具体政策的困境。因此，在里斯本战略的决议中，欧盟提出在信息社会、研究与创新、企业发展以及社会融合等欧盟不具有法定政策能力的领域都需要积极使用这一政策工具。

虽然“开放协调方法”的主旨是加强成员国经济社会政策协调，帮助它们逐渐完善政策体系，但它发挥这一作用的前提条件是制定评价体系来评价监督成员国政府的相关政策。为此，欧盟里斯本首脑峰会为这一政策工具规定了几个要素。第一，为里斯本战略目标制定时间表，为相关具体任务设立短期、中期与长期目标，确立欧盟指南；第二，尽可能制定全面合适的、定量与定性的指数与标准，对成员国实施里斯本战略的具体情况进行比较分析；第三，在充分考虑国家与地区差异的前提下，通过确定特别目标的方式，将欧盟的指南与指标体系转化为成员国的政策；第四，通过欧盟委员会定期监督、评价与成员国彼此评价结合的方式，促进成员国之间的学习与交流（European Council，2000）。[5]

3. 里斯本战略的调整与变化

在里斯本战略实施数年后，欧盟各界对其质疑的声音不断出现。为此，欧盟委员

---

[1] European Council，The birth of the European Employment Strategy：the Luxembourg process，available at http：//europa. eu/legislation_ summaries/employment_ and_ social_ policy/community_ employment_ policies/c11318_ en. htm.

[2] European Council，Cardiff European Council，15. 06. – 16. 06. 1998，Presidency Conclusions，available at http://www. consilium. europa. eu/uedocs/cms_ data/docs/pressdata/en/ec/54315. pdf.

[3] European Council，Presidency Conclusions：Cologne European Council 3 and 4 June 1999，available at http：//www. consilium. europa. eu/uedocs/cms_ data/docs/pressdata/en/ec/57886. pdf.

[4] Paul Craig，Gráinne De Búrca，EU Law – Text，Cases and Materials，Oxford University Press，5th ed.，2011，p. 166.

[5] European Council，Lisbon European Council 23. 03. – 24. 03. 2000：Presidency Conclusions，March 2000，ibid.

会2004年成立了一个高级别的专门小组来对里斯本战略的实施效果进行评估。[1] 评估报告（科克报告）认为，里斯本战略的所有目标在2010年都不可能实现。其主要原因在于：一方面，里斯本战略涉及领域太多，各项优先任务之间互相冲突；另一方面，在里斯本战略的实施过程中，欧盟对成员国的协调不够，欧盟及其成员国政府未能为实现里斯本战略目标采取更为果断有力的政治措施，欧盟各国公民也没有广泛深入地参加（the Kok report，2004）。[2] 与此同时，该报告提出，为了促进欧盟的增长与就业，需要在知识社会、内部市场、商业氛围、劳动力市场以及环境的可持续性等五个方面采取迫切的措施。[3] 科克报告的主要内容基本上被欧盟委员会认可。因此，在2005年3月的布鲁塞尔峰会上，欧盟决定对里斯本战略进行调整，即在里斯本战略基本目标保持不变的情况下，将经济增长与扩大就业作为中心任务。为了实现这一中心任务，欧盟不仅确定了三个优先领域，即促使欧洲成为更具吸引力的投资与工作场所，以知识与创新促进经济增长，创造更多、更好的工作岗位，而且还对成员国在这三个方面采取的政策措施提出了相应的建议。[4]

（二）欧盟2020年战略

不管是2000年初始的里斯本战略还是2005年调整之后的新里斯本战略，从总体上看都未能完成其预定的战略目标。例如，截至2008年，里斯本战略的具体目标中，就业率从2000年的62%增长到66%，研发投入占GDP的比重从2000年的1.82%提高至1.9%，总体经济增长率（GDP）仅为0.3%。[5] 这就表明，在里斯本战略实施9年后，经济增长速度缓慢、劳动力就业水平低以及研究与创新领域投资匮乏这三个困扰欧盟经济的主要问题没有得到任何根本性的改善。2008年全球金融危机爆发后，欧盟各主要国家的经济都遭到了剧烈冲击，欧盟经济开始陷入严重的衰退状态，“结构性缺陷”进一步凸显。在这一背景之下，欧盟各界认为，未曾达到战略目标的里斯本战略更加不能满足欧盟及其成员国治理危机的需要。因此，欧盟在2010年6月的布鲁塞尔峰会上推出了欧盟2020年战略。

1. 欧盟2020年战略的目标

欧盟2020年战略的总体目标是促使欧盟经济摆脱全球金融危机，将欧盟建设成为

---

[1] 这一评估小组由欧盟成员国的13位专家组成，荷兰前首相维姆·科克（Wim Kok）担任组长，所以，小组的评估报告也被称为“科克报告”。

[2] Report from the HLG chaired by Wim Kok，“Facing the challenge – The Lisbon strategy for growth and employment”，Nov. 2004，p. 6，available at http：//ec. europa. eu/research/evaluations/.

[3] Ibid.

[4] European Commission，Communication to the Spring European Council，Working together for growth and jobs – A new start for the Lisbon Strategy，p. 15，available at http：//eur – lex. europa. eu/LexUriServ/site/en/com/2005/com2005_0024en01. pdf.

[5] European Commission，Commission Staff Working Document：Lisbon Strategy Evaluation Document，Brussels，2. 2. 2010，SEC（2010）114 final，p. 3，available at http：//ec. europa. eu/europe2020/pdf/lisbon_ strategy_ evaluation_en. pdf.

一个“灵巧、可持续、包容性的经济体”[1]。这一总体目标包括三个方面：一是通过大力推动欧盟知识经济发展与提升总体创新水平实现欧盟经济的“灵巧增长”；二是通过不断提高欧盟经济的资源利用效率、环境保护水平与竞争力实现欧盟经济的“可持续增长”；三是通过提高欧盟劳动力就业水平、促进社会与区域的融合实现欧盟经济的“包容性增长”。[2] 为了在2020年达到这一战略目标，欧盟进一步确定了以下五个关键领域的具体目标（European Commission，2010）：

第一，20～64岁的适龄劳动力就业水平由2010年的69%提高到2020年的75%；

第二，社会总体研究与开发投入占国内生产总值的比重2020年达到3%；

第三，2020年温室气体排放在1990年的基础上削减20%（如果条件允许，削减30%），可再生能源占总能耗的比重达到20%，能源使用效率提高20%；

第四，18～24岁人口中辍学者（early school leavers）[3] 比例从2010年的15%降低到2020年的10%，30～34岁人口中接受高等教育的比例由2010年的31%至少提高到2020年的40%；

第五，生活在国家贫困线[4]以下的人口减少25%，即贫困人口减少2000万。[5]

欧盟委员会强调，上述五个方面的具体目标是实现欧盟2020年总体战略目标的关键，每个成员国都必须根据各国的具体国情确立各个领域相应的国家目标，从而确保欧盟战略目标的顺利实现。

2. 欧盟2020年战略的实施措施

为了实现上述目标，欧盟2020年战略提出了七大“行动倡议”，作为2010～2020年间推动欧盟经济社会发展的主要措施（European Commission，2010）。

（1）“创新联盟”倡议：为了应对欧盟地区在气候变化、资源与能源使用效率、健康与人口变化等方面面临的挑战，欧盟必须大力提高总体研发与创新水平。为此，欧盟将推出如下一体化措施：第一，完成“欧洲研究区”的建设，启动能源安全、交通运输、气候变化、资源效率、健康与人口老龄化以及环境友好型生产方法等方面的战略研究议程；第二，改善企业创新的体制条件，如制定欧盟统一专利法、成立特别专利法院、更新版权与商标制度等；第三，在欧盟及其成员国两个层级上发起“欧洲创新伙伴”计划，加快技术培育与运用的速度；第四，加强欧盟创新支撑措施的作用；第五，促进知识伙伴关系，加强教育、企业与社会研发之间的联系。成员国需要采取的措施有：改革研发与创新体制，加强高校、研究机构与企业之间的合作，确保科学、

---

[1] European Commission，Communication from the Commission，Europe 2020：A Strategy for Smart，Sustainable and Inclusive Growth，Brussels，3. 3. 2010，COM（2010）2020，p. 3，available at http：//ec. europa. eu/eu2020/pdf/.

[2] European Commission，Communication from the Commission，Europe 2020：A Strategy for Smart，Sustainable and Inclusive Growth，Brussels，3. 3. 2010，COM（2010）2020，p. 3，available at http：//ec. europa. eu/eu2020/pdf/.

[3] 在欧盟，“辍学者”是指18～24岁的适龄人群中教育水平在初中以下且未曾接受任何形式的继续教育与培训的人口，“辍学率”指“辍学者”占18～24岁的适龄人群的比例。参见“欧盟统计局词条解释”，http：//epp. eurostat. ec. europa. eu/statistics_ explained/index. php/Glossary：Early_ school_ leaver。

[4] 在欧盟，“国家贫困线”指人均可支配收入低于各个成员国人均可支配收入中位水平的60%。

[5] European Commission，Communication from the Commission，Europe 2020，pp. 8－9，ibid.

数学与工程等专业人才的供给，保障知识经济的优先支出地位，等等。[1]

（2）“青年流动”倡议。为了提高欧盟高校的办学效果与国际吸引力，提高欧盟各层次教育与培训的质量，改善欧盟青年的就业状况，需要增强欧盟学生与培训者的流动性。为此，欧盟将采取这些措施，如增强欧盟内部人口的流动性，加强欧盟有关高校与研究人员项目（如 Erasmus，Erasmus Mundus，Tempus and Marie Curie 等项目）的力度，探索培育青年职业人员企业家精神的方式，倡导非正规与非正式学习，制定一体化的青年就业制度与相关政策，等等；而成员国的措施包括：确保对各级教育与培训的资金投入，不断提高教育培训水平，开放本国教育体制，改进青年进入劳动力市场的环境，等等。[2]

（3）“欧洲数字化”倡议。为了充分发挥现代信息通信技术对欧盟经济与社会发展的持续推动作用，欧盟需要借助高速与超高速因特网建立统一数字化市场。为达到这一目的，欧盟将实施的措施有：提供稳定的法律框架，制定富有效率的统一频谱政策，加快与此议程相关的结构资金的使用，为网络内容与服务成立真正的单一市场，改革研发基金，加强对信息通信技术的支持，提高欧洲公民网络使用水平，等等。成员国措施包括制定本国高速网络战略、为协调公共服务减少网络成本建立法律制度、提高现代网络服务的使用效率等方面。[3]

（4）“资源效率型欧洲”倡议。为了促进欧盟的可持续发展，增强欧盟经济竞争力与能源安全，必须促使欧盟经济向资源效率与低碳型转变。为达到这一目的，欧盟将采取一系列行动，如为鼓励环保低碳经济提供财政支撑，为相关市场工具的运用建立法律框架，为运输部门的减排与现代化建设提供建议，加速具有惠及全欧盟增加价值的战略性工程的建设，完成欧盟内部能源市场建设，以及实行战略性能源技术计划与修订的“能源效率行动计划”，等等。成员国同样需要采取积极措施，如逐渐结束损害环境的补贴，运用市场手段调整生产与消费方式，建设智慧型、互相之间广泛联系的运输与能源基础设施，等等。[4]

（5）“全球化时代的工业政策”倡议。这一倡议的目的是改善欧盟的商业环境，夯实欧盟经济可持续发展的工业基础，增强欧盟企业的国际竞争力。为此，欧盟需要制定统一产业政策，强化欧盟具有竞争力、多样性的产业基础；需要改善商业环境，促进困难部门的重建，改进技术与生产方式；还要确保欧盟所有企业通过欧盟运输与后勤网络高效进入欧盟内部市场与国际市场；等等。欧盟成员国则需要采取措施改善本国商业环境，改进实施知识产权的条件，以及减轻公司企业的管理负担，等等。[5]

（6）“新技能与新就业”倡议。为了提高劳动力市场的现代化水平，促进欧盟社会

---

[1] European Commission，Communication from the Commission，Europe 2020，pp. 8 – 9，pp. 10 – 11.

[2] European Commission，Communication from the Commission，Europe 2020，pp. 10 – 11.

[3] Ibid，p. 12.

[4] Ibid，p. 14.

[5] European Commission，Communication from the Commission，Europe 2020，pp. 15 – 16.

模式的可持续发展，欧盟需要培育劳动者的新技能，创造新的就业。在这一方面，欧盟将采取的措施有：促进欧盟内部劳动力的流动性，通过各级教育与培训机构的协同努力确保劳动者接受继续学习与再就业所必需的知识与技能教育。与此同时，欧盟成员国必须根据本国实际情况将欧盟各项相关政策具体落实，还有必要依据国情实施特别措施。[1]

（7）“欧洲反贫困平台”倡议。为了促进欧盟经济、社会与地区的融合，欧盟需要加强反贫困与社会排斥的努力。因此，欧盟不但需要将里斯本战略中的“开放协调方法”改造成便于成员国之间互相合作、互相评价、互相交流的反贫困平台，还需要推行有助于创新社会弱势群体教育、培训与就业方式的各种措施；而成员国则必须在反贫困与社会排斥过程中提高集体与个人的责任分享意识，不但必须充分利用本国社会保障与养老制度，而且需要为相关群体制定特定的针对性措施，等等。[2]

三、积极公民教育对欧盟经济振兴的重要意义

由前文的分析可以得知，不管是在欧盟里斯本战略还是2020年战略中，治理贫困与社会排斥现象、促进欧盟的社会融合都是其中的重要内容，而这些内容恰恰是欧盟21世纪初以来公民社会建设战略的核心部分。由此可见，欧盟经济振兴与公民社会重建是两个互相联系、互相促进的进程，而作为欧盟公民社会重建重要措施的积极公民教育无疑对欧盟经济振兴具有非常重要的积极意义。

欧盟积极公民教育实践活动是在经济全球化与欧洲一体化的进程不断加快的背景下开始实施的。各国通过不断改革创新公民教育实践活动，在培养积极公民的过程中不断提高民众的综合素质，从而对欧盟的可持续发展产生重大的推动作用。因此，如果说培养积极公民是欧盟积极公民教育政策的直接目标，那么促进欧盟的可持续发展就是它的终极目标。

首先，积极公民教育活动能有效地推动欧盟经济一体化进程。一方面，积极公民教育政策提倡终身学习与主动学习，有助于在欧盟形成一种良好的学习氛围，这不但有利于学习型、知识型社会的建设，还为各种人才的培养创造了优良的环境；公民教育制度改革为其他教育领域的创新发展创造了有利条件，从而有助于进一步提高教育质量，提升欧盟民众的综合素质。另一方面，积极公民教育活动能够帮助欧盟民众确立欧洲公民身份，掌握欧洲各国历史、政治、文化、语言等各方面知识，从而为人员的自由流动创造更好的便利条件。这样，伴随欧盟劳动力综合素质的提高与人力资源的自由配置，欧盟经济一体化将取得更大的进展，欧盟的国际竞争力也会不断提高。

其次，积极公民教育活动能够为欧盟经济振兴战略的实施创造有利条件。积极公民教育政策以培养积极公民为直接目的，不断提高公民对社区、国家与欧盟三个层次中的政治、经济与社会事务的参与程度是它的核心内容。因此，积极公民教育有助于

---

[1] European Commission, Communication from the Commission, Europe 2020, p. 17.

[2] European Commission, Communication from the Commission, Europe 2020, p. 18.

欧盟民众不断提高参与意识、掌握新的参与技能，形成对社区、国家与欧盟的主人翁意识，使他们认识到欧盟在国际经济竞争中面临的各种挑战及其自身承担的责任。这样，他们就能更自觉地对欧盟的权力机构与各级执行机构进行监督，对欧盟的经济振兴战略进行分析和评价，积极配合欧盟与本国的各种经济改革政策的实施，从而为欧盟经济振兴战略的顺利实施打下牢固的群众基础。

最后，积极公民教育活动有利于欧洲文化的多样性发展与社会的和谐进步，对欧盟治理社会排斥现象、推动社会融合具有重要作用。欧盟一体化并不意味着文化、语言与社会价值观念的一元化。相反，在一体化进程中，欧盟及其成员国一直致力于促进欧洲文化与语言的多元化发展，维护社会价值观念的多样性。积极公民教育活动也体现出这一要求。它要求各国民众在接受公民教育的过程中，通过学习其他国家的语言文化，尊重其他国家与民族的价值观念，逐渐培养平等、宽容、团结互助与和谐相处的品格，为欧盟文化的多样性发展与社会融合做出积极的贡献。

第四节　欧盟终身学习战略与积极公民教育

20世纪末期，全球信息通信技术的快速发展给世界经济增长带来了新的契机，全球经济进入了知识经济时代。为了抢占知识经济的制高点，西方发达国家不但围绕信息通信技术的发展展开了激烈竞争，而且都致力于采取有效措施进一步提高各国民众适应信息经济发展的文化素质，欧盟也不例外。20世纪90年代以来，欧盟开始在成员国倡导终身学习理念，鼓励成员国公民通过终身学习，使欧盟转变成一个以公民全过程、全方位积极学习为基础不断提高公民素质与能力的终身学习型社会。在这种社会里，公民学习成为各种政策的中心议题，学习过程既是公民不断掌握新的知识与技能的过程，也是公民分享责任、互相理解与合作、积极参与社会活动的协商性决策过程（Eraut，1997）。[1] 因此，学习与参与二者共同成为社会的主流价值观念，而教育与培训的重心也从政府主导的正规教育转移至政府积极倡导的，以公民终身自主学习为核心的，正规教育、非正规教育与非正式教育三位一体的全方位学习。[2]欧盟实施的终身学习战略具有重要的积极意义，它不但有助于促进欧盟地区知识经济与社会融合的发展，而且还为欧盟国家公民教育制度的改革奠定了思想基础，使欧盟推行的积极公民教育活动具备了更大的可能性。

一、欧盟终身学习战略的依据与背景

建设欧盟终身学习型社会这一战略目标的提出，具有多重的背景与现实依据。对此，本书从下述几个方面进行分析。

---

[1] Michael Eraut. Perspectives on Defining "The Learning Society", *The Journal of Education Policy*, 1997 (12), pp. 551 – 558.

[2] Cesar Birzea. Education for Democratic Citizenship: A Lifelong Learning Perspective, available at http://www.okm.gov.hu/letolt/nemzet/eu/Education for Democratic Citizenship.pdf. 2000 – 06 – 20.

（一）终身学习战略是欧盟向知识经济转型的需要

20 世纪 90 年代，随着知识与技术在经济发展过程中作用的不断增强，发达国家的经济开始转型，世界经济迈入了知识经济时代（OECD，1996）。❶ 但在发达国家面临的知识经济的新一轮竞争中，欧盟国家整体上处于不利地位，这点可以通过欧盟与美国在知识经济一些重要方面的对比得到体现。例如，在 20 世纪 90 年代中期至 21 世纪初这一期间，尽管总体上欧盟与美国知识经济的发展水平大体相当，但在一些关键方面欧盟的不足之处仍很明显。除了第三节所分析的欧盟在劳动生产率与社会总体创新水平（包括社会总体创新投入与知识经济对劳动生产率的贡献）两方面与美国相比存在较大差距之外，欧盟知识经济（技术）产业的就业创造能力也明显不如美国（Brinkley and Lee，2007）。❷ 与此同时，欧盟地区的社会制度与社会关系在适应知识经济所带来的社会调整与变化方面也相对落后，而这种社会范式转变的滞后不但制约着欧盟总体经济的发展，还在很大程度上加剧了欧盟社会的失业现象，从而成为欧盟社会排斥现象不断恶化的重要因素（Rodrigues，2002）。❸ 而随着越来越多的中东欧以及南欧与波罗的海国家加入欧盟，欧盟地区知识经济的发展面临着更大的压力。在这种情况下，加快向知识经济的转型就构成了欧盟及其成员国 21 世纪初经济社会发展战略的优先目标，而建立终身学习型社会又被欧盟视为促进这种转型的有效手段。❹

（二）终身学习战略是解决欧盟严重失业问题的有效途径

自欧盟成立以来的二十多年里，失业问题一直是制约欧盟经济振兴的重要因素。尤其是在最近十年中，欧盟地区的失业率一直居高不下，业已成为影响社会稳定的重要因素。欧盟统计局自 2001 年以来的统计数据表明，2001 年欧盟地区的失业率为 8.5%，2001～2004 年间，失业率不断攀升，2004 年年底达到了 9.2%。虽然 2005～2007 年三年里欧盟失业率有所回落，但自 2008 年金融危机之后，欧盟失业率开始大幅反弹，2010 年年中，失业率提高到 9.7%；2012 年年底，欧盟失业人口为 2600 万，失业率达到 10.7%。2013 年，欧盟失业率继续升高，欧盟 28 国平均失业率达到了 11.0%，其中，欧元区 17 个国家平均失业率为 12.2%；在这些国家中，失业现象最为严重的是希腊与西班牙两个国家，失业率分别达到了 27.6% 和 26.6%。❺

欧盟的失业问题还具有两个特征。第一，欧盟失业现象中的结构性失业一直是一个非常突出的问题。2008 年金融危机以来，欧盟的结构性失业更为严重，如在西班牙、希腊、葡萄牙与意大利这四个国家中，结构性失业率分别达到了 20%、17%、12% 和

---

❶ OECD，The Knowledge – Based Economy，1996，p. 9，available at http：//www. oecd. org/science/sci – tech/1913021. pdf. 该报告把知识经济定义为“建立在知识和信息的生产、分配与使用基础之上的经济”。

❷ Ian Brinkley and Neil Lee，The knowledge economy in Europe：A report prepared for the 2007 EU Spring Council，available at http：//www. theworkfoundation. com/downloadpublication/.

❸ Maria Joao Rodrigues，Introduction：for a European Strategy at the Turn of the Century，in Bengt – Åke Lundvall，Maria João Rodrigues（eds.），The New Knowledge Economy in Europe：A Strategy for International Competitiveness and Social Cohesion，Edward Elgar Publishing House，2002，p. 14.

❹ European Council，Lisbon European Council 23. 03. –24. 03. 2000：Presidency Conclusions，ibid.

❺ http：//epp. eurostat. ec. europa. eu/statistics_ explained/index. php/Unemployment_ statistics.

10%。[1] 第二，青年劳动力成为失业人群的主体。2008年年底，欧盟各国青年平均失业率达到18.1%，是欧盟平均失业率的两倍；2009年以来，青年失业率攀升的幅度明显高出欧盟平均失业率，2012年年底达到平均失业率的2.6倍；尽管2013年欧盟青年失业率增长速度有所减慢，但青年就业形势依旧严峻，2013年年底欧盟28国青年平均失业率达到23.6%（其中欧元区为24.2%），青年失业现象最为严重的是西班牙、希腊与克罗地亚，失业率分别达到了57.7%、54.8%和49.7%。事实上，欧盟地区的青年失业现象与美国、日本等其他发达国家相比都要严重一些。2010年欧盟地区青年平均失业率达到21.4%，而同期澳大利亚、加拿大、日本、韩国与美国的青年失业率分别为11.5%、14.8%、9.2%、9.8%和18.4%。[2]

导致欧盟严重失业问题的因素很多，但从近十年欧盟国家失业问题的实际情况来看，欧盟国家知识经济转型的相对滞后无疑是导致欧盟严重失业现象的重要因素。这种滞后在劳动力市场中主要表现为劳动力知识与技能的落后，而劳动力文化教育水平越低，他们陷入长期失业的可能性越大；劳动力知识与技能水平更新换代越慢，面临失业的风险也越大。从这个角度来看，采取有效措施加强对劳动力的教育培训力度、提高教育培训效果无疑是解决失业问题的有效方式，而实施终身学习战略正是这些措施中的重要体现。

（三）终身学习战略是提高欧盟教育培训领域效率与公平的重要方式

自1993年欧盟成立以来，欧盟成员国在教育与培训领域展开了广泛的合作，使得欧盟地区的教育与培训政策呈现出较为明显的一体化趋势，对促进欧盟教育与培训的发展发挥了重要的推动作用，但这种教育与培训政策的趋同并未能促使欧盟各国教育与培训制度进行全面的改革。这就使得欧盟成员国，无论是西欧、北欧的发达国家，还是中东欧与波罗的海的转型国家，在向知识经济转轨的过程中，都不同程度地受到传统教育与培训制度的约束。这些制约因素主要表现在效率与公平两个方面。从教育与培训的效率来看，欧盟传统的教育培训制度在教育培训内容方面对公民职业教育尤其是职业知识与技能的升级更新重视不够，在教育方式上强调正规教育的作用而未能充分发挥非正规与非正式教育的积极作用，这在很大程度上制约了欧盟教育培训效率尤其是职业教育效率的快速提高；从教育与培训的公平角度来看，欧盟教育培训领域的歧视现象一直是欧盟社会排斥问题的重要体现，特别是对少数民族与移民而言，严重的教育歧视已经成为阻碍他们作为公民必须拥有同等经济社会权利的严重障碍，对欧盟社会的和谐稳定带来了不可忽视的隐患。由此可见，如何在确保教育与培训机会均等的同时提高效率无疑是欧盟成员国教育与培训制度改革的主旋律。[3]

---

[1] Martin Janicko, Structural Unemployment Weakens Europe, available at http://finance.yahoo.com/news/, November 1, 2013.

[2] http://epp.eurostat.ec.europa.eu/statistics_explained/index.php/Unemployment_statistics.

[3] European Commission, COMMUNICATION FROM THE COMMISSION TO THE COUNCIL AND TO THE EUROPEAN PARLIAMENT: Efficiency and equity in european education and training systems, Brussels, 8.9.2006, available at http://eur-lex.europa.eu/LexUriServ/LexUriServ.do? uri=CELEX: 52006DC0481: EN: NOT.

欧盟推行的终身学习战略对促进欧盟教育与培训的效率与公平具有重要的积极意义。一方面，终身学习强调公民学习的时间涵盖公民终身，公民学习的方式包含公民接受教育的全方位。这就意味着，公民学习过程中权利与机会的均等既是这一学习战略内在的本质规定性，又是其能否顺利实施的重要前提条件。另一方面，终身学习在重视政府引导作用的同时还倡导所有其他社会机构的积极参与，在充分发挥传统学习方式优势的基础上又注重创造新的教学方式，这不但为终身学习战略的实施提供了组织与资源方面的保障，还为欧盟教育与培训质量的提高创造了积极条件。

（四）终身学习战略是21世纪初欧盟实现经济社会发展战略目标的重要方式

欧盟里斯本战略与2020年战略作为21世纪初欧盟经济社会发展的指导战略，为21世纪初欧盟经济社会的振兴设定了总体纲领与具体战略目标。在这两个战略规划中，教育与培训的作用都得到了高度重视。例如，里斯本战略强调，欧洲教育与培训制度必须为适应知识经济的发展及其对劳动力知识与技能水平提出的更高要求而进行改革❶，为了促进教育与培训的改革，2002年欧盟又为里斯本战略框架下的教育与培训设立了2010年的具体发展目标。❷ 欧盟2020年战略则提出了包括教育培训发展在内的五个方面的战略目标，并且强调了教育与培训在实现这些目标过程中所具有的关键的基础性作用。❸

与此同时，不管是在里斯本战略还是欧盟2020年战略中，终身学习都是作为欧盟达到教育与培训领域奋斗目标的主要方式提出来的。因为在欧盟看来，终身学习提倡的公民人生全阶段与全方位的学习理念不但为公民创造了均等的学习机会，同样为公民不断提升知识结构与技能水平，从而持续提高欧盟教育培训效率提供了现实可能。进一步来说，不管是里斯本战略中的知识经济转型、可持续发展与社会融合，还是欧盟2020年战略中的灵巧增长、绿色增长和包容性增长，若离开教育与培训的快速发展，这些目标都无法实现；而若没有终身学习型社会的建设，欧盟教育培训领域将始终面临效率低下与教育排斥现象的严重制约。因此，终身学习战略的实施对21世纪初欧盟经济社会发展战略目标的实现具有非常重要的积极意义。

二、欧盟终身学习战略实施的基本情况

终身学习自1996年出现在欧盟教育与培训一体化议程中以来，经过近20年的发展，已经成为欧盟教育培训领域的重要政策。在欧盟及其成员国的共同努力之下，终身学习战略实施了一系列教育培训项目，在促进欧盟教育培训的一体化进程、提高欧盟教育培训效率与公平等方面发挥了重要的积极作用。

（一）欧盟终身学习战略的形成

在欧共体成立之初的十多年里，经济一体化与农业政策的协调是当时欧共体成员

---

❶ European Council，Lisbon European Council 23. 03. –24. 03. 2000：Presidency Conclusions.

❷ European Commission，Communication from the Commission – European benchmarks in education and training：follow – up to the Lisbon European Council，COM/2002/0629 final，available at http：//eur – lex. europa. eu/.

❸ European Commission，Communication from the Commission，Europe 2020，p. 9.

国的中心议题，教育与培训领域的合作基本上是一个“禁忌话题”（Neave，1984）。[1] 20世纪70年代以后，这种禁忌状态逐渐被打破，欧共体成员国之间在教育与培训领域的合作逐渐加强；1993年欧盟成立以后，教育培训继而成为欧盟一体化政策的一个新领域，终身学习理念开始出现在欧盟教育培训领域的政策话语中。1993年，欧盟发表了题为《增长、竞争与就业》的白皮书，要求成员国应该把终身教育作为各自教育制度发展的总体目标[2]；1995年，欧盟又发表了题为《面向学习型社会的教育与学习》白皮书，强调欧盟建设终身学习型社会的必要性，并把1996年作为“欧洲终身学习年”，向欧盟民众倡导终身学习理念。[3] 从此以后，终身学习理念越来越多地被欧盟各界认可，并逐渐成为欧盟成员国教育培训政策一体化的发展目标（Pepin，2007）。[4]

在2000年3月里斯本首脑会议上，欧盟及其成员国认识到，欧盟公民通过终身学习不断更新自己的知识与技能将是欧盟未来经济社会发展的决定性因素，终身学习因此构成了里斯本战略的核心内容之一，这标志着欧盟终身学习型社会的建设成为21世纪初欧盟政策议程中的优先议题。[5] 为了加快欧盟终身学习政策的制定进程，欧盟委员会于2000年12月发表了《终身学习备忘录》，再次强调终身学习在欧盟向知识型经济与社会转变过程中所具有的基础性作用，指出终身学习绝不只是欧盟教育与培训政策的一个方面，而是欧盟教育培训领域的指导原则。[6] 在该备忘录中，欧盟为了在全面、科学的终身学习战略形成过程中广集民智，提出了终身学习战略的结构框架。在此基础上，欧盟委员会于2001年又通过了一份题为《使终身学习的欧洲地区成为现实》的决议，不但明确规定了欧盟终身学习的内涵，即指出终身学习是公民“在个人、公民、社会和（或）就业等方面为了提高知识、技巧与能力而在一生中进行的所有学习活动”[7]，还根据2000年备忘录中的终身学习战略框架提出了欧盟实施终身学习战略必须采取的优先行动内容，从而为欧盟建设终身学习型社会设计了重要的蓝图，标志着终身学习战略正式进入实施阶段（Dehmel，2006）。[8]

2002年以后，欧盟为终身学习战略的实施进一步进行了政策准备工作。其中特别

---

[1] Guy Neave, The EEC and Education, Trentham, Trentham Books, 1984, p. 6.

[2] European Commission, White Paper on Growth, Competitiveness, Employment: the challenges and ways forward into the 21st century, 1994, p. 17, available at http://europa.eu/documentation/official - docs/. white - papers/pdf/growth_ wp_ com_ 93_ 700_ parts_ a_ b. pdf.

[3] European Commission, Teaching and Learning—Towards the Learning Society, Commission White Paper, 1995, Available at http://europa.eu/documents/comm/white_ papers/pdf/com95_ 590_ en. pdf.

[4] Luce Pepin, The History of EU Cooperation in the Field of Education and Training: how lifelong learning became a strategic objective, *European Journal of Education*, Vol. 42, No. 1, 2007, p. 125.

[5] European Council, Lisbon European Council 23. 03. -24. 03. 2000: Presidency Conclusions, ibid.

[6] European Commission, A memorandum on lifelong learning, Commission Staff Working Paper (SEC (2000) 1832, 30. 10. 00), p. 3, available at http://www.bologna - berlin2003. de/pdf/MemorandumEng. pdf.

[7] European Commission, Communication from the Commission: making a European area of lifelong learning a reality (COM (2001) 678, final of 21. 11. 01), p. 9, available at http://eur - lex. europa. eu/LexUriServ/ LexUriS erv. do? uri = COM: 2001: 0678: FIN: EN: PDF.

[8] Alexandra Dehmel, Making a European area of lifelong learning a reality? Some critical reflections on the European Union's lifelong learning policies, *Comparative Education*, Vol. 42, No. 1, February 2006, p. 54.

需要提到的，是2002年欧盟巴塞罗那峰会。这次会议为欧盟2002～2010年的教育培训确立了奋斗目标，并且进一步强调实施终身学习战略对实现这些目标的重要意义。2003年11月欧盟议会与欧盟委员会共同发表的一份决议指出，实现里斯本战略目标的关键措施之一是“使终身学习成为具体事实”，强调欧盟实施具体的终身学习项目的紧迫性。❶ 之后经过两年多时间的筹备，2006年11月，欧洲议会与欧盟理事会共同决定实施2007～2013年终身学习计划，欧盟终身学习战略从此得以全面实施。❷ 当前，该项目2015年以后新阶段的推进措施正在酝酿之中。

（二）欧盟2007～2013年“终身学习计划”的主要内容

自2000年欧盟里斯本战略正式提出欧盟终身学习战略至2006年这一段时期里，尽管欧盟实施的“苏格拉底计划”“达芬奇计划”等教育培训项目对欧盟教育培训的发展继续发挥着积极的推动作用，并对终身学习战略的实施同样具有重要的积极意义，但这些项目并未被正式纳入欧盟终身学习战略计划。因此，欧盟终身学习型社会战略的全面实施起始于2007年推行的“终身学习计划”。这里对这一整体计划做如下介绍。

1. 2007～2013年“终身学习计划”的目标对象

根据欧洲议会与欧盟理事会1720号决议，“终身学习计划”包括以下目标对象：（1）各级学校学生、受训人员与成人学习者；（2）教师、培训员与终身学习中所涉及的其他人员；（3）劳动市场中的就业人员；（4）“终身学习项目”及其下属子项目中提供学习机会的组织与机构；（5）地方、地区与国家层面负责终身学习制度与政策制定的有关人员与机构；（6）企业、社会伙伴及其各个层次的机构组织；（7）在终身学习领域从事相关活动的协会组织；（8）涉及终身学习的研究中心与研究机构；（9）非营利机构、志愿者组织与非政府组织。❸ 由此可见，“终身学习计划”不但涵盖了各种学习背景下的所有学习者，还包括各种学习活动的指导者、学习机会的提供者、学习制度与政策的制定者以及其他利益相关者，充分体现了欧盟终身学习型社会提倡的人生终身参与学习、人们全方位进行学习以及全社会共同组织学习的特征。

2. 2007～2013年“终身学习计划”的主要活动

“终身学习项目”的主要活动包括四个部门项目、一个横向项目与让·莫内（Jean Monnet）项目。其中，四个部门项目为“终身学习计划”的支柱项目，分别为小学与中学基础教育领域的夸美纽斯计划（Comenius Programme）、高等教育领域的伊拉斯谟斯世界计划（Erusmus Mundus Programme）、职业教育与培训领域的达·芬奇计划（Leonardo Da Vinci Programme）以及成人教育领域的格兰特威格计划（Grundtvig Programme）；横向项目与让·莫内项目为辅助项目，前者涉及的领域包括欧盟终身学

---

❶ European Council, Education and Training 2010: the success of the Lisbon strategy hinges on urgent reforms, Brussels, 3 March 2004. (Brussels, Council of the European Union), p. 5.

❷ The European Parliament and the Council of the European Union. Decision No. 1720/2006/EC of the European Parliament and of the Council of 15 November 2006: Establishing an Action Programme in the Field of Lifelong Learning. Official Journal of the European Union, 2006-11-24.

❸ Ibid, p. 51.

习政策的创新与合作、语言教育、信息通信技术的创新发展在终身学习过程中的运用与经验分享等，而后者则主要致力于有关欧盟一体化各个方面的教学、研究与反思活动。[1] 在这六个方面的主要活动中，四个主要项目不但涵盖了公民一生中进行学习的各个阶段，还将基础教育、高等教育以及职业教育三大教育领域融为一体；而两个辅助项目既重视终身学习政策与方式的创新，又与欧盟一体化进程紧密相连。这些特征同样反映了欧盟终身学习型社会的本质要求。

3. “终身学习计划”的实施与管理

“终身学习计划”六大项目的具体实施主要有两种方式，其中大部分计划由成员国依据各国的具体情况分别实行，另外小部分的集中活动由欧盟有关机构负责集中实施。因此，根据欧盟委员会的有关决议，“终身学习计划”的实施与管理机构由欧盟委员会、欧盟“终身学习计划”委员会、成员国政府的教育培训管理部门、成员国“终身学习计划”执行机构与欧洲教育、视听与文化执行局[2]共同组成。具体来说，在欧盟“终身学习计划”委员会的协助下，欧盟委员会的主要职能为宏观监督与效果评价，即通过对成员国的执行情况进行监督与协调建立合适的总体监督机制，依据“终身学习计划”的总体目标对实施进程进行监督评价，确保计划的有效、顺利实施。各成员国政府的教育培训主管部门与“终身学习计划”的执行机构则负责成员国对“终身学习计划”的具体实施，其中，前者进行监督管理并向欧盟委员会承担担保责任，后者负责“终身学习计划”分散项目（这些项目构成了“终身学习计划”六大项目的主体）的具体落实。欧洲教育、视听与文化执行局专门负责“终身学习计划”中集中项目的管理与实施工作。[3]

4. “终身学习计划”的积极效果

欧盟“终身学习计划”在总体上取得了预期的政策效果。对此，欧盟教育与文化总署[4]的研究报告从“相关性”“效果”与“效率”三个方面进行了分析。[5] 首先，由于“终身学习计划”构成了欧盟21世纪初教育培训战略的重要组成部分，其总体目标与欧盟及其成员国的经济社会发展的战略目标具有高度的一致性，因此，“终身学习计划”的顺利实施对欧盟经济社会的发展发挥了积极推动作用。其次，“终身学习计划”针对从小学教育至成人教育各个不同阶段提供了正规、非正规及非正式的学习机会，不但丰富了欧盟民众的学习活动，而且提高了欧盟民众的学习质量，对欧盟推进终身

---

[1] The European Parliament and the Council of the European Union. Decision No. 1720/2006/EC of the European Parliament and of the Council of 15 November 2006: Establishing an Action Programme in the Field of Lifelong Learning. Official Journal of the European Union, 2006－11－24, pp. 56－63.

[2] EACEA, The Education, Audiovisual and Culture Executive Agency.

[3] The Commission of European Communities, Commission Decision of 26/IV/2007, relating to the respective responsibilities of the Member States, the Commission and the National Agencies in implementation of the Lifelong Learning Programme (2007～2013), available at http://ec.europa.eu/.

[4] Directorate－General for Education and Culture.

[5] European Commission Directorate－General for Education and Culture, Interim Evaluation of the Lifelong Learning Programme (2007～2013), pp. 155－176, available at http://ec.europa.eu/dgs/education_culture/more_info/evaluations/docs/education/llp2011－summary_en.pdf.

学习型社会建设进程具有重要的积极意义。最后，“终身学习计划”的实施为加强欧盟地区教育培训的合作、促进欧盟教育培训一体化进程同样发挥了积极作用。不管是“终身学习计划”中由成员国分别组织实施的主体部分，还是欧洲教育、视听与文化执行局负责集中实施管理的辅助部分，在具体实施过程中欧盟委员会的宏观监控协调、成员国主管部门的管理以及执行机构的具体落实等各个环节都体现了较高的效率，积累了有益经验，因此对欧盟教育培训政策的进一步合作与协调具有重要的借鉴价值。

（三）欧盟成员国终身学习战略的实践

欧盟终身学习型社会的建设需要欧盟推行“终身学习计划”这种一体化的终身学习活动，但更为重要的是，成员国需要实施本国有效的终身学习战略。事实上，在欧盟终身学习战略实施之前的20世纪90年代，终身学习已经成为欧盟成员国经济社会发展战略中的重要议程，各国不但为了使各国教育培训制度适应终身学习理念的要求而开始进行变革，而且还根据本国国情推行了一系列措施。

例如，在各国有关终身学习的政策文献中，不但强调公民在人生各个阶段积极进行学习的重要性，而且重视正规教育培训机构之外的非正规、非正式学习方式在终身学习过程中发挥的积极作用，尤其突出公民全面接受义务教育在终身学习进程中的基础性作用；与此同时，各国都强调终身学习在提高劳动力就业水平中所具有的重大积极作用。在实践方面，20世纪90年代以来，欧盟成员国倡导终身学习的具体措施涵盖了从学前教育到成人教育的各个阶段。具体来说，在学前教育阶段，欧盟国家不断拓展学前教育的办学范围与力度，为学前教育制定统一的参考标准，鼓励多种形式的办学方式，减轻家庭所承担的学前教育成本，等等；在义务教育与普通高中教育阶段，各国政府制定了课程标准与相应的教学大纲，规定了学生应该掌握的核心知识与技能，强调教学方式与时俱进的重要性，尤其大力提倡现代信息与通信技术在教学中的广泛运用，鼓励家庭与社区在义务教育过程中发挥积极作用，努力减少学生早期辍学现象的发生，等等；在技术与职业教育高中阶段，欧盟国家不断扩大办学范围，积极发展职业学校（学院）与企业之间的伙伴合作关系，实施灵活多变、不断提高学习效率的教学方式；在高等教育阶段，各个成员国为了满足学生个性发展、提高就业水平以及促进社会全面发展的需要，一方面非常重视高等教育的多元化发展，另一方面改革高等教育机构的办学方式，同时积极为扩大社会弱势群体接受高等教育的机会进行体制创新；在成人教育阶段，各国的主要措施有鼓励各种社会伙伴尤其是企业与工会积极参与成人教育，促进教育主体的多元化，在学习时间安排与学习方式等方面不断创新，为成人创造更便利的学习条件，为学习者提供财政援助，减轻成人学习的经济成本；等等。[1]

三、终身学习战略为积极公民教育创造了前提条件

如果说21世纪初欧盟政治、经济与社会发展过程中面临的困境凸显了欧盟积极公民教育的紧迫性，那么欧盟终身学习型社会的建设则为欧盟积极公民教育创造了有利

[1] Eurydice, Lifelong Learning: the contribution of education systems in the Member States of the European Union, pp. 16 – 25, published by the Eurydice, 2000.

的环境。或者说，积极公民教育本身就是欧盟终身学习战略中的重要组成部分。

（一）培育积极公民是欧盟终身学习战略的重要目的

在欧盟终身学习战略的形成与实施过程中，促进积极公民的培育一直是其中的重要内容之一。这点在欧盟关于终身学习战略的众多政策决议中都得到了充分体现。早在1993年，欧盟成立后第一个倡导终身学习的白皮书《增长、竞争与就业》就强调终身学习在促进公民个人发展、弘扬公民价值观、提升欧盟就业水平、提高欧盟经济竞争力四个方面具有非常重要的作用，因此要求成员国把终身教育作为各自教育制度发展的总体目标。[1] 2000年以后，积极公民培育与终身学习战略共同成为欧盟一体化进程与政治、经济、社会发展战略中的重要议题，在欧盟的政策决议中两者之间的联系不断加强。例如，欧盟委员会2000年12月发表的《终身学习备忘录》明确规定了终身学习的两大目的，即促进积极公民与提高就业能力，并强调积极公民的重点在于公民对经济与社会生活各个方面的积极参与，因而提高就业能力也就构成了积极公民的核心要素，而这两者都有赖于公民能否通过终身学习获取不断更新的知识技能。[2] 在此基础上，2001年欧盟委员会又对终身学习战略的目的进行了拓展，即促进公民个人发展、培育积极公民、加强社会融合与提高就业能力四个方面。[3] 2006年11月，欧洲议会与欧盟理事会关于执行2007～2013年"终身学习计划"的1720号共同决议指出，实施该计划的特别目标不但包括"加强终身学习对社会融合、跨文化对话、性别平等以及个人发展的贡献"，还包括"强化终身学习在培养以对人权与民主的理解与尊重以及对其他民族与文化的宽容与敬重为基础的欧洲公民意识过程中的作用"[4]。由此可见，在欧盟的政策决议中，培育积极公民无疑构成了终身学习战略的重要内容。

（二）欧盟终身学习的能力目标是培育积极公民能力的基础

欧盟在2000年里斯本战略中明确提出了知识经济时代欧盟民众所必须具备的基本技能，强调终身学习是民众掌握这些技能的唯一途径。这些技能包括两个方面：一是基础性的阅读、写作与数学能力；二是适应知识经济时代要求的新技能，如信息技术技能、外语、技术文化、企业家精神与社会技能等。其中，基础技能是公民为了促进个人发展、培育积极公民、提高就业能力而从事进一步学习的基础，而新技能则是知识经济时代欧盟各国公民在政治、经济与社会等各个方面积极、充分参与的基本要求。[5] 这两个方面的基本技能不但反映了欧盟各国公民通过终身学习应该达到的技能目

---

[1] European Commission, White Paper on Growth, Competitiveness, Employment: the challenges and ways forward into the 21st century, 1994, p. 117, ibid.

[2] European Commission, A memorandum on lifelong learning, Commission Staff Working Paper (SEC (2000) 1832, 30. 10. 00), p. 5, ibid.

[3] European Commission, Communication from the Commission: making a European area of lifelong learning a reality (COM (2001) 678, final of 21. 11. 01), p. 9, ibid.

[4] The European Parliament and the Council of the European Union, DECISION No. 1720/2006/EC of the European Parliament and of the Council of 15 November 2006: Establishing an Action Programme in the Field of Lifelong Learning, Official Journal of the European Union, 24. 11. 2006, pp. 48 - 49.

[5] European Commission, Communication from the Commission: making a European area of lifelong learning a reality, p. 22, ibid.

标，也体现了积极公民能力培育的基本要求。积极公民不同于欧盟各国的传统公民，它要求公民不但具有民族国家与欧盟甚至世界三个不同维度的基本政治常识，需要培养民主、平等、宽容等公民价值观念以及批判意识与创新精神，还必须掌握参与政治与公民社会活动的各种技能。无疑，积极公民这些构成要素的培育必须以阅读、写作、数学、外语以及信息技术、企业家精神与社会技能等基本技能为基础。由此可见，终身学习的能力目标与积极公民的能力培养具有一致性，换言之，欧盟公民通过终身学习掌握并且不断更新的基本技能，既可以满足知识经济社会提出的新要求，也逐渐提升了他们作为积极公民必须具备的能力。

（三）终身学习是欧盟积极公民教育的有效途径

终身学习理念强调公民的学习过程贯穿其生命的全阶段，学习方式涵盖正规、非正规与非正式等全方位的学习。它强调在政府与社会的引导及帮助下培养公民的自觉学习意识，注重知识的习得与能力的提高，提倡在各级教育培训机构发挥主导作用的同时，动员社会所有其他组织的积极参与。因此，在一个所有社会成员终身不断学习、所有社会组织积极为学习创造条件的社会里，终身学习本身既是一种公民生活方式，又是一种社会发展模式。从公民社会建设的角度来看，这样的生活方式与发展模式就是公民教育最有效的方式。欧盟推行的积极公民教育实践活动正是在欧盟终身学习型社会建设过程中进行的。这种公民教育活动不同于欧盟国家传统的以义务教育阶段与正规教育为主导的公民教育模式，贯穿于公民生命的全过程、涵盖学习活动的全方位、动员社会组织的全参与是它的基本要求。从这个意义上说，积极公民教育本质上就是公民终身的公民学习进程。因此，欧盟实施的终身学习战略无疑对积极公民教育活动具有非常重要的积极意义。

第二章　欧盟积极公民教育的理论基础

在西方国家民主政治与公民社会的建设进程中，构建何种公民身份一直是一个非常重要而又饱受争议的议题。公民身份的重要性体现在，作为民主政治与公民社会建设中的核心内容，公民身份反映了公民个体与社群、国家之间的权利义务关系，从而对一国的政治、经济、社会等各方面的制度建设产生了巨大影响；而在区域一体化与经济全球化进程不断加快的当代国际社会中，公民身份的构建越来越多地受到各种超越民族国家的因素的影响，但反过来对国际政治、经济的发展也发挥着日趋重要的作用。公民身份的争议性表现为，作为一个与政治、经济、法治等社会各方面现实具有密切关系的理论议题，不但学术界一直尝试着从各种不同的角度对其进行解读，而且任何一种关于公民身份的理论观点都必须接受社会现实的检验，在此过程中各种公民身份理论相互碰撞，促使它们或者不断完善发展，或者淡出历史舞台，从而形成了公民身份理论研究中百家争鸣的局面。作为21世纪初欧盟国家民主政治与公民社会建设中的重要举措，积极公民教育本质上就是一种新的公民身份——积极公民身份的构建活动。这一新的公民身份及其构建活动的理论基础就是本章的主要研究内容。

第一节　欧盟积极公民身份的理论渊源

20世纪80年代以来，西方学术界关于公民身份的理论研究出现了一个新的高潮。导致这一轮新的研究浪潮的因素有多个方面，如英美发达国家中公民社会权利的合法性遭到新右翼思潮的质疑，欧盟移民现象持续增加使得这些国家公民的身份认同面临更大的文化与种族差异的挑战，中东欧国家民主转型过程中公民法律、政治权利的重建，以及公民身份对大部分人而言只有形式上的权利而没有实质性内容，等等（Heater，1999）。[1] 在这些因素的影响之下，新的研究浪潮与以往公民身份的理论研究不同，在公民个体与国家（政府）之间关系的研究上具有这样一个显著的特征：在公民个体方面，公民政治参与以及提高社会贫困阶层和边缘阶层在决策形成过程中的影响成为公民身份理论研究中的重要内容；在国家与政府方面，“善治”与政府分权、提高政府对公民需要的满足程度等问题构成了国家民主治理研究中的优先议题（Jones & Gaventa，2002）。[2] 因此，在公民身份理论新的研究浪潮中，不但传统的主流理论得到修正

---

[1] Derek Heater, *What Is Citizenship*? USA, Blackwell Publishers Inc, 1999, pp. 2－3.

[2] Emma Jones and John Gaventa, *Concepts of Citizenship*, *a review*, IDS Development Bibliographies－19, Institute of Development Studies, at the University of Sussex, Brighton, 2002, pp. 1－2.

并焕发新的生命力，而且在批判传统理论过程中产生了一些具有重要影响的新的理论观点，共同对20世纪80年代以来的国际民主政治与公民社会发展发挥着积极的推动作用。欧盟积极公民身份的理论渊源与积极公民教育的理论基础无疑都包含在这一时期公民身份理论的发展中。

对于20世纪80年代以来的西方主要公民身份理论，学术界一般概括为三个主要方面，即自由主义、社群主义与公民共和主义公民身份理论（Jones & Gaventa，2002；Lister & Pia，2008；etc.）。[1] 但也有学者将其划分为四个方面，如英国学者德兰迪（Gerard Delanty）从公民的权利、义务、参与及身份认同四个方面将西方公民身份理论划分为自由主义、保守主义、共和主义与社群主义四个方面（Delanty，1997）[2]；我国学者唐克军则将西方主要公民身份理论划分为自由至上主义、自由主义、社群主义及公民共和主义四个方面（唐克军，2006）。[3] 李斯特与皮尔（Lister & Pia，2008）认为，从欧盟国家20世纪90年代以来的公民身份理论研究与公民社会建设的实践情况来看，具有较大影响的公民身份理论无疑是自由主义、社群主义与公民共和主义这三个方面，换言之，欧盟积极公民身份的理论渊源主要来自这三种不同的公民身份理论；此外，通过对自由主义、社群主义与公民共和主义公民身份理论的批判而产生的新的理论观点，如女权主义、多文化主义、超国家主义的公民身份理论，同样对欧盟积极公民身份的形成具有积极的影响（Lister & Pia，2008）。[4] 因此，本节以李斯特与皮尔的研究为主要框架，在结合其他学者研究成果的基础上，介绍欧盟国家积极公民身份的理论基础。

一、自由主义公民身份理论

在当代西方主要的公民身份理论中，虽然自由主义公民身份模式不是历史最为悠久的，但自19世纪以来的两百多年里，这种公民身份理论无论是在西方学术研究还是在西方国家民主政治与公民社会的建设进程中都居于支配地位（Heater，1999）。[5] 从自由主义思潮萌芽时期的自然权利学说到今天的各种新自由主义思想，自由主义的公民身份理论经历了一个不断嬗变演进的过程，不但本身一直焕发着强大的生命力，对它的批判还催生了社群主义、女权主义、多元文化主义等视角下的新公民身份理论，形成了近几十年来公民身份研究领域百家争鸣的局面。

（一）自由主义公民身份理论的演进

尽管早在罗马帝国时期，公民身份中的自由与权利要素就在实践中得以实施，如在公元前5世纪中期以后，罗马帝国正式的公民身份包括服役、选举、担任公职和申

---

[1] Emma Jones and John Gaventa, *Concepts of Citizenship, a review*, pp. 2 – 8; Michael Lister & Emily Pia, *Citizenship in Contemporary Europe*, Utgivare: Edinburgh University Press, 2008, pp. 8 – 31.

[2] Gerard Delanty, Models of Citizenship: Defining European Identity and Citizenship, *Citizenship Studies*, Vol. 1, No. 3, 1997, pp. 285 – 303.

[3] 唐克军：《比较公民教育》，中国社会科学出版社2006年版，第1 – 26页。

[4] Michael Lister & Emily Pia, *Citizenship in Contemporary Europe*, Utgivare: Edinburgh University Press, 2008, pp. 8 – 31.

[5] Derek Heater, *What Is Citizenship*? p. 4.

诉四种公共权利和与非罗马人通婚、通商两种私人权利（Heater，2004）[1]，但在罗马帝国崩溃以后，公民身份中的自由与权利不断被削弱，最后被中世纪的不平等与特权取代。因此，公民身份理论中的自由主义理念在公民演变历史中的古代时期只是一种“不成熟的尝试”（冯建军，2013）。[2] 现代意义上的自由主义公民身份理论产生于17世纪以后的西欧国家，自然权利学说与契约理论是它的理论基础，而当时的资产阶级革命则构成了其社会基础，英国不但发挥了重要的催化作用，而且还在17世纪至18世纪的一百多年的实践中实现了君主—臣民关系向国家—公民关系的转变；而法国则是第一个确立公民身份原则并且进行实践的国家，并使之成为现代社会政治结构中的核心特征（Heater，1999）。[3]

在自由主义公民身份理论发展的早期，约翰·洛克（John Locke）与约翰·斯图尔特·密尔（John Stuart Mill）无疑是最有影响的代表人物（Schuck，2002）。[4] 洛克认为，人们不但生来具有平等的自然权利，即“保护生命、财产与自由的权利”，而且具有理性，正是这种理性与人人平等的自然法则共同使得人们在追求个人利益时避免损害他人利益，并且愿意进行合作与自我克制，理性也同样使得公平的法律制度与政府治理成为可能，从而使人们离开“自然状态”而进入公民与政治社会；洛克极力主张个人的财产权利，强调个人创造财产从而拥有财产的所有权利，对财产权利的合法行使有助于减少社会的不平等现象，因此，政府与法律制度最重要的职能就是保护私人财产免受公私的侵害（Schuck，2002）。[5] 密尔同样强调公民个性、自利与个人自由的重要性，认为个性、自利是社会进步与财富的源泉，而公民个体思想、信仰、表达方面的自由是探求真相、完善社会的最可靠的途径，必须扩大公民个人的自治并尽量减少政府的干涉，因此，在密尔看来，个人自由与国家行为是相互制约的（Schuck，2002）。[6]

以洛克与密尔等人为代表的古典自由主义公民身份思想不断被后续的自由主义思想家发扬光大。20世纪以后，一些学者开始认识到，古典自由主义公民思想强调的公民个体在法律与政治上的平等权利被资本主义国家经济社会的不平等现象严重扭曲，因此，自由主义学者在进一步阐释公民个体自由的重要性时，对公民权利进行了反思，从而将公民个体权利由法律、政治领域的形式权利向经济社会领域的实质权利拓展。1949年英国社会学家马歇尔（T. H. Marshall）在他的演讲《公民身份与社会阶级》中，第一次把公民身份赋予的权利划分为公民权利，即公民“个人自由所必需的权利组成，包括人身自由，言论、思想和信仰自由，拥有财产和订立有效契约的权利以及司法权

---

[1] Derek Heater, *Citizenship: The Civic Ideal in World History, Politics and Education*, Third Edition, UK, Manchester University Press, 2004, p. 17.

[2] 冯建军：“自由主义公民身份与公民教育”，载《南京社会科学》2013年第7期，第114－115页。

[3] Derek Heater, *What Is Citizenship?* p. 4, ibid.

[4] Peter. H. Schuck, “Liberal Citizenship”, in Engin F. Isin and Bryan S. Turner (eds.) *Handbook of Citizenship Studies*, UK, Wiltshire: The Cromwell Press Ltd., Trowbridge, 2002, p. 133.

[5] Ibid, pp. 133－134.

[6] Ibid, pp. 133－134.

力”；政治权利，即“公民作为政治权力实体的成员或这个实体的选举者，参与行使政治权力的权利”；与社会权利，即“从某种程度的经济福利与安全到充分享有社会遗产并依据社会通行标准享受文明社会的权利等一系列权利”（马歇尔，1950）。[1] 马歇尔认为，西方国家公民的公民权利与政治权利在18世纪至19世纪已经得以实现，而随着西方国家广泛的社会福利制度的实施，公民的社会权利制度也得以确立。在马歇尔看来，如果说公民权利与政治权利是为了保护公民不受“国家暴力”的迫害，那么社会权利则保护公民免受市场力量与社会不平等的冲击。从这个意义上说，马歇尔的公民社会权利观点表明，社会公平正义问题开始进入了自由主义公民身份理论的研究领域（Delanty，1997）。[2]

马歇尔倾向于社会公平正义的公民权利模式尤其是关于公民社会权利的观点既遭到了其他自由主义学者的批评，同样也为自由主义公民身份理论的进一步发展提供了新的契机，并且使得自由主义产生了不同的流派，如自由平等主义、自由至上主义。[3]其中，自由平等主义的代表人物约翰·罗尔斯（John Rawls）的社会正义思想对当代自由主义的公民身份理论产生了十分重要的影响。罗尔斯在其1971年出版的《社会正义论》中提出了关于社会正义的两个基本原则：第一原则是“每个人对其他人所拥有的最广泛的基本自由体系相容的类似自由体系都应有一种平等的权利”；第二原则是“社会的和经济的不平等应该这样安排，使它们被合理地期望适合于每一个人的利益，并且依系于地位和职位向所有人开放”（罗尔斯，1971）。[4] 罗尔斯认为，第一个原则适用于“权利与义务的分派”，以确保公民的平等与自由；第二个原则适用于“财富与收入的分配”，以“安排社会的与经济的不平等，以便使每个人都受益”。换言之，罗尔斯强调，“权利与自由、权力和机会、收入和财富”这些社会的“基本善”都必须要平均地分配，除非不平等的分配行为符合每个人的利益（罗尔斯，1971）。[5] 由此可见，罗尔斯的社会正义思想不但重申了公民身份形式权利（法律权利与政治权利）上的平等，还强调了力图达到公民身份实质权利（社会经济权利）平等的重要性。

（二）自由主义公民身份理论的基本要素

自洛克与密尔的古典自由主义思想形成以来，自由主义公民身份理论历经数百年的发展演变，已经构建了一个丰富的理论体系。由于研究角度与研究方法等方面的差异，当代自由主义阵营中出现了不同的理论分支；与此同时，作为一个开放的思想体系，自由主义在与社群主义、保守主义、共和主义等其他理论的交锋中吸收了一些异质的理论成分。但所有这些变化都未曾改变自由主义公民身份理论中的基本要素，也未曾动摇以权利自由优先为主要标志的自由主义公民身份理论作为西方民主政治与公

---

[1] ［英］T. H. 马歇尔、安东尼·吉登斯等著：《公民身份与社会阶级》，郭忠华、刘训练编，江苏人民出版社2008年版，第10－11页。

[2] Gerard Delanty，Models of citizenship：Defining European identity and citizenship，ibid，p. 289.

[3] 冯建军：“自由主义公民身份与公民教育”，载《南京社会科学》2013年第7期，第116页。

[4] ［美］约翰·罗尔斯著：《社会正义论》，何怀宏、何包钢、廖申白译，中国社会科学出版社1988年版，第56页。

[5] 同上，第58页。

民社会建设基本教义的地位。根据李斯特与皮尔（Lister & Pia，2008）、夏克（Schuck，2002）等学者的分析，自由主义公民身份理论的基本要素可以概括为以下几个方面：

（1）个人优先。在自由主义的公民身份理论中，构成公民社会的三个主体性要素——个人、社群与国家中，个人始终处于优先地位。自由主义认为，个人先于社群与国家而存在，换言之，个人不是社群的产物，而是它的创造者，而个人具有的理性使得公平的法律制度与政府治理成为可能，因此，个人愿意以契约的形式从“自然状态”进入“社会或政治状态”，这促使了政治领域与国家的产生；进一步说，个人结束“自然状态”并非为了放弃个人的优先地位，而是出于更有效地维护优先地位，从而追逐更多的个人私利的目的（Lister & Pia，2008）。[1] 这就意味着，不管个人接受何种社群的身份认同，或者获得任何国家的公民身份，都不能妨碍个人的优先地位，更不能以放弃个人私利为条件（Heater，1999）。[2] 当然，自由主义也认为，出于追求个人利益的目的，在个人优先的状态下，个人也可以选择是否与他人合作或者是否参与社会和政治的活动。

（2）权利、平等、自由至上。自由主义强调“天赋人权”，认为处于“自然状态”的个人拥有不可剥夺的基本权利，这些权利不能因为个人进入了“社会或政治状态”而遭受损害，相反应该得到更充分的保护。在这些基本权利中，除了生命权、自由权之外，自由主义还特别强调财产权的重要性，因为财产权是实现生命权、自由权的物质基础，因此同样是先于社会与政府而存在的（Plamenatz，1963）[3]；与此同时，自由主义公民权利的范围也在不断扩大，从洛克思想中的自然权利拓展到马歇尔公民身份权利的公民（法律）、政治与社会三要素，实现了由形式权利向实质权利的突破。自由主义同样坚持人人平等的原则，认为任何公民都享有平等的权利，承担同样的义务，都必须有平等的机会去追求自己的幸福生活，因此，个人在追求自己利益的过程中就不得侵害其他人的利益。自由主义还提倡个人自由，特别是个人的“消极自由”，即个人拥有不受政府、社会或其他公民干涉胁迫的自由（Berlin，1969）。[4] 自由主义认为，尽管个人有时为了更好地享受自由会放弃自己的部分自由，但这并不妨碍自由主义公民身份理论的主旨——个人获得公民身份的主要价值就在于追求最大的个人自由（Schuck，2002）。[5]

（3）私善多元基础上的有限公共善。既然在自由主义的理论中个人是平等自由的，那么个人的公民身份就应该允许他们按照自己自由的意愿去构想、修改并且理性地追求自己的生活方式，换言之，自由平等的公民身份赋予了他们积极追求自我私善的权

---

[1] Michael Lister & Emily Pia, *Citizenship in Contemporary Europe*, ibid, pp. 9 – 14.

[2] Derek Heater, *What Is Citizenship*? ibid, p. 6.

[3] Michael Lister & Emily Pia, *Citizenship in Contemporary Europe*, ibid, p. 10.

[4] Anders Westholm José Ramón Montero and Jan W. Van Deth, Introduction: Citizenship and Involvement in European Democracies, in Jan W. Van Deth, José Ramón Montero, Anders Westholm (eds.), *Citizenship and Involvement in European Democracies: A Comparative Analysis*, Taylor & Francis, 2007, p. 4.

[5] Peter. H. Schuck, Liberal Citizenship, ibid, p. 132.

利，而这种私善必然是人人不同，呈现出异常丰富的多元化特征。那么有没有超越多元化私善之上的公共善，或者说是否存在一种人人认可的理想的公共生活方式呢？古典自由主义基本否定了公共善的存在，因为认可公共善的存在就意味着个人可能被迫接受一种公共的生活方式，这无疑是与古典自由主义倡导的价值多元化相抵触的。但在当代自由主义政治思想中，学者们在进一步强调维护私善多元化重要性的基础上开始重申并审视公共善的意义，并在一定程度上接受了它的存在（Kymlicka，2002）。[1] 例如，罗尔斯认为，对于所有自由平等的人们而言，只有一种"弱的善的理论"才能被接受，因为这种善的理论是"保障论证正义原则所必需的基本善前提"（罗尔斯，1971）[2]，而任何超越"弱的善"的公共善都不能被接受，换言之，弱的公共善是可以存在的（Downing & Thigpen，1993）。[3] 罗尔斯进一步解释了在个人私善多元化的背景下，这种有限的公共善形成的原因是"重叠共识"与"公共理性"的存在。

（4）保持中立、有限的政府。自由主义公民身份理论认为，政府必须是中立、有限的。一方面，因为自由国家中的公民是自由平等的，人人都拥有追求私善的权利，所以，政府既无权对公民多元化的私善进行评价，也不能对公民追求私善的活动进行干涉；另一方面，自由主义认为，由于政府的主要职能是保护个人的财产不受侵害，因此，无论是政府的职能还是规模都应该受到限制，甚至是最少和最小的，这样才能避免由于政府权力集中、缺乏制约导致的公权腐败以及对私权的践踏（Schuck，2002）。[4]

（三）自由主义公民身份理论中的积极公民意蕴

长期以来，在自由主义公民身份思想中，公民在社群、政治领域的参与一直被解读为一种权利而非义务，公民无须按照国家或社会的意愿做出相关决定，他们自己"必须决定成为何种公民——包括决定放弃参与任何政治活动的可能性，完全置身于对所有公共善毫无兴趣的私人领域的生活"（Schuck，2002）[5]。因此，对大多数自由主义学者来说，要对崇向平等自由的公民个体培育公共精神、鼓励他们积极参加政治与公民社会活动，这是有悖于自由主义传统的（Mouffe，1991）。[6] 换言之，自由主义思想中充分享有"消极自由"的公民往往被认为是消极的公民（passive citizen）。而事实上，自由主义公民身份理论中同样具有相应的积极公民意蕴。

（1）自由主义思想中的公民必须积极维护自己的权利与自由。自由主义公民身份

---

[1] Will Kymlicka, *Contemporary Political Philosophy*, 2nd edition, New York: Oxford University Press, 2002, p. 220.

[2] ［美］约翰·罗尔斯著：《社会正义论》，何怀宏、何包钢、廖申白译，中国社会科学出版社 1988 年版，第 382 页。

[3] Lyle A. Downing & Robert B. Thigpen, Virtue and the Common Good in Liberal Theory, *THE JOURNAL OF POLITICS*, Vol. 55, No. 4, November 1993, pp. 1050 – 1051.

[4] Peter. H. Schuck, "Liberal Citizenship", ibid, p. 136.

[5] Peter. H. Schuck, "Liberal Citizenship", ibid, p. 137.

[6] Chantal Mouffe, "Democratic Citizenship and the Political Community", in *Community at Loose Ends*, edited by the Miami Theory Collective, US: University of Minnesota Press, 1991, p. 72.

理论信奉个人权利、平等、自由至上的原则，强调公民拥有免受其他主体尤其是国家（政府）胁迫干预的权利。与此同时，自由主义也认为，国家出于各种社会目的的需要，在官僚政客与私人利益集团满足私利的驱动下会不断地扩大自己的权威，攫取更多的资源，从而侵害公民个人的权利与自由。对于这一问题，唯一有效的预防措施是建立富有活力、保持警惕的公民社会，即通过培养全体公民的独立意识与积极维权意识，使他们能够抵制国家攫取权利与资源的行为，尽量减少政府的干涉活动，并对其必要的干预活动进行密切的监督（Schuck，2002）。[1] 因此，在自由主义的公民身份思想中，合格的自由公民必须具有强烈的批判精神，勇于承担起对国家的监督职能，通过积极评价来批判政府对私人领域的各种干涉活动，从而达到维护自己权利与自由的目的。

（2）当代自由主义思想同样鼓励公民对公共领域的积极参与。自以赛亚·伯林（Isaiah Berlin）把自由区分为“消极自由”与“积极自由”以来（Berlin，1969）[2]，自由主义语域中的公民自由就被设定为“免于……”的“消极自由”，或者说，自由主义公民摒弃了“积极参与……”的自由，因此，“公民自由与政治参与是不可调和的”。但也有学者认为，当代自由主义思想对公民自由的理论解读呈现出二元特征：一方面，防卫性的、保守的自由主义坚持公民的“消极自由”、主体权利与个人主义；另一方面，肯定的、进步的自由主义则开始关注公民的“积极自由”（Held，2001）。[3] 消极论者坚持认为公民的政治权利是维护自身权利与自由的工具，公民有免于参加政治活动的自由。虽然积极论者同样认为，作为自由国家的公民，必须保持警醒和增权意识，只有积极参加政治活动，自身的自由才能得到保障，但他们更多地把公民对公共领域的参与视作一种义务。[4] 从当前西方国家普遍存在的公民参与积极性下降的情况来看，积极论的观点无疑具有更大的理论指导价值。

（3）当代自由主义思想进一步强调公民积极实现自我、管理自我的重要性。古典自由主义认为，个人的理性与自由使得自由国家的公民可以进行自治，当代新自由主义思潮继承并进一步发展了这一基本理念。新自由主义一方面进一步强调了公民积极实现自我、管理自我的重要性（van Houdt et al.，2011）[5]，如一些新自由主义学者认为，公民在与国家、社会、市场以及公民之间的契约关系中应该成为积极的主体

---

[1] Peter. H. Schuck，“Liberal Citizenship”，ibid，p. 136.

[2] Isaiah Berlin，“Two Concepts of Liberty”，In Isaiah Berlin：*Four Essays on Liberty*，Oxford：Oxford University Press，1969.

[3] David Held，*Modelos de democracia.* Madrid：Alianza Ensayo，2001，http：//www. rae. es/rae. html，see Erika González García，“On the Concept and Models of Citizenship”，available at http：//www. ioe. ac. uk/about/documents/About_ Overview/Gonzalez_ Garcia_ E. pdf.

[4] Erika González García，“On the Concept and Models of Citizenship”，available at http：//www. ioe. ac. uk/about/documents/About_ Overview/Gonzalez_ Garcia_ E. pdf.

[5] Friso van Houdt，Semin Suvarierol and Willem Schinkel，“Neoliberal communitarian citizenship：Current trends towards ‘earned citizenship’ in the United Kingdom，France and the Netherlands”，*International Sociology*，2011（26），p. 411.

（Rose，1999）[1]，应该勇于承担管理自身、孩子与邻居的责任（Dean，1999）[2]；另一方面还大力倡导公民尤其是青少年积极培养个性，充分发挥潜能，以适应社会不断提出的新要求。这一点在近十多年来瑞典等一些欧盟国家的公民教育实践中得到了不同程度的反映（Olson，2010）。[3]

二、社群主义公民身份理论

社群本是社会学当中的核心概念之一。在古典社会学中，社群这一概念与功能主义具有密切联系。根据德国社会学家斐迪南·滕尼斯（Ferdinand Tönnies）的观点，社群是指一个“有机、内聚的传统世界”，它建立在“（成员互相间的）直接关系”之上，是一个具有密切文化联系的整体（Tönnies，1957）。[4] 而以社群为基础确立起来的公民身份理论，其历史却短暂得多。事实上，在当代西方三大主要公民身份理论中，社群主义的公民身份理论无论从存续时间还是影响程度来说，都不及自由主义与公民共和主义。20 世纪 70 年代以来，社群主义公民身份理论在学术界崛起，并且被西方国家公民社会建设认可它的积极理论价值，主要原因在于长期以来被西方国家民主政治与公民社会建设视为圭臬的自由主义公民身份理论遭遇的现实困境。正是在学术界对自由主义公民身份理论的批判之中，社群主义公民身份理论才得以形成。

（一）社群主义对自由主义公民身份理论的批判及其公民身份理论的基本要素

虽然社群主义对自由主义公民身份理论进行批判的源头是 1971 年罗尔斯出版的《正义论》，但从社群主义本身的公民身份思想的内容来看，其针对自由主义的批判已经涉及了后者的全部基本思想。与此同时，尽管社群主义与自由主义的论战发生在 20 世纪 70 年代以后，但可以在 19 世纪黑格尔对自由主义者康德与洛克的批判中发现其历史踪迹（Lister & Pia，2008）。[5] 黑格尔和当代社群主义者一样，对自由主义政体中个人主义的、非历史的自由主义自由权利概念进行了批判，并指出社群中的伦理道德对个人身份认同的重要性（Smith，1986）。[6] 由此看来，社群主义公民身份理论的渊源至少可以追溯到 19 世纪的黑格尔时代。当代西方社群主义的代表人物主要有泰勒（Charles Taylor）、麦金泰尔（Alasdair MacIntyre）、桑德尔（Michael Sandel）和沃尔泽（Michael Walzer）等人，其中，沃尔泽的《正义诸领域》、桑德尔的《自由主义与正义的局限》以及麦金泰尔的《德性之后》[7] 等著作奠定了当代社群主义的理论基础。根

---

[1] Nikolas Rose, *Powers of Freedom: Reframing Political Thought*, Cambridge: Cambridge University Press, 1999, p. 165.

[2] Mitchell Dean, *Governmentality, Power and Rule in Modern Society*. Los Angeles: Sage, 1999, pp. 166 – 171.

[3] Maria Olson, "Swedish Education Policy on Active Citizenship: Fulfilment of self", available at https://metranet.londonmet.ac.uk/fms/MRSite/Research/cice/pubs/2010/2010_ 297.pdf.

[4] Gerard Delanty, "Communitarianism and Citizenship", inEngin F. Isin and Bryan S. Turner (eds.), *Handbook of Citizenship Studies*, UK, Wiltshire: The Cromwell Press Ltd, Trowbridge, 2002, p. 160.

[5] Michael Lister & Emily Pia, *Citizenship in Contemporary Europe*, p. 15.

[6] Steven B. Smith, "Hegel's Critique of Liberalism", *The American Political Science Review*, Vol. 80, No. 1 (Mar., 1986), pp. 121 – 139.

[7] 三本著作的英文书名分别为 *Spheres of Justice*（1983）、*Liberalism and the Limits of Justice*（1983）、*After Virtue*（1984）。

据李斯特与皮尔（Lister & Pia，2008）、金里卡（Kymlicka，2002）等学者的分析，社群主义对自由主义公民身份理论的批判主要体现在这样几个方面：

（1）批判自由主义的个人优先论，确立社群的中心地位。学术界一般认为，社群主义与自由主义之争的中心问题是个人（自我）与社群孰主孰从的问题（Lister & Pia，2008）。[1] 自由主义认为个人是中心，它先于社群而存在，因而是个人（自我）构建了社群。换言之，个人是先于并独立于社群的自我，独立于建构性的社会关系之外，成为了"无拘无束的自我"（unencumbered self），因此，个人无须参加任何志愿者组织，也不可能成为任何接受道德关系约束的社群的成员（Sandel，1984）[2]；个人对社群认同的目的在于发挥社群的工具价值，即确保个人更好地追求自己的权利与自由。相反，社群主义认为，在自我与社群的关系中，社群居于优先地位，社群先于自我而存在，人们与生俱来的诸如性别、种族、宗教等各种身份属性使得个体深深植根于各种社会关系和社群之内，离开社群，个人就失去了自我，因此是社群构建了自我，社群的一般道德规定性造就了个人的道德特殊性（Lister & Pia，2008）。[3] 正如麦金泰尔所说："我们都是作为特殊的社会身份承担者与我们自己的环境打交道……我是这个城邦或那个城邦的公民，这个或那个行业或职业的一个成员，我属于这个氏族、那个部落或这个民族，因此，对我来说是好的事情必定对处于这些角色中的任何人都是好的，这样，我从我的家庭、我的城邦、我的部族、我的民族继承了它们的过去、各种各样的债务、遗产、合法的前程和义务，这些构成了我生活的既定部分、我的道德起点。在一定程度上，正是这一切使我的生活有了它自己的道德特殊性。"（MacIntyre，1984）[4]

（2）批判自由主义的权利、自由至上的原则，强调个体对社群责任与义务的重要性。自由主义认为，个人拥有天赋的、平等的自然权利，这种权利不能被社群、国家与其他任何人侵犯，即个人拥有充分的免受干涉的"消极自由"。然而社群主义认为，自由主义主张的权利、自由唯一可能存在的场景就是"预先存在的社群"，因为"不是孕育个体公民的自治权利创造了社群，而是社群产生了孕育个体公民的自治权利"（Lister & Pia，2008）。[5] 因此，社群主义主张，必须纠正自由主义权利至上思想所导致的权利与责任义务之间的失衡状态，因为"只拥有权利而不承担责任既不道德，也不符合逻辑……只索取而不给予是一种违背道德原则、以自我为中心的预设偏见，最终任何社会都无法承受。因此，那些最担心权利的人士应该是最先主张承担责任的人"（Etzioni，1994）[6]。由此可见，社群主义并不否认公民个体的权利，但强调个体对社群的责

---

[1] Michael Lister & Emily Pia, *Citizenship in Contemporary Europe*, p. 17.

[2] Michael Sandel, "The Procedural Republic and the Unencumbered Self", *Political Theory*, 12 (1), 1984, pp. 85 – 87.

[3] Michael Lister & Emily Pia, *Citizenship in Contemporary Europe*, pp. 15 – 17.

[4] ［美］A. 麦金太尔著：《德性之后》，龚群、戴扬毅等译，中国社会科学出版社1995年版，第277 – 278页。

[5] Michael Lister & Emily Pia, *Citizenship in Contemporary Europe*, p. 18.

[6] Amitai Etzioni, *The Spirit of Community: The Reinvention of American Society*, Crown Publishers: 1st Touchstone edition, 1994, pp. 9 – 10.

任义务与权利同等重要。此外，社群主义还认为，权利与义务不可能完全对等，即所有权利都必然产生相应的义务与责任，但有些责任“不会产生眼前利益甚至长期回报”。例如，公民个体有保护环境的责任，但无法向环境主张任何权利；同样，人们也有维护道德、社会、政治环境的责任而不能为此附加任何权利条件（Etzioni，1994）。[1]社群主义的这种思想表明，在个人权利与社群责任义务之间，后者应该居于优先地位。

（3）批评自由主义私善优于公共善的思想，强调公共善的优先地位。自由主义主张私善的多元性，认为公民个人拥有按照自己的意愿追求私善的权利；而对于公共善，自由主义要么认为其不过是“把那些与正义原则保持一致从而等同的各种个人偏好结合起来的结果”，因而“自由社会里的公共善应被调整以适应个人对善所持有的偏好与概念的模式”（Kymlicka，2002）[2]；要么认为其与多元化的私善冲突，从而主张有限的公共善（Downing and Thigpen，1993）。[3] 而社群主义则认为，由于社群建构了个人，社群的公共道德、文化价值孕育了个体的道德认同，因此，个体对社群产生了一种身份认同与归属意识，使得个人的私利与社群的公共利益完全融为一体（Lister & Pia，2008）。[4] 换言之，个体对社群的公共价值产生了服从意识，个人私善与社群公共善是互相兼容的，维护公共善本身就是追求个人私善。因此，用麦金泰尔的观点来说：“个人不必去选择自己的私善，相反应该是根据社群公共善的指导去发现自己的私善。”（Lister & Pia，2008）[5]

（4）批评自由主义的政府中立观点，突出政府对私善的引导以及对公共善的积极维护作用。自由主义强调，自由国家的政府必须始终保持中立地位，即“政府的公共政策不能以对人们关于善的概念进行评价为基础”，只有这样才能确保个人的平等权利，并且使他们按照自己的意愿去追求私善（Barry，1990）。[6] 对此，社群主义从两个方面进行了批评：一方面，社群主义认为，自由国家在关于善的概念问题上从来不能保持中立，因为“如果在‘对个人来说什么是善’这个问题上没有形成某种观点，任何一种政治生活都无法证明自身的合法性”（Galston，1991）[7]，所以，自由主义对善的规定当然是为了促进自由主义思想中的社会正义；另一方面，正如金里卡所指出的，社群主义强调，“公共善不是调整自己以迎合个人的偏好模式，而是为个人偏好提供一个评价标准”，因此，“社群主义政府能够也必须鼓励人们接受与社群生活方式一致的

---

[1] Amitai Etzioni, *The Spirit of Community: The Reinvention of American Society*, p. 11.

[2] Will Kymlicka, *Contemporary Political Philosophy*, 2nd edition, New York: Oxford University Press, 2002, p. 220.

[3] Lyle A. Downing and Robert B. Thigpen, “Virtue and the Common Good in Liberal Theory”, *The Journal of Politics*, Vol. 55, No. 4 (Nov., 1993), p. 1050.

[4] Michael Lister & Emily Pia, *Citizenship in Contemporary Europe*, pp. 20 – 21.

[5] Michael Lister & Emily Pia, *Citizenship in Contemporary Europe*, p. 21.

[6] Brian Barry, “How not to Defend Liberal Institutions” in Douglass, R. B.; Mara, G. M. and Richardson, H. S. (eds.) *Liberalism and the Good*, London: Routledge, 1990, p. 50.

[7] Galston, W. A., *Liberal Purposes: Goods, Virtues, and Diversity in the Liberal State*, Cambridge: Cambridge University Press, 1991, p. 79.

善的理念，并打消那些与社群生活方式背道而驰的善的念头”（Kymlicka，2002）❶，换言之，在社群优先的背景下，政府应该积极弘扬社群公共善，让公共善内化为社群成员的行为准则，从而充分发挥其对个体成员私善的导向作用。

（二）社群主义公民身份理论中积极公民的含义

作为在批判自由主义公民身份思想中形成的公民身份理论，社群主义中的积极公民的意蕴也不同于自由主义。在自由主义思想中，积极公民意味着“个人处于国家之外，但通过某种方式对国家的再生产做出贡献，并得到组织成员身份的利益回报”，而社群主义理论中的积极公民要求“公民像整体中的构成部件一样整合进政治共同体，也就是说，通过这种方式他们才能够在共享的传统与主体间认可的机构组织中形成自己个人与社会的身份认同”（Habermas，1994）。❷ 换言之，正如前文所分析的，自由主义公民身份思想中的积极公民首先必须是充分享有不受国家干预的个人权利与自由的个人，然后再在公共领域进行有限的积极参与；而社群主义则强调公民个人在社群中全方位的融合，并以此来维护并促进社群的共同价值，同时实现自我的身份认同与个人价值。由此可见，社群主义的积极公民具有归属意识、责任服从与积极实践三个方面的属性。

（1）积极公民必须具有对社群的情感归属意识。社群主义认为社群建构了个人，强调社群成员资格对个人的重要性，因为“任何个人都归属于一定的社群，如国家、阶级、民族、地位等，他总是某个社群的成员”，而“成员资格是人类社会中最基本的社会利益，只有作为成员的男人和女人才有可能享有所有的社会利益——安全、富裕、荣誉、职位和权力”（俞可平，2005）。❸ 因此，对于个人而言，拥有某种成员资格是一个不以个人意愿为转移的“预先存在的”事实，而获得了某种社群的成员资格才意味着自己于社群中的个人权利具有了社会基础。与此同时，社群主义认为，社群成员在获取身份资格之后还必须对社群的文化传统与价值体系全面认同，以社群中公共善的理念作为追求个人价值与利益的行为准则，而不能将个人私善凌驾于公共善之上，去挑战社群公共价值的权威性。由此可见，社群主义中的积极公民首先必须是认可并珍惜社群成员资格、具有强烈社群归属意识的公民。

（2）积极公民必须具有强烈的责任意识与服从精神。一方面，社群主义强调个人权利必然会产生相应的责任与义务。社群主义认为，既然任何个人都具有不可辩驳、无法放弃的成员资格身份，而成员资格又是个人权利赖以存在的社会基础，那么伴随这种成员资格身份及其权利的就是成员必须对社群承担的责任和义务。比如，个人作为家庭中的成员，他（她）就拥有了作为丈夫（妻子）或父母（孩子）所具有的家庭权利及其相关的义务；个人作为社会或国家的成员，他同样在享有社会或国家赋予的个人权利的同时必须承担对社会或国家的义务。总之，权利与责任、义务是对称的，

---

❶ Will Kymlicka, *Contemporary political Philosophy*, p. 220.

❷ J. Habermas, “Citizenship and national identity: Some Reflections on the Future of Europe”. In van Steenbergen, B. (ed.) *The Condition of Citizenship*. Beverly Hills: Sage, 1994, pp. 25 – 26.

❸ 俞可平：《社群主义》，中国社会科学出版社 2005 年版，第 35 页。

勇于承担责任与义务的成员才是社群的积极成员（俞可平，2005）。[1] 另一方面，社群主义认为，个人对社群的责任与义务有时不以权利为基础，这就要求社群成员必须培养对社群公共善的自我服从意识。正如 Etzioni 所指出的，“对公共善的付出常常不会很快得到相应的回报或利益，因而很难预测从长远来看谁将受益”，因而“社群成员支持对公共善的投入不是因为他们认为这必须（或者可能）让他们自己或他们的孩子受益，而是因为他们相信这样做是一种善行”（Etzioni，2009）。[2] 这就是说，社群成员对公共利益的投入付出不以小我是否受益为条件，而以社群大我为前提。换言之，个人利益要服从社群公共利益，甚至在某些特殊情况下（如在国家安全受到严重威胁的情况下）公共利益可能会危害某些个人的权利与自由时，也不能放弃服从。社群主义倡导的这种服从精神并非要把社群成员培养成消极成员，而是通过成员积极的服从来维护社群公共利益。

（3）积极公民必须具有强烈的社群实践意识。在社群主义的公民身份思想中，公民对社群或国家的认同归属意识与对公共善的维护与服从意识必须不断被培育成为公民的一种“德性”。根据麦金太尔的观点，这种德性是社群成员必须具备的一种品质，拥有并践行这种品质不但能使社群成员追求自我的物质利益，还有助于他们“得到那些内生于这一实践过程中的价值”[3]。这些内生的价值主要表现为社群成员对社群的忠诚、奉献以及自身道德水平的提高，离开对社群的认同、对公共善的维护等实践活动，这些价值就无从谈起。也就是说，社群成员的认同归属意识与对公共善的维护意识绝不能停留在言辞话语中，必须通过不断参与社群活动，将它们升华成为个人的内在品德，这样才能真正做到个体与社群的彻底融合。这种实践与个体所具有的不同的社群身份保持高度的一致性，如个人作为家庭成员需要践行对家庭的义务，作为社会成员则必须参加各项社会活动来履行自己对社会的责任，作为国家的公民当然有义务通过自己的积极参与去行使公民的职责。由此可见，社群主义的实践意识着重于社群，但又不局限于社群，其实践的范围与内容必须是全方位的。

三、公民共和主义公民身份理论

在当代西方的公民身份理论中，公民共和主义思想无疑是历史最为悠久的。这一公民身份理论的主要内容从它的名称上就可以得到很好的体现。根据英国学者希特（Derek Heater）的解释，“公民的”（civic）在此处意指公民对公共事务的参与，从而促进个人与共同体的相互利益；“共和”（republic）则指通过立宪制度来实现权力的分享，以避免权力集中的独裁统治（Heater，1999）。[4] 因此，公民参与、分权自治构成了公民共和主义理论的基本特征。尽管自西方国家进入近代社会以来，公民共和主义

---

[1] 俞可平：《社群主义》，中国社会科学出版社 2005 年版，第 38 页。

[2] Amitai Etzioni，“The Common Good and Rights：An Neo－Communitarian Approach”，*Georgetown Journal of International Affairs*，Winter/Spring，2009，p. 114.

[3] Stephen Mulhall and Adam Smith，*Liberals and Communitarians*，Blackwell Publishing Ltd.，Second Edition，1996，p. 83.

[4] Derek Heater，*What Is Citizenship*? p. 44.

的公民身份理论对这些国家民主政治与公民社会建设进程的影响不如自由主义思想，但它依旧具有强大的生命力。

（一）公民共和主义公民身份理论的主要代表人物及其观点简介

公民身份理论的形成与发展总是与特定时期人们的政治实践活动密切联系起来的，公民共和主义的公民身份理论也是如此。作为历史最为久远的公民身份思想，公民共和主义以公元前6世纪到前4世纪斯巴达、雅典与罗马的共和统治为现实基础（Heater，1999）[1]，在亚里士多德、西塞罗等伟大先贤的演绎之下，开创了公民共和主义思想的古典源头。在随后的历史长河中，尽管随着共和制度在西方政治实践活动过程中的兴衰沉浮，公民共和主义理论的影响与地位不断起伏，但理论本身的发展从未停止，从而为它在当代西方社会的再次复兴打下了基础。这里根据学者霍诺汉（Iseult Honohan）的分析，对公民共和主义公民身份理论发展过程中的主要代表人物及其观点进行简要介绍。

公民共和主义公民身份思想的开拓者无疑是亚里士多德、西塞罗。生活在公元前4世纪的亚里士多德本身并非雅典公民，但他对公民身份理论进行了深入的研究。在亚里士多德看来，理想的公民必须具有两个特征：一是公民之间互相了解并形成必要的群体纽带，二是公民必须积极参与公共生活；与此同时，亚里士多德强调了公民德性与公共善的重要性，认为公民德性与法律共同构成了文明社会治理的两大支柱，公共善则是促进文明社会不断发展的道德基础，因此，理想公民作为政治共同体中的成员不但需要培育公民德性，还必须积极现身于共同体的公共善（Heater，1999）。[2] 生活在公元前2世纪罗马帝国的西塞罗是古典公民共和主义的另一位重要代表人物。与亚里士多德一样，西塞罗同样认为公民积极的政治参与、公民德性以及对政治共同体公共善的奉献是理想公民的重要标志，但两人思想的侧重点不同：在亚里士多德的公民身份思想中，政治参与是重点；而西塞罗的理论则更多地强调法治的重要性，认为法治是共和自由的基础（Honohan，2002）。[3]

自罗马帝国崩溃之后的1000多年里，共和主义的理论探索与政治实践基本上陷入了停滞状态。但在13世纪，伴随着文艺复兴，意大利哲学领域掀起的一场关于德性、自由与自治的讨论见证了公民共和主义思想在中世纪的复兴。在讨论中，学者们以古希腊与罗马的共和思想为指导，进一步丰富和发展了古典公民共和主义思想。这一时期共和主义的主要思想家有意大利的尼科洛·马基雅维里（Niccolo Machiavelli）、英国的詹姆斯·哈林顿（James Harrington）等人（Honohan，2002）。[4] 马基雅维里认为，培养良好的公民责任意识对确保国家军事安全与共和制政府治理非常重要，而好的公民责任意识需要以公民德性为基础，因为具有公民德性的理想公民必然会积极投身于公共服务，尤其是履行自己对国家的军事义务；哈林顿同样进一步捍卫了古典共和主义中的共和自由与积极公民思想，他极力主张自由自治的共和国家，因为在这样的国家

[1] Derek Heater, *What Is Citizenship*? p. 44, ibid.

[2] Derek Heater, *What Is Citizenship*? p. 45, ibid.

[3] Iseult Honohan, *Civic Republicanism*, Routledge, 2002, pp. 15 – 16.

[4] Ibid, p. 42.

中，人人参与法律的制定并自觉接受法律的约束，换言之，哈林顿强调公民的自由特质，但他认为公民的自由只有在公民自己构建并进行治理，并且能够限制不平等与支配的共和国家才能实现，而在自由自治的共和国家中，积极参与无疑是对公民的最基本要求，因为积极参与是公民确保自己免受支配这一自由的根本途径（Honohan，2002）。[1]

18 世纪中叶，欧洲地区政治、经济、文化等社会各方面的发展使得共和主义思想面临新的挑战，特别是在有关国家治理的思想方面，专制统治思想重新流行，严重冲击了共和思想的治国理念。这就使得共和主义理论家必须通过理论的与时俱进来维护共和主义思想的核心政治主张。法国思想家卢梭就是这一时期共和主义思想的代表人物。卢梭在他的社会契约理论中阐述了一系列公民身份思想，如他认为，国家权力源自人们，人们可以通过自治来确保自己的自由，人们除了接受自己制定的法律的约束外，不应被任何其他力量支配；卢梭还强调了公共善的重要性，认为公共善借助公民行使“公意”（general will）得以表现，这种“公意”不同于“所有人意识的相加”，只有每个公民都认同某一选择时“公意”才能产生，而以“公意”为基础的公共善产生之后，需要依赖公民积极而又自愿的奉献才能得以实现，等等（Honohan，2002）。[2]

自 19 世纪以来，在西方国家的民主政治与公民社会建设的过程中，自由主义的影响占据了明显的主导地位。虽然公民共和主义理论也在不断发展，但社会影响的下降使得其又一次陷入颓势之中。然而公民共和主义具有的重要积极理论价值决定了它的又一次复兴。20 世纪 50 年代以后，西方社会中极权主义思想开始流行，人们对自由主义制度能否满足自己的政治需求、保护个人的自由开始质疑，自由主义思想的主导地位面临挑战。在之后其他各种理论流派对极权主义与自由主义批判的过程中，以汉娜·阿伦特（Hannah Arendt）和查尔斯·泰勒（Charles Taylor）为代表的公民共和主义同样卷土重来。作为新时期的公民共和主义者，他们“强调了政治的表达维度”，认为人们参与政治“不但是为了寻求政治与法律方面的平等意识，还有追求身份认同价值被公共认可的目的”；他们开始关注“人们自我实现需求的公共认可方式”，认为个人自由应该是在踊跃参与政治活动中实现的积极自由（Honohan，2002）。[3] 尽管阿伦特与泰勒等人的当代公民共和主义思想同样引起了许多争议，但正是他们这种积极探索理论新疆域的精神推动了公民共和主义在当代的发展。

（二）公民共和主义公民身份理论的主要内容

自自由主义公民身份思想产生以来，公民共和主义就开始了对它的批判。特别是当代公民共和主义思想，与社群主义的公民身份理论一样，认为“自由主义对隐私与个人权利关注太多，对指引公民行使公民职责的公共德性则关注太少”（Dagger，2002），[4] 因而对自由主义公民身份理论中个人至上、私善优先、重权利维护轻公民参

---

[1] Iseult Honohan，*Civic Republicanism*，ibid，pp. 42 – 76.

[2] Ibid，pp. 84 – 98.

[3] Ibid，p. 111.

[4] Richard Dagger，“Republican Citizenship”，in Engin F. Isin and Bryan S. Turner（eds.），*Handbook of Citizenship Studies*，UK，Wiltshire：The Cromwell Press Ltd.，Trowbridge，2002，p. 146.

与等思想进行了全面批判。但公民共和主义的公民身份理论同样不同于社群主义，“社群主义（的公民身份）依赖预先存在的文化或道德社群，而共和主义（的公民身份）则以公民在共同体的积极参与为基础”（Lister & Pia，2008）。[1] 结合李斯特与皮尔（Lister & Pia，2008）、金里卡（Kymlicka，2002）、霍诺汉（Honohan，2002）及戴格（Dagger，2002）等学者的分析，这里将公民共和主义公民身份理论简要概括为下面几个方面：

（1）国家与公共利益至上。在个人、社群与国家三者之间的关系上，公民共和主义不同于自由主义的个人优先与社群主义的社群第一，它奉行共和国家至上的原则。尽管自亚里士多德以降，共和主义者对国家有过多种解释，但共和国家即公民自治这一共和主义有关国家（共和国）的本质规定性始终如一。在公民身份认同基础这一问题上，有别于社群主义的社群建构身份认同的观点，公民共和主义强调国家在建构公民身份认同过程中的重要作用；在公民与共和国家之间的相互关系上，公民共和主义认为二者之间存在相互依赖的关系，共和国离开公民则无从产生，而没有共和国也不可能产生完全意义上的公民身份（Dagger，2002）。[2] 因此，公民共和主义非常重视公民对共和国的忠诚意识与奉献精神，如在卢梭看来，“在共和国里强烈的爱国主义精神将公民团结在一起……这种爱国主义精神以家庭成员之间面对面亲密无间的关系为榜样：即对祖国之爱和公民之间的兄弟之情”（Honohan，2002）[3]，这种爱国情结为共和国公民维护国家利益提供了强大的动力，正如哈林顿所说的，“人们为了拯救国家可以死亡或者毁灭自己”。

与公民共和主义共和国家至上原则密切联系的是公共善的优先地位。公民共和主义认为，个人私善与公共善是联系在一起的，这表现在公民对共同体公共善的追求有助于达到个人私善，或者说，公共善是私善实现的条件，不能为了私善而危害公共善。因此，即使在个人私善遭受损害的情况下公民也必须服从公共善，正如马基雅维里所指出的：“不管这个或那个人因为公共善遭受什么样的损失，但有如此多的人从公共善中受益，因此，尽管少数人的利益可能受损，公共善还是能够实现的。”（Machiavelli，1974）[4] 这也意味着，公民共和主义的公共善不可能是众人私善的相加，而是借助国家的“公意”来实现的。在卢梭看来，“公意研究共同利益，而众意则关注各自的私利，众意不过是个人私欲的总和”，因此，公意不是众意的相加；公意同样不是多数人的意愿，公意的公共性来自将公民团结在一起的共同利益（Rousseau，1968）。[5] 因此，国家公意形成与否及以此为基础的公共善能否实现皆取决于公民是否愿意超越个人私利。

---

[1] Michael Lister & Emily Pia，*Citizenship in Contemporary Europe*，ibid，p. 22.

[2] Richard Dagger，*Republican Citizenship*，ibid，p. 145.

[3] 转引自 Iseult Honohan，*Civic Republicanism*，ibid，p. 96。

[4] Niccolo Machiavelli (1974)，*The Prince* (ed. G. Bull)，Harmondsworth：Penguin，p. 275，转引自 Iseult Honohan，*Civic Republicanism*，ibid，p. 55。

[5] J. J. Rousseau (1968)，*The Social Contract*，Harmondsworth：Penguin，pp. 72 – 76. 转引自 Iseult Honohan，*Civic Republicanism*，ibid，p. 96。

（2）公民应该追求不受支配的自由。自由主义强调公民必须具有“免受……干涉”的消极自由，即公民有权按照自己的意愿在不危害他人利益的前提下选择自己的生活方式，追求自己的个人私利；社群主义则认为个人自由来自社群，强调社群成员必须具有义务优先与权利的意识。而公民共和主义对公民的自由同样有不同的解读。尽管人们长期以来按照柏林的“自由二分法”习惯于将共和主义的自由理解为“积极的自由”，即公民拥有政治参与的自由，但在菲利普·佩蒂特（Philip Pettit）看来，古典共和主义者事实上强调的同样是“免受干涉的”消极自由，这种观点在中世纪的共和主义者马基雅维里与哈林顿的思想中都有体现。例如，马基雅维里认为，人们对自由的渴求并非来自统治的欲望，而是源自对被统治的期盼，因为“只有小部分人出于统治的目的追求自由，而无数多的大部分人则是为了生活在安全之中才期盼自由，因为在所有的共和国中，不管其采取何种组织形式，总只有四五十个公民能担任权威职位”（Machiavelli，1965）。[1] 哈林顿与马基雅维里一样，也明确认为人们的自由在于参与政府治理之外的其他活动（Pettit，1997）。[2]

但佩蒂特认为，公民共和主义中的公民自由应该是“免受支配”的自由。佩蒂特把公民自由在“没有干涉的支配”与“没有支配的干涉”两种状态下区分开来，指出人们在不受干涉却被别人支配时没有任何自由可言，如对奴隶而言，尽管主人对他的生活不加干涉，但主人支配地位的存在剥夺了他的人身自由；而人们在意志自主、不受支配的情况下尽管受到干涉，也不会失去自由，如共和政体中的公民，尽管有时受到来自法律的干涉，但由于法律是公民共同意志的反映，这种干涉不但没有损害他的自由，反而维护了他的权利与自由（Pettit，1997）。[3] 由此可见，公民共和主义思想中公民的自由与公民的自主意识密切相关，公民意志自主是公民自治的前提条件。

（3）公民德性是好公民的必需品质。对公民德性的强调是公民共和主义公民身份理论区别于自由主义与社群主义的又一个特点。早在亚里士多德的共和思想中，公民德性就被他视为公民身份的关键要素。在公民共和主义思想中，公民德性与人们所扮演的公民角色密切相关，换言之，公民德性指人们作为公民应该具备公民所必须具备的品格与气质。由于德性往往与好、优质（goodness）联系在一起，因此，公民共和主义认为一个具有公民德性的公民必定是一个“好公民”或“优秀公民”（Dagger，1997）。[4]

霍诺汉（Honohan，2002）概括了不同时期的共和主义者对公民德性具体内容的不同表述。例如，亚里士多德认为，公民德性不但包括勇气、正义、自制、诚实、谦逊、自尊、友好、大方，甚至骄傲、自我关注（self regard）也被包括其中；而西塞罗在他

---

[1] Niccolo Machiavelli（1965），*The Complete Works and Others*，tr. Allan Gilbert（3 vols.，Durham，NC：Duke University Press），pp. 204，237. 转引自 Philip Pettit，*Republicanism：A Theory of Freedom and Government*，Oxford University Press，1997，p. 28。

[2] Philip Pettit，*Republicanism：A Theory of Freedom and Government*，Oxford University Press，1997，p. 29.

[3] Ibid，pp. 35 – 41.

[4] Richard Dagger，*Civic Virtues：Rights，Citizenship，and Republican Liberalism*，Oxford University Press，1997，p. 14.

的共和思想中主要强调的公民德性是智慧、勇气、自我节制、正义这四个方面；马基雅维里的公民德性思想则与前人不同，他更加重视公民的爱国精神、行动意识与勇气等（Honohan，2002）。[1] 对于公民德性的形成，公民共和主义者认为主要有两个途径：一是接受教育，借助这种直接的方式弘扬理想公民需要具备的品德，教育活动可以承担这一职责，如亚里士多德认为，教育的主要目的“不是为了灌输公共信仰与价值，而是培育公民的德性”（Honohan，2002）[2]；二是鼓励公民积极参与各种政治活动与公民社会活动，通过公民实践活动间接培育公民德性，因此，不但要重视政治活动在公民德性培育过程中的促进作用，更加需要充分发挥公民社会的积极作用，因为“自由社会的许多方面，包括市场、公民组织与家庭，都能被视为培育公民德性的场所”（Kymlicka，2002）[3]。

（4）公民必须积极参与政治活动。自由主义认为，政治参与是公民具有的一项权利，公民自由决定参与政治活动与否，而社群主义虽然重视公民的参与，但把公民的参与活动主要限定在社群范围之内。公民共和主义则不同，它不但特别强调公民参与的重要性，而且把政治活动作为公民参与活动的主要内容。强调公民的积极参与意识一直被认为是公民共和主义的一项优秀传统，早在古希腊与罗马共和国时期，“公民不但拥有参与公共活动的权利，还被（共和国）期望积极参与”，换言之，积极参与公共活动同样被视为公民必须履行的义务，因此，公民需要为此培育对公共事务的奉献精神，因为“如果要成为一个理想公民，即成为自治共同体中的一个自治成员，奉献精神是一项必需的品质”（Dagger，2002）[4]。古典共和主义的这一传统无疑在公民共和主义思想的发展演变过程中得到了很好的继承，“积极参与意识”同样构成了当代公民共和主义中理想公民的重要标准。

至于为什么要倡导公民的积极参与意识，金里卡归纳了公民共和主义两种不同的观点（Kymlicka，2002）。[5] 一种为“亚里士多德式”的观点，认为政治参与和公共协商活动不应该被视为繁重的义务或责任，公民应该充分发掘这些参与活动所具有的内在价值，把积极参与公共活动而不是沉迷于私人生活作为幸福生活的最高形式，愉快地响应公共事务对公民参与的号召，正如亚里士多德所认为的那样，“（除此之外）没有任何其他方式可以使我们成为充分实现的人”，换言之，这是成为“政治动物”的唯一途径（Heater，1999）。[6] 另一种为“工具主义”的观点，强调公民的政治参与是公民的责任与义务，因而可能变成公民的一种负担，但公民必须接受这一负担，甚至在牺牲自己私人生活的幸福时也必须积极履行这一义务，因为积极的政治参与是维持民主制度正常运作、确保公民自由的有效方式。在金里卡看来，对当代西方国家的公民

[1] Iseult Honohan, *Civic Republicanism*, ibid, pp. 20－21, 34, 54.

[2] Ibid, p. 27.

[3] Will Kymlicka, *Contemporary political Philosophy*, ibid, p. 304.

[4] Richard Dagger, *Republican Citizenship*, ibid, p. 149.

[5] Will Kymlicka, *Contemporary political Philosophy*, ibid, p. 294.

[6] Derek Heater, *What Is Citizenship?* ibid, p. 45.

而言，第二种观点无疑更有吸引力一些（Kymlicka，2002）。[1]

（三）公民共和主义公民身份理论中的积极公民

与自由主义、社群主义的公民身份理论相比，公民共和主义中的公民身份无疑是最具有积极意蕴的，这也是在当代西方社会公民政治参与兴趣不断消退的背景下公民共和主义的理论价值又一次被重视的主要原因。公民共和主义中的积极公民既不同于自由主义中强调的公民对权利的积极维护意识，也有别于社群主义提倡的公民围绕社群公共价值与公共善的实践意识，公民共和主义强调公民培育公民德性，形成独立自主意识，对政治活动与公共事务的积极参与，通过公民的积极参与，充分发挥公民的主观能动性，最终实现公民完全自主意识基础上的自我治理。结合前文的分析，公民共和主义中的积极公民意识至少包括下述三个方面的内容：

（1）积极公民必须养成公民德性。在公民共和主义思想中，积极公民无疑就是好公民或者理想公民，因此，要成为积极公民，首先需要养成全面的公民德性。这是因为：公民共和主义认为，一个缺乏公民德性的公民会滋生两大弊病。一是腐败，它既可以表现为公民逃避自己的职责而注重个人享受、沉迷于骄奢淫逸的私生活，也可以表现为把个人私利凌驾于公共利益之上；前一种消极形式的腐败将导致消极公民的产生，后一种积极形式的腐败不但会危害其他公民的权利与公共善，还可能导致法制的崩溃与独裁的出现。二是依赖，即公民不愿意承担起自治的责任（Dagger，1997）。[2]毫无疑问，不管是腐败还是依赖，都是积极公民的天敌。至于积极公民必须具有的公民德性的具体内容，正如前文所分析的，尽管不同时期的共和主义者对此表述不尽相同，但智慧、自律、正义、勇气、奉献、爱国等这些品德无疑都是积极公民对公民德性的基本要求。值得一提的是，在公民共和主义的理论中，爱国精神不只是要求公民在需要的时候积极履行自己保家卫国的军事义务，也包括积极维护国家所有的公共利益，而通过公民的积极参与保障国家民主政治制度的健康运行当然也是爱国精神的具体体现（Heater，1999）。[3]

（2）积极公民必须不受支配并且具有自治意识（autonomy）。公民共和主义语境中的积极公民当然是能够进行自治（self－governing）的公民。而公民独立不受支配与自治意识无疑是公民自治需要的两个基本要素。一方面，积极公民必须独立不受支配，不能屈服于独裁权力的控制，“如果你屈服于独裁权力，你就成了奴隶；如果你是一个奴隶，你就失去了自由”（Skinner，2008）。[4]因此，公民共和主义强调公民的自由，不同于自由主义语境中免于干涉的自由，而是免受支配的自由。公民只有在没有受到来自任何主体的独裁权力的支配下，才有进行自治的可能。另一方面，积极公民还必

[1] Will Kymlicka，*Contemporary political Philosophy*，ibid，pp. 294－299.

[2] Richard Dagger，*Civic Virtues：Rights，Citizenship，and Republican Liberalism*，Oxford University Press，1997，pp. 14－15.

[3] Derek Heater，*What Is Citizenship?* ibid，p. 62.

[4] Quentin Skinner，“Freedom as the Absence of Arbitrary Power”，in Cécile Laborde and John Maynor（eds.），*Republicanism and Political Theory*，Blackwell Publishing Ltd，2008，p. 88.

须具有自治意识。在公民共和主义看来，公民处于独立不受支配的状态并不意味着公民一定就愿意进行自治，因为公民可能具有依赖心态，从而在自治活动中产生“搭便车”的现象。按照亚里士多德的观点，好公民必须既愿意进行统治又能够接受统治，而“一个完全依赖他人的人能够被他人统治，但肯定不适合统治他人”（Dagger, 1997）❶。因此，公民的自治活动需要以公民的自治意识为前提。而自治意识的形成不但需要公民个人的努力，还必须借助其他主体的帮助，而接受帮助的主体应该认识到自己对提供帮助者具有某种责任，“如果这种帮助有时是采取或多或少的非人化的公共帮助或合作的形式，那么对应的责任就是公民责任”（Dagger, 1997）❷。总之，公民需要自治意识才可能进行自治活动，因此，这种自治意识无疑是积极公民必须具备的又一个要素。

（3）积极公民需要主观能动意识。在公民共和主义的公民身份理论中，对公共事务的参与被视为公民的责任与义务，是公民必须养成的一种奉献精神。但对公民共和主义语境中的积极公民来说，参与不能仅仅被当作积极公民的责任与义务。因为如果把参与视作责任与义务，公民参与过程中的“被动”与“顺从”就会大大降低参与活动的质量与效率，因为“一个仅仅履行职责的公民基本上不会质疑现状”，而积极公民的参与活动是“政治驱动的行为”，换言之，积极公民的参与不但需要以公民对政治活动的奉献精神为基础，还要充分发挥公民的主观能动性才能完成（Delanty, 1997）。❸这就要求积极公民在参与过程中不能仅仅关注参与行为的本身，而需要认真反思各种参与活动背后的真正意义。具体来说，不能把自己视为各种公民参与活动所产生的公共利益的被动的消费者或挑选者，从而使自己产生消极被动的寄生心态，而要把自己定位为公共利益的创造者，通过自己的主动参与，发挥自己的批判精神与创新意识，在创造维护公共利益的过程中增进自己的私人利益，从而在本质上体现公民的自治意识与主人翁精神（Cornwall & Gaventa, 2000）。❹

四、其他公民身份理论

在当代西方国家中，随着政治、经济、文化等社会各方面情况的发展变化，公民身份理论呈现出多元发展的趋势。除了前面分析的自由主义、社群主义与公民共和主义这三种主要的公民身份理论之外，还出现了女权主义、多元文化主义、后国家主义、后现代主义、全球主义等其他多种公民身份思想。这些不同的理论观点无疑对欧盟积极公民身份的建设都具有不同程度的积极影响。李斯特与皮尔在介绍当代欧洲公民身份理论时，除了前述三种主要理论流派之外，还介绍了女权主义、多元文化主义与超国家主义的公民身份理论。

---

❶ Richard Dagger, *Civic Virtues: Rights, Citizenship, and Republican Liberalism*, ibid, p. 15.

❷ ibid, p. 15.

❸ Gerard Delanty, “Models of citizenship: Defining European identity and citizenship”, ibid, p. 290.

❹ Andrea Cornwall and John Gaventa, “From Users and Choosers to Makers and Shapers: Repositioning Participation in Social Policy”, *IDS Bulletin*, Vol. 31, No. 4, 2000, pp. 50－61.

（一）女权主义公民身份理论

女权主义思想在西方国家具有较为久远的发展历史。早在法国资产阶级革命期间的1791年，剧作家、政治活动家奥伦比·德·古日（Olympe de Gouges）发表了她的《妇女和女性公民的权利宣言》，对当时西方社会的男性权威与男女之间的不平等进行了公开谴责，并号召妇女为争取与男人平等的权利而斗争。[1] 同一时期的英国作家、哲学家、女权主义者玛丽·沃斯通克拉夫特（Mary Wollstonecraft）于1792年发表了她的代表作《女权辩护》，主张女性应该享有与男性相同的基本权利，尤其强调女性必须与男性一样拥有受教育权。[2] 德·古日、沃斯通克拉夫特等人的女权主义思想鼓励了一代又一代的女权主义者为争取女性平等权利而进行斗争，对西方女权主义思想的发展演变产生了重要的影响。因此，在当代西方的公民身份理论中，倡导男女平等的女权主义思想无疑也具有较为重要的影响。

（1）当代西方女权主义公民身份理论的发展背景。当代西方国家各种女权主义思想之所以蓬勃发展，原因主要在于两个方面。一方面是维护女权、争取女权面临的现实困境。自19世纪末以来，在女权主义思想的推动下，西方社会已经历了三次重要的妇女解放运动。从公民身份权利的角度来看，这些女权主义运动的积极意义在于促使西方国家赋予了女性与男性在法律、政治及社会三个方面平等的公民权利。但女性公民权利的平等主要表现在形式上而不是实质内容上，或者说，“形式平等与实质平等不相匹配”（Lister & Pia，2008）[3]。这种实质上的不平等尤其体现在公民的政治与经济社会权利方面。例如，在政治权利方面，尽管女性公民参与政治活动的机会大大增加，但她们所面临的在政治决策机制中代表不足等困难使得她们在各个层次的政治决策过程中的影响依旧远远低于男性公民（Childs and Krook，2006）。[4] 而在经济社会权利方面，尽管女性公民同样拥有社会保障权，但由于这些权利是以公民的保险及雇佣情况为基础的，这使得在就业、教育等领域受到排斥的女性公民与男性公民相比同样处于不利地位。由此可见，不能因为女性公民获得了与男性公民形式上一样的公民权利就认定针对妇女的社会排斥这种“历史的过错或偏差”在当代西方国家已被拨乱反正，事实上，这种“历史的过错或偏差”依旧深深地植根于西方社会之中（Lister，2003）。[5]

女权主义思想不断发展的另一原因是长期以来女性公民身份在公民身份理论中所处的排斥状态。在自由主义、公民共和主义与社群主义这三个当代西方主要的公民身份理论中，虽然在对公民权利、自由、平等、参与等核心内容的分析中并未直接宣扬

---

[1] Olympe de Gouges，“Declaration of the Rights of Woman and of the Female Citizen”，available at http：// www. felagshyggja. net/MannrettindiKvenna. pdf.

[2] Natalie Fuehrer Taylor，*The rights of woman as chimera*：*the political philosophy of Mary Wollstonecraft*，New York & London：Routledge，2007，p. 2.

[3] Michael Lister & Emily Pia，*Citizenship in Contemporary Europe*，ibid，p. 33.

[4] Sarah Childs and Mona Lena Krook，“Should Feminists Give Up on Critical Mass? A Contingent Yes”，*Politics and Gender*，2（4），2006，pp. 522－530，参见 Michael Lister & Emily Pia，*Citizenship in Contemporary Europe*，ibid，p. 33。

[5] Ruth Lister，*Citizenship*：*Feminist Perspectives*，Second edition，Palgrave Macmillan，2003，p. 70.

男尊女卑的性别歧视观点，但事实上女性公民身份一直未曾得到这些理论的全面认可。例如，在自由主义的公民身份理论中，尽管强调公民权利至上、自由平等不受干涉，但它提倡的公共领域与私人领域的区分事实上把女性排斥在公共领域之外，而且它对已婚女性法律从属地位的认可明确地将女性置于对男性公民的依附地位，这无疑是对女性公民身份的彻底排斥（Lister，2003）。❶ 传统共和主义公民身份思想虽然强调公民对政治生活的积极参与，但同样将女性排除在政治活动之外，这是因为共和主义同样将人的活动场所划分为公共领域和私人领域，并且认为公民对公共领域的积极参与需要以公民足够的时间与精力投入为基础，这就意味着对于将所有时间和精力奉献给家庭等私人领域的女性而言，是不具备获取公民身份的条件的（Lister & Pia，2008）。❷ 与此同时，长期以来公民共和主义都认为爱国精神是公民德性的重要内容，把军事服务和武力保护共和国的安全视为公民身份的主要义务，女性显然是不可能承担起这一义务的。因此，“妇女和儿童、奴隶、外国人一样，不管她们是否服从法律并因此依法享有一些权利”，她们都不能成为共和国的公民，因而无法参加只有公民才有权参加的共同体的治理活动，而“只有那些拥有财产、携带武器的男人才可能成为公民”（Dagger，2002）❸ 才能参与公共政治活动，尤其是保卫共和国这种“终极政治参与活动”。社群主义的公民身份理论中，同样存在这种对女性的性别歧视思想。尽管社群主义理论中没有公共领域与私人领域的区分，并且强调家庭在社群中的重要性以及社群成员（男性公民）对家庭的责任和义务，但是社群主义倡导的“是具有严格性别角色区分的传统社群”，并且认为“预先存在的社群”构建了个人的身份认同（即公民身份），而在“预先存在的”传统社群中女性是受压迫的一方（Feder Kittay，2001）❹，因此处于歧视地位的女性社群成员是不可能获得与男性平等的成员资格的（Lister & Pia，2008）。❺ 此外，社群主义认为社群成员对社群的责任或义务主要体现在工作方面，由于女性作为妻子与母亲在家庭中的巨大付出制约了她们在工作方面的表现，再加上女性在就业方面所遭受的歧视，女性无法像男性一样履行自己对社群的责任与义务，这点也制约着女性获取与男性相等的公民身份（Lister & Pia，2008）。❻ 综上所述，正是长期以来女性在主流公民身份理论中的边缘与歧视状态，决定了在理论上重新审视女性公民身份的必要性。

（2）女权主义公民身份理论的主要模式。尽管传统的性别歧视观点已经逐渐被社会摒弃，但众多的女权主义者认为，“以男性经验与利益为基础发展起来的原则不足以认识女性的需求或者反映女性的经验”（Kymlicka，2002）❼，因此需要确立能充分反映女性特点、维护女性权利的新的规则。里斯特（Ruth Lister）认为，在批判主流公民身份

---

❶ Ruth Lister, *Citizenship: Feminist Perspectives*, Second edition, Palgrave Macmillan, 2003, p. 70.

❷ Michael Lister & Emily Pia, *Citizenship in Contemporary Europe*, ibid, pp. 36 – 37.

❸ Richard Dagger, "Republican Citizenship", ibid, pp. 146, 149.

❹ Eva Feder Kittay, "A Feminist Public Ethic of Care Meets the New Communitarian Family Policy", *Ethics*, 111 (3), 2000, pp. 523 – 524, 参见 Michael Lister & Emily Pia, *Citizenship in Contemporary Europe*, ibid, p. 37。

❺ Michael Lister & Emily Pia, *Citizenship in Contemporary Europe*, ibid, pp. 36 – 37.

❻ Ibid, pp. 36 – 37.

❼ Will Kymlicka, *Contemporary political Philosophy*, p. 377, ibid.

理论的“男性中心”原则的过程中，女权主义围绕女性的性别与女性公民身份的互相关系产生了两种主要的不同观点，即“性别中立论”与“性别差异论”（Lister，2003），以这两种观点为基础，当代女权主义形成了下述两种不同的女性公民身份模式。[1]

第一，“性别中立”的公民身份模式。这种模式认为，性别与公民身份的权利义务无关，因此，在公民权利与义务以及公民的政治参与等方面，女性公民应该与男性公民处于平等的地位。自由女权主义是这种女性公民身份理论的主要倡导者。自由女权主义以马歇尔的自由主义公民身份权利框架为基础，强调女性公民必须拥有与男性公民平等的法律、政治与社会权利。由于在当代西方社会里公民的法律权利已经基本上不存在性别上的歧视，所以，女性公民追求平等公民权利的斗争主要体现在政治与社会权利方面。自由女权主义认为，在政治权利方面，女性公民不但要得到与男性公民一样的各种正式与非正式政治活动参与权利，尤其需要提高女性公民在各层级政治机构中的代表权，从而能够在国家的政治决策过程中有效地维护女性公民的权利；在社会权利方面，女性公民在维护自身平等的教育权、健康权与其他方面的社会保障权利之外，特别需要争取与男性公民一样的劳动就业权利。为了确保女性公民获得这些平等的权利，自由女权主义者不但强调在政治公共领域需要进行必要的制度创新来为女性公民的增权创造条件，同时倡导在劳动就业等非政治领域也要实行变革（Lister，2012）。[2] 例如，苏珊·莫勒·奥金（Susan Moller Okin）认为，没有性别差异的家庭与社会是妇女转变为公民的关键因素，而一个更加平等的劳动分工体系则是建构无性别差异家庭与社会的中心环节（Okin，1989）[3]；安妮·菲利普斯（Anne Phillips）也强调，更加平等的劳动内部分工不但有助于“公民概念实现其全部内涵”，而且对“人们平等地参与共同目标的决定过程”同样具有积极意义（Phillips，1991）。[4]

第二，“性别差异”的公民模式。这种模式同样强调女性应该具有与男性同等的公民权利与义务，但它认为，在关于女性公民身份的理论研究与政治实践中，不能因为追求与男性平等的公民权利与义务而忽略女性与男性的性别差异，而需要确立能够使女性性别与政治制度相互兼容的公民身份理论与实践模式。正如约翰斯（Kathleen B. Jones）指出的，构建女性公民身份需要认识清楚“如何认识性别差异与政治的相关性、如何将这些差异体现在政治行动与公民德性之中而不是建立一个性别分割的公民身份范式”这些重要的问题（Jones，1988）。[5] 因此，女性公民身份制度的确立不是让女性去力争适应以男性为中心的政治制度，而是必须对政治制度进行必要的改革，因为“一个对女性及其利益多样化有益的政体必须将其民主制度植根于女性的经历，并对公民身份的理论与实践进行改革，使其与女性多样化的经历相适应，而不是简单改

---

[1] Ruth Lister, *Citizenship: Feminist Perspectives*, Second edition, Palgrave Macmillan, 2003, p. 94.

[2] Ruth Lister, "Citizenship and gender", in Edwin Amenta, Kate Nash, Alan Scott (eds.), *The Wiley - Blackwell Companion to Political Sociology*, Wiley - Blackwell, 1 edition, April, 2012, pp. 377 - 378.

[3] Susan Moller Okin, *Justice, Gender, And The Family*, Basic Books, 1989, pp. 171 - 187.

[4] Anne Phillips, *Engendering Democracy*, Cambridge: Polity Press, 1991, p. 7.

[5] Kathleen B. Jones, "Towards the revision of politics", in K. B. Jones and A. G. Jónasdóttir (Eds.). *The Political Interests of Gender*, London: Sage, 1988, p. 18.

造女性去适应传统的公民身份实践”（Jones，1990）❶。持这种观点的女权主义者“为基于女性所特有的经历，即女性作为母亲在家庭这一私人领域进行的关爱活动而形成的价值体系进行辩护”，认为女性作为母亲所担负的关爱抚育后代的职责与男性保家卫国的职责同等重要，并且进一步提出以“关爱伦理”取代自由主义的“正义伦理”来作为构建女性公民身份的伦理基础，倡导“努力建立一种以关心、爱护、认可需求与友谊的女性独特的价值体系为指导的政治制度”（Mouffe，1993）。❷ 由此可见，这种立足于女性性别差异的公民身份模式相对而言更为激进，因为只有通过政治变革才能达到它的目的。

（3）女权主义公民身份理论中的积极公民意蕴。在上述两种主要的女权主义公民身份理论及其他女权主义文献中，不管研究角度与研究方法存在多大的差异，“女性增权”始终是它们的中心议题，但不能因此把女权主义的公民身份仅仅视为一种“权利状态”，相反，它应该是“拥有与男性公民平等权利的状态”上的积极公民实践，正如瑞恩·沃特（Rian Voet）所说的，权利不过是妇女达到公民身份的方式，而行使权利——尤其是在政治领域行使权利才是妇女公民身份全面发展的关键，这才是积极而又性别平等的公民（Voet，1998）。❸

这种“积极而又性别平等的公民”要求女性公民和男性公民一样，不但需要积极参加各种政治决策制定活动、踊跃投身于各个层次的非正式政治活动，还要努力在社会经济方面践行各种参与活动。在各种参与过程中，妇女都需要积极发挥自己的主观能动性，因为能动性不但可以赋予人们一种“改造的能力”，对妇女公民身份的全面发展至关重要（Eduards，1994）❹，而且还因为女性公民身份的能动性“不只是行动与选择的能力，它还是一种意识能力”，因此“对个人的自我认同非常重要”，换言之，这种自我意识能力非常有助于女性意识到自我的完全、积极公民的身份（Lister，2005）。❺ 与此同时，自尊也是促进女性公民积极参与各种公民活动的重要因素。詹姆斯（Susan James）认为，自尊“是对自我独立身份认同的一种稳定意识，也是认为自己值得参加政治生活的一种自信心”（James，1992）❻，因此，自尊可以鼓励女性积极

---

❶ Kathleen B. Jones, “Citizenship in a Woman - Friendly Polity”, *Signs*, Vol. 15, No. 4 (Summer, 1990), p. 811.

❷ Chantal Mouffe, *The Return of the Political*, Verso, 1993, p. 85.

❸ Ruth Lister, “Feminist Citizenship Theory: An Alternative Perspective on Understanding Women's Social and Political Lives”, in Jane Franklin (ed.), *Women and Social Capital*, Published by London South Bank University, 2005, p. 19.

❹ Maud Eduards, “Women's Agency and Collective Action”, *Women's Studies International Forum*, 1994, 17 (2/3), p. 181; Ruth Lister, “Feminist Citizenship Theory: An Alternative Perspective on Understanding Women's Social and Political Lives”, p. 19.

❺ Ruth Lister, “Feminist Citizenship Theory: An Alternative Perspective on Understanding Women's Social and Political Lives”, ibid, p. 20.

❻ Susan James, “The good - enough citizen: citizenship and independence”, in G. Bock and S. James (eds.) *Beyond equality and difference*, London/New York: Routledge, 1992, p. 60; Ruth Lister, “Feminist Citizenship Theory: An Alternative Perspective on Understanding Women's Social and Political Lives”, p. 20.

参与各种公民活动并在其过程中充分发表自己的意见，这对那些处于不利境况的女性公民而言尤为重要。[1]

（二）多元文化主义公民身份理论

与女权主义公民身份理论具有的悠久历史不同，多元文化主义公民身份理论的历史要短暂得多。尽管20世纪70年代西方一些国家就开始了多元文化主义的政策讨论，但是直到20世纪90年代以后它才在美国、加拿大等国家的政治理论学界引起重视，并且逐渐发展成为一种具有重要影响的公民身份思想。多元文化主义公民身份理论兴起之初，正是西方学界围绕自由主义公民身份理论进行广泛辩论之时，因此，多元文化主义也从西方社会文化多元化事实出发，通过揭示由文化背景产生的社会排斥与权利失衡现象，对自由主义所倡导的“公民身份即平等权利”的模式进行了批判。自此以后，在西方国家的理论研究与政治实践当中，如何兼容公民身份与文化多元之间的关系成为一个无法回避的重要议题（Triandafyllidou et. al.，2006）。[2] 尽管多元文化主义崛起的时间较短，但学术界依旧取得了较多的研究成果。结合李斯特与皮尔（Lister & Pia，2008）、乔皮克（Joppke，2002）等人的分析，这里主要介绍威尔·金里卡（Will Kymlicka）与艾利斯·马瑞恩·杨（Iris Marion Young）两人的多元文化主义公民身份思想。

1. 多元文化主义公民身份理论的发展阶段[3]

第一阶段，自由主义与社群主义论战时期多元文化主义的萌芽。在20世纪70年代至80年代，社群主义对自由主义以“个人优先、权利至上”为中心的公民身份理论展开了全面批判，强调社群优先及其对社群利益的保护，认为预先存在的社群是构建公民身份的基础，公民必须形成以社群文化传统为基础的身份认同并为维护与增强社群的公共善承担责任与义务；而多元文化主义同样主张在文化多元化的社会里少数族裔与非主流社会集群的公民身份应该得到主流社会的认可与保护，并且提出了差异性权利的要求，因此，多元文化主义被认为是社群主义的分支，为自由主义所反对并得到了社群主义的认可（Kymlicka，2002）。[4]

第二阶段，20世纪90年代以来多元文化主义的进一步发展时期。20世纪90年代初期，金里卡等一些多元文化主义者开始认识到，对于大部分的少数族裔与非主流社会集群而言，他们并不愿意游离于现代自由社会之外，自由主义所强调的平等权利与自由同样是他们追求的目标，但除此之外，他们还必须拥有作为少数族裔与非主流社会集群应该具有的以其文化为基础的“差异性权利”。对此，自由主义阵营产生了多种不同的观

---

[1] Ruth Lister，“Feminist Citizenship Theory：An Alternative Perspective on Understanding Women's Social and Political Lives”，ibid，p. 20.

[2] Anna Triandafyllidou，Tariq Modood and Ricard Zapata – Barrero，“European Challenges to Multicultural Citizenship：Muslims，Secularism and Beyond”，in Tariq Modood，Anna Triandafyllidou and Ricard Zapata – Barrero（eds.）. *Multiculturalism*，*Muslims and Citizenship*：*A European Approach*，Routledge，2006，p. 4.

[3] 金里卡将20世纪70年代以来的多元文化主义发展划分为三个阶段，此处将金里卡的三阶段简化为两个阶段。参见 Will Kymlicka，Contemporary political Philosophy，pp. 336 – 347，ibid。

[4] Will Kymlicka，*Contemporary political Philosophy*，ibid，pp. 336 – 337.

点，其中，米勒（David Miller）、泰米尔（Yael Tamir）、斯皮勒（Jeff Spinner）、金里卡等人认为："在文化与身份认同相关问题上存在非常重要的利益关系，这种利益关系不但和自由主义的权利与平等原则完全一致，还为赋予少数族裔特殊权利提供了正当理由。"（Kymlicka，2002）[1] 金里卡等人的观点后来发展成为自由文化多元主义。[2] 而女权主义者杨等人则通过对自由主义的普世性公民身份理论进行激烈的批判，同样指出维护少数族裔以及其他处于不利地位的社会群体的权利的途径是确立差异性的集群权利制度。

2. *多元文化主义公民身份理论的主要内容*

总体上看，多元文化主义关注的是在文化多元化的社会里如何对待少数族裔与非主流集群的权利与地位问题。依据金里卡与杨等人的思想，多元文化主义对这个问题的回答主要体现在以下几个方面：

第一，普世性公民身份与差异性公民身份。在自由主义传统的公民身份理论中，人人都拥有平等的公民身份，换言之，公民身份必须超越特殊性与差异性而适用于所有人，这体现了其普世性的特征（Young，1989）。[3] 这种普世性的公民身份受到了多元文化主义者的批判，他们认为，尽管自由国家的公民身份权利已经从形式上扩展到所有的社会群体，但还是有些群体认为自己被社会视为"二等公民"，这就表明普世性的公民身份在西方社会政治现实中并不存在。因此，多元文化主义提出"差异性的公民身份"主张，作为少数族裔与非主流社会集群公民身份的理论基础（Young，1989；Kymlicka，1995）。[4] 值得指出的是，在对待普世性公民身份与差异性公民身份之间的关系上，杨与金里卡两人的观点并不一致。杨认为，普世性公民不过是占支配地位群体经过伪装的特殊主义，因此必须以差异性公民身份进行取代（Joppke，2002）。[5] 而金里卡则认为两者处于互补的关系，因为"在多元文化的国家中，一个全面的正义制度既要包括不管个人集群身份要赋予的普世权利，又要包括某些针对少数文化集群的差异性权利或'特殊状态'"（Kymlicka，1995）[6]。

第二，国家与少数族裔文化。金里卡等多元文化主义者认为，长期以来，自由主义的国家中立思想认为，国家在个人生活方式的选择上应该保持中立地位，不能干涉个人的选择自由；同样，国家也不能对社会存在的各种不同文化、宗教进行价值上的判断，以维护个人的文化认同与宗教信仰自由。因此，国家应该对多样化的文化、种族、宗教保持一种"善意忽视"，国家任它们自由发展，当然也不能赋予它们具有差异性的特别权利；但不管是国家中立还是"善意忽视"，都不会阻碍国家出于维护社会稳

---

[1] Will Kymlicka, *Contemporary political Philosophy*, ibid, p. 340.

[2] Will Kymlicka, *Contemporary political Philosophy*, ibid, pp. 338 – 347.

[3] Iris Marion Young, "Polity and Group Difference: A Critique of the Ideal of Universal Citizenship", *Ethics*, Vol. 99, No. 2 (Jan., 1989), p. 251.

[4] Iris Marion Young, "Polity and Group Difference", ibid, p. 251; Will Kymlicka, *Multicultural Citizenship: a liberal theory of minority right*, Oxford University Press, 1995, p. 124.

[5] Christian Joppke, "Multicultural Citizenship", in Engin F. Isin and Bryan S. Turner (eds.), *Handbook of Citizenship Studies*, UK, Wiltshire: The Cromwell Press Ltd, Trowbridge, 2002, p. 246.

[6] Will Kymlicka, *Multicultural Citizenship: a Liberal Theory of Minority Right*, ibid, p. 6.

定、促进社会和谐发展的需要推行以一种或几种文化与宗教为主导的国家文化政策，这种政策虽然不是对社会多元文化与宗教的价值判断的结果，而是国家构建的必要手段，但它不可避免地会支持多数人的文化与宗教，从而违背国家中立或“善意忽视”原则，置少数族裔文化与宗教于不利地位（Kymlicka，2002）。❶ 因此，自由国家对少数族裔文化与宗教不能简单地“善意忽视”，还必须赋予它们特别的权利（Joppke，2002）。❷ 在出于国家建构的需要而对多数人文化进行支持的过程中，如何从同一角度来维护少数族裔文化、种族与宗教的权利，就成为关系到自由国家繁荣与稳定的重要课题。

第三，集群差异性权利的内容。既然多元文化主义强调差异性公民身份的重要性，那么谁应该得到这种集群差异性权利，这一权利又包括什么内容呢？对此，杨与金里卡同样有不同的观点。在杨的多元文化主义思想中，差异性权利指向的是一个相对宽泛的群体——受压迫阶层。杨认为，如果一个社会群体中的所有或大部分成员处于受剥削或边缘化状态，或者自己的工作与生活处于别人的支配之下，或者遭到文化霸权主义的控制，或者因仇恨或恐惧遭受骚扰或暴力行为，它就属于被压迫阶层；而对于差异性权利的内容，杨则将其概括为集群代表权力，具体包括集群成员的自我组织权利、对事关集群利益的政策建议进行分析或者提出自身政策建议的权利以及对直接影响集群利益的特别政策的否决权（Young，1989）。❸ 金里卡在这两个问题上都提出了与杨不同的观点。对于集群差异性权利的指向对象，金里卡区分为两个具体的群体：一个是“民族少数群体”，这里的民族是指“或多或少具有完整制度、占据了一块既定的领土或家园并且分享一种不同的语言或文化的历史社群”；另一个是“种族少数群体”，主要指来自其他文化与种族的他国民众通过移民方式取得一个国家国籍的少数集群（Kymlicka，1995）。❹ 显然，金里卡把同性恋者等非主流生活方式的少数集群与残疾人士等社会弱势群体排除在差异性权利的对象之外。金里卡进一步把指向这两个群体的差异性权利分为三个方面：一是自治权，即专门赋予民族少数群体的一种自我管理权利；二是多种族权利，即专门针对移民等种族少数群体的权利，主要指这些群体在接受主导文化的过程中拥有继续践行自身种族或宗教活动的权利；三是特别代表权利，指为了纠正政治生活中民族少数群体与种族少数群体可能遭受的“代表不足”或“代表失当”现象而赋予他们的临时或永久性的代表权（Lister & Pia，2008）。❺ 此外，金里卡还提到少数民族与种族群体的另两种权利，即内部保护权与外部保护权，前者指这些少数群体为了防止群体内部的分裂而限制成员自由的权利，后者则指群体保护自身文化不受其他群体尤其是社会主导群体支配的权利；在金里卡看来，只有后者才是

---

❶ Will Kymlicka, *Contemporary political Philosophy*, ibid, pp. 313 347.

❷ Christian Joppke, “Multicultural Citizenship”, ibid, p. 247.

❸ Iris Marion Young, “Polity and Group Difference: A Critique of the Ideal of Universal Citizenship”, ibid, pp. 261 – 262.

❹ Will Kymlicka, *Multicultural Citizenship: a Liberal Theory of Minority Right*, ibid, pp. 11 – 15.

❺ Michael Lister & Emily Pia, *Citizenship in Contemporary Europe*, ibid, pp. 45 – 46.

自由国家值得倡导和保护的权利（Kymlicka，2002）。[1]

第四，多元文化与国家认同。在现实的政治实践中，很多国家都因为多民族和（或）多种族的原因而存在复杂的多元文化现象，那么在多元文化主义倡导的差异性权利的背景下，所有少数民族和少数种族群体的文化都必须得到尊重和特别的保护。毫无疑问，这种差异性权利的实践会在政治、经济、法律等社会的各个层面体现出来，那么这种现象会对国家认同产生何种影响？多元文化主义认为，多元文化并存与国家认同并不矛盾。例如，金里卡认为，在所有多元文化并存的国家中，对国家的认同都是普遍存在的，否则这些国家就会面临解体的危机。金里卡对这一问题从两个方面进行了分析。一方面，由于多元文化国家对多种文化平等地位的认可与尊重，各种文化背景的国民对国家产生了共同的忠诚意识，从而激发了人们的爱国主义精神，形成了共同的国家认同（Kymlicka，1995）。[2] 另一方面，在国家建构过程中，国家将致力于推进“社会文化”的建设。这种“社会文化”指“以一种在公共与私人领域大范围的社会机构都使用的共同语言为中心，并且在领土地域上集中的文化”，它“包括共同语言与社会机构，而不是共同的宗教信仰、家庭习俗与个人生活方式”；换言之，虽然这种“社会文化”由于成员的宗教信仰、家庭习俗甚至性取向的不同呈现出多元化的特征，但共同语言以及使用这一语言的社会机构同时增强了它的凝聚能力，这种文化方面的多元性与一体性共存的特征无疑对社会融合与国家认同具有重要的积极意义（Kymlicka，2002）。[3]

3. 多元文化主义公民身份理论的积极公民意蕴

在多元文化并存的国家培育积极公民的过程中，赋予少数民族和少数种族群体何种公民身份，如何处理他们与支配地位民族与种族之间的关系，以及如何促进他们在公民社会与政治活动中的积极参与，这些都是非常重要的现实问题。多元文化主义的公民身份理论无疑对这些问题的解决具有积极的借鉴价值。

首先，少数民族和少数种族群体必须积极争取差异性的公民权利。积极公民必须具有“普世的公民身份”，即具有所有公民都平等的公民权利与义务。但对于历史上或现实中处于被支配地位的少数族裔群体来说，他们往往无法得到实质上的普世公民权利，因而需要被赋予差异性的公民权利来维护群体的各种正当利益。但这种权利必须通过他们的积极努力自我争取，因此，积极自强是他们成为积极公民的前提条件与重要表现。

其次，少数民族和少数种族群体必须积极构建国家与社会认同。少数族裔群体不但需要为了群体与个人的利益而积极行动，更加需要为了国家与社会的公共善而积极参与各种政治与公民社会活动。而为了鼓励他们积极参与，“必须使他们自己的族群身

---

[1] Will Kymlicka, *Contemporary political Philosophy*, ibid, pp. 340 – 342.

[2] Will Kymlicka, *Multicultural Citizenship: a Liberal Theory of Minority Right*, ibid, p. 13.

[3] Will Kymlicka, *Contemporary political Philosophy*, ibid, pp. 346 – 347.

份认同与更大范围社群的身份认同联系起来”（Kiwan，2010）[1]。多元文化主义认为，为了促进这种国家与社会认同的形成，首先必须使少数民族和少数种族群体的文化、宗教、种族权利得到尊重，即赋予他们“多种族权利”，因为“他们对‘这种多种族权利’的渴望也是对融入社会的渴望，这与构成社会统一性基础以及对主流制度的参与和奉献是完全一致的”（Kymlicka，1995）。[2] 与此同时，多元文化主义也强调，少数民族和少数种族群体自身也必须主动融入社会，践行社会的公共价值观念，培养爱国意识，在形成民族或种族认同的同时，努力构建国家与社会认同。

最后，在多元文化之间形成和谐、宽容、平等的社会关系。正如泰勒（Charles Taylor）指出的：“如果一个现代国家有一种官方语言，也就是说，一种国家支持、灌输、定义的语言和文化，经济和国家赖以运行的语言和文化，那么就说这种语言的人们将获得巨大的优势，而说其他语言的人则处于明显的不利位置。”（Taylor，1999）[3] 由此可见，在多元文化国家中，语言、文化之间的不平等是不可避免的事实。因此，多元文化主义倡导对处于弱势的文化赋予差异性权利进行保护，帮助各种文化之间形成和谐、宽容、平等的互相关系。从这个意义上说，多元文化主义公民身份理论中的积极公民无疑是互相尊重、宽容、忍耐的公民。

（三）超国家公民身份理论

在众多的研究公民身份理论的文献中，公民身份往往与民族国家紧密地联系在一起（Sassen，2002）。[4] 换言之，传统的西方公民身份理论都认为，公民身份是民族国家赋予公民的一种法律地位，反映了公民与国家之间的权利与义务关系，公民因此可以参与国家的政治生活，并且形成对民族国家的身份认同。但20世纪80年代以来，国际政治、经济等各方面发生的一系列新变化对公民身份与民族国家之间的这种关系形成了挑战。一些学者开始关注非民族国家基础上的公民身份政治实践活动，形成了公民身份理论中新的研究方向，使得公民身份研究领域出现了超国家公民身份、后民族国家公民身份、全球公民身份等新的理论观点（Lister & Pia，2008）。[5] 在欧洲地区，欧盟成立以后，欧洲公民身份开始出现在欧盟的政治议程中，这一新的公民身份理念的实践活动无疑与公民身份理论研究中突破以民族国家为前提的限制之间具有密切关系。

1. 超国家公民身份理论产生的背景

公民身份之所以超越民族国家的限制，是和全球化时代的国际政治、经济、文化等方面的发展变化分不开的。学者泰比尼（Damian Tambini）、福克斯（Jonathan Fox）

---

[1] Dina Kiwan，“Active Citizenship：Multiculturalism and Mutual Understanding”，in Bernard R. Crick and Andrew Lockyer（eds.），*Active Citizenship*：*What It Could Achieve and How*，Edinburgh University Press，2010，p. 6.

[2] Will Kymlicka，*Multicultural Citizenship*：*a Liberal Theory of Minority Right*，ibid，p. 178.

[3] Charles Taylor，“Nationalism and Modernity”，in Ronald Beiner（ed.），*Theorizing Nationalism*，Albany：State University of New York Press，1999，p. 222.

[4] Saskin Sassen，“Towards Post－National and Denationalized Citizenship”，in Engin F. Isin and Bryan S. Turner（eds.），*Handbook of Citizenship Studies*，UK，Wiltshire：The Cromwell Press Ltd，Trowbridge，2002，p. 277.

[5] Michael Lister & Emily Pia，*Citizenship in Contemporary Europe*，ibid，pp. 58－59.

等人把欧洲地区的这些变化概括为下面四个方面（Tambini，2001；Fox，2005）。[1]

第一，经济全球化。冷战结束以来，以国际资本流动为主要内容的经济全球化进程不断加快，各个民族国家的经济活动与国际经济的联系更加密切，使得国家对民族经济的控制能力不断下降，经济的市场化程度进一步加强。在此背景下，战后欧洲国家致力于推广的公民经济社会权利开始面临挑战，过去由福利国家支撑的社会保障制度展开了市场化、私有化的改革，公民权利特别是经济社会权利对民族国家的依赖关系开始动摇。

第二，文化去国家化。长期以来，国家的文化建设一直被欧洲国家视为培育公民民族认同、同化异质文化的主要手段。但冷战结束以后，欧洲国家的社会文化领域出现了两种变化趋势：一是以促进社会文化一体化为主要目的的国家文化政策力度不断下降，为多元文化并存创造了有利的政策空间（Scannell，1995）[2]；二是以互联网为代表的新一代文化承载工具的出现为人们关注了解跨国文化提供了可能，也使得国家对人们的文化干涉活动受到限制。这种新情况对公民逐渐形成超越民族国家的文化认同无疑具有重要的积极意义。

第三，移民文化认同的二元化。20世纪80年代以来，欧洲地区的移民现象快速发展。一方面，欧洲发达国家接受欧洲以外地区的移民不断增加；另一方面，欧洲国家内部互相之间的劳动力流动也逐渐活跃起来。对于欧洲国家而言，这些移民既是劳动力的输入，也是异质文化的跨国传播。因此，日益增加的移民加快了欧洲国家的文化多元化进程，取得了新的公民身份的移民既要接受、学习并且逐渐认同定居国家的主导文化，又要承载自身民族或种族的传统文化，逐渐形成了具有双重文化背景的特殊群体，从而对传统公民身份理论中坚持的民族文化认同与公民身份之间的必然关系形成了挑战。

第四，国际政治制度的新发展。在经济全球化的进程之中，国际政治领域也出现了许多新变化。如国际政治主体多元化，民族国家之外的其他主体对国际政治的影响不断提高，个人具有了参与国际政治活动的可能性；人权保护的国际化，使得人权（公民的政治、法律、经济社会权利）超越国家主权而成为国际社会共同关注的问题；区域政治一体化，使得区域经济一体化、集团化过程中成员国之间的政治合作不断加强，为成员国人们的公民权利与义务提供了新的发展机遇；等等。因此，尽管民族国家依然是国际政治活动中的主要主体，但这些新变化表明，“民族国家在公民权利赋予方面的垄断权力已不复存在，公民的社会与政治参与活动更多地发生在民族国家之外的领域”（Keating，1998）[3]。这就表明，“民族国家已经不再是公民身份实践活动的排

---

[1] Damian Tambini, “Post - national citizenship”, *Ethnic and Racial Studies*, 24: 2, 2001, pp. 198 - 202. Jonathan Fox, Unpacking “Transnational Citizenship”, *Annual Review of Political Science*, Vol. 8, 2005, p. 177.

[2] Paddy Scannell, “Britain: Public Service Broading, From National Culture To Multiculturalism”, in Marc Raboy (ed.) *Public Broadcasting for the 21st Century*, Indiana University Press, 1995, pp. 23 - 41.

[3] Michael Keating, “So Many Nations, So Few States, Territory and Nationalism in the Global Era”, paper presented to Conference: In Search of Justice and Stability: A Comparative and Theoretical Analysis of Canada Belgium, Spain and the UK. McGill University, March 1998, p. 10.

他性场所”（Sassen，2002）[1]，或者说，公民身份超越了民族国家的范围。

2. 超国家公民身份理论的主要内容

在以民族国家为框架的公民身份分析中，对公民身份的理论认知一般包括四个方面，即从公民的法律地位、公民权利、公民的政治参与活动以及公民的集体身份认同四个不同的维度来描述公民身份的内在规定性。李斯特与皮尔（Lister & Pia）在结合其他相关文献的基础上，也从这四个维度对超国家公民身份进行了分析。[2]

第一，超国家公民身份的法律地位。民族国家中的公民身份制度首先确定的是公民在国家中的法律地位，即国家依据民族或种族、文化的同一性赋予特定民众公民身份，而公民身份确立了公民的国籍，前者构成了公民在国内与国家之间的权利义务关系的法律基础，后者则是公民在国际上获得所属国家保护的法律依据（Lister & Pia）。[3]这就决定了公民身份法律地位的排他性特征，即公民只可以拥有一个国家的公民身份。但这种民族国家中的公民法律地位面临一些新的变化。一方面，随着欧洲国家移民的不断增加，授予公民身份的法律制度发生了变化，可以“赋予每个人参与政体权力结构与公共政治生活的权利与义务，而不管他们与共同体是否具有历史或文化关系”（Soysal，1994）[4]，因此，来自其他种族、文化或宗教的移民在满足相关条件的情况下同样可以获得公民的法律、政治与经济社会权利；另一方面，自欧盟提出欧洲公民的建设以后，欧盟国家中“与公民身份相关的权利不再由民族国家的公民身份法律制度进行排他性的管理”（Meehan，1997）[5]，欧盟同样可以赋予成员国公民欧洲公民身份。此外，长期以来为欧洲国家所反对的双重或多重国籍也开始在公民身份的实践中被接受，这同样对民族国家排他性的公民身份授予权形成了挑战。

第二，超国家公民身份的公民权利。长期以来，主流公民身份理论都认为，民族国家赋予的公民权利具有排他性，即只有本国公民才能成为授权对象；公民权利的来源具有唯一性，即只有赋予公民资格的民族国家才是公民权利的提供者和保障者。例如，在马歇尔的公民身份理论中，他把这些公民权利概括为法律权利、政治权利与经济社会权利，并且强调“只有在自由民主的福利国家中公民身份才能得以最完整的表述”，换言之，“通过保证每个公民享有公民、政治与社会权利，福利国家得以确保每位社会成员感觉像社会的完全成员，能够参与并享受社会的共同生活”（Kymlica and Norman，1994）[6]。但是，自20世纪80年代以来，公民权利与民族国家之间关系的这种唯一性在西方福利国家也受到了侵蚀。一方面，以公民资格为依据的公民权利，特

---

[1] Saskin Sassen, “Towards Post－National and Denationalized Citizenship”, ibid, p. 278.

[2] Michael Lister & Emily Pia, *Citizenship in Contemporary Europe*, ibid, pp. 59－79.

[3] Michael Lister & Emily Pia, *Citizenship in Contemporary Europe*, ibid, pp. 59－60.

[4] Yasemin Nuhoglu Soysal, *Limits of Citizenship: Migrants and Postnational Membership in Europe*, Chicago: University of Chicago Press, 1994, p. 3; Michael Lister & Emily Pia, *Citizenship in Contemporary Europe*, ibid, p. 62.

[5] Elisabeth Meehan, “Political Pluralism and European Citizenship”, in P. Lehning and A. Weale (eds.), *Citizenship, Democracy and the New Europe*, London: Routledge, p. 67.

[6] Will Kymlicka and Wayne Norman, “Return of the Citizen: A Survey of Recent Work on Citizenship Theory”, *Ethics*, Vol. 104, No. 2, 1994, p. 354.

别是社会权利开始打破了公民资格的排他性限制，授予对象扩大至非公民。例如，在西欧发达国家中，为了保护越来越多的没有获得本国国籍的外来工人的合法权益，政府将失业补偿、退休金等以社会贡献为基础的社会保障福利覆盖到这一部分人口（Joppke，2007）。[1] 另一方面，公民中的一些特定群体，如少数族裔的公民权利的保障已经超出了民族国家的范畴，成为国际社会共同关心的议题，这使得国际社会中的一些法律制度取代民族国家相关的法律规定而成为公民权利的法律基础。这主要表现在国际人权领域。从近20多年来国际人权保护的实践活动来看，国际人权法倡导的基本人权保障无疑使得公民权利的获得与保障完全受限于民族国家的约束这种传统实践面临新的挑战（Russell，2007）。[2]

第三，超国家公民身份的公民参与。在公民共和主义与社群主义的公民身份理论中，公民参与都是公民身份实践中的重要内容。尽管前者强调政治生活的参与，后者则以社群的参与为中心，但公民参与的范围都限于民族国家之内。而在经济全球化与欧盟一体化的进程中，欧盟国家公民的参与活动显然超出了民族国家的范围。这是因为，一方面，在全球化背景之下，越来越多的社会问题呈现出跨国性特点，导致国际社会运动不断增加，为各国公民提供了许多参与跨国公民活动的机会；与此同时，随着信息传播工具与手段的不断进步，各国公民参与跨国公民社会运动的方式也不断创新。另一方面，在欧盟国家中，欧盟政治一体化进程为成员国公民创造了一个区域性的政治与公民社会参与平台，作为欧洲公民，他们有权积极参与欧盟层次的各种政治活动与公民社会活动。这些新变化无疑大大拓展了公民参与活动的方式与范围。

第四，超国家公民身份的身份认同。身份认同与归属意识同样是公民身份理论中的重要内容。例如，社群主义认为，社群是建构公民身份的基础，社群成员必须具有对社群的身份认同，它是维护与追求社群公共利益的前提条件，因为“如果我们认为自己不是分享这种集体身份认同中的一员，我们就不可能为集体善的形成做出贡献”（Tambini，2005）[3]。但社群主义强调的集体身份认同同样是在民族国家的范围之内，而且这种认同是建立在共同的种族、宗教等文化背景基础上的。超国家公民身份理论对这种关于公民身份与认同意识的传统观点也进行了批评，认为在国际社会中超越民族国家的身份认同正在形成之中。学者波斯尼尔克（Linda S. Bosniak）概括了四种不同的超国家身份认同：一是在欧盟政治一体化过程中，欧盟及其成员国积极推动欧洲公民身份的建设，使得欧盟民众的欧洲认同意识逐渐形成；二是在全球化进程中随着国际公民社会的形成，人们通过参与各种国际社会活动在互相之间建立起来的情感联系，在各个不同层次形成了各种不同的身份认同意识；三是在跨国移民过程中出现的一些跨国社会与政治共同体，为新形式的身份认同创造了条件，使得这些跨国共同体的成

---

[1] Christian Joppke, “Transformation of Citizenship: Status, Rights, Identity”, *Citizenship Studies*, 11: 1, 2007, p. 42.

[2] Jim Russell, “Rethinking post – national citizenship: The relationship between state territory and international human rights law”, *Space and Polity*, 9: 1, 2007, pp. 29 – 39.

[3] Damian Tambini, “Post – national citizenship”, ibid, p. 209.

员尽管生活在不同的民族国家，却在互相之间维持着一种认同意识与团结精神；四是建立在人道主义信念、生态环境的互相依赖性、经济全球化以及全球媒体与商业文化基础之上的全球性的身份认同与团结意识，正在促进全球性的公民身份的形成（Bosniak，2000）。[1] 这些新情况都表明，尽管公民对民族国家内的认同意识依然是公民身份认同的主导方面，但超越民族国家的身份认同也出现了不断加强的趋势。

3. 超国家公民身份理论的积极公民意蕴

在前文分析的公民身份理论中，不管是公民的权利与义务还是公民的参与和认同，都是在民族国家的基础上进行的，因此，这些公民身份理论都无法体现公民身份在超越国家层次之上的积极意蕴。而超国家公民身份理论摆脱了民族国家这一公民身份理论分析框架的限制，从而使得这一公民身份理论中的积极公民必须具有超越民族国家的实践场景，成为积极的超国家公民。学者海夫罗—芬尼克等人在他们的研究中为欧盟地区超越民族国家的公民身份实践提出了四个方面的评价指标（Hanfner - Fink et al.，2013）[2]，在这里可以借鉴作为积极的超国家公民的主要表现来加以分析。

第一，积极的超国家公民必须形成超越民族国家的身份认同。认同与归属意识是公民主动关注共同体公共善与积极参与共同体活动的前提条件。因此，积极的超国家公民必须培育超越民族国家的认同与归属意识。这就要求公民认可超越民族国家的政治共同体与公民社会的存在，认同国际法律制度，接受全球治理理念，并对联合国等国际治理机构的积极价值予以充分肯定，从而通过这些方式来表达公民对国际公共善的认可与尊重（Furia，2005）。[3]

第二，积极的超国家公民必须养成普世主义的价值观念。超越民族国家的公民身份要求人们必须遵循普世价值观念，即在以多元文化并存为主要特征的超国家的公民社会中，公民需要把民主、自由、平等、宽容、忍耐等普世主义的行为准则运用到自我的公民活动中，以此来作为超国家公民社会中多元文化、多种制度互相尊重、和谐相处的道德保障。

第三，积极的超国家公民必须培育批判精神与能动意识。超越民族国家的多层次身份认同使得超国家积极公民必须是充分彰显个人主义的公民（Turner，2000）。[4] 一方面，他们要对民族国家之外的政治与公民社会活动持一种批判精神，善于以人类共同善与普世主义价值观作为评价这些活动的标准，避免以民族国家的私利凌驾于公共利益之上；另一方面，公民必须发挥主观能动性，积极成为超越民族国家公共利益的创造者与促进者，而不是消极被动的分享者与依赖者。

---

[1] Linda S. Bosniak，“The State of Citizenship：Citizenship Denationalized”，*Indiana Journal of GlobalLegal Studies*，7（2）：2000，pp. 482 - 485.

[2] Minja Hanfner - Fink，Brina Malnar and Samo Uhan，“The National Contexts of Post - national Citizenship”，*Czech Sociological Review*，2013，Vol. 49，No. 6，pp. 867 - 901.

[3] Peter A. Furia，“Global Citizenship，Anyone? Cosmopolitanism，Privilege andPublic Opinion”，*Global Society*，19（4）：2002，p. 343.

[4] Bryan S. Turner，“Liberal Citizenship and Cosmopolitan Virtue”，in A. Vandenberg（ed.），*Citizenship and Democracy in a Global Era*，New York：St. Martin's Press，2000，p. 29.

第四，积极的超国家公民需要养成积极的参与意识。积极的超国家公民应该具有全球行动意识，他们在积极关注和参与民族国家之内的政治与公民社会活动的同时，还需要时刻关注本国之外的地区性与全球性的各种政治、经济、安全与社会问题，换言之，积极公民的参与场景已经从地方、民族国家变成了区域与全球（Turner，2001）。❶ 积极的超国家公民积极参与的内容虽然包括政治活动，但应该以跨国性的公民社会运动为主导；参与方式也必须不断创新，尤其需要充分运用现代媒体信息工具，以避免时空因素对参与活动的消极影响。

第二节　欧盟积极公民身份的含义及其公民能力分析

积极公民身份这一概念在西方学界已经存续了很长时间（Abowitz and Harnish，2006）❷，早在亚里士多德的古典共和主义公民身份理论中，积极参与政治生活就被视为公民的德性之一，这可以说是积极公民身份的最初表达。不过，在当代欧洲国家中，人们对积极公民身份的广泛关注则开始于20世纪80年代，在普遍遭遇“福利国家危机”的困境中，欧洲许多学者与政治家意识到长期以来形成的消极被动的公民意识不利于经济振兴与社会融合，开始倡导培育民众的积极公民理念（Aldenmyr et al.，2012）。❸ 20世纪90年代以后，欧洲国家培育积极公民的呼声不断提高，英国在90年代末期的公民教育改革中率先将培育积极公民作为国家公民教育的目标；与此同时，欧盟也开始倡导积极公民身份的建设，在1998年通过的决议《欧盟的教育与积极公民身份》中，欧盟把培育积极公民作为欧盟教育与培训的主要目标之一，并随之在成员国中推行积极公民教育活动（EC，1998）。❹

一、欧盟积极公民身份的含义

尽管积极公民身份这一概念具有悠久的历史传统，但学术界在回答“何为积极公民”这一问题上一直未能达成共识，一个重要原因在于人们对公民身份定义表述的多样性，正如英国学者洛桑（Helen Lawson）所说：“公民身份这一概念不存在一个普遍接受的定义这一事实意味着对积极公民身份的理解也会产生很大的不同。”（Lawson，2001）❺ 因此，对公民身份定义的简单梳理无疑有助于我们对欧盟积极公民身份的理解。

---

❶ Bryan S. Turner，“The Erosion of Citizenship”，*British Journal of Sociology*，52（2）：2001，pp. 203 - 204.

❷ Kathleen Knight Abowitz and Jason Harnish，“Contemporary discourses of citizenship”，*Review of Educational Research*，76，No. 4，2006：pp. 653 - 690.

❸ Sara Irisdotter Aldenmyr，Ulrika Jepson Wigg & Maria Olson，“Worries and possibilities in active citizenship：Three Swedish educational contexts”，*Education*，*Citizenship and Social Justice*，7（3），2012：pp. 255 - 270.

❹ European Commission，*Education and active citizenship in the European Union*，Luxembourg：Office for Official Publications of the European Communities，1998.

❺ Helen Lawson，“Active citizenship in schools and the community”，*The Curriculum Journal*，Vol. 12，No. 2，2001，p. 166.

1. 公民身份定义的不同表述

学术界对公民身份的定义存在太多不同的表述，此处无法一一列举。罗马尼亚学者伯尔泽亚（Cesar Birzea）曾在《作为一种文化与政治建构的欧洲公民身份》一文中列举了在学术界关于公民身份定义的较有影响的一些表述（Birzea，2005）。[1] 例如，哈耶克（Hayek）认为，“公民身份是一种道德规范的实践活动，这种道德规范以他人利益为核心，建立在个人发展与意愿合作而不是胁迫性权力与政府干涉的基础之上”；马歇尔（Marshall）认为，“公民身份是赋予共同体实际成员的地位，享有这种地位的个人具有平等的权利与随之而来的义务，公民身份意味着一种建立在忠于共享文明基础之上的直接的共同体成员身份意识，正是这种自由个体的忠诚才使得共同立法赋予并保障他的权利”；金里卡与诺曼（Kymlica & Norman）则认为，“公民身份不仅仅是由权利与责任定义的地位，它还是一种身份认同，一种对一个政治共同体产生的归属意识”；伊奇洛夫（Ichilov）指出，“公民身份是一个复杂多维的概念，它由法律、文化、社会以及政治四个方面的要素构成，这些要素赋予公民某些权利与义务，给予他们一种身份认同和社会互动的意识”；哈贝马斯则（Habermas）把公民身份理解为“公共场合中的一种和平的‘对话’型的斗争”；范·甘斯德龙（van Gunsteren）则指出公民身份包括三方面的内容，即“公民身份是一种每位公民都可以平等、不受歧视地拥有的公共生活制度，公民身份是一种有组织的、认可与鼓励多样化的多元主义与政治共同体，公民身份是一种在特定公共领域的背景下真实践行权利与责任的社会活动”；等等。[2]

透过这些不同的定义表述不难发现，对公民身份的定义都是围绕地位、权利、认同与参与这四个主要方面展开的。这些表述既反映了当代西方主要公民身份理论核心观点的不同之处，又体现了它们之间的相互借鉴。例如，自由主义公民身份理论强调公民的权利与自由，但同时认可保守主义思想中强调的基于公民权利而产生的义务，也肯定社群主义关于公民的身份认同与社会角色的规定性；而公民共和主义强调公民参与的重要性，同时也没有忽视公民的权利义务及其对社会、国家的归属意识；社群主义以公民的认同意识与责任意识为中心，但不排斥公民的权利诉求与参与精神；等等。这就表明，尽管多种多样的公民身份理论决定了公民身份定义的多样化，但多样化的定义必须包含公民身份的一些基本共性，这些共性使得公民身份的定义必须具有趋同与兼容的特征。

具体来说，公民身份必须体现以下几个方面的规定性：第一，公民身份立足于民族国家，但又具有超越民族国家的属性。由于实践当中民族国家依旧是国际政治的主要行为体，国家无疑是公民权利与义务的主要赋予者与享有方，因此，公民身份首先确定了个体在民族国家中的成员身份。但国际政治、经济等方面的发展趋势表明，一方面民族国家对公民的相关权力与责任受到不断增多的国际因素的影响，另一方面公

---

[1] Cesar Birzea，“European citizenship as a cultural and political construct”，*Journal of SocialScience Education*，3，2005，pp. 28－29.

[2] Cesar Birzea，“European citizenship as a cultural and political construct”，ibid，pp. 28－31.

民活动的形式、内容中超越民族国家范围的元素日益凸显，因此，公民的成员身份也会逐渐越过民族国家的界限，从而增加区域性的甚至世界维度的内容。

第二，公民身份必须反映公民权利与义务的对等性以及公民相互之间的平等性。一方面，对于特定共同体的每个成员个体而言，强调个人权利必须同时履行义务，珍惜个人自由就不得侵害他人自由；另一方面，共同体对成员个体以及成员个体相互之间不得因为任何非法的理由而产生权利义务不平等的现象。

第三，公民身份要求公民个体对共同体形成情感归属意识。对于公民个体而言，不管是基于何种原因获得了特定共同体的成员身份，他（她）都需要培养对该共同体的情感归属意识。这种情感归属意识不但要求公民个体认可自己的成员身份，积极践行基于成员身份产生的权利与义务，尤其强调他们必须形成对共同体法律、价值观与公共善的认同与维护意识。

第四，公民身份需要承载积极的参与意识。作为特定共同体的成员，应该充分参与共同体的各种公共事务，因此，公民身份反映了公民个体的参与意识。公民参与活动的内容涉及政治、经济、文化、社会等各方面，参与活动的范围包括社区、地区、国家与超国家等多个层次，参与形式当然更加多种多样，但必须遵循共同法律与价值规范。此外，为了提高参与活动的效率，必须具备基本的参与能力。

因此，综合上述四个方面，笔者认为可以将公民身份定义为：一种以共同法律与价值规范为准则、被赋予平等权利与义务、具有参与意识与基本参与能力的特定共同体中的成员身份。

2. 对积极公民身份定义的梳理

人们对公民身份的多元化理解使得积极公民身份这一概念同样具有不同角度的诠释。但在英国学者霍斯金恩斯（Bryony L. Hoskins）等人看来，由于积极公民身份理念是在学术界反思公民身份理论、强调公民参与在公民身份建构过程中的重要性这一背景中引起社会各界广泛关注的，因此，尽管积极公民身份与公民身份一样可以有多种不同的定义表述，但这些不同的表述都具有相同之处，那就是把公民参与放在了优先地位（Hoskins et al.，2009）。[1] 这里通过对欧盟积极公民教育活动推广以来欧盟官方与学界关于积极公民身份的定义进行梳理，来分析欧盟关于积极公民身份这一概念的基本观点。[2]

第一，欧盟及其成员国政策文件中对积极公民身份含义的表述。

最近10多年中，欧盟许多政策文件尤其是教育培训方面的政策都包含有与积极公民身份相关的内容，其中一些文件更是直接对积极公民身份的含义进行了表述。例如，

---

[1] Bryony L. Hoskins & Massimiliano Mascherini, "Measuring Active Citizenship through the Development of a Composite Indicator", *Social Indicators Research*, February 2009, Volume 90, Issue 3, p. 461.

[2] 欧盟官方及其学界涉及积极公民身份的各种文献非常丰富，这里主要介绍一些被学界认为较有影响的观点。参见 DG Education and Culture, "Study on Active Citizenship Education", 2007, available at http://ec.europa.eu/education more - information/doc/activecit_ en. pdf; Bryony L. Hoskins & Massimiliano Mascherini, "Measuring Active Citizenship through the Development of a Composite Indicator", ibid。

2004年欧盟委员会在关于终身学习方面的格兰特威格计划（Grundtvig Programme）的政策性文件中，明确提出积极公民身份“是一个通过个人在共同体的经济、社会与政治生活中的自觉、责任与参与而达到的个人发展与社会之间持续的相互变化过程”（EC，2004）❶。在这个表述中，积极公民身份必须具备自觉、责任与参与三种意识；公民不但需要积极参与政治活动，还要积极投身于各种公民社会活动，更加必须积极投入到市场经济活动中去，换言之，公民不能只重视自身的社会经济权利，还必须积极就业、努力工作来为经济发展做贡献；公民通过自觉承担对社会的责任与积极参与公民活动来促进社会的变化与发展，并在这一过程中促进自我变化，不断提高和完善自我。由此可见，积极公民身份是一个动态的不断变化的进程。

2005年，欧盟委员会在一份题为《为积极公民身份而学习》的政策文件中指出：“践行积极公民身份包括个人增权，使他们适应民主文化氛围，觉得自己在所生活的社群里可以带来变化。”（EC，2005）❷ 在这里，欧盟指出了积极公民身份包含的三个要素，即积极公民身份需要遵循民主价值，需要形成对社群的身份认同，需要积极参与。特别是第三个要素——“积极参与”从而“带来变化”，说明欧盟倡导民众不能再做消极被动公民，而必须成为积极践行权利与责任的民主、积极的公民。

在欧盟成员国中，英国内政部国家教育研究基金会（NFER）2005年发表的一份关于积极公民教育的报告将积极公民身份定义为“抓住机会积极参与定义和解决社区问题、提高生活质量的公民”，“……公民身份不只是隔几年在选举中投票，个人能够通过直接、肯定的方式向社区做出贡献，从而创造一个更好的社会”（NFER，2005）。❸在这里，公民“在社区中的积极参与”成为积极公民身份的基本内容，通过社区参与促进社会发展构成了积极公民身份的根本目的。2007年爱尔兰政府总理授权的一个关于积极公民身份研究的特别小组在其报告中认为积极公民身份是指“公民与社区直接共同工作的志愿能力，或者是通过选举的代表、为了追求共同目标而行使经济、社会和政治权利”（Irish Taskforce，2007）❹。因此，在爱尔兰政府看来，积极公民不但需要公民个人积极投身于社区的志愿者活动，还必须为了社会公共善的目的通过民主制度充分行使自己的经济、社会和政治权利，“参与”和“积极行使权利”构成了积极公民身份的中心内容。

第二，欧盟学术界关于积极公民身份定义的主要观点。欧盟学术界对积极公民身份的研究已经取得丰富的成果。但在积极公民身份的含义方面，由于研究者的社会背

---

❶ European Commission, “An Intercultural Approach for an European Active Citizenship” – Grundtvig 2 – Report from the 1ste meeting. 2005.

❷ European Commission, *Learning for Active Citizenship: A significant challenge in building a Europe of Knowledge* (2005). Foreword by Edith Cresson, available at http://europa.eu.int/eduction/archive/citizen/citiz_en.html.

❸ Julie Nelson & David Kerr, *Active Citizenship: Definitions, Goals and Practices: Background Paper*, NFER, Home Office, UK, 2005, p. 13.

❹ Irish Taskforce, *The Concept of Active Citizenship*, Background Working Paper published by the Taskforce on Active Citizenship, March 2007, pp. 5 – 6.

景与学术视角不同，学者们进行了多种不同的解读（Lawson，2001）。[1] 例如，秦南（Gabriel Chanan，1997）认为，积极公民身份是指对地方社区活动的参与，这种参与活动是达到社会、经济目标的方式并且为促进社会发展做出有益的贡献[2]；贝克（Beck，1999）认为，积极公民身份是一种自我组织起来的自愿的公民社会劳动。[3] 此外，李斯特（Lister，1997）与帕克（Parker，1998）等人则认为，积极公民身份是指慈善捐献、志愿者活动与社区服务；何尼斯（Hernes，1987）认为，积极公民身份不仅是公民对权利的享受，还包括公民积极参与社会资源与权利的分配过程；派特曼（Pateman，1989）则指出，积极公民身份是公民的参与过程，这一过程体现为各种"干中学"的活动，公民在这一过程中提高自己的政治能力、自信心，为践行全面的公民权利创造必要的条件；等等。[4] 这些观点虽然各不相同，但都具有一个共同点，那就是强调公民在不同场合中的实践活动。

值得指出的是，在欧盟学术界的研究中，一些学者在成员国与欧盟层次上进行了积极公民身份方面的比较研究与综合研究，其相关成果产生了较大的影响，提出的政策建议业已不同程度地被欧盟采纳。这些研究成果对积极公民身份的含义都进行了各具特色的分析。例如，奥地利研究机构 Regioplan 2005 年在向欧盟委员会提交的一份关于欧盟积极公民身份与公民教育监测指数的报告中，将积极公民身份定义为"以容忍、非暴力与认可法治和人权为特征的政治参与和社团生活参与"（de Weerd et al.，2005）[5]。在这里，研究人员认为积极公民身份的核心是"政治与公民社会当中的参与活动"，但强调了公民积极参与的前提和方式的重要性。容忍、非暴力、法治与人权四个元素是积极公民身份必须具备的基本价值观念，只有在这些价值规则指导下的参与才是民主自由社会所需要的。与这种观点类似的积极公民身份定义也体现在欧盟终身学习研究中心[6] 2005 年的一份研究报告中。在这份报告中，霍斯金恩斯等学者认为积极公民身份是"以互相尊重、非暴力和遵循人权与民主为特征的公民社会、社区和（或）政治生活参与"（Hoskins et al.，2006）[7]。与前者相比，霍斯金恩斯等人将公民的参与活动拓展到了社区参与、社会参与以及政治参与三个方面，但同样为公民的参与活动设定了具体的行为准则，那就是以公民间的互相尊重与和谐相处为基本价值理念，并且自觉接受人权、民主等价值观念的约束。

在上述关于积极公民身份定义的分析中，我们不难发现这些不同表述的共同之处。

---

[1] Helen Lawson，"Active citizenship in schools and the community"，ibid.

[2] Gabriel Chanan，"Active Citizenship and Community Involvement：Getting to the Roots"，A Discussion paper，Loughlinstown：*European Foundation for the Improvement of Living and Working Conditions*，1997.

[3] Ulrich Beck，"Goodbye to All That Wage Slavery：Democracy Can Benefit from the End of Full Employment"，*New Statesman*，1995，5 March，pp. 25－27.

[4] Bjorn Hvinden and Rune Halvorsen，"Emerging Notions of Active Citizenship in Europe"，2001，available at http：//www. shakti. uniurb. it/eurex/esa/PDF/ESA_ Hvinden. pdf.

[5] Marga de Weerd，Mireille Gemmeke，Josine Rigter & Coen van Rij，*Indicators for monitoring Active Citizenship and citizenship education*，Amsterdam：Regioplan Beleidsonderzoek，2005，p. Ⅱ.

[6] The Centre for Research on Lifelong Learning（CRELL）.

[7] Bryony L. Hoskins，*Draft framework on indicators for Active Citizenship.* Ispra：CRELL，2006.

在这些定义中，积极公民身份不再以公民的法律地位与公民权利义务为中心，因为公民的法律地位与权利虽然为公民参与“提供了非常重要的机会，但这不足以保证形成一个使每位公民的意见都能得到反映、发达的公民社会或政府制度”（Westholm et al.，2007）[1]，换言之，公民意见要得以充分反映，需要公民自身养成在公民社会与政府决策过程中的积极参与意识，因此，积极公民身份必须实现以参与为中心的重心转移。这种理论认识上的转变说明欧盟积极公民身份具有与传统公民身份不同的本质特征。

二、欧盟积极公民身份的基本内涵

不可否认，公民参与在积极公民身份中占据了中心地位，但公民参与显然无法构成积极公民身份的全部内涵。除了公民参与之外，公民对社群、国家甚至超越民族国家之外的共同体的认知以及在这些不同场景之中形成的文化价值认同与身份归属无疑也是积极公民身份中的重要内容。在欧盟1998年通过的《欧盟教育与积极公民身份》决议中，积极公民身份的内涵从认知、情感与实践三个方面得以展开。与此同时，由于欧盟倡导的积极公民身份是在全球化背景中与欧盟公民身份的建设密切联系起来的，因此，积极公民身份还具有超越欧盟民族国家的欧洲与全球维度，这一维度可以在积极公民身份的认知、情感与实践三个方面得到充分的体现。

（一）积极公民身份的认知维度

积极公民首先必须是知情的公民，即公民需要对自己生活、学习、工作所处的特定社区、共同体或国家的各方面信息具有基本的了解，知情是公民融入社区与共同体的前提条件。“人们需要信息与知识构成他们行动的基础，（这样才能）充满自信地去采取行动，这就是积极公民身份的认知维度。”（EC，1998）[2] 通过这种认知，公民可以了解“他们相互之间的依赖关系以及共同面对的经济、社会与环境问题”（Honohan，2004）[3]。因此，积极公民身份的认知属性包括以下两个方面：

1. 对人们相互依赖关系的认知

自由主义公民身份理论认为公民是“不受约束的个人”，是“原子式个体”，强调公民不受任何他人干涉的自由，主张公民以任何不危害他人权利的方式追求自身利益。这种思想遭到了其他多种理论的批判。例如，社群主义认为，社群是建构公民身份的基础，公民以社群共享的文化与价值观念为基础，形成了一个互相依赖的共同体，这种依赖关系是公民遵循共同文化、维护追求公共善的重要基础，因而社群主义主张公民应该积极投身于社群活动。社会资本理论同样对自由主义的这种观点进行了批判。在帕特南（Putnan）看来，社会资本是指个人之间的联系——人与人之间形成的社会

---

[1] Anders Westholm，José Ramón Montero，and Jan W. van Deth，“Introduction：citizenship，involvement，and democracy in Europe”，In Jan W. Van Deth，José Ramón Montero，Anders Westholm（Eds.），*Citizenship and involvement in European democracies：A comparative analysis*（pp. 1－32）. London：Routledge，2007，p. 5.

[2] European Commission，*Education and active citizenship in the European Union*，1998，p. 10.

[3] Iseult Honohan，*Active citizenship in contemporary democracy*，available at http：//www. tascnet. ie/upload/Iseult%20Honohan%20paper. pdf.

关系网络、互帮互惠的行为准则以及相互信任（Putnan，2000）[1]，社会资本一旦形成，它对个人、社会与国家的发展都具有重要的推动作用。显然，只有人与人之间的互相依赖关系而不是“原子式个体”的社会状态能促进社会资本的形成。虽然社会资本与积极公民身份是两个并不完全相同的概念——前者指互相依赖的个人通过互动形成的社会网络以及这种网络关系的积极作用，后者则指相互依存的公民个体的实际互动过程，但个体之间的相互依赖关系同样是积极公民身份形成的重要条件。换言之，如果公民个体未能认识到互相依存的重要性，那么他们在参与过程中就无法意识到自己的行为可能对其他公民产生的影响，从而做出为个人私利而损害他人利益与公共利益的行为，这无疑是积极公民身份所摒弃的。

2. 对民族国家以及超越民族国家共同体的认知

积极公民身份要求公民必须具有相应的公民认知，这既是公民能力的必要组成部分，又是公民形成身份认同、归属意识和公民积极参与的前提条件；但由于公民个体的教育水平与行业背景的差异，公民在公民认知的习得与理解方面也会体现出不同的水平。因此，积极公民身份在公民认知方面的要求应该以基本认知为中心，而非系统、全面、深入的研究，因为对所有政治、经济、社会等各方面问题具有“全面知识是不可能的，因为需要知道的内容太多了，而且当中大部分内容都非同一般的复杂，需要具有专业的技术、管理以及政治方面的知识才能理解，这超出了大部分公民的能力范围”（Graber，2003）[2]。

而对于欧盟倡导的积极公民身份来说，由于它具有民族国家、欧洲与全球三个不同的层次，所以，欧盟积极公民需要具备这三个层次相应的公民认知。而每个层次的公民认知又包括知识和价值观两个方面。因此，欧盟积极公民身份在民族国家以及超越民族国家共同体的认知方面的内容可以概括为：知识方面包括民族国家、欧盟以及全球的历史、地理、政治、经济、文化概况，其中以民族国家与欧盟的民主政治制度、市场经济制度与多元文化制度为主体，以政治、经济、社会、环境等方面的现状为主要方面；价值观方面包括欧盟民主国家以及具有普世意义的主导价值理念，其中以民主、自由、人权、平等、宽容、和平为主要内容。这两个方面的认知对欧盟积极公民身份的培育具有重要的基础性作用。[3]

除了上述两个方面的认知之外，笔者认为积极公民身份还需要第三个角度的认知，那就是对公民自我的认知。自我认知同样包括两个方面：一是公民对自我效能的充分肯定。自我效能（self－efficacy）是指“个体对自己在特定环境中做出某种行为的能力

---

[1] Robert D. Putnan, *Bowling alone: the Collapse and Revival of American Community*, New York: Simon and Schuster, 2000, p. 19.

[2] Dorisa A. Graber, “The Rocky Road to New Paradigms: Modernizing News and Citizenship Standards”, *Political Communication*, 20: 2, 2003, p. 145.

[3] DG Education and Culture, *Study on Active Citizenship Education*, available at http: //ec. europa. eu/education more－information/doc/activecit_ en. pdf, pp. 66－68.

的信念”（Bandura，1986）[1]。它包括两方面的内容，即具备特定行为所需的知识与技能和相信自己能够解决相关问题的信心（Sewell etc.，1997）。[2] 要把自己培育成为积极公民，除了具备相应的公民知识与技能之外，更加重要的是公民个体必须坚信通过自己的各种积极参与行为可以为社区、国家甚至世界做出积极的贡献。只有相信自己作为公民的参与活动可以带来变革，才有可能避免成为“搭便车”的消极被动公民。二是公民对自我知识与能力的正确评价。任何公民个体具备的公民知识与公民技能都是有限的和片面的，因此，公民必须正确地认识自身在这方面存在的不足，自觉培养公民的终身学习意识，促进公民知识结构与参与技能不断完善。公民在这两个方面的自我认知是培育积极公民过程中重要的主观因素，同样不能被忽视。

（二）积极公民身份的情感维度

积极公民身份的情感维度是指公民对自我可能所属的特定共同体形成的一种身份认同与情感归属。公民身份的认同与归属意识虽然长期以来被自由主义公民身份理论忽视，也不被公民共和主义理论重视，但在社群主义思想中处于核心地位。社群主义强调，人们在不同社群中的归属意识构成了自己的身份认同，从而使得人们将自己的生活紧紧地与社群的公共利益联系在一起（Bell，1993）。[3] 因此，在社群主义的语境中，获得公民身份的前提条件就是个体对民族国家这一文化与政治共同体的归属意识。认同与归属意识同样为多元文化主义与超国家的公民身份理论所强调。例如，多元文化主义认为，少数民族与种族群体在延续自我的民族或种族认同时必须形成更大范围的对社会或者国家的认同意识（Kiwan，2010）[4]；而超国家公民身份理论则将公民对民族国家的排他性的认同与归属意识拓展到超越国家的地区性甚至全球范围（Soysal，1996）。[5] 公民认同与归属意识的重要性同样为欧盟的积极公民教育与社会融合战略所认识。欧盟1998年的决议《欧盟教育与积极公民身份》指出：“积极公民身份最终要谈的是个人与群体对他们理论上所属的社会或者共同体的依附程度，因此除了身份认同与价值问题之外，积极公民身份还与促进社会融合和凝聚力相关。”（EC，1998）[6] 换言之，积极公民身份的培育作为欧盟促进社会融合的重要措施，必须以公民对欧盟民族国家与欧盟的成员身份与价值观念的认同为基础。欧盟积极公民身份的情感维度同样可以从三个层次、两个方面进行分析。

---

[1] Albert Bandura, *Social Foundations of Thoughts and Actions: A Social Cognitive Theory*, Englewood Cliffs, NJ: Prentice - Hall, 1986, p. 1.

[2] Alison. M. Sewell and Alison. M. St George, “Self - efficacy in the Classroom: Developing the Skills of Citizenship”, *Children's Social and Economics Education*, Vol. 2, No. 3, 1997, pp. 136 - 137.

[3] Daniel A. Bell, *Communitarianism and its Critics*, Oxford, Clarendon Press, 1993, p. 93

[4] Dina Kiwan, “Active Citizenship: Multiculturalism and Mutual Understanding”, ibid, p. 6.

[5] Yasemin Nuhoglu Soysal, “Changing Citizenship in Europe: Remarks on Postnational Membership and the National State”, in David Cesarani and Mary Fulbrook (eds.), *Citizenship, Nationality and Migration in Europe*, edition published in the Taylor & Francis e - Library, 2003, pp. 17 - 29.

[6] European Commission, *Education and active citizenship in the European Union*, 1998, p. 10.

1. 积极公民身份情感认同的三个层次

从当前欧盟地区政治一体化的具体进程来看，尽管欧盟公民身份（欧洲公民身份）[1] 的建设已经经历了20多年的历程，但欧盟内部民族国家的公民身份无疑是欧盟所倡导的积极公民身份的前提与主体。这是因为，一方面，欧盟公民身份只能赋予欧盟成员国的公民，成员国承担了欧盟公民身份的“守门人”职责；另一方面，欧盟公民身份所赋予的“一揽子”公民权利在很大程度上受到成员国对本国公民权利的立法限制（Shaw，2006）。[2] 也就是说，欧盟公民身份衍生的权利必须在成员国的范围内通过成员国具体的法律制度才能得以保障。因此，积极公民身份的情感认同首先是公民对民族国家的身份认同与归属意识。但是，随着欧盟政治一体化的逐渐推进，欧盟成员国内部的公民身份将不断地向欧盟公民身份演进，因此，积极公民情感认同中的欧盟（欧洲）内容也将不断增加。此外，在全球化与信息化不断加快的进程中，民族国家的疆界与区域对全球民众生活的制约将持续减少，公民参与活动的时空范围将大大扩张，因此，积极公民身份情感认同中全球维度的内容同样会加强。

2. 积极公民身份情感维度的两个方面

在社群主义的公民身份理论中，对社群的认同与归属意识被视为建构成员身份的基础，因此，社群主义中的公民身份既包括公民对社会、国家（文化与政治意义上的社群）的身份认可，也体现了公民对社会、国家普遍的文化价值观念的认同。但正如前文所分析的，随着欧盟国家移民现象的增多，移民在被赋予新的公民身份之后较快地形成了对移民国家的身份认可，但出于对自身民族或种族传统文化与价值观念传承的需要，他们可能不会认同移民国家的普遍价值，甚至做出完全相反的行为。金里卡在分析少数族裔的权利主张时提出了“内部限制权”的概念，即少数族裔集群“出于保护集群不受内部分裂分子影响而对其内部成员本身施加限制约束的权利”，这种内部限制使得族群成员固守族群的文化价值观念而将自身排斥在移民地国家的主流价值体系之外（Kymlicka，2002）。[3] 由此可见，在多元文化并存的欧盟国家中，积极公民身份的情感维度应该包含两个方面，即身份认可与价值体系认同。

积极公民的身份认可指公民接受欧盟内部的民族国家与欧盟分别赋予的公民身份地位，它要求公民在行使民族国家与欧盟赋予的各项公民权利的同时积极履行自身相应的义务，如公民在享有法律、政治、经济三方面的各项权利的同时，需要接受法律的约束、履行政治义务以及积极投身于市场经济活动。积极公民的价值体系认同则指公民必须接受民族国家与欧盟社会中的普遍价值观念，它要求公民在对以民主、自由、人权、平等、多元、宽容、和平为主要内容的普遍价值体系充分认知的基础上，在公共与私我两个领域积极践行这些价值观念。

---

[1] 欧盟公民身份（citizenship of the European Union 或 EU citizenship）指根据《马斯特里赫特条约》（Maastricht Treaty）赋予欧盟成员国公民的公民身份，有时也被称为欧洲公民身份（European citizenship），两者指向的内容相同。

[2] Jo Shaw，“E. U. Citizenship and Political Rights in an Evolving European Union”，*Fordham Law Review*，Vol. 75，2006，p. 2550.

[3] Will Kymlicka，*Contemporary political Philosophy*，ibid，pp. 340 – 342.

（三）积极公民身份的实践维度

英国学者克里克（Bernard Crick）曾说过："在民主国家中，一个人遵纪守法、言谈举止为社会所接受，但除了在选举中投票或者往锡罐里捐点钱、为志愿者机构或游说团体签一份委托书却从不参加它们的任何会议之外，在任何影响公共政策的事务上，从不参与他人的活动，这种人只能说是好公民。"（Crick，2002）[1] 换言之，达到认知与情感维度要求的公民，或者最低限度地参与一些基本政治活动与公民社会活动的公民，都可被视为好公民，但还不能成为积极公民。在克里克看来，积极公民身份强调的是公民行动，是"公民通过有效的集体行动达成重要共识的行为"（Crick，2002）[2]。积极公民身份中的行动要素同样得到了欧盟官方的充分认可。1998 年《欧盟教育与积极公民身份》这一文件同样明确提出了积极公民身份的实践维度，"践行公民身份说的是采取某种行动，这首先是从行动中获得经验的事情"（EC，1998）[3]。对于欧盟倡导的积极公民身份的实践维度，这里同样需要从两个角度进行分析。

1. *积极公民参与活动的层次*

与前面所分析的积极公民认知与情感维度的层次一样，积极公民身份的实践维度也可从三个层次来认识。一方面，作为欧盟成员国民族国家的公民，积极公民身份要求公民积极参加与社区、本地以及本国事务直接相关的公民活动；另一方面，欧盟国家的公民同时具有欧盟公民身份，他们必须同时积极参与与欧盟事务关联的公民活动。此外，由于民族国家的公民正在形成全球公民身份的意识，因此与全球性问题相关的活动也需要他们的积极参与。需要提出的是，这里的三个层次指公民参与活动内容所处的层次，并非参与行为发生地点的层次，因为在高度发达的现代信息技术的支持下，公民参与的方式更为便捷多元，在任何地方利用互联网都可以完成各个层次、各种内容的参与活动。

2. *积极公民参与活动的内容*

在古典共和主义的公民身份理论中，公民积极参与公共领域的政治活动可以说是其精髓所在。而共和主义作为欧盟各国积极公民身份建设的主要理论基础（Irish Taskforce，2007）[4]，对公民政治参与的重视同样反映在积极公民身份实践维度中政治参与的核心地位。至于积极公民政治参与的具体形式和内容，则无疑是多种多样的。黑格与哈罗普将政治参与活动区分为常规参与和非常规参与，前者指正式的政治活动，后者则指传统政治活动之外的或者是反对传统政治活动的政治参与活动（Hague & Harrop，2013）。[5] 艾克曼与阿姆纳（Ekman & Amna）两位学者则将公民的政治参与划

---

[1] Bernard Crick, "A Note on What Is and What Is Not Active Citizenship", 2002, available at http://archive.excellencegateway.org.uk/media/post16/files/033_BernardCrick_WHAT_IS_CITIZENSHIP.pdf.

[2] Ibid.

[3] European Commission, *Education and active citizenship in the European Union*, 1998, p. 10.

[4] Irish Taskforce, *The Concept of Active Citizenship*, Background Working Paper published by the Taskforce on Active Citizenship, March 2007, pp. 5–6.

[5] Rod Hague and Martin Harrop, *Comparative Government and Politics*, the ninth Edition, Palgrave Macmillan, 2013, p. 130.

分为正式的政治参与和政治行为主义活动两种形式，前者指公民参加的代议民主制度中的政治活动如选举活动等；后者则指议院制度外的非正式政治活动，又可以分为合法与非法的两种方式（Ekman & Amna，2012）。[1] 但在欧盟倡导的积极公民的政治参与活动中，非常规政治参与活动中的违法现象与非法的政治参与方式显然是被排斥在外的。

从前文对积极公民身份定义的梳理可以得知，欧盟学术界对积极公民身份实践维度中政治参与的重要性无疑达成了共识。然而积极公民身份除了政治参与之外还需要积极参与哪些其他内容的活动？对此，欧盟学术界有多种不同的观点。例如，前文提到的德·韦尔德等人认为，积极公民的参与除了政治活动之外，还包括社团活动（de Weerd etc.，2005）[2]；霍斯金恩斯则把积极公民的参与内容从政治拓展到社区与公民社会（Hoskins etc.，2006）。[3] 还有些学者认为积极公民的参与内容除了政治活动之外，必须涵盖经济、社会、工作、家庭等各个方面，提倡公民全方位的积极参与。例如，约瑟夫·阿布斯（Hermann Josef ABS）与维德惠斯（Ruud Veldhuis）在提交给欧盟委员会的一份关于民主积极公民身份指数的研究报告中，将积极公民的参与范围划分为三个维度，除了政治维度（参加各层次的正式政治活动）外，还包括社会维度（参加公民社会中的各种活动）、经济维度（公民的消费行为与工作中的表现）（Josef ABS & Veldhuis，2006）[4]；而在霍尔福德（John Holford）等人提交给欧盟委员会的关于"欧洲终身学习、治理与积极公民身份"的报告中，积极公民的参与被分为四个领域，即国家领域（正式的政治活动）、社会领域（公民社会活动）、工作领域（工会及其他相关活动）、私人领域（积极履行家庭责任与义务）（Holford et al.，2006）。[5] 霍尔维德等学者之所以强调积极公民需要积极参与家庭这一私人领域的活动，是因为"私人领域经常不被看作践行公民身份的场所，这种做法往往是对妇女的歧视，低估了一系列重要角色的作用"，他们认为"发生在家庭中的关爱行为、对政治与社会问题的讨论与争议、阅读、反思与研究以及接纳交换学生"等一系列活动都是积极公民身份实践维度的具体体现，并且指出在不同领域形成的积极参与意识可以互相影响，换言之，公民在家庭等私人领域养成的积极参与意识往往会有助于他们积极参与其他领域的活动。[6]

这种重视家庭领域积极参与的主张同样为爱尔兰政府所认同。爱尔兰政府的一个

---

[1] Joakin Ekman and Erick Amna，"Political Participation and Civic Engagement：Toward a New Typology"，*Human Affairs*，22，2012，pp. 289 – 292.

[2] Marga de Weerd，Mireille Gemmeke，Josine Rigter & Coen van Rij，*Indicators for monitoring Active Citizenship and citizenship education*，ibid，p. Ⅱ.

[3] Bryony L. Hoskins，*Draft framework on indicators for Active Citizenship*，ibid.

[4] Hermann Josef ABS and Ruud VELDHUIS，*Indicators on Active Citizenship for Democracy – the social，cultural and economic domain*，Paper by order of the Council of Europe for the CRELL – Network on Active Citizenship for Democracy at the European Commission's Joint Research Center in Ispra，Italy，August 2006，pp. 4 – 5.

[5] John Holford and Ruud van der Veen，*Lifelong Learning，Governance and Active Citizenship in Europe*，European Commission，Directorate – General for Research，2006，pp. 5 – 7.

[6] Ibid，p. 7.

关于积极公民身份的特别研究小组也指出，除了政治与公民社会之外，经济领域与家庭这两者也都是公民参与活动的范围，并特别强调家庭在培育积极公民意识中的重要性。该报告认为，“父母带孩子去参加当地体育活动，与那些家庭成员通过关爱老幼与残障人士而对公共福利做出了巨大的，有时是艰苦卓绝并且难以估量的贡献一样，都是积极公民在做出奉献”，而且家庭往往是积极公民培育认同意识与参与意识的第一个场所，事实上，“在许多方面，家庭构成了积极公民身份的基本核心”（Irish Taskforce，2007）。[1]

三、欧盟积极公民的公民能力

“如果一个民主国家要运转，它的公民需要具备某种水平的政治能力。”在戴尔（Robert A. Dahl）看来，公民政治能力无疑是民主制度得以正常运行的重要前提条件，但他认为，不管是在民主制度完善的国家还是处于民主化进程中的转型国家，都不同程度地面临公民能力不足的问题（Dahl，1992）。[2] 因此，在冷战结束以后的西方国家中，如何提升公民能力、提高民主制度的运行效率构成了其公民社会建设进程中的一个重要议题。欧盟倡导的积极公民身份作为欧盟成员国适应全球化与欧盟一体化进程的公民社会建设活动，对欧盟各国公民的公民能力也提出了新的要求。

（一）对西方主要公民身份理论中公民能力意蕴的简要分析

一般来说，公民能力是指公民个体践行公民身份必须具备的基本公民知识、公民参与技能与公民态度价值观（Hoskins & Crick，2008）。[3] 由于不同社会中公民身份的理论基础不同，它们对公民身份含义的理解也不同，因此，公民能力所包括的内容也存在一定差异。本章第一节分析了在当代欧盟等西方国家中具有较大影响的公民身份理论，在这些互相争鸣的理论体系中，关于公民能力的侧重点也互不相同。

1. 自由主义模式中的公民能力

在古典自由主义思想中，个人优先于社群和国家，公民身份的核心是权利与自由，社会与国家处于中立地位，不得干涉个人按照自己的意愿在不损害他人权利的基础上追求自我利益最大化；个人是不受拘束的“原子式”个体，对社群与国家的认同是不重要的；政治参与被视为一种权利，公民自主决定是否参与和参与的程度。当代自由主义思想虽然重新解读了“原子式”个体，并在一定程度上纠正了古典自由主义对公民参与的忽视，提倡公民在社区、公民社会以及政治领域的参与活动，但公民参与依旧未能处于优先地位。因此，自由主义公民身份理论中的公民能力强调的是对民主、自由制度及其基础上的公民权利的客观的、全面的认知与行使公民权利的基本技能，

---

[1] Irish Taskforce, *The Concept of Active Citizenship*, Background Working Paper published by the Taskforce on Active Citizenship, ibid, pp. 5 – 6.

[2] Robert A. Dahl, “The Problem of Civic Competence”, *Journal of Democracy*, Volume 3, Number 4, October 1992, p. 45.

[3] Bryony Hoskins and Ruth Deakin Crick, *Competencies for Learning to Learn and Civic Competence: Different Currencies or Two Sides of the Same Coin?* CRELL research paper, EUR 23360. Luxembourg: Official Publications of the European Communities, 2008, p. 4.

而公民态度与价值观则居于次要的、间接的位置（Hoskins etc.，2012）。[1]

2. 社群主义模式中的公民能力

社群主义的公民身份理论强调社群的中心地位，认为社群是构建成员（公民）身份的基础，因此，公民身份的获得是以个体对社群的身份认同与归属意识为前提的。在个体与社群的关系中，社群主义主张个人对社群文化与价值观的服从，重视社群公共善对个人私善的支配地位与个人对社群的责任。此外，社群主义还被认为是"一场道德复兴运动"，尤其重视家庭与学校在道德教化方面的作用（Golby，2006）。[2] 因此，社群主义的公民身份对公民能力的要求与自由主义等其他思想不同，公民的态度与价值观居于核心地位，而公民知识与参与技能相对而言处于次要位置。

3. 公民共和主义模式中的公民能力

自古希腊、罗马的古典共和主义公民身份理论以降，公民对政治领域的积极参与一直被认为是共和主义公民身份中的核心要素。换言之，以公共政治领域为主导的公民参与在公民共和主义公民身份理论中被视为一种公民责任，具有崇高的内在价值，公民只有通过积极的政治参与才能实现自我的人生价值。与此同时，为了实现公民政治参与，公民不但需要具备陈述、协商、说理、谈判等政治沟通能力，还必须培养自我的公民德性。尽管不同的共和主义思想家对公民德性内容的概括互有差异，但公民对社会与国家的关心意识、在财富与利益面前的自律意识以及在政治参与过程中的协商意识这三者构成了共和主义公民德性的基本要素（Honohan，2002）。[3] 由此可见，在公民共和主义理论中，公民能力的核心要素无疑是公民的参与技能与公民德性。

4. 其他公民身份理论中的公民能力

前一节分析的女权主义、多元文化主义及超国家主义公民身份理论都是在不同程度地对前三种公民身份思想的批判过程中产生的。由于它们对公民身份分析的角度不同，因此公民能力的侧重点各不相同。其中，女权主义公民身份理论着重于批判女性公民所处的不平等地位，强调妇女与男性公民平等的公民权利，因此，它在倡导所有公民养成性别平等意识重要性的同时更加关注女性公民的公民能力，指出维护自身权利、提高参与技能是女性公民能力中的主要内容。多元文化主义公民身份理论立足于少数族裔群体的公民身份，主张赋予少数族裔群体"差异性的"公民权利；这种理论在公民能力问题上一方面强调所有公民在态度与价值观方面必须养成多元文化并存背景下的宽容、忍耐与平等意识；另一方面在少数族裔的公民能力培育上重视公民知识、公民技能与公民价值认同方面的全面提高。超国家主义公民身份理论则以公民身份所包含的法律地位、权利、参与和身份认同四个方面的内容突破民族国家的限制为研究内容，在公民能力的内容上相应地表现为在公民知识、公民技能与公民态度与价值观

---

[1] Bryony Hoskins，Cynthia M. H. Villalba and Michaela Saisana，*The* 2011 *Civic Competence Composite Indicator*，Luxembourg：Publications Office of the European Union，2012，p. 18.

[2] Micheal Golby，"Communitarianism and education"，*Curriculum Studies*，5：2，2006，p. 127.

[3] Iseult Honohan，*Civic Republicanism*，ibid，pp. 160 – 162.

三个方面增加超越民族国家的新的要求。

（二）欧盟积极公民的公民能力的主要内容

欧盟积极公民身份对公民能力的要求一方面需要反映上述各种公民身份理论的相关诉求，另一方面又要与欧盟积极公民培育的现实紧密结合。这两方面的要求在欧盟学术界的研究成果与官方的政策性文件中都得到了体现。在欧盟学术界中，对这一问题进行研究的主要成果是欧盟终身学习研究中心委托霍斯金恩斯等学者的相关研究（Hoskins & Crick，2008；Hoskins et al.，2011；Hoskins et al.，2011，etc.）。[1] 霍斯金恩斯与克里克（2008）将公民能力区分为知识、技能、态度与价值观四个方面（Hoskins & Crick，2008）[2]；霍斯金恩斯等人在《2011 年公民能力综合指数》中又进一步将欧洲公民能力划分为态度与价值观、知识与技能两大类，并细分为七个方面（Hoskins et al.，2011）。[3] 2006 年欧洲议会与欧盟理事会在一项关于终身学习的核心能力的决议中，也对欧盟积极公民身份必须具备的公民能力进行了规定。决议认为积极公民的公民能力包括三个方面，即包括对民主、正义、平等、公民身份与公民权利等概念与制度充分理解的知识能力，与他人共同有效地参与公共领域活动、解决事关当地及更大范围社区利益问题的能力，充分尊重人权、民主、多元文化以及对社群的归属意识和责任意识（EU，2006）。[4] 在这里，笔者结合欧盟学术界的有关成果，以欧盟对积极公民身份内涵的三个维度以及公民能力的三个方面为基础，对欧盟积极公民身份的公民能力进行如下分析。

1. 积极公民的知识能力

知识能力与积极公民身份的认知属性相对应，指积极公民必须具备的关于民族国家及欧盟与全球的基本知识，以及在此基础上的分析与推理能力。这些知识涉及政治、经济、文化、社会与生态五个主要方面与历史、现状两个维度，其中的重点内容有：第一，本国与欧盟的民主政治与法律制度，关键在于民主体制的运行机制与公民权利义务的全面把握；第二，本国、欧盟以及全球范围的主要政治、经济社会问题，对这些问题的了解有助于公民形成时代感、危机感与责任感；第三，普遍价值观念，着重于民主、自由、人权、平等、多元、宽容、和平等方面的主导价值体系，把握这些价值观的基本内容与现实意义。此外，积极公民知识能力还包括依

---

[1] Bryony Hoskins and Ruth Deakin Crick, *Learning to Learn and Civic Competences: different currencies or two sides of thesame coin?* Centre for Research on Lifelong Learning, 2009; Bryony Hoskins, Cynthia M. H. Villalba and Michaela Saisana, *The* 2011 *Civic Competence Composite Indicator*, Centre for Research on Lifelong Learning, 2011; Bryony Louise Hoskins, Carolyn Barber, Daniel Van Nijlen, and Ernesto Villalba, "Comparing Civic Competence among European Youth: Composite and Domain - Specific Indicators Using IEA Civic Education Study Data", *Comparative Education Review*, Vol. 55, No. 1 (February 2011), pp. 82 – 110.

[2] Bryony Hoskins and Ruth Deakin Crick, *Competencies for Learning to Learn and Civic Competence: Different Currencies or Two Sides of the Same Coin?* ibid, p. 4.

[3] Bryony Hoskins, Cynthia M. H. Villalba and Michaela Saisana, *The* 2011 *Civic Competence Composite Indicator*, *Centre for Research on Lifelong Learning*, 2011, p. 21.

[4] EU, *Recommendation of the European Parliament and of the Council of* 18 *December* 2006, *on Key Competences for Lifelong Learning*, Official Journal of the European Union 30. 12. 2006, p. L 394/17.

据这些基本知识在践行积极公民态度与价值观、积极参与各种公民活动时所体现出来的分析与推理能力。

2. 积极公民践行价值观的意志能力

从积极公民身份培育的角度来说，对主导价值体系的充分认知只是建构积极公民身份情感归属维度的前提，更重要的是“公民个体依据这些价值体系建构自我以及与他人的社会关系”（Audigier，2000）❶。换言之，积极公民在充分了解这些价值观的基础上，需要自觉地、始终不渝地在公共、私我两个领域，在工作、生活、政治活动以及公民社会等各个方面践行这些价值观念。公民只有具备了践行价值观的自觉性和意志力，才能真正形成对建构在这些价值体系基础之上的文化与政治共同体的归属意识。

3. 积极公民的参与能力

积极公民身份要求公民积极参与多层次、多内容的公民活动，因而对公民提出了相应的参与能力的要求。这些能力主要体现为：第一，基本交际能力。不管是何种形式的公民参与活动，它首先是一种社会交际活动，因此，公民需要具备在各种不同场景下与他人进行富有效率的沟通与合作的能力❷，这是公民践行所有参与活动的基础性技能。第二，批判性能力。麦克拉夫林（T. H. McLaughlin）认为，理想的公民应该是一种对政府积极质疑，在所有重要问题上持一种批判性的立场自治的或“最大限度”的公民（McLaughlin，1992）。❸ 积极公民也必须具有这种批判性的特质。而对社会与政府进行质疑、深入调查研究分析、勇于挑战现状等，这些都是公民批判能力的具体表现（Johnson & Morris，2010）。❹ 第三，协商能力。公民在参与过程中，往往会遇到各种各样的与自己思想相左的观点，因此，公民不但要善于准确表达自己的思想，同时需要尊重他人的意见，由求同存异而达成共识。这种协商意识既是积极公民必须具备的一种公民德性，无疑也是他们参与现代民主政治所需的重要技能（Honohan，2004）。❺

第三节　公民教育理论与欧盟积极公民教育

公民身份与公民教育之间具有非常密切的关系。一方面，公民身份为公民教育指明了方向，确立了公民教育的目的；另一方面，“没有公民教育就没有公民身份的存

---

❶ François Audigier, *Basic Concepts and Core Competencies for Educationfor Democratic Citizenship*, Council of Europe, 2000, p. 22.

❷ 在欧盟关于终身学习核心能力的决议中，这种能力被视为社会能力（social competence），与公民能力（civic competence）区分开来，但笔者认为交际能力是公民参与活动中的基础性能力。参见 EU：On Key Competences for Lifelong learning，ibid。

❸ T. H. McLaughlin, "Citizenship, diversity and education: A philosophical perspective", *Journal of Moral Education*, 21, No. 3: 1992, p. 242.

❹ Laura Johnson & Paul Morris, "Towards a framework for critical citizenship education", *The Curriculum Journal*, 21: 1, 2010, p. 90.

❺ Iseult Honohan, *Active citizenship in contemporary democracy*, ibid.

在”（*Williams & Humphrys*，2003）[1]，公民教育是公民身份培育构建过程中最为重要的方式。因此，在欧盟倡导的积极公民培育过程中，相应的公民教育政策及其实践活动无疑占据了十分重要的地位。而在分析当前欧盟国家积极公民身份构建过程中的公民教育活动时，不但需要把握积极公民身份的内涵、外延及其能力，而且还要了解欧盟公民教育的历史发展、理论基础及教育模式。

一、欧盟地区公民教育的历史演进

作为现代公民身份理论与实践的发源地，欧盟国家在公民教育实践方面同样具有悠久的历史。从古希腊、罗马帝国时期古典共和主义公民身份理论指导下的公民教育早期实践到经济全球化与区域一体化背景下多元公民身份理论兼收并蓄的多元化公民教育活动，欧盟国家的公民教育实践积累了丰富的历史经验。这里按照英国学者希特（Derek Heater）《公民教育历史》一书中的观点，把欧盟地区公民教育的历史演进分为以下四个阶段。

1. 古希腊、罗马帝国时期公民教育的早期实践

古希腊、罗马帝国是西方公民身份与公民教育理论与实践的发源地。在这一时期的城邦共和国中，公民身份赋予对象仅限于占支配地位的少数阶层，这种公民政治实践活动决定了公民社会规模的有限性，但如何培育具有公民德性的合格公民已经引起学者们的重视，“所有的公民都是‘造成的’而非‘自然的’”（李长伟，2010）[2]，因此，在苏格拉底、柏拉图、亚里士多德、西塞罗等人的思想中，公民教育构成了其中的一个重要议题；与此同时，各种公民教育的实践活动也开始出现。希特将这一时期的公民教育的理论与实践概括为四个方面的特点：第一，公民教育的目的是把城邦塑造成统一的政治共同体，培育公民的德性、责任意识与权利意识；第二，公民教育的内容主要包括两个方面，一是培育公民保卫城邦国家的勇敢意愿与战斗技能，二是对公民进行有关立法和政策制定等方面的基本事实与程序教育；第三，公民教育的组织形式表现为军事训练方面的国家组织形式与非军事公民知识方面教育中的家庭与私人教育形式的相结合；第四，公民教育的具体方法既重视国家或者学者们采取的有计划、有课程的正规方式，也提倡发挥非正式方式的积极作用（Heater，2004）。[3] 毫无疑问，古希腊、罗马时期的这些早期探索对公民教育理论与实践的进一步发展具有极为重要的积极作用。

2. 16 世纪至 18 世纪“造反与革命时期”的公民教育

希特认为，16 世纪至 18 世纪的欧洲处于“造反与革命时期”，如 16 世纪英格兰北部爆发了两次起义，17 世纪又发生了内战；法国也不例外，16 世纪因宗教原因发生了多次内战，17 世纪又发生了反对专制的“投石党内乱”（Heater，2004）。[4] 在这一时

---

[1] Michael Williams，Graham Humphrys，“Introduction”，in Michael Williams and Graham Humphrys（eds.），*Citizenship Education and Lifelong Learning*：*Power and Place*，Nova Science Publishers，Inc.，2003，p. 10.

[2] 李长伟：《古典传统与公民教育》，教育科学出版社 2010 年版，第 26 页。

[3] Derek Heater，*A History of Education for Citizenship*，RoutledgeFalmer，2004，pp. 1 – 25.

[4] Ibid，pp. 26 – 28.

期，为了强化君主统治制度，英法两国都建立了中央集权的官僚制度，公民身份被统治者认为是民众以自己对国家与君主统治的服从意识来换取国家提供安全保障的媒介（Lailas，1998）❶，因此，公民身份事实上被臣民身份取代，只有官僚贵族阶层才具有公民权利。根据希特的分析，这一时期欧洲的公民教育表现出如下特征：第一，公民教育的首要原则是确保君主与国家的安全、强化臣民的服从与责任意识；第二，公民教育的实施过程受到宗教势力的明显影响；第三，公民教育的形式主要表现为以培养对君主忠心并富有效率的管理官员为出发点的针对少数“精英公民”的“绅士教育”。与此同时，希特也指出，造反与革命也代表着这一时期欧洲社会反专制力量的增长，反对专制、倡导自由的公民身份理论与公民教育思想开始涌现，这些思想尽管未能在当时的公民教育活动中得以体现，但对19世纪以后的欧洲公民教育产生了深远的影响（Heater，2004）。❷

3. 19世纪至20世纪中期的自由主义主导下的公民教育时期

自19世纪以来，自由主义的公民身份理论开始逐渐为欧洲国家所接受，20世纪初欧洲大部分民族国家都逐渐建立起民主政治制度，公民身份与民主制度之间的联系开始建立（Preuss，2003）❸，公民的法律权利与政治权利制度得以建立，选举权开始逐渐打破了社会阶级与性别的限制，所有的社会阶层都有权参与国家正式的政治活动（Carr and Hartnett，1994）❹，公民身份及其承载的权利与义务所体现的平等意识得到了空前的发展。公民教育开始突破过去只有少数人才能享受的特权教育，开始向大众教育转变。因此，从这一时期起，欧洲公民教育开始具备了真正地为自由民主制度服务的特征（Heater，2004）。❺ 第一，公民教育的目的是民族国家的民主发展而培育具有民主与自由意识的公民；第二，公民教育的内容不但注重民族国家民主、法制等政治制度方面的知识教育与公民身份所具有的权利与义务教育，还重视公民的道德价值观教育，同样也提倡公民参与政治活动的能力教育；第三，在公民教育的组织形式上，19世纪中叶以后，大众教育开始在荷兰、德国等国家发展，正规学校的历史、民族语言、政治科学、法律与公民教义等课程教育成为公民教育的主要形式。❻ 这些新的变化表明，公民教育在欧洲国家的民主政治与公民社会的建设过程中开始发挥重要的积极作用。

---

❶ Elaine Andrews Lailas, *John Dewey's Theory of Citizenship and Community in the Developing American Democracy as seen through the Philosophy of Pragmatism as a Public Administration Model for the Citizen's Role in Public Governance*, Phd. Dissertation, p. 91, available at http://scholar. lib. vt. edu/theses/available/etd - 031599 - 173954/unrestricted/etd4. pdf.

❷ Derek Heater, *A History of Education for Citizenship*, ibid, pp. 26 – 64.

❸ Ulrich K. Preuss, "The ambiguous meaning of citizenship", Paper presented at the University of Chicago Law School to the Center for Comparative Constitutionalism, December 1, 2003.

❹ Wilfred Carr and Anthony Hartnett, "Civic Education, Democracy and the English Political Tradition", *Teria De La Education*, Vol. Ⅵ, 1994, p. 86.

❺ Derek Heater, *A History of Education for Citizenship*, ibid, pp. 65 – 101.

❻ Ivan P. Ivanov, "Civic Education and Intercultural Education", available at http://www. ivanpivanov. com/uploads/sources/140_ CIVIC – EDUCATION – AND – INTERCULTURAL – EDUCATION. pdf.

4. 二战结束以后经济全球化与区域一体化背景下的公民教育

二战结束以后，欧洲主要国家在经济重建的过程中，民主政治与公民社会的建设也再次步入正轨。随着这些国家社会保障制度的建立与完善，公民身份权利在法律、政治权利的基础上进一步确立了经济社会权利，形成了公民身份三位一体的权利制度。与此同时，义务教育制度的全面确立为公民教育的普及创造了重要的前提条件，欧盟地区的公民教育进入了全民教育时期。但自20世纪80年代以来，欧盟地区的公民身份与公民教育开始面临新的挑战。新的情况主要表现为：第一，民众对民主政治生活的兴趣减退，导致“公民政治参与赤字”；第二，不断加快的全球化进程使得欧盟国家的经济遭遇日趋严重的国际竞争；第三，福利国家危机导致社会排斥与社会不公现象严重；第四，欧盟政治一体化进程促使欧盟公民身份的诞生；第五，移民现象的增加使得欧盟地区出现了多元文化并存的社会局面（Heater，2004）。[1] 这些新情况对欧盟国家的民主政治与公民社会建设提出了新的要求，积极公民身份培育成为欧盟及其成员国的共同选择。

然而欧盟各国传统的公民教育模式不能适应当今社会快速变化的政治、经济与文化环境，无法培养出知情、负责、积极的新型公民。根据克尔（David Kerr）等人的观点，欧盟各国的传统公民教育模式虽然各具特点，但存在以下共同的不足之处：第一，在教育内容方面，传统公民教育模式以关于公民身份的政治、法律知识为重点，强调对国家历史以及政府和政治生活的结构和过程的理解，不注重培养学生对各种社会现实问题的批判性思维与解决问题的创造性思维，不重视学生形成多元文化背景下的民主价值与社会公德，忽视对学生进行各种公民参与技能的培养；第二，在教育方法方面，以教师的课堂讲授为主导，不注重现代信息技术手段的运用，较少关注学生课堂学习过程中的主动参与，不注意培养课堂、学校的民主氛围，不重视学校与社区以及其他各种社会组织建立伙伴关系，很少为学生提供公民实践活动的机会；第三，在教育形态方面，以各级学校提供的正规课程教育为中心，很少甚至几乎不为学生提供非正规的公民学习机会，尤其不重视青少年与成人自发利用一切非正式的教育机会提升自身的公民知识与公民技能，没有形成公民教育的终身学习理念（Kerr and Losito，2004）。[2] 总之，欧盟各国传统的公民教育模式是一种“狭义、低限的公民教育”，只适合培养掌握各种历史、地理、政治、法律等各种公民知识的“知情公民”，无法培养具有认知能力、情感归属与行动意识三位一体的积极公民。因此，需要对传统的公民教育体系进行改革，建立一种立足于终身学习的全过程、全方位的积极公民教育体系。

二、当代西方主要公民身份理论中的公民教育思想

本章第一节分析了当代西方的主要公民身份理论。这些不同的理论体系不但对西方国家公民制度与公民社会的建设各自发挥了不同程度的影响，也分别为西方公民教

---

[1] Derek Heater, *A History of Education for Citizenship*, ibid, pp. 194 - 234.

[2] David Kerr and Bruno Losito, *Education for Democratic Citizenship* 2001—2004: *Tool on Key Issues for EDC Policies*, Council of Europe, Strasbourg, 9 December 2004.

育实践活动提供了相应的理论指导。因此，在分析欧盟积极公民教育实践之前，有必要对当代西方主要公民身份理论中的公民教育思想进行简要的分析。

（一）自由主义的公民教育思想

自由主义公民身份理论强调人人生来平等且具有理性，个人权利至上，个人拥有不受国家、社会和其他人干涉的自由；政府应该是中立、有限的，其主要职能就是维护个人的财产与权利不受侵害；个人具有参与公共领域活动的权利，但参与行为以自我意愿为基础。因此，与自由主义的公民身份理论相对应，自由、多元、尊重、合理性构成了自由主义公民教育的核心（Halstead，1996）。[1] 具体来说，自由主义的公民教育思想可以概括为下述几个方面：

（1）自由主义的公民教育理念。与共和主义、社群主义等理论的公民教育观不同，自由主义理论中的公民教育是一种狭义（thinner）或低限的（minimal）公民教育（Abowitz and Harnish，2006）。[2] 正如怀特（J. White）所认为的，这种狭义或低限的公民身份教育只要求公民掌握民族国家政治方面的基本国情与民主制度的客观知识，并且具备运用这些基本知识到社区服务中的意愿（White，1982）。[3] 这是因为，与共和主义、社群主义对公共善与身份认同的强调不同，一方面，不管是古典自由主义还是新自由主义，都认为在个人、社群以及国家三者之间的关系中，个人始终处于优先地位；另一方面，自由主义坚信个人私善的多元化及其优先地位，因此，自由主义公民身份对公民的要求相对要少得多。与此同时，罗尔斯等学者进一步将自由主义区分为“综合的自由主义”（comprehensive liberalism）和“政治自由主义”，以罗尔斯为代表的政治自由主义认为，公民对什么是善这一问题往往意见相左，但他们可能共享某些能让他们和平共处的基本教义——如自由、平等、理性、宽容等政治正义理念，这种政治正义是“社会公民所认可的各种合乎理性的完备学说之重叠共识的核心所在”（罗尔斯，1993）[4]，而“综合的自由主义”所倡导的包罗一切的价值观念是不合理的，因而常常被人拒绝，因此，公民教育必须以政治正义理念为指导，只需向学生传授行使公民权利与履行公民义务所需要的德性与能力就够了（Halliday，1999）。[5]

（2）自由主义公民教育的内容。与社群主义强调道德教育、共和主义重视公民参与意识培养不同，自由主义重视公民权利意识的教育（冯建军，2013）[6]，但权利教育并非自由主义公民教育中的主体内容。事实上，当代自由主义虽然认可权利教育的必要性，但更加重视对学生进行自由、多元主义、相互尊重与合理性的教育。这是因为：

[1] J. Mark Halstead，“Liberal Values and Liberal Education”，in J. Mark Halstead and Monica J. Taylor（eds.），*Values in Education and Education in Values*，USA：The Falmer Press，Taylor & Francis Inc.，1996，p. 15.

[2] Kathleen Knight Abowitz and Jason Harnish，“Contemporary Discourses of Citizenship”，*Review of Educational Research*，Winter 2006，Vol. 76，No. 4，p. 662.

[3] John White，*The Aims of Education Restated*，London，Routledge and Kegan Paul，1982，p. 117.

[4] ［美］约翰·罗尔斯著：《政治自由主义》，万俊人译，译林出版社2011年版，第43页。

[5] John Halliday，“Political Liberalism and Citizenship Education：Towards Curriculum Reform”，*Britisn Journal of educational Study*，Vol. 47，No. 1，1999，p. 46.

[6] 冯建军：“自由主义公民身份与公民教育”，载《南京社会科学》2013年第7期，第120－121页。

首先，在自由主义所有不同流派的思想中，公民自由都被置于核心地位，公民不受干涉的自由决定了公民不管其宗教、道德、哲学、种族背景如何，都可以自己定义个人私善与个人正义并在不危害他人利益的基础上去积极追求，因此，民主社会必定是一个“合理的多元主义社会”，尊重个人自由与社会的多样性无疑是“自由民主政治秩序中最根深蒂固的承诺之一”（Macedo，1995）[1]，这一原则无疑需要在教育过程尤其是公民教育中体现出来。其次，在政治自由主义看来，既然在多样性的社会中公民都是自由平等的，那么公民之间的互相尊重就构成了政治正义，它要求“公民在决定基本政治问题时满足互惠原则的要求并与公共合理性思想保持一致”，因此，“政治自由主义的公民教育应该教会学生在相互尊重的基础上进行互动所需要的技能与概念”（Neufeld，2013）。[2] 最后，政治自由主义认为，民主自由社会中存在千差万别的终极理想和个人私善，只有具有合理性意识的公民才能认可并适应这一事实，也只有他们才能接受对各种不同意见进行判断的“负担”，因此，公民教育必须培养学生的合理性，即帮助他们认识到在宗教与世俗生活的各方面存在不同意见是正常、永久、合理的，逐渐培养他们承担“判断的负担”的意识（Macedo，1995）。[3] 总之，政治自由主义认为，自由、多元、尊重与合理性这些价值观念是多元社会中人们都愿意接受的，构成了多元化“综合性教义”中的“重叠共识”，无疑是公民教育中的重点内容。虽然自由主义也鼓励进行公民知识、公民参与技能等方面的教育，但相对而言它们都处于辅助地位。

（3）自由主义公民教育的方式。在古典自由主义思想中，公民教育的主要方式不是公共机构（如学校）所进行的正规教育，而是私人领域（如家庭）的非正式教育，家庭生活中潜移默化的熏陶发挥着主要作用，因此，家庭成员尤其是父母承担着对孩子进行德性教育的主要职责（唐克军，2008）。[4] 例如，在古典自由主义者洛克看来，“男孩子从学校里的伴侣中得来的胆量与生气，通常都是含有粗鲁与不良的自信力的杂质的，那种不合适和不正直的处世方法，日后一定还得加以消灭、清楚，代以较好的原则和使人成为一个真有价值的人的仪态才行”，因此必须“设法把孩子留在家里，去保持他的纯洁和谦顺，因为孩子留在家里，和亲人比较接近，比较容易习得一些品性，做一个有用和能干的人”。[5] 洛克还认为，在家庭教育中，父母对孩子不能滥用权威和压制，必须营造一个自由、开明的家庭环境，充分培育孩子的自由意识[6]；与此同时，父母成人必须发挥榜样作用，尤其是父亲需要摒弃父权专制思想，才能与孩子互相之

---

[1] Stephen Macedo, "Liberal Civic Education and Its Limits", *Canadian Journal Of Education*, 20: 3, 1995, p. 304.

[2] Blain Neufeld, "Political Liberalism and Citizenship Education", *Philosophy Compass*, 8/9, 2013, p. 788.

[3] Stephen Macedo, "Liberal Civic Education and Its Limits", ibid, p. 307.

[4] 唐克军：《比较公民教育》，中国社会科学出版社 2008 年版，第 5 页。

[5] ［英］约翰·洛克著：《教育漫话》，傅任敢译，教育科学出版社 1999 年版，第 49 页。

[6] ［美］纳坦·塔科夫著：《为了自由——洛克的教育思想》，郑文正译，生活·读书·新知三联书店 2001 年版，第 412 页。

间建立互相尊重的平等关系。[1]

当代自由主义思想在提倡发挥家庭与社区非正式公民教育作用的同时，进一步突出了学校正规教育在公民教育中的主体地位。但对于何种形式的学校承担公民教育的职责，当代自由主义者则有不同的观点。例如，凯龙（Eamonn Callan）认为，公共学校（common school）[2]“因为其教师与学生来自各种不同的社会背景，是一个真正代表了社会多元主义的教育场景”（Callan，1995）[3]，这种学校具备进行公民教育的关键条件，它不但有助于在不同背景的学生中培养互相尊重的意识，还能积极向他们传授成为民主社会公民所必需的知识与技能，因而是多样性社会中进行公民教育的理想场所（Callan，1997）。[4] 而包括罗尔斯等人在内的政治自由主义者则认为，与“综合自由主义”对公民教育实施方式的严格要求（如认为公共学校是公民教育的理想场所）不同，政治自由主义所主张的“低限度”的公民教育可以有更多的方式满足其要求，换言之，公民教育可以存在多种多样的教育方法与学校管理方式（Neufeld，2013）[5]，公共学校之外的其他各种教育机构如果实现共同的公民教育课程，也都可以承担公民教育的职责（Davis and Neufeld，2007）。[6] 此外还需要指出的是，当代自由主义还重视正义的社会制度与公共政治文化在公民教育过程中的作用。罗尔斯认为，“成长在一个秩序良好的社会里的人欣然地从公共政治文化以及隐含在其中的关于个人与社会的概念中形成自己作为公民的概念”（Rawls，2001）[7]，因此，正义社会制度与公共政治文化的这种公民教育作用也在一定程度上减轻了正规教育机构公民教育方面的责任。

（二）社群主义的公民教育思想

与以个人为中心的自由主义公民身份理论不同，社群主义强调个人对社群的身份认同与情感归属意识，把个人对社群的责任与义务置于个人权利之上，重视社群历史传承的文化纽带与道德规范对个人行为的约束，提倡个人对社群公共善的服从意识与奉献精神。以这些基本理念为指导，社群主义的公民教育思想也具有相应的不同特征。

（1）社群主义公民教育的目的。学者金勇民（Yong Min Kim）认为：“个人自由是自由主义的公共善，那么德性就是社群主义的公共善。”（Kim，1999）[8] 换言之，自由主义的公民教育以帮助公民追求个人自由为目的，这一目的与自由主义所提倡的多元

---

[1] ［英］约翰·洛克著：《教育漫话》，傅任敢译，教育教学出版社1999年版，第54页。

[2] “公共学校”一般指面向所有不同宗教、种族、文化等背景学生开放，进行共同教育的学校，即学校的教学活动不因学生背景不同而实行区别对待。“公共学校”不一定是公立学校。

[3] Eamonn Callan, “Common Schools for Common Education”, *Canadian Journal Of Education*, 20: 3, 1995, p. 263.

[4] Eamonn Callan, “Creating Citizens : Political Education and Liberal Democracy”, *Clarendon Press*, 1997, pp. 193－195.

[5] Blain Neufeld, “Political Liberalism and Citizenship Education”, ibid, p. 791.

[6] Gordon Davis & Blain Neufeld, “Political Liberalism, Civic Education, and Educational Choice”, *Social Theory & Practice*, 43, 2007, p. 72.

[7] John Rawls, *Justice as Fairness: A Restatement*, The Belknap Press Of Harvard University Press, 2001, p. 146.

[8] Yong Min Kim, “Communitarianism and Civic Education”, *International Area Review*, VoL 2 No. 2, 1999, p. 119.

主义、相互尊重与合理性等政治正义的教育是高度一致的。而在社群主义的公民教育中，培育公民的德性居于优先地位，因为社群主义强调个人私善必须与社群公共善保持一致，而这必须在个人具有社群所提倡的德性的条件下才能实现，也就是说，德性是维护社群公共善的前提条件。正如麦金太尔所说："德性的教育教导我们的是，作为个人，我们的利益（善）和那些在人类共同体中和我有密切联系的人的利益（善）是同一的，我追求的我的利益（善）绝不会和你追求的你的利益（善）必然相冲突，因为这个利益（善）既非我特有，也非你所特有。"（MacIntyre，1981）❶ 当然，德性优先并不意味着追求德性的是社群主义公民教育的唯一目的。事实上，无论是社群主义思想的古典基础还是当代以来新的发展，都没有把个人自由作为批判对象，它所反对的是自由主义"一切为了个人自由"的核心教义，并提出用"一切为了个性与社群"的主张来取代它，因此，社群主义认为公民教育的目的应该是培育"个性需求与社群需求辩证统一"的公民（Kim，1999）。❷

（2）社群主义公民教育的内容。既然社群主义认为培育公民的德性是公民教育的优先目标，那么公民教育的内容当然是道德教育为主，这也是西方社会把社群主义视为一场"道德复兴"运动的主要原因（Golby，1997）。❸ 社群主义公民教育语境中的道德教育与当代自由主义提倡的价值教育（或德性教育）同样具有不同的特征。自由主义（尤其是政治自由主义）公民教育作为一种"低限度"的公民教育，所倡导的价值教育是出于公民政治自治的需要而进行的政治德性教育（Rawls，1993）❹，而把道德自治所需要的德性培育留给了众多其他的"综合教义"，正如罗尔斯所说的，"（公平正义）认可适用于所有人的政治自治，却把伦理自治的价值留给公民们各自按照他们自己的完备性学说去决定"（Rawls，1993）❺。然而社群主义的道德教育则包括了公民出于政治自治与道德自治所需要的两个方面。美国学者埃特兹欧尼（Amitai Etzioni）❻ 作为社群主义道德教育的主要倡导者，在分析道德教育对美国社会的重要性时曾说："我们应该教导人们那些美国民众分享的价值，如所有人都应该尊重的个人尊严、以和平而不是暴力手段去解决冲突、诚实在道德上优于撒谎、民主政府在道德上优于独裁与极权制度、人们拿一天薪水就要干一天活、为了自己与国家的未来进行储蓄而不是挥霍自己的收入从而把满足自己未来的需要寄托于他人身上。"（Etzioni，1993）❼ 显然，埃特兹欧尼所强调的价值教育包括两个方面，即相互尊重、反对暴力、崇尚民主的政

---

❶ ［美］A. 麦金太尔著：《德性之后》，龚群、戴扬毅等译，中国社会科学出版社 1995 年版，第 288 页。

❷ Yong Min Kim，"Communitarianism and Civic Education"，ibid，pp. 117 – 120.

❸ Michael Golby，"Communitarianism and Education"，*Curriculum Studies*，Vol. 5，No. 2，1997，p. 127.

❹ ［美］约翰·罗尔斯著：《政治自由主义》，万俊人译，译林出版社 2011 年版，第 201 页。

❺ ［美］约翰·罗尔斯普：《政治自由正义》，第 72 页。

❻ 一些学者把当代西方社群主义者分为两个流派：一个流派称为"社群主义理论家"，指以桑德尔、麦金太尔等人为代表、对自由主义进行理论批判的学者；另一个称为"大众社群主义者"，指以埃特兹欧尼为代表、主张将社群主义思想运用于西方国家社群建设的学者。大众社群主义派于 20 世纪 90 年代在美、英两国发起了社群主义运动，产生了较大的社会影响。参见 James Arthur，"Communitarianism：what are theimplications for education?" *Educational Studies*，24：3，1998，pp. 353 – 368。

❼ Amitai Etzioni，*The Spirit of Community*：*The Reinvention of American Society*，ibid，pp. 258 – 259.

治德性和诚实、敬业、节俭等社会、经济方面的德性，因为在他看来，“我们渴望的社会不只是一个公民社会，而是一个好的社会。一个好社会中，人们互相对待他人作为目的而不是工具，作为整体而非部分，作为被情感与承诺团结在一起的共同体成员而非雇员、商人、消费者甚至公民”（Etzioni，2000）[1]。由此可见，在社群主义的公民教育中，政治德性教育与道德德性教育缺一不可，都是建设好社会的重要途径。

（3）社群主义公民教育的方式。以道德教育为主体的公民教育怎样进行？社群主义也提出了与当代自由主义不一样的主张。当代自由主义认为学校是实施公民教育的核心环节，其内部分歧在于公共学校与非公共学校谁能更好地促进公民教育。而社群主义也重视学校在道德教育中的重要作用，正如埃特兹欧尼所说：“我们认为学校能在不向学生灌输信仰的情况下进行基础的道德教育。”（Etzioni，1995）[2]但关于何种形式的学校能更好地进行道德教育，社群主义更倾向于非公共学校。贝尔（Daniel Bell）曾经将社群区分为三种不同维度：一是地域性社群，即人们形成初始的身份归属的场所；二是记忆性社群，即分享具有道德意义历史的陌生人群体；三是心理性社群，即以诚实、合作与利他主义为指导的人们互相之间面对面的关系（Bell，1995）。[3] 由于公共学校并非由地方社群主办，而是面向不同宗教、文化、种族的学生和教师，实施基本同质的教育活动，因此，这类学校所承载的社群意义非常微弱。从贝尔的社群三维度的角度来看，公共学校与非公共学校比较，除了同样在心理性社群方面即在帮助学生互相之间形成诚实、合作、利他的人际关系方面具有积极作用之外，在地域性社群与记忆性社群两个方面都不及非公共学校，换言之，公共学校在帮助学生形成社群身份认同与道德历史共享方面都无法与非公共学校相提并论，这类学校不太可能对学生发挥建构社群身份的作用（Golby，1997）。[4] 因此，在社群主义看来，以这类学校为主体的现代教育制度在道德教育方面的作用就受到了约束。

正因如此，埃特兹欧尼提出，学校只是防止道德沦丧的第二防线，家庭才是实施道德教育的最好场所，“我们必须再一次坚持，生儿育女必须承担道德责任，不但要为他们提供必需的物质资料，还要对他们进行道德教育与性格塑造”（Etzioni，1993）[5]。因此，父母为了更好地履行道德教育的职责，必须妥善处理好工作与家庭、个人发展与承担家庭责任之间的关系，确保有充分的时间与精力投入孩子的家庭道德教育之中，而社会其他主体也需要为父母履行这一职责创造有利的条件。尤其是在离婚所导致的孩子道德教育问题上，离异的父母不能推卸自己对孩子承担的道德教育责任，社会与政府同样需要对这种情况下孩子道德教育可能出现的问题采取积极的防范措施；此外，社群主义还重视社区在公民道德教育中的作用，鼓励公民积极参与社区中各种各样的

---

[1] Amitai Etzioni, The Third Way to a Good Society, Demos, 2000, p. 11.

[2] Amitai Etzioni, *The Spirit of Community: rights, responsibilities and the communitarian agenda*, Glasgow, Harper Collins, 1995, p. 8.

[3] Daniel Bell, *Communitarianism and its Critics*, Oxford: Clarendon Press, 1995, p. 185.

[4] Michael Golby, "Communitarianism and Education", ibid, pp. 131 – 133.

[5] Amitai Etzioni, *The Spirit of Community: The Reinvention of American Society*, ibid., p. 256.

志愿者活动，在社群服务中自觉接受道德教育（Etzioni，1993）。[1]

（三）公民共和主义公民教育思想

从前文的分析中我们可以看到，公民共和主义公民身份理论与自由主义、社群主义既有区别，又相联系。一方面，它与自由主义公民身份理论一样，强调公民个人的自由，但它提倡的自由是公民个体不受支配而非不受干涉的自由，它也反对自由主义提倡的“个人优先”“国家中立”的核心教条，提倡国家公共善与公民责任优于个人权利；另一方面，公民共和主义也与社群主义公民身份理论一样，注重公民德性与公民参与，但它与社群主义不同，把公民的政治德性与政治参与置于明显的优先地位（Hinchliffe，2013）。[2] 因此，皮特逊（Andrew Peterson）把公民共和主义的公民身份概括为四个要素，即公民必须具有责任意识、公共善意识、参与意识和公民德性（Peterson，2009）。[3] 这四个要素又可以被概括为两个核心：一是自治，公民共和主义强调公民参与，将其视为公民的义务，但参与的最终目的是达到公民自治，从而确保公民不受支配的自由；二是德性，因为在公民共和主义思想中维护、服从公共善本身就是一种德性。这两个方面共同构成了公民共和主义公民教育中的主体内容。

（1）公民共和主义公民教育思想的主要内容。在公民共和主义的自治与德性两者之间，德性是前提和基础，自治是目的。而“公民德性与其他德性一样，它是一种性格特质或气质，不经鼓励与培养是不可能茁壮成长的”（Daggar，1997）[4]。因此，在公民共和主义的公民教育中，公民德性的培养处于优先位置。至于公民德性的具体内容，亚里士多德等古典共和主义者都有各自不同的表述，对此前文已有分析，此处不再赘述。当代公民共和主义学者对公民德性的阐述有所不同，如迈尼洛（John Maynor）把公民德性表述为“个人以不武断干涉他人利益的方式达成自己目的的能力，以及对他们自身行为对整个社会所产生影响之评价”（Maynor，2003）。[5] 霍诺汉认为，公民对社会与国家的关心意识、在财富与利益面前的自律意识以及在政治参与过程中的协商意识这三者构成了共和主义公民德性的基本要素（Honohan，2002）。[6]

在公民共和主义思想中，公民自治是核心。因此，在培养公民德性的过程中，自治意识与自治能力的养成同样是公民教育的主要内容。公民共和主义语境中的自治意识是与社会结构紧密相连的，自治不只是确保自我不受其他主体的支配，而且是通过积极的政治参与来实现的。因此，公民共和主义中的公民自治意识培育就是通过鼓励公民对政治活动的积极参与而进行的。因为通过积极地参与活动，共和国里的公民可以发挥批判性作用，对政府可能的独裁与腐败行为进行监督，从而切实地维护公民的

[1] Ibid.，pp. 256 – 261.

[2] Geoffrey Hinchliffe，“Book Review”，*Journal of Philosophy of Education*，Vol. 47，No. 1，2013，pp. 147 – 149.

[3] Andrew Peterson，“Civic Republicanism and Contestatory Deliberation：Framing Public Discourse Within Citizenship Education”，*British Journal of Educational Studies*，57：1，2009，pp. 55 – 69.

[4] Richard Dagger，*Civic virtues：rights，citizenship，and republican liberalism*，Oxford University Press，Inc.，1997，p. 120.

[5] John W. Maynor，*Republicanism in the Modern World*，Blackwell Publisning Inc.，2003，p. 182.

[6] Iseult Honohan，*Civic Republicanism*，ibid，pp. 160 – 162.

自我权利；通过广泛的参与，公民可以充分认识到公民相互之间以及公民对社会的依赖关系，帮助公民养成尊重他人权利与服从社会公共善的意识；通过政治参与活动，公民还可以表达自我、实现自我，培养自身的政治效能意识与增权意识，进一步使自身价值得到社会的认可（Honohan，2002）。❶ 从这个意义上说，公民共和主义倡导的在政治参与过程中培育公民自治意识也是动态的实践性教育活动。

（2）公民共和主义公民教育的方式。公民共和主义反对自由主义国家中立的观点，这点同样在其公民教育的思想中得到了体现。"为了对公民逐渐灌输公民德性，现代的共和国需要对公民教育进行直接的干预，但不是通过武断的方式进行。"（Daggar，1997）❷ 因此，在公民共和主义的公民教育观中，政府需要积极倡导对公民进行公民德性的培育和自治意识的养成。例如，政府可以采取开放、协商的方式制定公民教育的相关政策，确立公民德性与自治意识在公民教育中的核心地位，同时鼓励社会以多元化的方式进行公民教育的实践活动。

与此同时，公民共和主义同样强调各级学校等正规教育机构在公民教育中的重要作用。公民共和主义认为，学校的公民教育不但能够帮助学生更好地掌握积极公民所需的公民知识，还能通过培养学生对政治共同体的奉献精神和公共善的服从意识加强学生的公民身份认同，而且还能通过培养学生的协商能力来不断提高他们的政治参与技能，从而增强他们的政治效能意识（Abowitz and Harnish，2006）。❸ 因此，公民共和主义强调，不管学校的公民教育采取何种方式进行，公民德性、不受支配的自由、自治意识这些核心理念都必须在学校的公民教育课程中得以充分地体现。

古典共和主义者卢梭一直强调人们在实践中进行学习的重要性，"我们只主张我们的学生从实践中去学习，我们宁可让他们为人忠厚，而不愿他们有一肚子的学问"❹。在卢梭看来，"公民教育的过程就是探究和发现的过程"❺，换言之，通过公民的实践活动去理解、把握公民身份的真正内涵是公民教育的主要方式。这种"实践中学习"的理念同样得到了当代公民共和主义的重视。当代公民共和主义认为，现代民主国家的民主体制与法律制度是确保公民不受支配的自由与自治权利得以实现的制度保障，而各种形式的公民论坛与公民活动是公民表达自己意见、公民互相之间进行观点博弈并最后达成共识的有效形式。换言之，民主运行过程中不管是在正式的还是非正式的参与活动中，公民争议辩论的机会越多、程度越高，公民就越有机会去了解民主制度的内在本质与运行机制，从而去利用甚至挑战这种制度，这样一来，民主制度及其制定的政策与法律的质量也就越高，公民不受支配的自由就越有保障，公民自治意识就越能得到提高（Daggar，1997）。❻ 由此可见，公民在民主运行过程中的参与行为本身就

---

❶ Ibid, pp. 216 – 218.

❷ Richard Dagger, *Civic virtues: rights, citizenship, and republican liberalism*, ibid, p. 182.

❸ Kathleen Knight Abowitz and Jason Harnish, "Contemporary Discourses of Citizenship", *Review of Educational Research*, Winter 2006, Vol. 76, No. 4, pp. 657 – 661.

❹ ［法］卢梭：《爱弥儿》，李平沤译，商务印书馆1996年版，第111页。

❺ 唐克军：《比较公民教育》，中国社会科学出版社2006年版，第19页。

❻ Richard Dagger, *Civic virtues: rights, citizenship, and republican liberalism*, ibid, pp. 190 – 192.

是一种积极的自我公民教育活动。

（四）其他公民身份理论中的公民教育思想

女权主义、多元文化主义与超国家主义各自从不同的角度促进了当代西方公民身份理论的发展，在公民教育方面也分别形成了各自不同的观点。

1. 女权主义的公民教育思想

女权主义的公民身份理论不管是基于"性别中立论"还是"性别差异论"，都强调女性与男性的平等公民身份。但是女权主义者在女性公民身份理论上的积极抗争并没有在女性公民教育的实践中取得足够的进展，而女性在公民教育方面的歧视状态又成为女性追求全面公民身份的重要障碍。因此，在福斯特看来，"如果女性要在争取全面公民身份方面取得实质性的进展，公民教育的教育哲学思想与课程理论都需要进行彻底的反思"（Foster，1997）[1]。女权主义公民教育的核心思想就是公民身份性别平等原则在公民教育过程中的反映。其具体体现在三个层次：第一，女性公民必须具有平等的接受公民教育的权利。女性与男性平等的公民身份决定了她们平等的公民教育权利，这项权利既是女性公民公民身份所承载的经济社会权利中的重要内容，又是她们直接参与公民教育活动的重要保障。第二，公民教育的内容必须充分反映女性的平等地位。公民教育的内容一般而言包括三个方面，即公民知识、公民态度与价值观、公民参与技能。公民教育内容中女性公民的平等地位就是指这三个方面的教育内容体系必须从根本上确立性别平等的指导思想，通过公民教育内容反映民主国家中公民身份性别平等的原则。第三，公民教育过程充分体现性别平等原则。不管采取何种方式进行公民教育，在教育过程中女性公民都不能被视为二等公民，她们不但需要与男性公民同样的参与任何公民教育活动的机会，而且还需要依据女性性别特点，或者为了弥补因宗教、文化、种族、历史等原因导致的女性公民意识薄弱的需要，对她们采取特别的教育措施，从而更好地落实公民教育过程中的性别平等原则（Arnot，1997）。[2]

2. 多元文化主义的公民教育思想

多元文化主义公民身份理论的核心思想可以概括为，少数族裔集群由于宗教、种族、文化、历史等多方面的原因而必须具有"差异性的公民身份"，换言之，少数族裔集群不但需要具有与占支配地位的社会阶层同等的公民身份，而且出于保护民族、种族文化的需要还必须拥有一种差异性的公民特权；与此同时，少数族裔集群在形成延续自身族裔文化的身份认同时同样需要培养更大范围里的对社会与国家的身份归属意识（Banks，2008）。[3] 以这种公民身份理论观点为指导，多元文化主义的公民教育思想

[1] Victoria Foster, "Feminist Theory and the Construction of Citizenship Education", in Kerry J. Kennedy (ed.), *Citizenship, Education and the Modern State*, RoutlgeFaimer, 1997, p. 64.

[2] Madeleine Arnot, "Gendered Citizenry': new feminist perspectives on education and citizenship", *British Educational Research Journal*, Vol. 23, No. 3, 1997, pp. 275 –295.

[3] James A. Banks, "Diversity and Citizenship in Global Times", in James Arthur, Ian Davies and Carole Hahn (eds.), *Handbook of Education for Citizenship and Democracy*, SAGE Publication Ltd, 2008, pp. 57 –70.

体现为这样几个方面：第一，少数族裔集群在公民教育方面的平等地位。少数族裔不但需要拥有与占社会支配地位的族群同等的接受公民教育的权利，而且在国家总体的公民教育内容纲要与各种不同的公民教育组织实施过程中少数族裔公民的平等地位都必须得到充分的体现。第二，公民教育必须立足于多元文化的社会现实，注重平等、尊重、宽容、忍耐、和平等价值观念的教育。多元文化并存的国家中，不同宗教、种族、文化之间的互相碰撞将不可避免，因此，公民教育不能只进行主导文化的教育，而要包括所有不同文化的"声音、经历与观点"，因为"单一文化教育对来自不同文化背景的学生是有害的，将迫使他们形成自我疏远意识……还会使（他们）在公民身份与国家认同方面产生问题"（Banks，1990）❶。因此，通过公民教育培养不同文化背景的公民平等相处、相互尊重、宽容、忍耐、和平解决争端等态度与价值观无疑是非常必要的。第三，公民教育需要培育少数族裔群体的国家认同意识。金里卡认为，多元文化并存的国家中，政府出于国家建设的需要往往会致力于"社会文化"的培育。因此，公民教育还需要帮助少数族裔群体的公民认可接受"社会文化"，并在此基础上形成社会与国家认同，培养他们的爱国主义意识（Banks，2009）。❷

3. 超国家公民身份理论中的公民教育思想

超国家公民身份理论认为，全球政治、经济、文化、科技、社会等各方面的发展变化给予民族国家为基础的公民身份带来了多方面的挑战，公民的法律地位、公民权利、公民参与以及公民身份认同等各个方面都需要从超越民族国家的视角进行新的理论思考。公民身份超越民族国家维度的变革同样使得传统公民教育的目的、课程与方法面临新的考验，民族国家的公民教育也必须与时俱进，增加民族国家之外的内容（Keating et al.，2009）。❸ 换言之，超越民族国家的公民身份理论要求在民族国家的公民教育过程中增加民族国家之外的区域性、全球性的内容，如欧盟各国推行的欧洲公民身份教育意味着这些国家公民教育中的知识教育、身份认同教育以及公民参与教育都相应地在民族国家内容的基础上增加了欧盟或欧洲维度的内容，使公民通过学习具备积极参与欧盟或欧洲可持续发展进程所需要的知识、技能与价值观；而一些学者倡导的全球公民身份教育则意味着在民族国家内容的基础上增加一些对全球性问题的思考，或者说借助这种教育活动使公民掌握推动世界公平、可持续发展而又能充分实现自我潜能所需要的公民知识与公民意识（Oxfam，2006）。❹ 总之，在民族国家依旧作为国际社会最重要活动主体的当今时代，超国家公民教育模式不可能对民族国家公民教育的内容进行否定，而是要求将民族国家的内容与超越民族国家的区域性、全球性内

---

❶ James A. Banks, "Citizenship education for a pluralistic democratic society", *The Social Studies*, 81 (5), 1990, p. 211.

❷ James A. Banks, "Diversity and Citizenship Education in Multicultural Nations", *Multicultural Education Review*, Vol. 1, No. 1, 2009, pp. 1 – 28.

❸ Avril Keating, Debora Hinderliter Ortloffb & Stavroula Philippou, "Citizenship Education Curricula: the Changes and Challenges Presented by Global and European integration", *Journal of Curriculum Studies*, 41: 2, 2009, pp. 145 – 146.

❹ Oxfam, *Education for Global Citizenship: A Guide for Schools* (Oxford: Oxfam Development Education), available at http://publications.oxfam.org.uk/oxfam/display.asp? K =_ 20060302160112 27, 2006.

容有机地结合在一起，从而通过各种不同形式的教育活动逐渐增加民族国家公民身份中的超国家属性。

三、对当代西方公民教育模式的不同解读

从前面的分析中可以得知，公民身份理论与公民教育理论对一国公民教育实践活动具有重要的影响。然而一国实践中的公民教育究竟采取何种模式，除了公民身份理论与公民教育理论的影响之外，还要受到其他许多因素的制约。英国学者克尔（David Kerr）把这些制约因素概括为历史传统、地理位置、社会政治结构、经济制度与全球趋势等五个方面（Kerr，1999）。[1] 欧盟各国的公民教育实践也不同程度地受到这些要素的影响，从而形成了各具特点的公民教育模式。学者们结合当代西方公民身份理论关于公民教育的思想观点以及各国公民教育的实践活动，对当代西方的公民教育模式从不同的视角进行了总结。这里简要介绍下面三种观点。

（一）麦克劳林的“公民教育的连续体”模式

英国学者麦克劳林（T. H. McLaughlin）认为，公民身份作为一个复杂而又极富争议性的概念，学界对其的理论解读可以分为“最低限度”（minimal）和“最高限度”（maximal），因而形成了一个有关公民身份理论认知的“连续体”（continuum）。最低限度的公民身份仅仅指个体被赋予的一种正式的法律身份以及拥有的相关权利；而最高限度的公民身份则指除了法律地位与公民权利之外，还包括公民对特定共同体形成的身份认同与归属意识，以及对公共善的责任服从意识和积极参与精神。与此同时，在这一连续体中对公民身份概念与内涵的各种不同理论分析产生了相应不同的公民教育模式，即最低限度的公民教育与最高限度的公民教育（McLaughlin，1992）。[2] 克尔（David Kerr）进一步对这两种模式的公民教育进行了如下概括。在他看来，前者以公民知识的传授为基础，教育方法主要是以教授国家历史、地理以及政治制度为主要内容的课堂正规教育，教学过程中以教师为中心，以班级整体为教学场景，一般不鼓励师生及学生之间的互动，考核以笔试方式进行。总之，这是一种以传播公民知识为主导、学生缺乏主动性的灌输式的、狭义的公民教育模式。后者在教育内容方面进一步强调受教育者的调查与实践活动，在教育方式上注重课程正规教育和非正式课程教育的有机结合，教育过程中以受教育者为主体，教育场景包括班级、校园、社区等多个层次，强调受教育者在掌握公民知识的基础上进一步锻炼利用这些知识解决实际问题的能力，鼓励他们积极参与各个层级的各种不同性质的活动，逐渐养成民主社会公民所必需的态度与价值观念。因此，与前者不同，这是一种以受教育者为中心，以传播知识、培养价值观、发展能力为目标的积极的、广义的公民教育模式（Kerr，1999）。[3]

---

[1] David Kerr，“Citizenship Education in the Curriculum：an International Review”，*The School Field*，Vol. X（1999），No. 3/4，p. 8.

[2] T. H. McLaughlin，“Citizenship，diversity and education：a philosophical perspective”，*Journal of Moral Education*，21，3，1992，pp. 235 – 46.

[3] David Kerr，“Citizenship Education in the Curriculum：an International Review”，ibid，pp. 12 – 13. 克尔在文中把低限度的狭义的公民教育称为“civic education”，把高限度的广义的公民教育称为“citizenship education”。

（二）克尔的“公民教育三目的”模式

英国学者克尔1999年在分析英国研究团队INCA有关全球16个国家公民教育的研究成果时❶，从公民教育的“预期目标”出发，将公民教育的模式总结为三种类型，即“关于公民身份的教育”（education about citizenship）、“通过公民身份的教育”（education through citizenship）和“为了公民身份的教育”（education for citizenship）。具体来说，“关于公民身份的教育”的目的在于公民身份知识的传授，因而教学重点是向学生传授公民知识，从而帮助他们理解国家的历史以及政府与政治生活的结构与程序；“通过公民身份的教育”则指学生在实践中学习，即通过学生在学校与社区的积极参与活动进行公民教育，其目的在于培养锻炼学生的公民参与能力；“为了公民身份的教育”则整合了前面两种形式，指通过公民教育帮助学生获得公民知识、形成公民身份认同与价值观、锻炼公民参与技能，从而使他们将来能够积极参与公民活动、勇于承担公民责任，因此其目的是培养知情、认同、参与型的公民（Kerr，1999）。❷

（三）威廉姆斯与哈姆佛瑞斯的“狭义与广义公民教育”模式

在不同的分析框架中，狭义的公民教育与广义的公民教育往往具有不同的含义。例如，从公民教育的内容来看，只重视公民知识传授的公民教育属于狭义的公民教育，而将公民知识传授、公民态度与价值观的养成及公民参与能力锻炼三者结合起来的公民教育则是广义的公民教育；从公民教育的形式来看，只注重学校等正规教育机构的正式课程进行的公民教育属于狭义的公民教育，而强调将正规教育、非正规教育及非正式教育三种教育形式融为一体的公民教育无疑是广义的公民教育。威廉姆斯与哈姆佛瑞斯（Michael Williams & Graham Humphrys）两位学者根据福克尔斯（Keith Faulks）关于狭义与广义公民身份（Faulks，2000）❸ 以及麦克劳林关于最低限度与最高限度公民身份的区分，从终身学习的角度将公民教育区分为狭义（thin）与广义（thick）的公民教育。他们认为，狭义的公民教育以国家为中心，由国家从国家利益的角度进行定义，因而采取国家强制性的公民教育课程学习的方式进行；公民教育的内容以政治知识传授为重点，不重视公民身份认同与价值观的培养以及公民参与能力的锻炼，因而这种公民教育培养的是消极的公民身份。而广义的公民教育则以培养积极公民身份为出发点，公民教育活动以公民为中心，在地方、民族国家、跨国以及全球等各个不同的背景中体现不同的特点，国家与公民将公民教育视为终身学习的组成部分，鼓励学校采取多种不同形式进行教学活动，公民教育内容的重点在于学生行为的转变、价值观的澄清与知识的理解（Williams & Humphrys，2003）。❹

---

❶ INCA，the International Review of Curriculum and Assessment Frameworks Internet Archive，为英国教育研究国家基金会（National Foundation for Education Research）下属的研究机构。1996年，该机构对包括英国、德国、法国、匈牙利、意大利、荷兰、西班牙、瑞典以及瑞士等9个欧洲国家在内的16个国家的公民教育进行了比较研究。

❷ David Kerr，“Citizenship Education in the Curriculum：an International Review”，ibid，p. 14.

❸ Keith Faulks，*Citizenship*，Routledge，2000，p. 11.

❹ Michael Williams & Graham Humphrys，“Introduction”，in Michael Williams & Graham Humphrys（eds.），*Citizenship Education and Lifelong Learning：Power and Place*，Nova Science Publishers，Inc.，2003，p. 11.

四、对欧盟积极公民教育模式的简要概括

前文的分析可以帮助我们认识到，欧盟倡导的积极公民身份是一种包含民族国家、欧盟及全球三个层次，并且集认知维度、情感维度与实践维度三位一体的公民身份。这就决定了积极公民身份是一种最高限度的、广义的公民身份，与此相应的公民教育也就是最高限度的、为了公民身份的、广义的公民教育。与此同时，欧盟积极公民的培育是在欧盟终身学习型社会的建设过程中实施起来的，积极公民教育本身构成了终身学习的重要内容，或者说，“积极公民身份本身就是一个终身学习过程”（Holford et al.，2006）。[1] 因此，欧盟积极公民教育是一种终身学习过程中的广义的公民身份培育活动。

威廉姆斯与哈姆佛瑞斯认为，终身学习过程中的广义公民教育模式由四个不同的维度构成：第一，公民教育的内容，包括知识与理解、技能、态度三个方面；第二，学习与动机，分为地方性的、民族国家的、跨国的及全球性的四个层次；第三，公民教育的阶段，包括儿童与青少年时期、中年时期与老年时期；第四，公民教育的方法，包含项目参与型学习、常规课程学习、个人学习与远程学习三个方面（Williams & Humphrys，2003）。[2] 在本书中，笔者借鉴威廉姆斯与哈姆佛瑞斯的观点并进行了较大的修改，概括出欧盟积极公民教育的总体模式。

笔者认为，欧盟积极公民教育的模式同样由四个维度构成，这四个维度分别为：

第一，积极公民身份的层次。积极公民身份的层次与积极公民教育的内容具有密切关系。不同层次的公民身份在公民能力方面既有相同的内容，也有不同的特点，这就使得公民教育针对不同层次的公民身份可能需要准备相应不同的教育内容，或者说，针对高层次公民身份的教育活动需要在低层次公民身份的教育内容之上增加对应的新内容。欧盟积极公民身份包括三个不同的层次，即民族国家公民身份、欧盟（欧洲）公民身份与全球公民身份。

第二，积极公民教育的教育阶段。欧盟积极公民教育是欧盟终身学习的重要内容，因此，欧盟公民的公民学习活动必须是一个贯穿生命始终的全过程学习。不同阶段的积极公民教育在教育内容与教育方式中都会体现出不同的特点。这一学习过程必须与欧盟各国的普通教育实践活动结合起来分析，可以将其区分为学龄前儿童教育、初等中等教育、高等教育与成人教育四个阶段。

第三，积极公民教育的内容。教育内容是积极公民教育活动的根本组成部分，它以欧盟积极公民身份内涵与外延的规定性为基础，主要取决于积极公民必须具备的公民能力。因此，与前文分析的公民能力相对应，积极公民教育的内容包括公民知识、态度价值观与参与技能三个方面。需要指出的是，积极公民教育的内容具有差异性特征。首先，公民教育的内容与积极公民身份的层次具有密切关系，因此，不同层次积

[1] John Holford and Ruud van der Veen, *Lifelong Learning*, *Governance and Active Citizenship in Europe*, European Commission, Directorate - General for Research, 2006, p. iii.

[2] Michael Williams & Graham Humphrys, Introduction, in Michael Williams & Graham Humphrys (eds.), Citizenship Education and Lifelong Learning: Power and Place, ibid, p. 13.

极公民身份的教育内容既有相同之处，也有相异的方面；其次，在不同阶段的公民教育中，公民教育的内容会因公民心智发展水平、受教育水平、社会经济文化等其他相关因素的影响而不同；最后，民族国家、区域性与全球性的政治、经济、文化、科技等社会各方面的发展变化将会对积极公民的公民能力不断提出更高的要求，从而决定了公民教育内容升级换代的必要性，这一点特别体现在成人公民教育阶段，时间跨度越大，公民能力与公民教育内容更新的广度与深度同样也越大。

第四，积极公民教育的教育方式。教育方式是实施积极公民教育的途径。欧盟积极公民教育提倡公民在各种正规、非正规及非正式的教育场景中进行积极的、全方位的公民身份学习活动，因此，欧盟积极公民教育包括正规公民教育、非正规公民教育与非正式公民教育三种不同的教育方式。这三种方式贯穿于欧盟积极公民教育的各个层次、各个阶段以及各个方面内容的公民教育活动中，但在不同层次、不同阶段与不同方面内容的学习中，三种方式的主次作用具有不同的表现。

总之，欧盟积极公民教育是指欧盟及其成员国为培养积极公民而进行的所有公民教育活动，它以终身学习理念为指导原则，教育内容涵盖了民族国家、欧盟（欧洲）、全球三个层次与公民认知、情感、实践三个方面，教育过程扩展到公民的整个生命历程，教育方式包括人们接受教育的全部方位，是一种多层次、全方面、全过程与全方位的公民教育模式，对推进欧盟积极公民的培育，从而进一步完善欧盟地区的民主政治与公民社会无疑具有重要的推动作用。

第三章　全过程的欧盟积极公民教育

欧盟及其成员国推行的积极公民教育活动标志着欧盟公民教育领域的一次新的变革。积极公民教育作为终身学习的一个重要方面，在各个不同的阶段都会表现出不同的特点。因此，本章以学龄前儿童教育、初等与中等教育、高等教育与成人教育四个阶段作为积极公民教育终身进程中的分析区间，剖析欧盟公民在不同阶段接受积极公民教育的必要性，概括不同阶段积极公民教育的教育内容，以进一步了解欧盟积极公民教育模式的特点。

第一节　终身学习视域中欧盟积极公民教育的四个阶段

20 世纪 90 年代以来，为了促进欧盟地区的经济发展，欧盟开始积极在成员国中倡导建立学习型社会。这种学习型社会要求社会成员在生命历程中利用各种机会持续不断地进行学习。从积极公民教育的角度来看，学习型社会意味着公民在接受教育的各个阶段利用各种教育手段积极接受全过程的公民教育。

按照国际社会关于教育阶段的划分方式，公民一生接受教育主要有九个阶段，即早期儿童教育（ISCED 0）、小学教育（ISCED 1）、初中教育（ISCED 2）、高中教育（ISCED 3）、高中教育与高等教育之间的过渡教育（ISCED 4）、短期高等教育（ISCED 5）、学士及其相当水平的教育（ISCED 6）、硕士及其相当水平的教育（ISCED 7）与博士及其相当水平的教育（ISCED 8）。❶ 在欧盟，尽管近 20 多年来欧盟各国的教育政策出现了趋同趋势，但各国长期形成的教育制度各有特点，欧盟也没有制定统一的分级标准。因此，为了研究的需要，根据欧盟国家的教育实践，参照 2011 年的国际教育分级标准，并借鉴欧盟教育研究机构 Eurydice 的相关研究成果，本书将欧盟国家公民接受教育的进程粗略地分为早期儿童教育、初中等教育与高等教育三个阶段。❷ 从欧盟成员国公民教育的实践来看，传统的公民教育活动只在公民初等教育与中等教育两个阶段进行。而积极公民教育不同，它不但强调把公民教育贯穿于公民接受教育的上述各个阶段，也非常重视公民成人教育时期的公民教育活动。由此可见，终身学习视域

---

❶ *International Standard Classification of Education ISCED* 2011，available at http：//www. uis. unesco. org/Education/Documents/isced - 2011 - en. pdf。

❷ 关于欧盟各国教育的层次分级的详细信息，参见 *The structure of the European education systems* 2012/13：*schematic diagrams*，available at http：//eacea. ec. europa. eu/education/eurydice/documents/facts_ and_ figures/education_ structures_ EN. pdf。

中的欧盟积极公民教育应包括学龄前儿童教育、初等与中等教育、高等教育与成人教育四个阶段。

一、学龄前儿童教育阶段

一般来说，学龄前儿童[1]教育（preschool childhood education）包括两个方面：一是在家庭等非正式教育场所中接受的教育，二是在专门的儿童教育场所接受的教育。绝大多数欧盟国家的早期儿童教育指针对3～6岁之间的学龄前儿童在家庭之外进行的教育，主要包括两种形式，即幼儿园教育与学前教育；也有少数国家，如比利时、保加利亚、捷克、德国等国家，早期儿童教育指0～6岁之间的儿童接受的全部教育。各国早期儿童教育在实施过程中与政府之间的关系也不相同，如丹麦、西班牙、瑞典、芬兰、英国等国家的早期儿童教育都由政府教育部门负责；比利时、保加利亚、捷克、法国、意大利、卢森堡、匈牙利等国家则分阶段区别对待，0～3岁之间的教育政府不承担责任，3～6岁之间的学前教育则由政府提供；德国等个别国家的政府对儿童早期教育不承担责任。[2]

学龄前儿童教育是一国公民接受文化传承教育的启蒙阶段，这一时期儿童生活所处的家庭与社会的文化氛围对其人生观、价值观的形成具有重要影响，因此，在学龄前儿童教育阶段公民知识与公民技能的适度介入是非常必要的。欧盟积极公民培育强调积极公民的终身学习理念，这就意味着积极公民教育必须从学龄前儿童教育开始。

二、初等教育与中等教育阶段

在各国教育实践中，初等教育（primary education）即小学教育，而中等教育（secondary education）则被分为初级中等教育（lower secondary education）与高级中等教育（upper secondary education）两个阶段。[3] 初等教育与初级中等教育又被绝大部分国家和地区视作义务教育（compulsory education）时期，即学龄儿童在这一时期依法必须在专门的教育场所或机构接受正规教育。在欧盟国家中，义务教育的起始年龄不尽相同，如比利时、捷克、丹麦、德国、西班牙、法国、意大利等国从6岁开始，芬兰、瑞典等国家则从7岁开始，波兰、荷兰、马耳他、匈牙利等国家则从5岁开始；结束的时间同样存在差异，大部分欧盟国家中初级中等教育结束的时间就是义务教育完成的时间，但少数国家的义务教育延长到高中教育阶段的第一年（如法国）或第二年（如意大利）。[4]

义务教育阶段是公民道德价值观念的初步形成时期，也是一国青少年全面接受公

---

[1] 从欧盟各国的教育实践来看，儿童接受正规教育（即初等教育或小学）的年龄一般为7岁，因此，本书中的“学龄前儿童”指接受初等教育之前的0～6岁的儿童。

[2] Eurydice, *The structure of the European education systems* 2012/13: *schematic diagrams*, available at http://eacea. ec. europa. eu/education/eurydice/documents/facts_ and_ figures/education_ structures_ EN. pdf, 2013.

[3] 本书下文有些地方把初等教育与中等教育简称为“中小学教育”，并把“初级中等教育”与“高级中等教育”简称为“初中教育”和“高中教育”。

[4] Eurydice, *The structure of the European education systems* 2012/13: *schematic diagrams*, ibid.

民教育的时期。但青少年公民教育并不完全局限于义务教育阶段，因此，尽管各国立法对义务教育时期的长短与起始结束时间的规定互不相同，青少年公民教育往往包括了初等教育与中等教育两个时期，也就是说，在初级中等教育或义务教育结束后，公民教育将延续到高级中等教育以及与之相当的职业教育阶段。欧盟国家青少年的公民教育活动就是如此。事实上，在当前欧盟的积极公民教育实践中，初等与中等教育这两个阶段的公民教育活动是欧盟及其成员国政府最为重视的。

三、高等教育阶段

高等教育（tertiary education）即一国公民在完成高中或相当层次教育之后继续接受的教育，它一般是指各国公立或私立的大学、学院、技术培训机构、研究机构、社区大学等部门进行的教育活动，学位教育与职业教育是高等教育的两个主要方面。在欧盟国家中，学生接受高等教育的起始时间一般是18岁或19岁，但高等教育的持续时间则根据学生接受的高等教育种类各不相同，短则2年，长可达8年。❶

长期以来，在欧洲各国的高等教育活动中，知识传授与科学研究构成了高等教育机构的两大核心任务，公民教育往往被高等教育机构忽视。但20世纪90年代末以来，这种现象正逐渐得到改善，至少在大学等高等教育机构的办学理念与宗旨方面，欧洲国家的高校达成了共识，公民教育开始在高等教育的任务与宗旨中回归。因此，在积极公民教育实践中，欧盟及其成员国政府都强调欧盟高等教育必须充分发挥优势，做出积极贡献。

四、成人教育阶段

学术文献对成人教育（adult education）的含义有多种不同的表述，从而构成了对成人教育广义与狭义的两种不同解读。广义的成人教育认为成人教育是指个体成为成人的教育，如联合国教科文组织的一份关于成人教育的研究报告认为："如果教育被定义为终身教育，那么成人教育就包括所有教育进程，成人教育与终身教育构成了同一个事实，从这点来看，我们可以肯定所有的教育进程都必须在终身教育或成人教育中进行。"❷ 狭义的成人教育是指针对成年人进行的教育活动，如著名教育学者西里尔·奥·霍尔（Cyril O Houle）认为："成人教育是指成年男人、女人通过提高自身技能、知识与敏感性来改进完善自我的过程，或者指，任何个人、群组或机构尝试帮助成年男人、女人完善自我的过程。"❸ 而从欧盟国家倡导的终身学习角度来看，成人教育一般指针对25岁以上的成年人或16～24岁之间不再接受任何正规教育的青年进行的教育活动。❹

在欧盟国家的公民教育实践中，由于以往公民教育都是在初等、中等教育阶段的

---

❶ Eurydice, *The structure of the European education systems* 2012/13: *schematic diagrams*, ibid.

❷ UNESCO, *What is Adult Education? UNESCO Answer*, available at http: //uil. unesco. org/fileadmin/keydocuments/AdultEducation/Confintea/en/WhatIsAdultEducationUNESCOAnswers. pdf, 2006.

❸ Cyril O Houle, *The Design of Education*, Second Edition, San Francisco: Jossey－Bass, 1996, p. 41.

❹ Marcella Milana, *Adult Education for Democratic Citizenship in Europe*, available at http: //occid. diped. it/attachments/116_ Milana. pdf.

正规教育活动中进行，因此，对于已经完成正规教育或者因为种种原因未能接受全部正规教育的成年人来说，公民教育活动长期以来没有得到足够的重视。这种状况显然与欧盟所倡导的终身学习视域下的积极公民教育不相符，因为全过程的积极公民教育无疑包括了公民成年时期的公民教育活动。

第二节　学龄前儿童教育阶段积极公民教育的必要性与主要内容

长期以来，在欧盟各国乃至全球公民教育领域，人们的理论研究与实践探索基本都是围绕青少年公民教育活动进行的。因为青少年时期是学习公民知识、培育价值观念、养成公民参与技能的黄金时期，不但具有强制性的特点，而且实施过程中的教育成本较低，但效果相对明显。但是，青少年通过公民教育积累的公民知识、形成的公民参与习惯与学龄前儿童教育之间有没有密切关系，这个问题一直以来在公民教育理论研究与实践中都未曾得到重视。然而自欧盟提出培育积极公民以来，公民教育的终身学习理念已被欧盟社会广为接受。因此，公民教育从学龄前儿童教育阶段起步，无疑是欧盟积极公民培养的基本要求。

一、学龄前儿童教育阶段是积极公民培养的启蒙时期

美国学者阿斯图托和卢克（Astuto & Ruck，2009）从早期儿童学习的心理主观能力、早期儿童教育场景以及儿童所拥有的公民权利等三个方面分析了学龄前儿童接受公民教育具有现实可能性与必要性，认为人们在早期儿童阶段所接受的公民知识教育在一生中的公民知识积累与公民参与能力不断提高的过程中具有重要的基础性作用。[1]下文结合他们的观点对这一问题进行分析。

（一）学龄前儿童教育过程中进行公民教育的可能性

学龄前儿童的公民教育需要具备两个重要的前提条件：一是必须针对学龄前儿童进行必要的早期教育，这是学龄前儿童公民教育的重要物质基础；二是学龄前儿童必须具备接受公民教育的心理能力条件，这点构成了儿童公民教育的主观条件。

1. 学龄前儿童教育——儿童公民教育的客观条件

学龄前儿童公民教育必须置于学龄前儿童教育的大背景中进行分析。离开早期教育这个大的客观教育场景，学龄前儿童公民教育就失去了它的物质基础。换言之，儿童早期的公民教育活动必须融入学龄前儿童教育全过程，在各个不同的教育场景中根据学龄前儿童教育的具体特点有针对性地、适度地进行。一般来说，学龄前儿童的生活场景包括家庭、邻里、宗教场所、托儿场所、学前教育机构及卫生机构等，在这些场所中，学龄前儿童互相之间的关系、成人与儿童之间的关系、不同年龄儿童之间的关系等都能不断得以发展，而这些关系发展的过程既是学龄前孩子的学习过程，也是

---

[1] Jennifer Astuto, Martin D. Ruck, "Early Childhood as a Foundation for Civic Engagement", in Lonnie R. Sherrod, Judith Torney - Purta, Constance A. Flanagan (eds.), *Handbook of Research on Civic Engagement in Youth*, New Jersey: John Wiley & Sons, 2010, pp. 249 - 276.

他们人生历程中公民教育的开端（Chase－Lansdale et al.，1997）。[1] 根据这些学者的分析，学龄前儿童的学习场景可以概括为三个主要的教育场景。

一是家庭。家庭是公民一生中接受各种教育的第一个场景。对学龄前儿童来说，一方面，早期的家庭教育是儿童在其他场景接受教育的基础，只有经历了婴幼阶段的家庭教育才能更好地适应其他场景的教育活动；另一方面，早期家庭教育又是其他场景教育不断进步的催化剂，儿童在其他场景经历的感性教育内容在父母与家人的帮助下不断形成为儿童的理性经验，从而为他们接受新的教育提供经验支撑。从学龄前儿童的公民教育角度来看，家庭教育的作用主要表现为，在家庭各种不同的场合中透过父母以及其他年长家人的言传身教，帮助儿童逐渐理解爱与亲情、索取与奉献、尊重与忍让等家庭德性，为他们形成健康的性格特征与正确的价值观念打下基础。

布鲁克斯—甘恩等人认为，在学龄前儿童的早期家庭教育中，影响家庭教育的因素主要有经济资源、家庭结构、父母性格、父母的教育理念与教育方式等四个方面（Brooks－Gunn et al.，1993）。[2]

第一，经济资源。家庭总体收入水平是儿童家庭教育的物质基础，收入水平高的家庭不但能为婴幼儿的抚养提供良好的居家条件和充裕的生活设施，还能为孩子的教育提供丰富的学习资源与各种不同的学习机会。特别重要的是，经济条件好的家庭中，父母尤其是母亲能有较多的时间与孩子相处，从而大大增加亲子互动的机会。

第二，家庭结构。家庭结构对学龄前儿童教育的影响，一方面在于，单亲家庭的儿童比双亲家庭的儿童更可能形成孤僻性格，出现偏激的言行。这点在那些经济条件差的单亲家庭中表现得更为突出，因为这种家庭里的父亲或母亲必须外出工作，亲子互动的机会往往较少，这使得孩子在早期教育中可能会失去父母亲的监督与引导。另一方面可能反映在，相对于多个子女家庭的儿童而言，独生子女家庭的儿童可能由于缺少家庭内的伙伴而在与同龄孩童的社会交往中表现出主动性不够、团队合作意识欠缺的特点。

第三，父母性格特征。现代医学、心理学、社会学等多门学科的研究成果都表明，父母的性格特征对儿童的成长具有非常重要的影响。这种影响既表现为父母的生活习性、待人接物的方式等个性特征与价值观念，对待工作、社会的态度等社会性格都对孩子产生潜移默化的影响，还反映在父母的性格特征对家庭教育方式的影响中，比如，积极投身于社区服务的父母往往会更多地鼓励孩子参与社区活动，从而使孩子得到更多的实践教育机会。

第四，父母的教育理念与教育方式。由于学龄前儿童特别是婴幼孩童的生理、心

---

[1] Chase－Lansdale，L.，Gordon，R.，Brooks－Gunn，J. and Klebanov，"Neighborhood and Family Influences on the Intellectual and Behavioral Competence of Preschool and Early School－age Children"，in J. Brooks－Gunn，G. Duncan and L. Aber（eds.），*Neighborhood Poverty：Context and Consequences for Children*，New York：Russell Sage，1997，p. 81.

[2] Jeanne Brooks－Gunn，Greg J. Duncan，Pamela Kato Klebanov and Naomi Sealand，"Do Neighborhoods Influence Child and Adolescent Development?" *American Journal of Sociology*，Vol. 99，No. 2，1993，pp. 353－395.

理与智力都处于萌芽时期，自我学习能力非常低，针对他们的家庭教育主要是父母与其他年长家人主导下的身传言教。因此，家人尤其是父母的教育理念与教育方式同样对儿童的早期教育产生重要影响。一般情况下，父母更多地与孩子互动、更多地给予孩子夸奖与鼓励、更多地允许孩子与自己平等交流等教育方式无疑比那种道理说教或严词呵斥的教育方式具有更好的效果。

二是居家环境（neighborhoods）。儿童生活所处的邻里关系对学龄前儿童教育具有重要影响，这点已为大家所达成了共识。在学龄前儿童的公民教育当中，邻里环境同样能发挥重要的潜移默化的影响。杰恩克斯、梅尔、邓肯等人把这种居家环境对儿童成长的影响概括为以下六种途径（Jencks and Mayer，1990；Duncan，2001）。[1]

第一，居家环境资源途径（neighborhood resources approach），强调居家环境或社区中的公立与私立服务对儿童成长的影响，认为社区里的公园、图书馆、运动联盟与艺术、手工兴趣班等为丰富儿童家庭外的体验提供了现成的机会，同样，那些并非直接针对儿童的服务或资源也对促进儿童的成长具有积极意义。例如，警察对犯罪现象的严厉打击会增加儿童的安全感，使他们更多地在社区中进行户外活动；周到细致的医疗服务有助于儿童的健康成长；等等（Chase - Lansdale et al.，1997）。[2]

第二，“集体社会化”途径（collective socialization approach），强调孩子的早期教育过程也就是孩子的社会化过程，而这种社会化过程具有典型的集体特征，并且明显地受到生活环境中成人行为的影响，比如，收入水平高，在社会、经济等方面具有优势的成年人往往工作刻苦认真，言行谨慎有理，积极参与社区管理活动，主动维护公共秩序，同时，他们还会对孩子们的行为进行监督和适度约束，被孩子们视为“潜在的规则执行者”，从而可能成为社区孩子们学习模仿的对象。

第三，“机构”途径（institutional approach），同样强调成人对儿童成长的影响，但与“集体社会化”模式不同的是，这种理论尤其重视邻里社区之外的成年人对孩子教育所产生的影响，比如教师、警察、医生以及其他机构的工作人员，孩子们往往对他们给予积极的评价，因此，这些成人代表了孩子们学习生活中的“正能量”，在孩子们的社会化过程中无疑是其值得学习的榜样。

第四，“相对剥夺”途径（relative deprivation approach），这种理论假说认为，人们习惯于与身边的人群进行各种比较以判断自己成功与否。比如，人们在收入水平不变的情况下，富邻居会比穷邻居更加剥夺他们的幸福感，让他们觉得更为贫困。这种人群之间的攀比心态在儿童之间同样存在，孩子们互相之间会比较他们的家庭经济条件，上学之后会比较各自的学习成绩。这些攀比过程中产生的心理应对措施往往会影响他

[1] Jencks，C. and Mayer，S.，“The social consequences of growing up in a poor neighborhood”，in L. Lynn and M. McGeary（eds.），*Inner - City Poverty in the United States*，Washington，D. C.：National Academy Press，1990，pp. 111 - 186. Greg J. Duncan，“Neighborhoods And Adolescent Development：How Can We Determine The Links?” in Alan Booth and Nan Crouter（eds.），*Does it Take a Village? Community Effects on Children，Adolescents，and Families*，State College，PA：Pennsylvania State University Press，2001.

[2] Chase - Lansdale，L.，Gordon，R.，Brooks - Gunn，J. and Klebanov，“Neighborhood and Family Influences on the Intellectual and Behavioral Competence of Preschool and Early School - age Children”，p. 82，ibid.

们的人生态度与价值观。例如，在成绩比较中，处于下风者往往会做出不同的对策，态度积极者将更加努力，态度消极者则听之任之甚至退出竞争。

第五，“竞争”途径（competition approach），这种观点认为，由于孩子们生活的社区环境中，各种资源如可供玩耍的场所、各种游戏设施、对孩子友善的成人、善解人意的玩伴等都是稀缺有限的，孩子们在一起游戏之时互相之间势必会产生竞争，这种竞争可能会使儿童过多地追求自身利益的满足而忽视他人的正当利益（Jencks and Mayer，1990）。

第六，“传染”途径（contagion approach），强调邻居中伙伴之间行为的相互影响，“近朱者赤，近墨者黑”，邻居的好行为对孩子具有积极的教育意义，而邻居的坏行为无疑会带来消极影响。

学者们认为，在上述六种途径中，前三种途径对学龄前儿童的影响是直接的、积极的，尤其对那些即将进入幼儿园或学前班的儿童，影响比较明显；而后三种途径对学龄前儿童的影响是间接的、消极的，这种消极影响在那些即将进入初等教育阶段的学龄前儿童中程度更大一些（Chase－Lansdale et al.，1997）。[1] 而如果从学龄前儿童公民教育的角度来看，居家环境的这六种途径中，前三种途径的积极意义是不言而喻的，丰富的社区资源无疑能为儿童公民教育创造更多的机会，成年人的良好品格及其代表的“正能量”形象为儿童树立了积极公民的榜样；而后三种途径尽管本身对儿童成长可能带来消极影响，但如果在父母、教师等的正确引导下，同样可对儿童的公民教育发挥积极作用。

三是学前教育机构。从国际通行的儿童早期教育实践来看，一般情况下 3 岁左右的儿童开始进入学前教育机构接受学前教育。学前教育机构包括日托中心、幼儿园、学前班、启智计划等多种不同形式。不同国家的学前教育机构与政府之间的关系也不尽相同，有的国家学前教育机构由政府确立并纳入义务教育序列；有的国家则采取社会办学的方式，政府负责监管；也有的国家政府与社会共同承担起建立学前教育机构的责任。不管学前教育机构采取何种方式建立，其对儿童早期教育的重要性都是不言而喻的。例如，众多的研究成果都表明，学前教育机构针对 3～5 岁儿童提供的学前教育对儿童接受正规教育具有非常重要的影响（Magnuson & Waldfogel，2005）。[2] 同样，它对儿童早期教育中的公民教育也具有积极的意义（Astuto & Ruck，2009）。[3]

学前教育机构进行的教育活动从形式上看是一种过渡性的教育，它不同于儿童在家庭与邻里两种场景中所进行的非正式教育，在这两种教育场景中，儿童教育当中的公民教育内容是在潜移默化中自发进行的。学前教育机构可以说是儿童离开家庭而进

[1] Chase－Lansdale，L.，Gordon，R.，Brooks－Gunn，J. and Klebanov，“Neighborhood and Family Influences on the Intellectual and Behavioral Competence of Preschool and Early School－age Children”，ibid，p. 82.

[2] Katherine A. Magnuson，Jane Waldfogel，“Early Childhood Care and Education：Effects on Ethnic and Racial Gaps in School Readiness”，*The Future of Children*，Volume 15，Number 1，Spring 2005，pp. 169－196.

[3] Jennifer Astuto，Martin D. Ruck，“Early Childhood as a Foundation for Civic Engagement”，Ibid，p. 257.

入的第一个“社会”（Miller & Olson，2000）。[1] 在这个“社会”中，儿童开始了人生公民学习历程的初始阶段。比如，3~5岁的儿童第一次接触“集体”“公共”“规则”“服从”“个人权利”“义务”等富含公民意识的概念，并且能逐步接受一些基本的行为规范。例如，有学者的研究发现，4岁左右的儿童就可以确认什么样的态度、行为可以被班级的同伴接受，从而能理解班级这样一个小团体的民主是如何运行的（Flekkoy & Kaufman，1997）。[2]

在学前教育机构的教育活动中，公民教育方面的内容必须是适度的，而且必须完全符合儿童的生理、心理及智力特征。在班级的课堂学习中，尽管儿童将会开始学习基本的公民知识，但这并非主要内容。相反，学会如何在班级这个集体中生活才是这一阶段儿童公民教育的核心内容。而教师等专业人士则是帮助儿童达成这一目标的关键因素。因为只有在教师或保育员等专门人士的帮助下，儿童才可能理解各种规则的基本要求与遵循规则的必要性，才能学会与同伴友好相处，逐渐培养宽宏忍让、互相尊重的品德，学会区分正当的权利与非正当要求以及如何维护前者而克制后者，最终做到真正地融入班级集体，逐渐为亲社会能力的形成打下基础。

2. 儿童早期的心理认知能力——学龄前儿童公民教育的主观条件

学龄前儿童在家庭、居家环境与学前教育机构中接受的早期教育为儿童早期的公民教育创造了客观条件。在这些教育场景中，尽管儿童接受的公民教育是零散的、肤浅的、不自觉的，但现代公民社会所需的公民意识已经在他们的思想中开始萌芽。正如柏地（Berti，2005）所说，尽管学龄前儿童对政治领域这一概念不理解，甚至连最基本的常识都没有，“但他们从家庭、幼儿园以及伙伴之中发展起来的个人关系中构建起一套互相联系的概念，这些概念为他们将来形成真正的政治概念打下了基础”。[3] 针对学龄前儿童教育对儿童公民教育具有这样的基础性作用，学术界还从认知心理学的角度进行了分析。

认知心理学认为，人的认知发展过程中，执行功能（executive functions）和亲社会行为（prosocial behaviors）这两种能力对认知的发展变化具有重要的影响。在关于这两种认知能力的研究文献中，大部分研究成果集中在它们与儿童一般性学习的关系方面，但美国学者阿斯图托和卢克（Astuto and Ruck，2009）在他们的研究中进一步分析了这两种认知能力对儿童早期的公民素质培养与公民活动参与的积极意义。

在阿斯图托和卢克的分析中，执行功能，也称为“认知控制”（cognitive control），具体包括三方面的内容：一是“禁止能力”，即禁止分心，保持注意力，抵制做出一种反应而做出另一种反应；二是“工作记忆功能”，即在大脑中储存信息并利用它做出相

---

[1] Alison L. Miller and Sheryl L. Olson，Emotional Expressiveness during Peer Conflicts：A Predictor of Social Maladjustment among High - Risk Preschoolers，*Journal of Abnormal Child Psychology*，Vol. 28，No. 4，2000，pp. 339 - 352.

[2] Jennifer Astuto，Martin D. Ruck，“Early Childhood as a Foundation for Civic Engagement”，Ibid，p. 257.

[3] Anna Emilia Berti，“Children's Understanding of Politics”，in M. Barrett & E. Buchanan - Barrow（Eds.），*Children's Understanding of the Society*，New York：Psychology Press，2005，p. 77；Jennifer Astuto，Martin D. Ruck，“Early Childhood as a Foundation for Civic Engagement”，Ibid，p. 254.

关决策；三是“认知灵活性功能”，指灵活地改变观点、注意力或者反应计划（Astuto and Ruck，2009）。[1] 研究成果表明，执行功能自婴儿 8～9 个月大的时候就开始萌芽（Diamond，2006）[2]，并在儿童与青少年时期随着年龄的增大不断发展。在人的认知发展过程中，当需要集中思想、制定计划、解决问题、进行协调、实施改变、做出选择以及抵制诱惑的时候，也就是这种执行功能发挥作用的时候。从儿童早期的公民教育角度来看，随着学龄前儿童教育从家庭、邻里到各种学前教育机构的展开，儿童所学习的知识不断增加，涉及的社会范围不断扩大，交往的对象持续增多，儿童在学习过程中潜移默化地接受公民知识与公民行为熏陶的机会也在不断增加。比如，儿童将接受越来越多的行为规范，需要用各种规范衡量自己的言行；在与伙伴的互动中将遇到越来越多的冲突，需要培养自己宽宏忍耐与博爱的胸怀；将在更大的团体中解决各种问题，需要开始培养团队合作意识；将遇到许多不同的诱惑，需要逐渐培养专注的态度与锲而不舍的精神；等等。所有这些品性无疑都是积极公民的基本要素，而这些品性的培育与发展都离不开儿童心理认知过程中执行功能作用的发挥。

阿斯图托和卢克认为，亲社会行为对学龄前儿童来说包括行为和情感两个方面，前者如主动提供帮助、与他人分享、合作等行为，后者如诚实、尊重他人权利与情感等。认知心理学的研究成果表明，1～1.5 岁的幼儿在没有奖励的驱动下就会表现出亲社会行为。[3] 尽管这时候的亲社会行为内容非常有限，方式也很简单，如提出简单的建议去帮助别人，或者去安慰别人，但随着年龄的不断增大，儿童生活学习的场景不断扩大，他们开始慢慢培养对自己周边环境进行道德判断的能力，这样他们的亲社会行为也会持续发展（Zahn－Waxler et al.，1992）。[4] 比如，大部分儿童在 3 岁刚刚进入学前教育机构时，就开始把自己视作其所进入的更大环境中的一部分，意识到在这个环境（幼儿园或学前班等机构）中，为了取悦当中关键的成人（如教师或其他辅导人员），他们就必须掌握一些直接或间接的技巧；而 4～7 岁的儿童则越来越多地能意识到自己的行为会给自己带来什么样的后果——比如是微笑、拥抱或者口头奖励等他们期望的结果，抑或是皱眉、呵斥还是特权的丧失等他们不愿受到的惩罚，因此，他们对自己的行为就会“三思而后行”（Mc Ginnis & Goldstein，2003）。[5]

亲社会行为对儿童、青少年甚至成人都是一种非常重要的心理认知能力，对学龄前儿童而言，这点表现得更加突出。例如，一些研究表明，亲社会技能（prosocial skills）的培养已经取代学习能力而成为学龄前儿童进入小学接受正规教育的重要前提

---

[1] Jennifer Astuto，Martin D. Ruck，“Early Childhood as a Foundation for Civic Engagement”，ibid，pp. 253－255.

[2] Adele Diamond，“The Early Development of Executive Functions”，in Ellen Bialystok，Fergus I. M. Craik（Eds.），*Lifespan Cognition：Mechanisms of Change*，Oxford University Press，2006，p. 71.

[3] Jennifer Astuto，Martin D. Ruck，“Early Childhood as a Foundation for Civic Engagement”，ibid，pp. 255－256

[4] Zahn－Waxler，C，Radke－Yarrow，M，Wagner，E，Chapman，M，“Development of concern for others”，*Developmental Psychology*，28（1），1992，pp. 126－136；Jennifer Astuto，Martin D. Ruck，“Early Childhood as a Foundation for Civic Engagement”，ibid，pp. 255－256.

[5] Ellen McGinnis，Arnold P. Goldstein，*Skillstreaming in Early Childhood：New Strategies and Perspectives for Teaching Prosocial Skills*，Revised Edition，IL：Research Press，2003，p. 3.

条件（Piotrkowski et al.，2000）。[1] 有学者通过对美国3000名幼儿园教师代表的调查发现，这种亲社会技能包括“正确表达自己的需要与想法”“不扰乱秩序”“听从指示”“轮换与分享”与“对他人敏感”等五个方面（Astuto and Ruck，2009）。[2]这其中的原因并不复杂，因为教师相对更加喜欢以积极的方式与具有亲社会技能的孩子交往，这些孩子不但能适应新的学习环境，在与老师的互动中也更容易得到老师期望的结果。[3]从学龄前儿童积极公民培养的角度来说，这里所分析的亲社会行为同样具有重要的积极意义。亲社会技能的培养有助于儿童培养关爱他人、互相帮助、团结合作的品行，也能帮助他们形成遵守法律规制、尊重他人权益的意识，这种积极作用很好地体现了学龄前儿童逐步树立积极公民意识的要求。

（二）学龄前儿童公民教育的必要性

积极公民培育从学龄前儿童教育开始不但具有相应的主客观条件，而且同样是非常必要的。这种必要性既体现在学龄前儿童教育中积极公民意识的萌芽为他们随后的积极公民教育打下基础，还表现在学龄前儿童本身作为公民具有接受公民教育的权利。

1. 早期公民教育是积极公民培养的摇篮

欧盟积极倡导的积极公民培养之所以被视为一种全过程的公民教育活动，一个重要原因在于积极公民的形成绝非一夕之功。积极公民意识的形成需要经过萌芽、发展、形成、进一步提高这样循序渐进、不断提高的进程。学龄前儿童早期的公民教育活动就是积极公民意识的萌芽时期，它为积极公民意识在以后各个时期的不断发展打下了基础。

首先，早期公民教育有助于儿童形成朴素的积极公民意识。儿童的早期公民教育是构成学龄前儿童教育的重要部分，在早期公民教育中，一方面，由于儿童本身生理、心理以及智力水平等因素的限制，不可能对儿童进行系统的公民知识教育；另一方面，从人的认知能力的发展规律来看，学龄前儿童表现出来的“执行功能”与“亲社会行为”又决定了儿童不但能接受适度的公民意识介入，而且能够运用这些公民意识来指导自己的行为。学龄前儿童通过在家庭、邻里以及专门的学前教育机构中与父母家人、伙伴、教师、保育员以及其他相关社会成员的互动，能够逐渐感知互动对象对自己行为的要求，从而做出相应的调整（这体现出学龄前儿童领会规则约束与尊重他人的重要性），能够尝试以和平方式去解决与伙伴的争端（这有助于他们形成宽容忍耐的品格），等等。所有这些基本的价值观念都是积极公民必须具备的基本要素，毫无疑问，儿童接受这些基本价值观念越早，对他们的健康成长、对他们最终成为社会所需要的积极公民就具有越大的积极作用。

其次，早期公民教育可以锻炼儿童的公民参与技能。学龄前儿童的特点决定了儿童的早期教育不能主要依靠正规教育的方式进行，早期教育应该是寓教于乐、寓教于

---

[1] Chaya S. Piotrkowski, Michael Botsko, Eunice Matthews, “Parents' and Teachers' Beliefs About Children's School Readiness in a High－Need Community”, *Early Childhood Research Quarterly*, 18 (2000), pp. 537－558.

[2] Jennifer Astuto, Martin D. Ruck, “Early Childhood as a Foundation for Civic Engagement”, ibid, p. 256.

[3] Ibid.

玩，让儿童在游戏中通过与他人及环境的互动进行充满乐趣的学习。这就要求父母家人、保育员教师等成年人积极创造有益于儿童学习的游乐场景，并且鼓励儿童积极参与。早期公民教育也是如此。许多成功的早期公民教育经验都表明，儿童应该尽可能多地参加家人与伙伴的群体活动，因为在这些群体中，儿童可能遇到各种各样的“麻烦”，在解决“麻烦”的过程中，儿童逐渐学会沟通、协调、合作等社会交际技巧；与此同时，成人还需要身体力行地带领儿童参与家庭事务与社区活动，鼓励他们说出自己的看法，这样既能培养儿童对家庭、对社区的归属意识，逐渐形成初步的身份认同感，又有助于他们接受朴素的民主理念。无疑，这里所提到的沟通、协调、合作以及身份认同、民主理念，都是积极公民参与各层次活动必须具备的公民素质。

2. 儿童作为公民拥有接受公民教育的权利

儿童特别是学龄前儿童是不是公民，长期以来一直是个非常有争议的话题。[1] 历史上，儿童曾经被成人视为财产或者玩物。随着时代的进步，儿童的社会地位也在不断提高，儿童逐渐被社会认为是未成熟的成人，是未来的公民。[2] 但即便如此，20 世纪以来国际社会关于儿童公民身份的争议一直继续，争议的焦点在于儿童的权利究竟是受保护权优先还是自决权优先，而事实上儿童的受保护权往往更加易于为国际社会所接受。学者科蒂（Coady，2008）对国际社会关于儿童权力争议的基本情况进行了如下梳理。1924 年国际联盟颁布的《儿童权利宣言》一方面强调为了维护儿童的福利，促进他们的发展，成人必须为他们提供必要的物质及精神方面的条件，确保他们不会受到饥饿、贫困与剥削，另一方面又不允许儿童表达自己的权利主张；1959 年联合国颁布的《儿童权利宣言》与国际联盟的宣言有许多相似之处，同样强调对儿童的保护，要求各国政府必须确保儿童在饮食、住宿、医疗、教育及娱乐等方面的权利，并保证儿童在未达到最低合适年龄之前不得被社会雇用而成为童工；但是这一宣言同样没有提及儿童的政治权利，而且儿童作为公民应该拥有的自由行动、自主决策的权力依旧未被认可。[3] 联合国《儿童权利宣言》置儿童自决权于不顾的立场遭到了理论界的许多批评。许多儿童解放论者认为，一味地强调儿童权利保护本身就意味着儿童的许多权利被剥夺，儿童的各项权利是否能得到有效保护，首先取决于儿童是否拥有自决权，而且儿童还应该具有工作权与选举权（Farson，1974；Holt，1975，etc.）。[4] 一些支持者进一步认为，儿童与成人一样有理性、有能力履行选举权，实证研究表明，许多 11 岁的儿童就如同成人一样能够理解政治的含义（Stevens，1982），而且任何人只要他的利益受到政治决策的影响，他就有权影响政治决策的形成，儿童也不例外。[5] 尽管这些赋予儿童选举权的观点未曾得到国际社会的广泛认同，但这些理论上的呼吁对国际社

[1] 根据联合国《儿童权利公约》，此处的“儿童”指包括学龄前儿童在内的 0～18 岁儿童与青少年。

[2] Margaret Coady，“Beings and becomings：historical and philosophical considerations of the child as citizen”，in Glenda Mac Naughton，Patrick Hughes and Kylie Smith（Eds.），*Young Children as Active Citizens：Principles，Policies and Pedagogies*，Cambridge Scholars Publishing，2008，p. 2.

[3] Ibid，pp. 2－6.

[4] Ibid，pp. 5－6.

[5] Ibid，p. 7.

会进一步正确认识儿童权利无疑具有积极意义。1989 年联合国通过的《儿童权利公约》就是在国际理论界这种争鸣的氛围里产生的。[1]

与之前两个旧的宣言不同，《儿童权利公约》不但详细规定了儿童在公民、政治、经济、社会、健康与文化等各方面的权利以及各国政府在保护儿童权利方面必须担负的责任，而且还指出儿童在事关自身利益的决策过程中应该发挥积极的作用。[2] 事实上，《儿童权利公约》中大约 1/4 的内容涉及了儿童的参与权与自决权，明确规定了儿童必须拥有与他们的心理、智力与认知能力相对应的参与权及自决权。相对于前两个宣言而言，《儿童权利公约》充分体现了 20 世纪末以来国际社会在儿童公民身份问题上最终达成的共识，从此以后儿童的公民权利就有了国际法的保护（Herczog, 2012）。[3]

由此可见，学龄前儿童同样具有其相应的公民权利。从学龄前儿童实际情况来看，尽管他们对权利的理解非常幼稚、模糊，如有的学者通过运用认知发展阶段模型研究儿童对权利的理解发现，6 岁左右的儿童把权利理解为可被权威人士授予或剥夺的特权（Melton, 1980）[4]，尽管他们的心智水平与认知能力都不足以确保参与复杂的社会活动，并在涉及本身重要利益的问题上无法做出正确的决策，但我们不能因此而否认他们与生俱来的公民权利。为了充分维护学龄前儿童的公民权利，从公民教育的角度来看，首先，必须保证儿童接受公民教育的机会。公民教育必须被视为儿童早期教育的重要组成部分，而接受教育则是儿童公民权利的重要内容。只有让儿童在早期教育中接受朴素的公民意识教育，才能在他们幼小的心灵里播下积极公民的种子。其次，学龄前儿童公民教育必须借助合适的形式进行。学龄前儿童不同于青少年，对他们进行的公民教育必须充分反映其身心智能特点，寓教于乐，寓教于玩。这就要求家长与其他相关成人必须一方面在早期儿童教育的各种场景中以各种儿童能接受的方式传输基本的公民权利意识，并且在一些重要问题中真正做到从儿童利益最大化的角度出发来帮助他们行使这些权利；另一方面，由于学龄前儿童尽可能多地参与家庭外的文化、休闲、艺术、慈善等相关活动对他们的身心健康发展具有重要意义，因此，成人还需要在儿童接受教育的过程中鼓励他们积极参与力所能及的活动，鼓励他们大胆表述自己的意见，做出自己的决定，帮助他们从小培养参与、自决的意识（Astuto and Ruck, 2009）。[5]

---

[1] Margaret Coady, "Beings and becomings: historical and philosophical considerations of the child as citizen", in Glenda Mac Naughton, Patrick Hughes and Kylie Smith (Eds.), *Young Children as Active Citizens: Principles, Policies and Pedagogies*, Cambridge Scholars Publishing, 2008, pp. 2 – 14.

[2] Jennifer Astuto, Martin D. Ruck, Early Childhood as a Foundation for Civic Engagement, Ibid, p. 260.

[3] Maria Herczog, "Rights of the Child and Early Childhood Education and Care in Europe", *European Journal of Education*, Vol. 47, No. 4, 2012, pp. 542 – 555.

[4] Gary B. Melton, "Children's concepts of their rights", *Journal of Clinical Child Psychology*, Volume 9, Issue 3, 1980, pp. 186 – 190; Jennifer Astuto, Martin D. Ruck, "Early Childhood as a Foundation for Civic Engagement", ibid, p. 260.

[5] Jennifer Astuto, Martin D. Ruck, "Early Childhood as a Foundation for Civic Engagement", ibid, pp. 259 – 262.

二、学龄前儿童教育阶段积极公民教育的主要内容

学龄前儿童的积极公民教育作为学龄前儿童教育的一个重要组成部分，其教育内容必须置于早期教育的大背景下进行分析。换言之，学龄前儿童的通识教育中必须包含儿童公民教育的内容。正如前文已经提出的，学龄前儿童教育包括学前教育机构提供的相对正规的教育活动与家庭等其他教育场景所提供的非正式与非正规教育活动。具体来说，前者（儿童早期教育，即 ISCED level 0）根据《国际教育分类标准》（2011 年版）的规定，一般包括两部分，即针对 0～2 岁的婴幼儿教育和面向 3～6 岁儿童的学前教育[1]；后者同样包含两部分，即发生在家庭的父母及其他成员对儿童进行的教育与儿童在邻居、社区等居家环境中接受的教育。关于学龄前儿童教育的主要内容，《国际教育分类标准》（2011 年版）没有具体的规定，只进行了一般性描述，指出为了促进儿童在认知、体能、社会及情感等各方面的全面发展，对 0～2 岁的儿童进行语言习得与语言交际能力的培育以及在教师或保育员的监督指导下适度锻炼协调与运动能力；而对 3～6 岁儿童的教育内容相对丰富一些，除了前一阶段的能力得以进一步加强外，还包括进一步提高语言与交际能力，培养初步的逻辑与推理能力，以及对字母、数字形成初步的概念，等等。[2] 如果从学龄前儿童积极公民教育的角度来看，应该说这些内容都是帮助学龄前儿童培育积极公民意识的基础，尤其是社会交际、逻辑思维、判断推理等方面的内容，更是构成积极公民参与政治及社会活动的基本技能。此外，尽管《国际教育分类标准》中没有包括学龄前儿童教育的另一方面，但对于发生在家庭等其他教育场景中的儿童教育而言，不管是在通识教育抑或在公民教育方面，其主要教育内容与正规儿童早期教育应该是相同的，只不过教授这些内容的方式不一样而已。

在欧盟培育积极公民的实践中，学龄前儿童教育的主要内容同样要求体现积极公民培育的要求。欧洲学校联盟[3]秘书长办公室（European Schools Office of the Secretary - General）在其制定的儿童早期教育的课程大纲中明确指出，儿童早期教育课程设置的立足点是培养终身学习的核心能力，而核心能力指的是欧盟各国公民为了促进个人发展、成为积极公民、实现社会融合与就业的关键能力，包括母语交际能力、外语交际能力、数学能力与基本的科技能力、数码能力、学习能力、社会与公民能力、创新意识与企业家精神以及文化意识与表达能力等八个方面。[4] 由此可见，儿童早期教育是欧盟培育积极公民的基础阶段，而社会与公民能力又是儿童自学龄前教育起就必须注重培养的核心能力之一。但同样需要指出的是，欧盟有关机构并未对儿童早期正规教育

---

[1] International Standard Classification of Education ISCED 2011, p. 26, available at http://www.uis.unesco.org/Education/Documents/isced - 2011 - en. pdf.

[2] Ibid, p. 27.

[3] The European Schools are official educational establishments controlled jointly by the governments of the Member States of the European Union. In all these countries they are legally regarded as public institutions. The mission of the European Schools is to provide a multilingual and multicultural education for nursery, primary and secondary level pupils, http://www.eursc.org/.

[4] European Schools Office of the Secretary - General, *Early Education Curriculum*, available at http://www.eursc./fichiers/contenu_ fichiers1/1685/2011 - 01 - D - 15 - en - 3. pdf.

之外的家庭以及其他教育场景中的学龄前儿童教育活动的教育内容做出具体规定，因为就教育内容来看，儿童早期正规教育与非正规、非正式教育是没有区别的。

欧洲学校联盟制定的《早期教育课程》[1]大纲以促进儿童的体能、心理、社会、认知与情感等各方面全面发展为目标，为学龄前教育规定了“我与我的身体”（Me and my body）、“我作为人”（Me as a person）、“我与他人”（Me and the others）以及“我与世界”（Me and the world）四个方面的教育内容。为达到教育目标，每个方面的教育内容又从“学会是”（Learning to be）、“学会与他人共同生活”（Learning to live with others）以及“学会做与了解”（Learning to do and to know）三个不同的维度具体展开。毫无疑问，在上述四方面的教育内容中，第二、三、四方面都与积极公民的培育密切相关。下文对《早期教育课程》中这三个方面的教育内容从学龄前儿童积极公民教育的角度进行具体的介绍。

（一）“我作为人”

积极公民首先必须是完整意义上的人，因此，要成为积极公民，就必须正确认识自我，能够反映、控制自己的行为，认识和表达自己的情感，富有想象与创造力，充满自信心，还必须理解、接受道德的基本准则，从而形成自己的道德价值观。

1. 教育儿童正确、积极地认识自我

离开家庭、踏入社会是学龄前儿童培育积极公民意识的重要环节。因此，家长、教师等成人需要帮助儿童树立自信心，逐渐使他们正确认识自己的身份，勇于表达自己的喜好，坦然面对别人的拒绝；要帮助儿童在与他人的互动中认识到自己的需要、观点、情感并积极予以表达；使他们认识到自己需要得到别人的帮助，并且培养他们乐于助人的精神。

2. 帮助儿童树立自信与自尊意识

积极公民强调公民对政治与社会活动的积极参与，而自信与自尊无疑是公民积极参与的重要心理条件。对于学龄前儿童而言，参与家庭、社区与教育场景中的各种活动正是培养他们参与意识的有利方式。因此，父母家人与教师需要鼓励儿童积极参加与成人、伙伴及同学之间的互动，既要帮助儿童认识自己的能力并且积极运用各种能力解决问题，又要引导他们正确认识自己的不足。

3. 培养孩子的自律能力

积极公民必须具有良好的自律能力，勇于接受社会伦理道德与法律规章的约束。这种自律能力同样需要从儿童时期培养。因此，在学龄前儿童的教育中，家长与教师要帮助儿童对自己的行为进行控制，使他们逐渐认识行为规范的重要性，学会遵守秩序，培养守法意识。

4. 培养儿童的创新精神与批判意识

公民的创新精神与批判意识是促进公民社会不断进步的重要力量，是积极公民必须具备的公民素质。在学龄前儿童的公民教育过程中，同样需要积极培养他们的创新

---

[1] 《早期教育课程》是欧洲学校联盟为欧盟成员国早期教育机构制定的关于教育内容方面的一般框架。

意识与批评精神。因此，父母、教师必须尽可能地创造条件让儿童在家庭、社区与学习场所里积极参加各种充满乐趣的学习活动，帮助他们培养广泛的兴趣，鼓励他们大胆发表自己的批判性意见，同时帮助他们培育探索创新的良好习惯。

（二）“我与他人”

积极公民需要形成一种身份认可，需要形成一种对民族或国家的集体归属意识。共同的身份认可与归属意识有助于公民之间团结合作、互尊互谅、互帮互助，这种相互之间的和谐关系是公民积极参与公民社会活动的重要前提条件，需要从儿童时期开始培养。

1. 帮助儿童融入集体

对于学龄前儿童而言，学校是他们人生中进入的第一个社会，儿童在这个社会里会经历各种完全不同于家庭的体验。因此，父母家人及教师需要帮助儿童在这个社会中与他人互动，鼓励他们在班级中积极表达自我，勉励他们参加歌唱、舞蹈、表演等集体活动，使他们在与伙伴、同学的各种互动中逐步培育团队意识、合作精神以及集体归属意识。

2. 培育儿童初步的民主意识

民主意识是积极公民的核心素质，而如何积极参加从社区到社会的各种民主活动更是积极公民必须具备的重要公民能力。学龄前儿童的早期公民教育中无疑必须包括民主意识的熏陶。家长与教师要善于诱导，帮助儿童在家庭、社区与学校的各种集体活动中逐渐理解互相尊重的重要性，要帮助儿童认识到游戏规则与制度的必要性，鼓励他们参与涉及相关游戏及班级活动的规则的制定，使他们逐渐懂得根据规则来衡量自己的行为，从而形成朴素的民主意识。

3. 帮助儿童形成互相尊重文化传统的意识

随着欧盟各国多种文化共存局面的不断发展，互相尊重文化传统也构成了积极公民的基本要求之一。在学龄前儿童的公民教育中，多元文化共存条件下如何帮助儿童互相尊重各自的文化传统无疑是各种教育活动必须予以重视的一个基本问题。因此，家长与教师要帮助儿童既能够认识到自身文化传统的主要内容，又能分辨出不同于自身文化的其他文化传统，学会与社区或班级、学校中具有其他民族宗教背景的儿童和谐相处。

（三）“我和世界”

积极公民必须是知情的公民，它强调公民对自身与家庭之外的事务的兴趣，要求公民对社区、地方、民族国家与欧盟甚至全球事务的关心与力所能及的参与。毫无疑问，积极公民的这种素质要求同样需要从儿童起开始培养。

1. 培养儿童与外部世界的沟通能力

积极公民必须具有良好的沟通能力，因此，在学龄前儿童的公民能力培养中，如何帮助他们与外部世界沟通是主要内容。在儿童的语言能力发展过程中，既要帮助儿童逐渐培养正确表达自己思想以及领会理解他人思想的能力，还要采取有效措施不断提高他们从电视、报纸以及杂志与网络等各种渠道获取信息的能力。

2. 帮助儿童树立对外部世界的探索欲望

积极公民必须对外部世界保持一种持之以恒的探索欲望，因此，要结合学龄前儿童生理、心理以及认知能力发展的特征，积极孕育他们探索外部世界的好奇心，并在此过程中向他们传授正确的价值观念。例如，在儿童关注自然环境的过程中帮助他们形成保护环境、人与自然和谐相处的理念，等等。[1]

第三节　初等、中等教育阶段积极公民教育的必要性与主要内容

在欧盟各国传统的公民教育实践中，初等、中等教育时期是针对青少年进行公民教育的主要时期。如果从学生的年龄来看，这一主要的公民教育时期大概从6～7岁延续到18～19岁，根据各国的具体情况可能存在一些差别。尽管在绝大部分欧盟国家中，执行公民教育的初等教育、中等教育两个阶段与义务教育阶段在时间上并非完全一致，义务教育一般从初等教育开始（个别国家如卢森堡、匈牙利与波兰提前至学前教育阶段的1～2年），到初中阶段（lower secondary education）结束（个别国家如罗马尼亚、斯洛伐克等国延长至高中阶段的1～2年），但人们往往将公民教育与义务教育联系在一起。其原因主要在于，欧盟国家在教育实践中已经将公民教育视为义务教育的一个重要组成部分，或者说，义务教育阶段的主要任务就是培育儿童与青少年[2]的公民素质。自欧盟大力倡导积极公民培育以来，欧盟各国的初等、中等教育阶段在培养积极公民进程中的作用进一步为社会各界所强调，在积极公民培育的视域下如何提高初等、中等教育阶段公民教育的效果已经成为欧盟及其成员国共同关心的一个重要问题。

一、初等、中等教育阶段积极公民教育的必要性

积极公民的培养不可能一蹴而就，它是一个渐进的过程。对于在学龄前教育时期业已接受了朴素的积极公民意识教育的小学生而言，进入初等教育阶段的学习也就意味着积极公民全面教育活动的开始。这是因为，一方面，一国担负起公民初等、中等教育的小学、中学是进行公民教育的最主要场所；另一方面，从青少年的心智水平与认知能力的发展规律来看，初等、中等教育阶段是他们身心得到全面发展的时期，而从积极公民教育的全过程特征来看，这一时期也是积极公民意识全面形成的关键时期。因此，对处于初等、中等教育阶段的儿童与青少年来说，切实有效地做好积极公民教育无疑是十分必要的。

（一）中小学校[3]是培养儿童与青少年积极公民意识的主要场所

从当代西方国家的教育实践来看，承担初等、中等教育的小学、中学与早期儿童

---

[1] European Schools Office of the Secretary－General, *Early Education Curriculum*, available at http：//www. eursc. /fichiers/contenu_ fichiers1/1685/2011－01－D－15－en－3. pdf.

[2] 在西方国家的公民教育实践中，“青少年”（adolescent）一般指13～18岁的人群。

[3] 中小学校在此处指承担初等教育（primary education）的小学与承担中等教育（secondary education，包括lower secondary education与upper secondary education）的中学。下文中的“中小学校”同此。

教育机构、高等教育机构不同，其主要任务是进行语言、数字、艺术、科学等方面的基本通识教育，而这一通识教育过程同时担负起了培养学生公民素质的责任。随着西方国家民主制度与公民社会的发展变化，中小学校的这一责任已越来越多地被立法确定下来。例如，在美国的50个州中，有40个州的宪法提到了中小学校教育对公民知识传播的重要意义，其中有13个州的宪法明确规定其教育制度的中心任务就是促进公民、民主与自由政府的建设。[1] 自欧盟成立以来，欧盟的教育政策历来强调学校教育在促进欧洲社会融合、欧盟学习型社会以及积极公民建设过程中的积极作用，如根据欧盟委员会规定，通过中小学的教育活动来培养积极公民是欧盟教育培训合作的战略框架中的主要内容。[2]

在欧盟积极公民的培养过程中，之所以强调中小学校在积极公民教育过程中的主导地位，主要原因在于中小学校具有向所有公民进行积极公民教育的可能性。首先，中小学校教育的对象基本上覆盖了全部公民。根据欧盟成员国的教育实践，初等教育与中等教育的第一阶段（lower secondary education）都是各国实施义务教育的时期。义务教育具有强制性与大众化的特点，对于达到法定年龄的公民（学龄儿童与青少年）而言，接受相应的教育既是法律赋予他们的权利，又是他们应尽的义务，任何机构和个人都不得剥夺这种权利。中小学校在义务教育阶段可以把不同种族、不同文化背景的儿童与青少年集中在一起，平等地向他们传授公民知识，培养他们的公民参与技能。这样就可以使积极公民意识的培养具有真正的平等性与大众化特征。其次，中小学校具有承担普遍公民教育的物质条件。欧盟成员国中绝大部分承担初等与中等教育的教育机构都是政府管理、政府举办。在欧盟教育一体化进程中，这些教育机构不但继续得到本国政府的监督管理与资金投入，而且还可以得到欧盟的指导与帮助。因此，不管是与义务教育阶段之前的早期儿童教育，还是与义务教育阶段同一时期的非正规以及非正式的其他教育场景相比，中小学校的积极公民教育活动都具有巨大的优势。比如，中小学校可以为公民教育进行具体的课程设置，中小学校具有专门从事公民教育的师资力量，中小学校可以为学生提供许多践行公民意识的机会，等等，这些优越条件无疑为积极公民教育的全面推行奠定了基础。

（二）学龄儿童与青少年时期是培养公民参与意识的重要时期

关于学龄儿童与青少年的公民意识是如何形成的，学术界从多个不同的角度进行了研究。社会心理学认为，人的心智水平与认知能力的发展对其公民意识的形成与发展具有重要的影响。上一节介绍了阿斯图托和卢克等学者从社会心理学的角度对学龄前儿童接受公民教育的可能性进行的分析，这些学者指出，学龄前儿童的执行功能（executive functions）和亲社会行为（prosocial behaviors）发展水平使得他们具有了接受

---

[1] Kenneth W. Tolo, "The Civic Education of American Youth: From State Policies to School District Practices", Lyndon B. Johnson School of Public Affairs, University of Texas at Austin, Policy Research Project Report, Number 133 (1999), pp. 13 – 14.

[2] EU Council, *Council conclusions of* 12 *May* 2009 *on a strategic framework for European cooperation in education and training* ("*ET* 2020"), OJ C 119, 28. 5. 2009.

初步公民意识教育的心理认知条件（Astuto & Ruck，2009）。事实上，对于处在初等、中等教育阶段的儿童与青少年来说，心理认知水平依旧是影响他们公民参与意识形成的重要因素（Metzger & G. Rochester，2010）。[1] 从公民参与的社会意义来说，积极的公民参与是促进社会“公共善”不断提高的重要因素，是一种典型的“亲社会行为”。诚然，公民知识的获得、价值观念的形成以及公民参与技能的掌握是公民进行各层级社会参与这种“亲社会行为”的重要前提条件，但这些还不足以构成它的充分条件，这种“亲社会行为”的发生除了需要这些条件之外，还需要有行为主体的意愿。而这种参与意愿的养成与公民“亲社会态度”的培养具有密切关系。[2]

西方学者对成人的“亲社会态度”进行了较多的研究。例如，美国学者爱森伯格等人在他们的研究成果中指出，成人的“亲社会态度”之所以不同，是因为他们在青少年早期形成的“亲社会意愿”不同，他们认为，这种“亲社会态度”一般在青少年时期全面形成，其影响将一直延续到成人时期（Eisenburg et al.，2002）。[3] 如果运用这种观点来分析公民参与这种“亲社会行为”，那就是说，儿童与青少年时期的“亲社会意愿”影响着他们参与意识的形成，这种参与意识（一种“亲社会态度”）一般在青少年时期全面形成，并且将持续影响成人时期的公民参与行为。由此可见，“亲社会意愿”是儿童与青少年时期培养公民参与意识的重要因素，而这种“亲社会意愿”的形成与儿童和青少年的生活学习环境同样具有密切关系（Janssens & Dekovic，1997）。[4] 因此，在学龄儿童与青少年接受初等与中等教育时期，创造有利环境以帮助他们逐渐培养“亲社会意愿”就成了中小学校的重要任务，中小学校所实行的公民教育活动无疑就是这样一种有利的环境。

（三）中小学校的公民教育活动是青少年积极公民意识养成的主要途径

对于欧盟倡导的积极公民而言，公民在政治与各种非政治场景中的积极参与可以说是它的最基本要求。而这种积极参与意识的形成又离不开儿童与青少年时期的正确引导。在儿童与青少年的成长期间，家庭、社区与学校等各种不同场景都会对他们公民责任与公民参与意识的形成发挥积极的引导作用。但相比之下，学校才是培养他们公民参与意识的主要场所，而学校进行的公民教育无疑在学校的各种教育活动中发挥了主导作用。

西方学者和从事公民教育的教师及其他专业人员在探讨如何培养青少年的公民责任与参与意识时，曾经一度对学校公民教育在培养青少年公民参与意识过程中的作用

---

[1] Aaron Metzger and Judith G. Rochester, “Social Cognitive Development and Adolescent Civic Engagement”, in Lonnie R. Sherrod, Judith Torney - Purta, Constance A. Flanagan (eds.), *Handbook of Research on Civic Engagement in Youth*, New Jersey: John Wiley & Sons, 2010, p. 222.

[2] Ibid, pp. 223 - 224.

[3] Nancy Eisenberg, Ivanna K. Guthrie, Amanda Cumberland, Bridget C. Murphy, Stephanie A. Shepard, Qing Zhou, and Gustavo Carlo, “Prosocial Development in Early Adulthood: A Longitudinal Study”, *Journal of Personality and Social Psychology*, 2002, Vol. 82, No. 6, pp. 993 - 1006.

[4] Jan M. A. M. Janssens and Maja Dekovic “Child Rearing, Prosocial Moral Reasoning, and Prosocial Behaviour”, *International Journal of Behavioral Development*, 1997, 20 (3), pp. 509 - 527.

产生怀疑。例如，美国学者兰顿、杰宁斯曾对美国自1915年起长达半个世纪的学校公民教育历史进行研究，发现学校的公民教育课程对青少年的公民参与意识基本没有什么影响（Langton & Jennings，1968）。[1] 社会各界对学校公民教育效果的质疑对西方国家20世纪后期的公民教育产生了消极影响，使这一时期成为美国等西方国家公民教育的断裂层（Owen & Soule，2010）。[2] 然而中小学公民教育的这种颓废现象在20世纪90年代以来西方社会的“民主参与赤字”过程中得到了改观，欧美地区“重新发现”了学校公民教育的价值。学术界新的研究发现，中小学校的公民教育课程对青少年公民知识的学习与公民参与意识的形成有相当大的积极影响，这种影响远远超出了个人驱动的公民学习与家庭社会化对青少年的影响（Niemi & Junn，1998）。[3] 2002年美国的一些组织与知名学者共同编写了一份《学校的公民教育任务》（The Civic Mission of Schools），呼吁美国政府与社会各界重新重视中小学校的公民教育活动。[4] 同一时期，欧盟则在积极倡导积极公民的培育过程中不断地强调中小学校公民教育的重要作用。[5]

在学者们的研究成果中，中小学校公民教育活动之所以对儿童与青少年的公民意识养成具有重要的主导作用，原因当然体现在多个方面。例如，有的学者研究发现，学校高质量的公民教育活动能够摆脱教材的限制，教学活动能体现学生的个性并且调动他们的参与积极性（Kahne & Middaugh，2008）[6]；有的研究认为，在学校公民教育课程教学过程中，教师积极引入社会现实问题与学生开展讨论，能够增强公民教育的现实性与针对性，帮助学生运用自己的价值观来分析观察现实社会，从而激发学生的学习自觉性（Niemi & Junn，1998）[7]；还有的学者强调，学校在公民教育过程中积极为学生创造条件，鼓励学生参加各种社区活动，通过“服务中学习”的方式帮助学生履行公民责任（Youniss et. al.，1997）[8]；等等。总之，青少年接受的公民教育与他们公民意识的形成具有典型的正相关关系，因为与政治社会化的其他场景相比较，学校的公民教育是一个有助于青少年获得公民知识、形成正确的公民价值观念、培养公民能

---

[1] Kenneth P. Langton and M. Kent Jennings, “Political Socialization and the High School Civics Curriculum in the United States,” *The American Political Science Review*, 1968, 62 (3), pp. 852 – 867.

[2] Diana Owen and Suzanne Soule, “Civic Education and the Development of Participatory Norms” Paper prepared for presentation at the Annual Meeting of the American Political Science Association, Washington, D. C., September 2 – 6, 2010.

[3] Richard G. Niemi and Jane Junn, *Civic Education: What Makes Students Learn*. New Haven, CT: Yale University Press, 1998, p. 148.

[4] A Report from Carnegie Corporation of New York and CIRCLE: The Center for Information and Research on Civic Learning and Engagement, *The Civic Mission of Schools*, available at http://www.civicmissionofschools.org/the – campaign/civic – mission – of – schools – report.

[5] Eurydice, *Citizenship Education in Europe* 2012, http://eacea.ec.europa.eu/education/eurydice/documents/thematic_ reports/139EN.pdf.

[6] Joseph Kahne and Ellen Middaugh. “High Quality Civic Education: What Is It and Who Gets It?” *Social Education*, 2008, 72 (1), pp. 34 – 39.

[7] Richard G. Niemi and Jane Junn, “Civic Education: What Makes Students Learn”, ibid, p. 150.

[8] Youniss James, Jeffrey A. McLellan, and Miranda Yates, “What We Know about Engendering Civic Identity”, *The American Behavioral Scientist*, 1997, 40 (5), pp. 620 – 631.

力的独特场所（Morgan & Streb，2001）[1]，因此完全不能忽视它的积极作用。

二、初等、中等教育阶段积极公民教育的主要内容

对于接受初等、中等教育的儿童与青少年来说，针对他们的积极公民教育在内容上呈现出与学龄前儿童公民教育不同的特点。

（一）初等、中等教育阶段积极公民教育内容的主要特点

作为儿童与青少年全面接受积极公民教育的阶段，这一时期积极公民教育的内容具有如下特点：一是系统性。不管针对儿童与青少年的公民教育具有专门的课程设置还是结合相关社会科学课程进行，公民教育的内容都不再是零散、随机的，而必须遵循初等、中等教育阶段学生的学习特点系统地、循序渐进地进行统一安排。二是制度性。由于初等、中等教育阶段的公民教育具有全面性、强制性的特点，同时为了确保学校公民教育活动有序、高效地进行，国家应以制度的形式对公民教育的基本内容加以规定，学校在公民教育的具体过程中不能随意剪裁公民教育的基本内容，但可以根据实际教学需要进行适度的调整。三是时代性。针对儿童与青少年的公民教育内容必须是严肃科学而又不断保持进步的，这就要求公民教育的内容体系必须随着时代的变化而变化，充分反映民族国家以及超越民族国家之外的各种重要的发展趋势对公民社会建设提出的新要求。四是实践性。公民教育的最终目的是逐渐提高受教育者的公民权利责任意识与公民参与意识，因此，公民教育的内容体系必须包括知识、态度与价值观念、参与能力三个互相促进的方面，而这三个方面的具体内容都必须在学生的公民权利与责任实践中得到运用，从而真正达到学以致用的目的。五是欧洲与全球性。欧盟倡导的积极公民不但既是欧盟内部民族国家的积极公民又是欧洲的积极公民，而且还需要培养全球公民身份的意识，这就要求积极公民教育的内容在满足前述四个要求的同时，还必须充分体现欧盟一体化与全球化的需要，以达到培养具有全球公民意识的、积极的欧盟公民的目标。

（二）初等、中等教育阶段积极公民教育的基本内容

自欧盟倡导积极公民培育以来，学术界对积极公民的能力要求进行了许多研究，这点已在前文中进行了具体分析，此处不再赘述。但我们如果把学术界在这方面的研究成果综合起来，则不难发现其主要包括三个方面，即公民知识（政治常识）、态度与价值观念、公民参与意识与技能。Eurydice 对欧洲国家公民教育的最新研究报告表明，在欧盟成员国为了促进积极公民建设而进行的公民教育实践中，这三个方面的能力要求不但构成了这些国家公民教育的目的，同样也决定了其公民教育的基本内容。[2]

1. 公民知识教育

公民知识教育指为了帮助儿童与青少年熟悉政治、经济等各种社会制度的功能与运行机制而进行的关于国情通识、民主、人权、法制等方面的理论教育。由于欧盟倡导的

---

[1] William Morgan and Matthew Streb. 2001. “Building Citizenship: How Student Voice in Service Learning Develops Civic Values.” *Social Science Quarterly*, 82, pp. 154 – 169.

[2] Eurydice, Citizenship Education in Europe, 2012, available at http: //eacea. ec. europa. eu/education/eurydice/documents/thematic_ reports/139EN. pdf.

积极公民是立足于民族国家公民基础之上的欧洲公民，而且“全球公民”理念也越来越多地被欧盟国家公民教育重视，所以，积极公民教育中的政治常识教育也包括三个层次。

在民族国家公民身份方面，政治常识教育主要有：第一，本国国情教育，指针对初等、中等教育阶段的儿童与青少年进行的有关本国历史、地理、文化等方面的基本知识教育；第二，本国制度教育，在学生了解基本国情的基础上，对他们进行关于本国政治、经济、社会等各方面制度的教育，主要是政治制度与经济制度教育；第三，法律与权利义务教育，主要涉及一国宪法及其他法律制度的教育以及作为公民的权利与义务教育。

在欧盟层次或欧洲公民身份方面，政治常识教育同样可以从三个方面来说明。一是关于欧盟的常识教育，了解欧盟的演变历程与发展方向，掌握欧盟的基本概况，如成员国数量、欧盟面积人口以及总体的发展水平与国际地位；二是关于欧盟制度的教育，了解当前欧盟的治理结构，以及欧盟各主要机构的运行机制及其与成员国之间的互相关系；三是身份教育，帮助学生培养对欧盟与欧洲的归属意识，逐渐认可自己的欧洲公民身份，同时帮助他们了解积极参与欧盟事务的必要性，以及各种参与方式及途径。

在全球公民身份方面，公民教育内容主要有，了解世界政治经济的基本情况与全球文化的多样性，逐渐培养学生对一些重要的全球性政治、经济与社会问题如环境保护、气候变暖等问题的关注，等等。

2. 态度与价值观教育

态度与价值观是公民决定是否参与、以何种方式参与政治与社会活动的心理条件，其形成是一个长期过程，而儿童与青少年时期无疑是这一长期进程中的一个非常重要的阶段。对于欧盟国家的积极公民教育而言，中小学校学生的态度与价值观教育包括许多方面的内容，但主要体现为以下几个方面：

一是民主观念。民主是欧盟国家政治制度运行的基础。因此，青少年在了解民主概念、特征、运行机制以及本国与欧盟民主制度的基础上，还需要在参与各层次社会活动与政治活动的过程中逐渐培养民主协商、民主决策的意识。

二是人权与自由意识。人权与自由是欧盟国家政治生活的重要内容。青少年需要在接受公民教育的过程中逐渐树立在维护自身权利与自由的同时尊重他人权利与自由的意识。

三是平等观念。公民不分性别、种族、宗教及其他背景，人人生而平等，平等观念同样是儿童与青少年在积极公民教育中必须养成的一种重要的价值观，这是帮助他们形成宽容、尊重等其他品德的重要前提。

四是和平理念。通过公民教育帮助儿童与青少年培养人与人之间和谐相处的意识，使他们认识到互相之间宽容、忍耐对促进社会融合的重要性，形成以和平方式解决彼此间矛盾与冲突的习惯。

五是文化多元意识。在欧盟一体化进程中，欧盟各国之间以及来自欧盟地区之外的移民不断增多，欧盟国家多民族共同生活的现象非常普遍。因此，在积极公民教育中需要帮助学生认识到不同种族、不同宗教、不同文化和平相处、互相尊重的重要性，逐渐培养他们的多元文化意识。

3. 公民参与技能教育

公民技能是公民积极参与政治与社会活动的重要前提条件，是欧盟积极公民能力的重要组成部分。中小学校针对学生进行的公民技能教育是指通过鼓励学生积极参加班级、校园及社区的各种公共活动，将所学习到的公民知识、形成的公民态度与价值观念以及批判创造性思维能力运用于实践，以达到帮助学生不断提高公民参与意识、锻炼公民参与技能的目的。从儿童与青少年的心智水平与认知能力的发展规律来看，初等与中等教育阶段他们需要进行锻炼的公民技能主要有以下几个方面。❶

第一，交际技能。这是儿童与青少年在学龄前教育阶段就开始逐渐学习的一种技能，指儿童与青少年向他人表达自身需求、欲望、观点、知识与情感状态，或者了解他人需求、欲望、观点、知识与情感状态的能力，这种交际方式可以是口头表达、书面言论、图画照片、音频视频等多种不同方式中的一种或组合。

第二，社会技能。指在学习、工作、生活等不同场景中与他人进行各种互动的能力，比如儿童与青少年在家庭、学校、社区等不同环境中与他人进行有效交际，互相之间能否以谦让宽容的态度相处、能否取得对方的信任等。

第三，跨文化技能。这里指儿童与青少年在形成尊重社会多元文化意识的过程中，能否具备在不同场景中进行跨文化交流的能力，如能否与来自不同文化背景的同学进行有效交际，能否做到与具有各种不同文化、种族背景的人和谐相处，能否自觉抵制对其他文化的歧视，等等。

第四，与参与公民活动直接相关的技能。这里特指培养儿童与青少年参加政治与各层次公民社会活动的能力，如帮助学生掌握参加选举、游行、请愿、收集签名等政治活动，或者参加慈善、环保等社会公益活动所必备的技能，等等。

第五，批判与创造思维。对于儿童与青少年来说，随着年龄的增大与公民教育程度的提高，其面对的各种需要自己做出价值判断的社会问题将不断增加。面对复杂的社会问题，学生需要运用所掌握的公民理论知识进行分析与评估，进行批判性思考，最后创造性地做出自己的决策。事实上，批判与创造性思维已经被广泛地认为是现代民主国家公民积极有效地参与民主政治的重要前提条件（Dam and Volman，2004）。❷因此，儿童与青少年在公民教育过程中必须接受批判与创造性思维的训练。

所谓批判性思维，是“一种聚焦于决定相信什么或做什么的理性的、反思性的判断过程”（Ennis，1991），是建立在确认问题、收集理解信息、评估后果、与他人沟通

---

❶ Eurydice，Citizenship Education in Europe，2012，available at http：//eacea. ec. europa. eu/education/eurydice/documents/thematic_ reports/139EN. pdf.

❷ Geert ten Dam and Monique Volman，“Critical thinking as a citizenship competence：teaching strategies”，*Learning and Instruction*，14（2004），pp. 359 –379.

以及创造解决问题方案等一系列能力基础之上的思维能力[1]；创造性思维指为了解决问题而提出新建议的能力。在批判与创造性思维的训练中，一般来说教师需要借助相关实际问题的解决过程来进行，在实践当中帮助学生进行以下几个方面的锻炼：一是“定义”问题，即通过收集有关信息判断问题的复杂程度，从而厘清问题的“边界”；二是分析问题，即对问题的层次、内在关联性进行剖析；三是解决问题，即在了解分析问题的基础上提出有价值的建议，形成解决问题的方案。

总之，上述三个部分的基本内容互相依赖，构成了欧盟中小学校积极公民教育内容的有机整体，充分反映了欧盟中小学校积极公民教学活动已经超越了以公民知识传授为主要目的的“关于公民”（Education about citizenship）的传统教学模式，把公民知识、态度价值观念与公民参与能力三个方面科学地融合为一体，代表着当代西方公民教育实践活动创新的发展方向。虽然在各国具体的实践中这些基本内容的教学在课程设置、教材编排甚至术语使用等具体环节中都可能存在差别，但从欧盟众多的有关积极公民培育的官方文件以及欧盟学术界的研究成果来看，上述三个方面构成了最近10多年以来欧盟成员国中小学校积极公民教育的教育内容的核心组成部分。

第四节　高等教育阶段积极公民教育的必要性及其主要内容

20世纪90年代以来，在欧盟及其成员国的努力推动之下，欧盟地区高等教育的发展呈现出新的特征。一是高等教育大众化趋势日趋明显。21世纪初，在欧盟成员国中，不但英、法、德、意等传统发达国家的高校学生规模稳步扩大，新加入的中东欧国家的高校入学人数也有显著增加。2000年，当时欧盟国家中30～34岁的人群中接受高等教育的比例平均达到了22.4%，而预计到2020年这一目标为40%。[2] 二是高等教育的区域一体化与国际化趋势加强。为了应对欧洲一体化与经济全球化挑战，欧盟各国政府纷纷加强了关于促进高等教育发展的立法工作，高等教育机构区域间合作不断增加，欧盟地区高等教育政策的趋同开始纳入欧盟及其成员国的议事日程（Zgaga，2007）。[3] 在这一新的背景下，欧盟社会各界对高等教育的期望也发生了重要变化。尤其是在欧盟面临各种“民主赤字”的情况下，高等教育机构如何在既能继承大学底蕴深厚的传统精神，又能适应时代变化，并立足于全球领先地位的前提下，为培养积极的欧洲公民、促进欧盟公民社会建设做出积极贡献，成为欧盟各界广泛关注的一个焦点问题。

一、高等教育阶段公民教育的回归

当前欧盟各界对高等教育提出的承担积极公民教育职责的要求，从本质上看是对

---

[1] Catherine D. Ennis, “Discrete thinking skills in two teachers' physical education classes”, *The Elementary School Journal*, 91, 1991, p. 475.

[2] EU2020, available at http://epp.eurostat.ec.europa.eu/tgm/table.do? tab = table&init = 1&plugin = 1&language = en&pcode = t2020_41&tableSelection = 1.

[3] Pavel Zgaga, *Higher Education in Transition: Reconsiderations on Higher Education in Europe at the Turn of Millennium.* Umeå: Umeå University, 2007, pp. 11－30.

大学等高等教育机构地位与作用的反思。而人们对大学的任务、地位与作用等涉及高等教育理念与模式的认知经历了漫长的历史过程。因此，认识这一历史过程对了解欧盟高等教育与公民教育之间的关系无疑是很有必要的。

（一）高等教育的作用与现代西方大学模式的演变

西方学者从不同的角度对现代大学模式进行了区分。例如，美国学者克拉克依据高等教育机构内部的治理方式将大学分为政府主导型、市场主导型和学术寡头主导型；荷兰学者范富格特从大学与政府之间的关系这一角度将大学分为国家控制型与国家监督型（阎凤娇，2008）。[1] 学者潘维·兹卡卡（Pavel Zgaga）以大学的任务与作用为横向维度，以大学的发展演变历史为纵向维度，将现代大学区分为“拿破仑模式”（Napoleonic model）、“洪堡模式”（Humboldtian model）、“纽曼模式”（Newmanian model）以及“杜威模式”（Deweyan model）等四种模式（Zgaga，2009）。[2] 这里对潘维·兹卡卡的四种模式进行简要的介绍。

（1）以培养各种职业人才为主要任务的“拿破仑模式”。“拿破仑模式”的大学办学理念形成于18世纪晚期至19世纪初，与肇始于英国的工业革命具有密切关系。工业革命期间，科技的发展对欧洲地区的大学提出了新的要求，过去以培养牧师、律师、管理者等社会精英为目的的传统大学面临新的挑战。拿破仑执政时期，借助“帝国大学”的形式，法国出现了一些新型的高等教育机构。与传统大学不同，这些新型大学在内部治理上必须严格遵守政府制定的有关规章制度，具有典型的国家控制的特征（Le Feuvre & Metso，2005）。[3] 而尤为重要的是，这些大学的任务与宗旨发生了革命性的转变，“从对统治精英和宗教支持者的教育转移到为工业、商业、金融领域培训领导人士，扩大国家的资产阶级阶层，为社会培养各种工程技术、会计、社会管理、教育等各方面的职业人才”（Perkin，2006）[4]。

（2）以研究与创新为主导的“洪堡模式”。大约在法国“拿破仑模式”的高等教育蓬勃发展的同一时期，德国也兴起了针对高等教育的改革浪潮。以外交家、教育家与语言学家威廉·冯·洪堡为代表的德国精英分子倡导一种不同于“拿破仑模式”的大学办学理念，并创办了柏林大学。与受到国家严格控制、缺乏自由的“拿破仑模式”不同，“洪堡模式”特别强调大学的自由特质，提出了“大学自治”“学术自由”与

---

[1] 阎凤娇：“重温欧洲大学的发展历史”，载《中国教育报》2008年12月25日，参见http：//paper. jyb. cn/zgjyb/html/2008－12/25/content_ 1984. htm。

[2] Pavel Zgaga，“Higher Education and Citizenship：‘the full range of purposes’”，*European Educational Research Journal*，Volume 8，Number 2，2009，pp. 175－188.

[3] Nicky Le Feuvre & Milka Metso，*The Impact of the Relationship between the State and the Higher Education and Research Sectors on Interdisciplinarity in Eight European Countries*，June 2005，p. 9.

[4] Harold Perkin，*History of Universities*，in J. F. Forest & P. G. Altbach（Eds.）International Handbook of Higher Education，2006，p. 175，Dordrecht：Springer，转引自 Pavel Zgaga，*Higher Education and Citizenship*：“*the full range of purposes*”，Ibid，p. 178。

"教学自由"三大原则（Krebs et al.，2005）。[1] 在大学的任务与作用方面，洪堡认为，高等学术机构"不能像那些专科学院与传统大学一样把各个科目的知识局限在已完成并被达成共识的知识体系之中，应该把知识看成是未被全面解决的问题"，因此，大学教师的职责不再仅仅是传授知识，还要为学术研究而努力。[2] 换言之，"洪堡模式"抛弃了"拿破仑模式"的核心理念，强调大学的任务不再是"教授已有的知识"或"传承有用的知识"，而是"证明知识是如何被发现的"（Zgaga，2009）。[3]

（3）以促进学生全面发展为主导的"纽曼模式"。在19世纪西方国家的高等教育中，尽管"拿破仑模式"与"洪堡模式"这两种不同的大学理念依旧具有重要的影响，但学术界对大学理想目标的争议持续存在。这一时期，英国著名教育家约翰·亨利·纽曼（John Henry Newman）的思想产生了很大的影响。纽曼强调大学教育中的知识传授不是为了满足某一特定或偶然的目标，或是为某种具体的职业或进行特定的研究而进行，而是出于知识本身的目的；纽曼认为，"拿破仑模式"中的传播职业知识与"洪堡模式"中的探究科学知识都不足以成为大学的全部目的，大学的目的应该从宗教、智力与世俗三个方面来界定，具体来说，宗教方面培养受教育者的宗教皈依意识，智力方面完善他们的心智，世俗方面促进社会公民的形成（Zgaga，2009）。[4] 因此，纽曼理想中的大学"既不是国家的大学，也不是为了国家的大学，最重要的是，是为了'人'与'公民'的大学"（Biesta，2013）[5]。

（4）以培养积极公民为主导的"杜威模式"。19世纪末期以来，在关于大学任务与功能的争议中，人们越来越地关注大学等高等教育机构与民主政治之间的关系问题。许多学者对此进行了思考，其中影响最大的当属美国学者约翰·杜威（John Dewey）。杜威继承了"纽曼模式"中的"自由教育思想"，认为在民主主义制度中国家提供的教育（高等教育）过程的全部目的应该"不受局限、不受压制、不被腐化"[6]。与前三种大学模式尤其不同的是，在高等教育的任务与目的方面，杜威特别强调教育（高等教育）的社会效率目的与文化目的，"所谓社会效能作为教育目的，应该意指培养学生自由地和充分地参与共同活动的能力"；但"没有文化，这种参与是不可能的"，而文化就是"有能力不断扩大理解意义的广度与精准度"[7]，换言之，教育的文化目的在于开发受教育者的心智，培育他们的价值观念，不断提高其准确认识事物的能力。因此，

---

[1] Rebecca Krebs，Irini Siouti，Ursula Apitzsch，and Silke Wenk，*STREP National Report*：*Disciplinary Boundaries between the Social Sciences and Humanities in Germany*. Oldenburg / Frankfurt am Main：STREP Research Integration Project，2005，available at http：//www. hull. ac. uk/researchintegration.

[2] Wilhelm Von Humboldt，（1963）On the Relative Merits of Higher Institutions of Learning，quoted from Pavel Zgaga，*Higher Education and Citizenship*：*"the full range of purposes"*，Ibid，p. 178.

[3] Pavel Zgaga，*Higher Education and Citizenship*：*"the full range of purposes"*，ibid.，p. 178.

[4] Ibid.，p. 179.

[5] Gert Biesta，"Balancing the Core Activities of Universities：for a University That Teaches"，in Roger Sugden，Marcela Valania，James R. Wilson（eds.），*Leadership and Cooperation in Academia*：*Reflecting on the Roles and Responsibilities of University Faculty and Management*，p. 35，2013，Northampton：Edward Elgar Publishing，Inc.

[6] ［美］约翰·杜威：《民主与教育》，薛绚译，译林出版社2012年版，第88页。

[7] ［美］约翰·杜威：《民主与教育》，薛绚译，译林出版社2012年版，第112页。

教育的文化目的构成了社会效率目的的基础。此外，杜威在分析教育（高等教育）的效率目的时特别提出了它的民主目的，他认为教育的效率目的之一就是“公民的效率或良好公民的训练”，教育进行的公民训练包括的范围很广，“它包括使个人能与别人相处更和谐的任何条件，也包括政治意义上的公民条件，这意指有能力明智地判断人与措施，能在立法与守法上成为决定性的力量”[1]。从杜威有关教育（高等教育）任务与目的的这些观点来看，“杜威模式”大学理念中，“塑造公民”“促进民主”无疑是大学的主要任务。[2]

潘维·兹卡卡在分析上述大学的四种模式时特别指出，表面看来，四种模式的形成具有明显的时间顺序，而且每一种模式的产生都具有特定的民族国家背景，但不能因此断定它们在实践中只局限于某一特定历史时期、某一特定民族国家的高等教育机构。换言之，任何国家高等教育机构的模式或理念都包括许多不同的内容，但其主要任务与目的皆可以在这四种模式之中找到对应之处。[3] 从当前西方国家大学等高等教育机构发展的实际情况来看，上述四种大学理念依旧具有重要的影响。20 世纪 90 年代以来欧盟地区高等教育的发展趋势就可以为此提供有力的证据。

（二）欧盟高等教育政策对高等教育职责的新诠释

在欧盟各国，义务教育的政策与实践都被认为是成员国管辖的内部事务，而高等教育相对而言具有更大的开放性。所以，在欧洲一体化的过程中，教育领域的一体化首先从高等教育开始。1999 年 29 个“博洛尼亚进程”[4] 国家的教育部长依据博洛尼亚宣言[5]提出建立“欧洲高等教育区”（EHEA）的计划，2000 年欧盟委员会又提出建立“欧洲研究区”（ERA）。[6] 这两个计划为欧盟地区的高等教育与科学研究的一体化进程提出了初步设想。但是欧盟社会各界对以这两个计划为代表的欧洲高等教育一体化的目的产生了广泛的争议。争议的焦点在于：欧盟高等教育的一体化发展是为了提高欧盟整体的经济竞争力还是促进欧盟的社会融合？[7] 如果依据兹卡卡对高等教育职责与现代大学模式的分析，有关欧盟高等教育目的的“经济竞争力”与“社会融合”这种非此即彼的争议本身是不符合逻辑的，因为现代大学的模式理念发展演变到现在，已经没有任何一所大学把自己的目的定位于某一个具体方面，换言之，现代大学服务社会的形式是多种多样的，完全可以很好地兼顾它的经济功能与社会价值。而在实践当中，西方国家包括欧盟地区的高校也不乏在这方面比较成功的例子。

---

[1] ［美］约翰·杜威：《民主与教育》，薛绚译，译林出版社 2012 年版，第 109 页。

[2] Gert Biesta, *Balancing the Core Activities of Universities: for a University That Teaches*, Ibid, p. 35.

[3] Pavel Zgaga, *Higher Education and Citizenship: "the full range of purposes"*, Ibid., p. 177.

[4] 博洛尼亚进程（Bologna Process），是 29 个欧洲国家于 1999 年在意大利博洛尼亚提出的欧洲高等教育改革计划，该计划的目标是整合欧盟的高教资源，打通教育体制，实现欧洲高教和科技一体化，建成欧洲高等教育区，为欧洲一体化进程做出贡献。（转引自百度百科）

[5] 博洛尼亚宣言（Bologna Declaration），是博洛尼亚进程的纲领性文件，由 29 个欧洲国家的教育部长于 1999 年在意大利的博洛尼亚正式签署。

[6] EHEA: European Higher Education Area; ERA: European Research Area.

[7] Pavel Zgaga, *Higher Education and Citizenship: "the full range of purposes"*, ibid., p. 176.

事实上，经过几年的争议之后，欧盟社会各界对这一问题已基本达成共识。2007年5月，“博洛尼亚进程”所有国家的高等教育部长在伦敦集会，发表了《伦敦公报》。公报指出，各国“要确保高等教育机构拥有足够的资源以实现它们全方位的目的”。这些目的包括四个方面：将学生培养成为民主社会的积极公民，促进学生自身发展、为将来的职业生涯做好准备，创造并维持广泛、先进的知识基础，刺激科学研究与技术创新。[1] 从中不难发现，这四方面的目标基本上包括了兹卡卡所分析的四种大学模式理念的主要内容，而特别重要的是，“培养积极公民”应该成为欧洲高等教育机构的首要目的。这种新的变化意味着欧洲高等教育在公民培育过程中的回归，因此，大学等高等教育机构必须在欧盟推行的积极公民培育过程中发挥重要作用。

二、高等教育阶段积极公民教育的主要内容

高等教育的发展历史及其当代实践都证明其有助于培养具有积极参与意识的公民，学术界对这点早已达成了共识。但对于高等教育与积极公民形成之间的关系，或者说，对于什么原因促使接受高等教育的人群与其他人相比更有可能成为积极公民这个问题，学者西里格斯（Hillygus，2005）概括了下述几种不同的解释。[2] 例如，有的学者认为接受高等教育的人群之所以表现出更高的政治参与意识，是因为高等教育使他们更容易接近社会政治层级制度的顶端，从而让他们更有可能通过各种政治参与活动获取政治晋升的机会（Norman et al.，1996）。[3] 也有学者认为公民的政治参与意识取决于其政治成熟度，而后者与人的总体智力水平又具有密切关系，因此，人的总体智力水平而非（高等）教育程度才是决定其政治参与意识的关键因素，“教育不过是认知能力的代理而已”（Herrnstein and Murray，1994）。[4] 但大多数学者都认为高等教育与积极公民形成之间的正相关关系主要依赖高等教育机构进行的公民教育活动。因为学校（包括高等学校）教育不但为受教育者提供了“理解抽象政治议题、紧跟政治运动、研究与评估政治候选人所需要的各种技能”，还使他们“能更好地去应对注册与投票的各种官僚要求”（Rosenstone and Hansen，1993）[5]，而这些正是积极公民必须具备的基本素质。值得一提的是，对于上述几种理论解释，学者西里格斯曾经进行过实证研究，研究结果表明，公民教育假说比其他两种观点更能解释高等教育与积极公民形成之间的正向关系，而公民教育过程中人文社会科学课程的学习对受教育者毕业后的政治参与意识

---

[1] Bologna Process，London Communiqué，Towards the European Higher Education Area：responding to challenges in a globalised world，available at http：//www. bmwf. gv. at/fileadmin/user _ upload/ europa/bologna/eu _ comm _ min-conf. pdf.

[2] D. Sunshine Hillygus，“THE MISSING LINK：Exploring the Relationship between Higher Education and Political Engagement”，*Political Behavior*，Vol. 27，No. 1，March 2005，pp. 25－47.

[3] Norman H. Nie，Jane Junn and Kenneth Stehlik－Berry，*Education and Democratic Citizenship in America*. Chicago：University of Chicago Press，1996，p. 17.

[4] Richard J. Herrnstein and Charles Murray，*The Bell Curve：Intelligence and Class Structure in American Life*，1994，New York：The Free Press，p. 253.

[5] Steven Rosenstone and John Mark Hansen，*Mobilization，Participation，and Democracy in America*. 1993，New York：Macmillan，p. 136.

具有更加明显的影响（Hillygus，2005）。[1]

由此可见，欧盟高等教育对积极公民培育所具有的重要作用必须通过公民教育的途径才能发挥出来。而对于已经完成初等、中等教育阶段公民教育的大学生来说，高等教育时期的公民教育内容具有新的特点。与前一时期以公民知识传授和价值观培养为主体内容的公民教育活动不同，高等教育阶段的公民教育必须确立“提升参与能力”的中心地位，当然，这并不意味着对公民知识与态度价值观的忽视。这里可以从三方面分析欧盟高等教育环节中积极公民教育的主要内容。

（1）在公民知识方面，进一步理解民族国家、欧盟与全球层次上的政治、经济制度，密切关注各个层次中的主要社会现实问题。

一般来说，高等教育机构的学生都是已到法定年龄的选民，可以依法参加所有的公民政治活动，他们已经成为推动民主政治与公民社会进步的重要力量。因此，积极公民教育在公民知识方面对他们提出了更高的要求。一方面，他们不但要通晓本国民主政治的各种制度安排，还需要熟悉欧盟治理机制的相关运行规制，对全球范围的政治、经济、法律等方面的制度安排也需要有进一步的了解；另一方面，他们需要密切关注本国、欧盟与全球范围内的主要政治、经济、社会问题，了解不同层次、不同性质问题相互之间的关系。尽管他们通过前一阶段的公民教育已经具备了一些基本知识，但高等教育期间相关课程的学习或研究活动的参与无疑能为他们的公民知识学习提供更充分的理论支撑。

（2）在公民态度与价值观方面，在进一步培养积极公民基本价值观的基础上注重公民责任与职业责任的养成。

如果说学前教育是公民价值观的萌芽时期，初等教育与中等教育阶段是公民价值观的发展时期，那么高等教育阶段则是公民价值观的基本成型时期。因此，经过前几个阶段的公民教育之后，学生不但了解了民主、人权、自由、平等、宽容、忍耐、和平等民主国家基本价值观念的基本内容，并且开始在自己的学习、生活以及有限的公民参与活动中践行这些价值观念，但这些态度与价值观还未能成为学生各方面的行为准则，因此，高等教育阶段的公民教育继续对学生进行积极公民态度与价值观的教育是很有必要的。与此同时，由于学生在高等教育阶段之后不但要作为成人公民积极参与各种公民活动，还要进入职业生涯为社会的经济发展积极做出贡献，因此，高等教育阶段的公民教育需要加强对学生的公民责任与职业责任意识的培养（Englund et al.，2008）。[2] 其中，公民责任教育不但包括培育学生积极履行法定义务的精神，更重要的是帮助他们养成积极的公民参与意识；而职业责任教育既包括对学生进行相关职业道德教育，还需要强调职业的公民意识教育，即培养学生在未来从事任何职业的过程中都能够从相应职业的特点出发积极履行公民责任的精神。

---

[1] D. Sunshine Hillygus，“THE MISSING LINK：Exploring the Relationship between Higher Education and Political Engagement”，ibid.

[2] Tomas Englund，Berit Karseth，Carsten Ljunggren，“Educating towards civic and Professional Responsibility – The Future of Higher Education”，*Utbildning & Demokrati*，No. 2，2008，pp. 5 – 12.

（3）在公民参与技能方面，强调训练学生的批判性思维、独立思考能力及协商沟通能力。

在高等教育阶段学生参与公民政治与公民社会活动的机会逐渐增多，进入了践行积极公民身份的“热身”阶段。因此，必须鼓励学生充分利用各种参与机会在锻炼已经掌握的基本公民参与技能的同时，逐渐培养包括批判性思维、独立思考能力以及协商沟通能力在内的新的参与能力。这是因为欧盟国家的积极公民既要积极参与本国各层次的民主生活，踊跃投身于欧盟层次的政治活动，还要广泛涉及民族国家、欧盟与全球范围内的各种公民社会运动。在这些参与活动中不但各种相关信息纷繁复杂，与公民个体的参与能力相比具有典型的信息不对称特征，而且各种不同的问题往往会形成多种多样互相冲突的观点，因此，解决问题需要较高的知识水平与逻辑思维能力。这就要求公民必须在拥有一定行业的职业知识的基础上进一步形成较强的批判性思维与独立思考能力、协商沟通能力，这样才能对民主参与过程中遇到的繁杂信息进行甄别，对各种不同的议题做出独立的分析评价，并在充分表达自我观点的同时善于倾听异见，最终尽可能地达成共识。而高等教育恰恰能满足现代公民社会对积极公民这种参与能力的要求。因为一方面高等教育中有关专业课程的学习使学生具备了了解分析各种社会问题所需要的技巧与理论知识；另一方面高等教育过程中所有课程的学习可以也必须有助于学生培养批判性思维与独立思考能力，使得大学等高等教育机构成为名副其实的“创造分歧、鼓励批判”的场所（Englund et al.，2008）。[1] 因此，高等教育阶段的学习无疑有助于学生培养积极公民所必需的分析、辨别、沟通、谈判与协商的能力。[2]

第五节　成人教育阶段积极公民教育的必要性与主要内容

在欧盟国家多年的成人教育[3]实践中，尽管促进成人进行公民意识学习一直是当中的一个目标，但成人公民教育从未成为成人教育的核心内容，因此在实践中，成人公民教育不管是在公民教育还是在成人教育体系中都长期处于边缘状态。但从欧盟倡导的终身学习视域中的积极公民教育来看，成人公民教育无疑是积极公民教育的一个非常重要的环节。因此，在成人教育阶段如何开展有效的积极公民教育同样成为当前欧盟社会各界共同关心的一个重要课题。

---

[1] Tomas Englund，Berit Karseth，Carsten Ljunggren，“Educating towards civic and Prefessional Responsibility – The Future of Higher Education”，*Utbildning & Demokrati*，No. 2，2008，pp. 5 – 12.

[2] Caitríona Ryan & Deirdre Stritch，*Active Citizenship and Higher Education*，available at http：//www. aishe. org/readings/2009 – 1/chap – 02. pdf.

[3] 从终身学习的进程来看，成人教育无疑包括所有25岁以上的成年公民所接受的各种教育活动，但在欧盟国家的实践中，25～64岁之间的成年公民构成了成人教育的主体，这点可以在欧盟官方与学术界众多与成人教育相关的文献中得到体现。因此，本书在讨论欧盟成人教育阶段的积极公民教育时，也主要以25～64岁之间的成年公民为分析对象。

一、成人教育阶段积极公民教育的必要性

欧盟积极公民教育不同于传统公民教育实践，它是一个以终身学习理念为指导的长期教育过程。对于成年公民来说，其不管在之前的教育阶段有否接受相应的公民教育，在成人时期都必须继续接受公民教育。对此，可以从以下三个方面进行分析。

（一）成人公民教育是培养成人公民素质的重要渠道

长期以来，西方国家学术界对成人公民教育在塑造成人公民素质过程中的作用没有给予足够的重视。其原因主要有两个方面：一是认为成人接受公民教育的机会非常有限。人们认可公民教育对公民素质的养成具有重要影响，但对于成年公民来说，来自工作、家庭的压力往往使得他们无法为接受进一步的教育提供足够的资源，即使参加成人教育，教育内容也主要与就业有关，再加上政府在成人公民教育方面相对消极的态度导致成人公民教育资源的匮乏，因此，成年公民接受公民教育的机会相对会少得多。二是认为早期公民教育对成人公民素质的形成具有决定性作用，因此成年公民没有必要继续接受公民教育，这是传统观点对中小学公民教育重要性异常重视的症结所在，同时也是忽视成人公民教育的重要依据。

20 世纪末期以来，西方理论界改变了过去那种对成人公民教育的怀疑态度，重新呼吁不断加强成年公民的公民教育。例如，美国学者鲍格斯（David L. Boggs）认为，在西方民主国家中，民主制度的质量与效率取决于公民教育在多大程度上为成年公民积极参与政治与社会活动创造积极有利的条件（Boggs，1991a）。[1] 这是因为民主制度的有序高效运行需要公民特别是成年公民的积极参与，而成年公民的政治与社会参与又需要具备充分的公民知识与“亲社会”态度的公民素质，以及分析处理复杂的政治、社会问题的能力。这些基本条件的形成需要成年公民长期坚持不懈地进行公民学习，因此，“成人公民教育是扩大民主广度与深度的关键”（Carcasson and Sprain，2012）。[2]

21 世纪以来，欧盟成员国对成人公民教育的态度同样发生了一些变化。一方面，这在于欧盟及其成员国在推进积极公民建设的进程中对成人教育的重视程度不断提高，越来越多的鼓励成年公民进行终身学习的决议与政策不断实施，因而成年公民接受公民教育的机会得以增加。另一方面，欧盟成员国中的中东欧国家自 20 世纪 90 年代制度转轨之后，民主化进程取得了重大进步，其中非常重要的原因在于这些国家成年公民的公民意识进行了重建。这些新兴民主国家成年公民的公民素质重建的经验表明，虽然儿童与青少年时期的公民教育（中东欧国家过去的政治教育）对公民素质的形成具有重要影响，但成年公民的政治态度、价值观念与政治参与技能都在不断变化，而成人公民教育正是促成这种变化的重要力量。成人公民教育的这种积极影响已经为一些

---

[1] David L. Boggs, “Civic Education: An Adult Education Imperative”, *Adult Education Quarterly*, 42, No. 1, 1991, pp. 46 – 55.

[2] Martín Carcasson, and Leah Sprain, “Deliberative Democracy and Adult CivicEducation”, in Linda and Muñoz Heide Spruck Wrigley (eds.), *Deliberative democracy and adult civic education*: *New Directions in Adult Civic Education*, October 2012, Jossey – Bass, p. 19.

学者的实证研究所证实（Finkel，2000；Blair，2003）。[1]

（二）成人公民教育是提高成年公民参与能力的主要方式

在欧盟积极公民的建设中，公民在政治及社会各个层次的积极参与是积极公民的核心要求，这就要求成年公民必须具备有效参与各种不同性质公民社会活动的技巧与能力。这种公民参与技能既可以在具体的政治参与和社会参与实践活动中不断得到锻炼，同样也能够在成人公民教育中得以提高。事实上，在具体参与活动中锻炼参与能力本身就是成人公民教育的重要方式，因为在具体政治与社会参与中积累的经验往往成为成年公民反思并且提高参与能力的重要源泉。

成人公民教育对提高成年公民公民参与能力的积极影响体现在三个方面。一是成人公民教育活动为成年公民提供了许多锻炼公民参与方法与技能的机会。成人公民教育活动不同于人们在前几个阶段的公民教育，它更多地通过非正规与非正式教育方式进行，主要借助在各种场景中的实践活动来表现。接受教育的成年公民在各种不同性质、不同层次的活动中可以观摩学习公民在不同场景中的参与方法与技能。参加这些锻炼的机会越多，自身能力提高得越快。二是成人公民教育活动中有相关专业人士进行指导。许多成人公民教育活动虽然并非由正规教育机构主办，但活动过程中往往有经验丰富的专业人士进行指导，他们能随时为学习者提供帮助，如协助学习者收集相关信息、制定行动方案、总结经验、指出不足等，这些指导活动有助于提高成年公民的学习效果。三是成年公民的心智水平与认知能力为相关的公民学习创造了很好的条件。成人公民教育的对象一般为成年公民，他们表现出的心智水平与认知能力远胜于儿童与青少年，因此在接受公民教育的过程中，尤其是在认识和处理复杂问题时，他们更有可能进行全面深刻的分析并且做出较为科学的决策，这无疑有助于提升成年公民的公民参与能力。

成人公民教育帮助成年公民习得公民参与方法与技能的措施主要有两个方面：一是为成年公民已获取的参与能力提供锻炼机会。理论上说，成年公民在成人教育阶段之前都已经接受了相应的公民教育，对基本的公民参与技能有了初步的掌握，但这些参与方法与技能需要在不断的实践中加以锻炼。成人公民教育主要通过众多的实践活动进行，这就为成年公民已经初步掌握的公民参与方法与技能提供了实践的机会。二是帮助成年公民学习新的参与技能。成年公民在参加现实的公民社会活动过程中会不断遇到新的问题，这些新问题的解决有赖于成年公民在不断获取新的公民知识的基础上去学习、掌握新的技能，而成人公民教育无疑为此创造了机会。

（三）从国民总体教育情况来看成人公民教育的必要性

成人公民教育的现状同样与一国国民教育总体状况密切相关。一国国民教育越发达，公民教育水平越高，公民的公民素养也越高；反之则相反。比如，如果欧盟成员

---

[1] Steven E. Finkel, "Can Tolerance be Taught? Adult Civic Education and the Development of Democratic Values", Paper prepared for the conference, "Rethinking Democracy in the New Millennium," University of Houston, February 16 - 19, 2000. Harry Blair, Jump - Starting Democracy: Adult Civic Education and Democratic Participation in Three Countries, Democratization, Vol. 10, No. 1, Spring 2003, pp. 53 - 76.

国的绝大部分公民都能够接受高等教育，那么成年公民的公民素质就能达到很高的水平，成人公民教育的任务相对就会简单得多；反之，成人公民教育的任务就会非常艰巨。因此，一国成年公民的公民素质与国家的总体教育水平具有十分密切的关系。

对于欧盟当前的总体教育情况，可以从以下几个方面进行分析。第一，欧盟各国的学前教育状况。欧盟统计局2007年有关数据显示，2007年欧盟各国4岁至义务教育学龄之间的儿童中接受正规学前教育的比例为90.7%，但各个成员国表现出较大的差距，西班牙、马耳他、荷兰、意大利、比利时、法国的这一比例超过了98%，其中法国为100%；而立陶宛、芬兰、希腊、波兰等国的这一比例低于70%，其中波兰为66.8%。第二，欧盟各国义务教育与高中教育状况。欧盟统计局有关数据显示，在2008～2012年间，欧盟18～24岁之间的公民中，教育水平低于高中教育以下的占这一区间人口的平均比例依次为14.8%、14.3%、14.0%、13.5%、12.8%。[1] 同样，各国之间表现出较大的差异，如2008年欧盟各国教育水平低于高中教育以下的占这一区间人口的平均比重为14.8%，其中，芬兰、立陶宛、斯洛伐克、捷克、斯洛文尼亚及波兰等国的这一比例都低于10%，而拉脱维亚、罗马尼亚、英国、意大利、西班牙、葡萄牙、马耳他等国家的这一比例都高于欧盟平均水平，西班牙为31.9%，葡萄牙为35.4%，马耳他为39.0%；而在欧盟所有的教育水平低于高中教育的"早期辍学者"(early leavers)[2] 人群中，平均大约75%的人完成了初中教育，大约15%的人教育水平为初等教育，但这一状况在保加利亚、葡萄牙和波兰等国要严重得多，"早期辍学者"中低于初等教育水平的比例分别为38%、40%、41%。[3] 第三，欧盟30～34岁公民的高等教育状况。在2002～2012年间，欧盟各国中所有30～34岁之间的公民中，具有高等教育水平的人口占该区间人口的平均比例依次为23.5%、25.0%、26.9%、28.0%、28.9%、30.0%、31.0%、32.2%、33.5%、34.6%、35.8%；各国之间的高等教育状况也互不相同，其中塞浦路斯、爱尔兰、芬兰、瑞典、比利时、法国等国家均超过40%，塞浦路斯达到47.1%，而意大利、罗马尼亚、斯洛伐克与捷克等国的这一比例都低于20%，捷克为15.4%。[4]

由以上所分析的欧盟民众教育水平的粗略情况，可以看出欧盟各国24岁以上成年公民在进入成人公民教育之前的公民教育状况所存在的一些问题。例如，30～34岁之间的成人中，至少有2/3的人没有接受高等教育阶段的公民教育；18～24岁之间的青年中，至少有1/10以上的人没有接受高中教育阶段的公民教育，而在这部分人口中，

---

[1] Eurostat, available at http://epp.eurostat.ec.europa.eu/portal/page/portal/europe_2020_indicators/headline_indicators.

[2] Early leavers from education and training refers to persons aged 18 to 24 fulfilling the following two conditions: first, the highest level of education or training attained is ISCED 0, 1, 2 or 3c short, second, respondents declared not having received any education or training in the four weeks preceding the survey.

[3] Promoting equity, social cohesionand active citizenship, available at http://ec.europa.eu/education/lifelong-learning-policy/doc/report09/chapter3_en.pdf.

[4] Eurostat, available at http://epp.eurostat.ec.europa.eu/portal/page/portal/europe_2020_indicators/headline_indicators.

保加利亚、葡萄牙和波兰 3 国中分别有 38%、40%、41% 的人也没有经历初中阶段的公民教育。因此，从欧盟当前总体教育状况来看，针对 24 岁以上的成年公民继续进行公民教育也是很有必要的。

二、成人教育阶段积极公民教育的主要内容

何谓成人公民教育？在美国学者鲍格斯（David L. Boggs）看来，成人公民教育是指“为帮助成人发展在社区以及更大的范围里有效行使公民职能所需技能与意愿的、有目的的系统的努力，其目的包括两个方面，一是理解政治问题并做出判断，二是通过商议、公开对话等方式做出为他人知晓的决定”（Boggs，1991）[1]。从鲍格斯的表述来看，在成人公民教育中，教育的主要内容就是培养成年公民的政治、社会参与的技能及参与意愿。而从终身学习视域下的欧盟积极公民教育的实践来看，成人时期的积极公民教育不但是积极公民意识的进一步完善时期，对那些之前没有接受过相应公民教育的成年公民而言，其还担负起对他们进行前几个阶段积极公民教育的“补课”职能。因此，从这个意义上说，在成年公民的积极公民教育中，针对不同的人群，公民教育的内容也不一样。一方面，成人积极公民教育需要针对之前没有接受过相应公民教育的成年公民进行积极公民的基本知识、基本价值观念与参与技能的教育；另一方面，还需要帮助已经具备积极公民知识、态度与技能的公民进行“升级教育”。从总体上看，成年公民积极公民教育的主要内容表现为以下方面。

（一）基本知识与技能教育

一般情况下，没有接受高等教育甚至高中或义务教育的公民也不会具有相应各阶段的公民知识与公民参与技能。因此，针对这一部分成年公民来说，首先需要进行关于积极公民的基本知识、基本态度与基本参与技能教育。

基本公民知识方面包括三个层次：一是关于本国国情尤其是以国家基本政治制度、民主体制以及其他各方面制度为主要内容的基本政治常识，二是关于欧盟基本制度以及欧盟成员国基本概况的欧盟基本常识，三是基于全球化背景下的全球政治、经济、文化、科技、环境等各方面的国际知识。基本态度与价值观念方面由以下几个元素组成：一是民主观，理解并掌握在从社区、地方、民族国家到欧盟以及全球范围里各层级活动中遵循民主理念的重要性，养成服从民主、维护民主的思想观念；二是法制观，维护法律并用各种法律法规来衡量自己的一切行为；三是人权观，在日常生活中形成尊重他人人权、捍卫自身人权的基本态度，对各种形式的侵犯人权的行为自觉进行抵制和批判；四是和平观，树立在日常生活与工作中与人和谐相处、忍耐、宽宏的品德，自觉谴责各种暴力行为。此外，还包括平等观、多文化观等其他一些重要的思想理念。在公民基本参与技能方面，由于成年公民基本上都具备了交际能力与逻辑判断推理能力，因此，这里需要强调的是直接参与政治及社会活动的能力，如政治活动中的投票、请愿或者宣扬自己政治主张的技能，社会活动中策划、动员、执行、合作的方法技巧，等等。

---

[1] David L. Boggs, *Adult Civic Education*, springfield: Charles C. Thomas, 1991, p. 5.

（二）公民知识与参与技能的升级教育

一般来说，成年公民是一国民主政治与公民社会活动的主要参与者，因此，成年公民的公民知识、态度价值观及参与技能是决定一国民主政治与公民社会发展水平的重要因素。从当前欧盟各国民主政治发展与欧盟政治一体化的实践来看，欧盟各国的成年公民多大程度上能被培养成真正的积极欧洲公民，这可能是影响欧盟一体化未来发展的一个关键因素。而成为积极公民的重要前提又在于公民尤其是成年公民是否具有与时俱进的公民知识与公民参与技能。

1. 成年公民不断丰富公民知识、提升参与技能的必要性

首先，积极公民教育本身就是一个终身教育过程。换言之，公民在自己的生命历程中必须根据各个不同时期的心智水平与认知能力进行相应的积极公民学习。而在公民学习的内容方面，各个时期的学习内容当然具有一脉相承的继承关系，但更为重要的是后期学习内容相对于前期内容必须表现出递进与发展的特征。如果从成年公民的积极公民教育来看，尽管需要针对之前没有接受过相应公民教育的成年公民进行有关积极公民的基本知识、价值观念及参与技能的“补课”教育，但成人积极公民教育的主要内容无疑应该是与成年公民担当的公民责任及其心智水平与认知能力相适应的新的知识与技能。

其次，民主政治与公民社会不断发展变化的现实状况要求成年公民积极公民教育的内容不断发展更新。对于欧盟及其成员国来说，民主政治与公民社会的发展会受到民族国家、欧盟以及世界范围里的政治、经济、文化、科技、安全、环境等多种因素的影响，因而会呈现出错综复杂的特征。许多需要公民积极参与的问题具有“邪恶”的特征，本身充满矛盾，不能分割成若干小问题而逐一解决，往往一个问题的解决又导致另一个问题的产生，等等（Rittel and Webber，1973）。[1] 事实上，欧盟及其成员国里的许多社会问题都带有这样的特征。比如，福利制度的改革有利于减轻政府的财政负担、维护宏观经济的稳定，但损害了民众特别是中下阶层的福利水平；劳动力的自由迁徙有利于整个欧盟地区劳动力资源的优化配置，但可能加剧部分国家劳动力市场的竞争程度；贸易保护主义措施维护了一部分人的经济利益，但造成另一部分人的福利损失；等等。这些问题往往引起了社会各界的激烈争议，需要广大成年公民的积极参与才有可能得以妥善解决。而要培养成年公民积极参与并推动这些复杂问题得以解决的能力，理所当然要求成年公民积极公民教育的内容必须与民主政治与公民社会纷繁复杂的现实状况相适应。

2. 成年公民积极公民教育的新内容

由此可见，对于成年公民而言，在具备了积极公民所要求的基本公民知识、态度与价值观念以及基本公民参与技能的基础上，他们还需要不断学习新的知识，培养新的观念，掌握新的参与方法与技能。这里把这些新的内容概括为以下三个方面：

---

[1] Horst W. J. Rittel and Melvin M. Webber，“Dilemmas in a General Theory of Planning.” *Policy Sciences*，1973，4（2），pp. 155 –169.

第一，在公民知识的习得方面，强调信息的获得与处理就是公民知识的学习。尽管已经具备了积极公民所要求的基本公民知识，成年公民依旧需要不断学习，进一步丰富自己的公民知识体系。由于成年公民是一国民主政治与公民社会活动的主体力量，他们需要了解涉及民主政治与公民社会各方面的知识，但这并不意味着他们要对所有的知识进行系统学习而成为“万能型公民”。他们进行的公民知识学习可以通过与其参与的政治及公民社会的各种现实活动结合起来，在不同的参与过程中学习不同的知识。具体来说，就是以参与的具体活动为特定的主题，广泛收集相关的背景知识信息并进行分析和处理，在信息的收集、处理过程中完成对主题的学习。这样一来，参与的政治与公民社会活动越多，获得与处理的信息也就越多，学习的机会也就越多，掌握的新的公民知识当然就会不断增加。

第二，在公民态度与价值观念方面，强调以参与意识为核心的公民德性的培养。一般来说，经过成人教育之前三个教育阶段的公民教育之后，民主、人权、自由、平等、和平、忍耐等态度与价值观念应该已成为成年公民的基本准则。所以，对成年公民而言，这些基本价值观念不再是积极公民教育的主要内容，参与意识成为这一时期积极公民价值观教育的核心内容。以参与意识为核心的公民德性的培养不只是关注公民参与政治及公民社会活动的行为本身，而是通过鼓励公民通过积极参与来培养公民的行动意愿或习惯，这种行动意愿或习惯需要在纷繁复杂的利益与价值观冲突中以弘扬、促进“公共善”为唯一的目的，最终才能达到促使公民形成一种利他、利公的参与责任与义务的目标（Pratte，1988）。[1]

第三，在公民参与方法与技能方面，强调以民主协商为中心内容的公民能力的锻炼。对于成年公民而言，在经历了成人公民教育之前的公民教育之后，他们同样具备了参加政治与公民社会活动的基本方法与技能。但现实中的民主政治与公民社会活动复杂多变，利益关系冲突，对成年公民的参与技能提出了更高的要求。具体而言，它要求公民参与绝不只是简单地依据“意见领袖”的建议进行“赞成”或“反对”的表决，它不但要求广大公民不能沉迷于这些复杂问题的表面特征，而必须在了解相关问题的背景与专业知识的基础上进行全面深入的分析，还需要公民主动在互相之间以及公民与政府之间进行充分的协商，积极阐述自己的观点，使大家对所涉及的问题达到全方位的了解，然后发挥群体的批判与创造性思维，在谈判、妥协中达成利益各方都可以接受的解决方案（Carcasson and Sprain，2012）。[2] 成年公民积极参与并推动这些复杂问题得以解决的能力其实就是一种政治协商技能，已为近年来欧美国家进行的“协商民主运动”所重视（Gastil，2004）[3]，现已逐渐成为西方民主国家对公民能力培养的新要求之一。

---

[1] Richard Pratte, *The Civic Imperative: Examining the Need for Civic Education* (*Advances in Contemporary Educational Thought*), New York: Teachers College Press, 1988, p. 17.

[2] Martín Carcasson and Leah Sprain, “Deliberative Democracy and Adult CivicEducation”, ibid, pp. 15 – 23.

[3] John Gastil, “Adult Civic Education Through the National Issues Forums: Developing Democratic Habits and Dispositions Through Public Deliberation.” *Adult Education Quarterly*, 2004, 54 (4), pp. 307 – 328.

第四章　全方位的欧盟积极公民教育

欧盟积极公民教育是一种不同于西方传统公民教育的教育创新活动。它要求欧盟成员国的公民教育活动不但要贯穿于公民生命周期的各个教育阶段，还必须借助正规教育、非正规教育及非正式教育这三种不同的方式对公民进行全方位的公民教育活动。本章将在第三章欧盟积极公民教育全过程研究的基础上，对欧盟积极公民教育的全方位进行分析，从而得到对欧盟积极公民教育模式更全面的认识。

第一节　终身学习视域中欧盟积极公民教育的三种方式

人的教育过程中有多种不同的教育（学习）方式发挥作用，学术界已经对此进行了许多研究。众多的有关文献表明，教育活动不但可以是较长时期内在正规教育场所中进行的具有严格等级梯度的学习过程，也可以是短期里围绕某一特定的主题或内容在非正规的教育机构中进行的学习活动，还可以是被教育者在正规教育机构或非正规教育场所之外自发进行的其他各种学习行为。自20世纪70年代以来，联合国教科文组织的《国际教育分类标准》[1] 将这些教育活动分为三种不同类型，即正规教育、非正规教育与非正式教育。[2] 如果结合欧盟国家的公民教育活动来分析，传统公民教育往往在公民所接受的正规教育中进行，而非正规教育与非正式教育在公民教育中应有的积极作用常被忽视。而积极公民教育则不同，它强调积极公民的培育必须同时发挥这三种不同教育形式的作用，以促使公民进行全方位的公民学习。但是，对正规教育（学习）、非正规教育（学习）与非正式教育（学习）这三种教育（学习）方式的区分，欧盟学术界与教育界一直存在争议。在这里，本书依据欧盟“发展与职业培训中心”关于欧盟教育与培训政策关键术语解释中对这三种教育（学习）方式含义的规定，分析它们在公民教育活动中的具体体现，为本章的后续研究确立框架。

一、正规教育

在欧盟“发展与职业培训中心”关于欧盟教育与培训政策的术语解释中，正规学习（formal learning）是指“发生在有组织、有结构的环境中，具有明确学习目的，有严格学习时间和必要学习资源安排，学习者有意识地进行的学习行为。正规学习的学习成果通

---

[1] International Standard Classification of Education, ISCE.

[2] Rosa – María Torres, *Amplifying and Diversifying Learning: Formal, Non – formal and Informal Education revisited*, available at http: http: //www. adeanet. org/adeaPortal/adea/wgnfe/publications/ biennial01/RMTorres% 20 –% 20ADEA%20Biennale%20outline. pdf.

常需要被验证或认证”（Cedefop，2008）[1]。与这种正规学习相对应的教育活动即正规教育，它具有下述特点：第一，这种活动从它的目标、时间安排与资源保障来看是一种典型的教学活动，学习成果需要接受评价，认可方式是依据一国相关法规通过考核之后授予国家认可的文凭或某种形式的合格证。第二，它主要发生在国家的教育与培训体系之中，因此具有明确的教育目的与严格的课程设置，教育内容相对固定，受到国家相关法律与规章制度的支配（La Belle，1982）[2]，被教育者必须遵循严格的行为规范，接受教师的正式评价，并在评价合格后才能进入下一层级的学习。[3] 第三，这种教育不考虑被教育者的个性特点与价值观念，被教育者对教育内容与教学方法几乎不能施加影响。根据这些特点，在欧盟各国的教育实践中，正规教育不但包括初等教育、中等教育与高等教育、职业教育，也包括其他机构举办的具有明确教育目的、规范的时间安排与必要教育资源的，而且被纳入国家教育学习认证体系中的短期教育与培训活动。

从公民教育的角度来看，由于长期以来各国公民教育的主要实践活动都是在初等教育与中等教育阶段进行的，因此可以说正规教育是各国公民教育的主要方式，这点在欧盟国家中也不例外。正规教育具有教学场所固定、教育资源丰富、教学内容规范、教学方式成熟、教师具有较高专业素质与职业道德等优点，这决定了它依旧是欧盟积极公民教育的重要方式。具体来说，积极公民教育中的正规教育活动主要指正规教育活动中与公民教育直接相关的学习活动，它具有明确的教学目的、具体的课程安排与专业的师资力量，学习活动循序渐进，学习成果可以也必须接受考核，这种公民教育活动主要体现为各级学校的与公民教育相关的课程学习及其与此类课程教学直接相关的其他教育活动。

二、非正规教育

根据欧盟“发展与职业培训中心”关于欧盟教育与培训政策的术语解释，非正规学习（nonformal learning）指“融合在有计划的活动中的学习行为，这种活动从目标、时间安排与支撑措施来说并非明确的正规学习活动，但参与者的活动是有意识的学习行为”（Cedefop，2008）[4]。与非正规学习活动相对应的教育活动即非正规教育，它表现出如下特点：第一，这种教育活动没有正规教育所具有的严密的组织性、结构性特点，虽然具有明确的目的、持续的时间安排与资源保障，也得到了预先安排，因而具有“半组织性”的特点，但这些要素并不能使它们具有正规教育或学习活动的明显特征（Cedefop，2008）。[5] 第二，它既可以针对特定对象，也可面向普通

---

[1] Cedefop，*Terminology of European education and training policy*：*A Selection of* 100 *key terms*. Luxembourg：Office for Official Publications of the European Communities，2008.，p. 85.

[2] Thomas J. La Belle，“Formal，nonformal and informal education：A holistic perspective on lifelong learning”，*International Review of Education*，1982，Volume 28，Issue 2，p. 162.

[3] Claudio Zaki Dib，*Formal*，*Non－formaland Informal Education*：*Concepts/Applicability*，available at http：//www. techne－dib. com. br/downloads/6. pdf.

[4] Cedefop，*Terminology of European education and training policy*：*A Selection of* 100 *key terms*. Luxembourg：Office for Official Publications of the European Communities，2008.，p. 133.

[5] Ibid.

人群（Coombs et al. ，1973）[1]；实施方式既可以是课程学习，也可以是有组织、有计划的“参与中学习”，或者兼而有之。第三，这种教育活动一般由非政府组织、企业或者公民社会组织等非教育机构举办，但有时也可由正规教育机构主办，或者在正规教育机构的场所中进行，被教育者也可以是正规教育机构中注册的学生，但教育活动与正规教育机构进行的正规教育没有直接关系（Hamadache，1991）。[2] 第四，教育活动不以获得正规教育中的合格证书或文凭为学习目的，但学习成果也可以得到认证。第五，受教育者可以选择非正规教育活动的教育内容，但不能影响其教学方法。

非正规教育在西方国家已取得丰富的实践经验，已成为正规教育活动之外的重要补充方式。在欧盟国家的公民教育实践中，非正规教育方式不但在青少年的公民教育过程中得到了广泛的运用，在成人公民教育活动中也发挥了积极作用。非正规教育具有教育内容灵活多变、教育受众针对性强、教育时间相对短暂、教育效果明显等优点，无疑也是欧盟积极公民教育活动的重要方式。非正规公民教育活动主要表现为非政府组织、公民社会组织、教育培训机构、其他政府部门等机构组织的与正规公民教育没有直接关系，但有助于培育人们公民意识、与提高公民参与水平相关的活动。

三、非正式教育

欧盟“发展与职业培训中心”关于欧盟教育与培训政策的术语解释将非正式学习（informal learning）定义为“源自工作、家庭生活以及休闲活动等日常活动中的学习行为”（Cedefop，2008）[3]。与这种非正式学习相对应的教育活动就是非正式教育。与正规教育及非正规教育相比较，非正式教育同样具有其鲜明的特点。第一，这种教育活动不管是从学习目的、时间安排还是支撑措施来看，都没有前两种教育形式的组织性、结构性或计划性的特点，因而它是一种随意的、偶然性的教育或学习活动。第二，在这种教育中，人们不断从日常活动经验与生活环境中获取并且积累知识、技能、态度与观点，因而它本身就是一个终身的进程（Coombs & Ahmned，1974）。[4] 第三，受教育者的学习行为通常是无意的，但也包括有意识的学习活动。第四，参与中学习也是非正式教育活动的重要方式，但与非正规教育中的参与活动不同，非正式教育的参与行为具有短暂、临时、偶然等特点。

非正式教育活动作为正规教育与非正规教育活动的补充形式，对受教育者的终身学习过程具有十分重要的积极作用。从西方国家的公民教育角度来看，受教育者通过

---

[1] P. H. Coomb, R. C. Prosser and M. Ahmed, “New Paths to Learning for Rural Children and Youth: Non – formal Education for Rural Development” . New York, International Council for Educational Development, 1973, from Ali Hamadache, “Non – formal education: A definition of the concept and some examples”, *Prospects*, 1991, Volume 21, Issue 1, p. 113.

[2] Ali Hamadache, “Non – formal education: A definition of the concept and some examples”, *Prospects*, 1991, Volume 21, Issue 1, p. 113.

[3] Cedefop, *Terminology of European education and training policy. A Selection of* 100 *key terms.* Luxembourg: Office for Official Publications of the European Communities, 2008, p. 93.

[4] Philip H. Coombs and Manzoor Ahmed, Attacking Rural Poverty: How Nonformal Education Can Help. Baltimore: Johns Hopkins University Press, 1974, p. 8.

日常活动中的自我教育，特别是通过积极参与各种层次的公民活动来不断提高自身公民素质，这点已达成了广泛的共识。欧盟及其成员国推行的积极公民建设从本质上看就是公民终身进行的公民学习过程，因此，非正式教育在积极公民教育实践中的积极作用无疑得到了充分肯定。

依据前述内容的分析，我们可以将正规、非正规及非正式的公民教育活动各自的特点在表 4－1－1 中进行简要归纳。

表 4－1－1　正规、非正规及非正式教育中公民教育的特点

特征 公民教育活动	是否具有组织性、结构性与计划性特征	教育活动的主办者	教育活动的主要实施方式	学习行为是否有意识	是否必须通过考核或认证
正规教育中的公民教育活动	有严格的组织性、结构性与计划性	正规教育培训机构	正规教育序列中的课程学习	有意识的学习	是
非正规教育中的公民教育活动	有计划、半组织性	正规教育培训机构及其之外的其他机构	课程学习、实践中学习或二者兼有	有意识的学习	否
非正式教育中的公民教育活动	无组织性、结构性与计划性	无	偶然的或随意的自我学习	无意识或者无意识的学习	否

第二节　欧盟积极公民教育中的正规教育及其主要实践

尽管从理论上分析正规教育在欧盟各个阶段的积极公民教育中都应该发挥重要作用，但从成员国的具体实践来看，正规的积极公民教育主要还是体现在中小学校的教育活动之中（Eurydice，2012）[1]，而在学龄前儿童教育、高等教育及成人教育三个教育阶段中，基本上没有具体直接进行公民教育的相应课程安排[2]，由此可见，中小学校的正规教育活动在积极公民教育过程中依旧发挥着主要作用。因此，本书在分析正规教育背景中的积极公民教育实践活动时，仅限于欧盟成员国中小学校的公民教育活动。

---

[1] Eurydice, *Citizenship Education in Europe*, available at http：//eacea. ec. europa. eu/education/eurydice/documents/thematic_ reports/139EN. pdf. 2012.

[2] 由于学前教育基本上没有被欧盟各国纳入正规教育体系，因此，关于学前教育中正规公民教育活动的实证研究的文献非常缺乏。关于欧盟高等教育机构公民教育活动的实证研究也比较少，笔者收集的资料主要有 Ian Davles etc.，Implementing Citizenship Education：Issues from Higher Education in Europe，2002；Committee for Higher Education and Research，Final General Report，February 2002，Universities as Sites of Citizenship and Civic Responsibility；Council of Europe，Sjur Bergan（editor），The University as Res Publica：Higher Education Governance，Student Participation and the University as a Site of Citizenship，2004；Laura Lannin，Staff and student conceptions of citizenship education：a case study of the University of Gloucestershire，2010。这些资料主要是针对高等教育阶段学生的公民参与进行的研究，基本没有涉及高等教育过程中的正规公民教育课程。在一些关于欧盟成人正规教育的研究成果中，如 Adults in Formal Education：Policies and Practice in Europe（Eurydice，2011），也没有针对成人正规公民教育的研究内容。

一、积极公民教育中的正规教育在各个不同阶段的表现

（一）学龄前儿童积极公民教育中的正规教育方式

尽管前文分析正规教育的含义及其特点时提到，在欧盟国家的教育实践中正规教育一般指从初等教育到高等教育的教育活动，但这里把欧盟成员国针对学龄前儿童（0~6岁之间的儿童）提供的各种形式的早期儿童教育（不管是政府直接举办还是政府授权举办并接受政府管理的）视为一种准正规教育。一个重要的原因在于，尽管在绝大部分欧盟成员国中早期儿童教育未被纳入公民的义务教育当中（事实上，近年来已有一些欧盟国家的义务教育提前到早期儿童教育，如荷兰、卢森堡、匈牙利等国规定义务教育从5岁开始）[1]，但国际实践普遍认为早期儿童教育是儿童进入初等教育阶段前必须经历的一个准备阶段。因此，在这样一种准正规的教育阶段，理论上当然包括以正规教育方式进行的儿童公民教育活动。

因此，学龄前儿童这种准正规教育中的积极公民教育主要指各种正规的早期教育机构有计划地针对儿童所进行的包括公民知识传授、公民意识培养与公民技能锻炼的教育活动。比如，幼儿园与学前班等学前教育机构的教师在班级教育活动中向儿童传授的基本国情知识（如学唱国歌、辨认国旗国徽等），帮助儿童形成互相尊重、互相帮助、宽容忍耐等品格，鼓励儿童积极参与教学过程中的互动活动以逐渐提高儿童的交际能力，等等。这类公民教育活动的最大特点在于，它是通过教师等专业人员有组织、有计划进行的，从而对学龄前儿童公民意识的养成具有直接的影响。

（二）中小学积极公民教育中的正规教育方式

与学龄前儿童教育中的积极公民教育不同，正规教育方式在中小学生积极公民教育中的地位明显提高。对学校公民教育中正规教育方式作用的这种认知变化可以从欧盟国家近几十年来学术界众多的研究成果得以体现。例如，德国学者席德勒通过分析“德国社会总调查”14届的调查数据发现，德国学校正规教育中的公民教育活动对学生培养政治兴趣、参加政治团体、参与政治选举与其他社会活动具有重要的积极影响（Siedler，2007）[2]；英国学者密里甘纳等人的研究表明，英国学校正规教育中的公民教育活动与学生的政治兴趣、选举参与同样有重要的正相关关系（Milligana et al.，2004）[3]；西班牙学者托亚等人针对西班牙的相关研究也得出了类似的结论（Touya，2006）。[4] 特别值得一提的是，学者霍斯金恩斯等人通过利用“欧洲社会调查”的数据对19个欧洲国家正规形式公民教育与积极公民培养之间的关系进行了实证研究，发现学校的正规教育（正规教育中的公民教育内容）对欧洲学生参与政治选举、加入政党

---

[1] Eurydice, *The structure of the European education systems* 2012/13: schematic diagrams, available at http://eacea. ec. europa. eu/education/eurydice/documents/facts_ and_ figures/education_ structures_ EN. pdf, 2013.

[2] Thomas Siedler, "Schooling and Citizenship: evidence from compulsory schooling reforms", IZA Discussion Papers 2573, Institute for the Study of Labor (IZA), 2007, available at http://ftp. iza. org/dp2573. pdf.

[3] Kevin Milligana, Enrico Morettib and Philip Oreopoulos, "Does Education Improve Citizenship? Evidence from the United States and the United Kingdom", *Journal of Public Economics*, 88 (9-10), 2004, pp. 1667-1695.

[4] Touya, D. "Can We Teach Civic Attitudes?" DT 06-03, Vigo: Universidade de Vigo, 2006, available at http://dialnet. unirioja. es/servlet/articulo? codigo=1983810.

以及参加游行示威等其他政治活动具有积极影响，换言之，学校正规的公民教育活动与积极公民意识的形成之间具有重要的因果关系（Hoskins et al.，2008）。[1]

中小学校积极公民教育活动中，正规教育方式主要体现为学校根据国家有关公民教育法规而组织起来的系统、规范、层次递进的公民教育课程。这些课程的基本教学内容包括公民必修的政治常识、公民态度与价值观念、批判与创造性思维以及公民参与技能等四个方面，这些基本内容在实际的教学过程中因为欧盟成员国公民教育体系的不同特点而具有不同的表达方式。例如，课程术语或名称各有不同，奥地利、德国、法国、意大利、保加利亚等国开设公民或公民教育课，希腊、西班牙、葡萄牙、罗马尼亚开设公民文化课程，英国、荷兰等国开设公民身份教育课程，芬兰、瑞典、捷克等国开设社会研究课程，等等；课程开设方式也有不同的方式，如法国、芬兰、英国等国的中学生的公民教育是一门独立的课程，而瑞典、德国、丹麦、意大利等国的小学与中学时期的公民教育都不是作为单独课程开设，而是结合在历史、地理、语言、宗教等其他社会科学课程中进行；作为独立课程开设的公民教育课的持续时间在各国也不一样，如法国中小学生的公民教育课学习时间最长，包括小学、初中、高中三个时期共 12 年，葡萄牙为 9 年，波兰、斯洛伐克、芬兰为 6 年，英国为 5 年，希腊、西班牙、罗马尼亚为 4 年，爱尔兰、卢森堡为 3 年，等等。[2]

（三）高等教育阶段积极公民教育中的正规教育方式

在当前欧盟各国的高等教育实践中，虽然公民教育被视为高等教育必须承担的社会职能之一，但公民教育并没有作为专门的教学目的直接体现在大学等高等教育机构的教学过程中。因此，以公民教育为直接、主要目的的正规课程学习在欧盟国家的高等教育中基本是不存在的。高等教育中正规公民教育活动一般是间接进行的，绝大部分学生是在有关课程的学习中间接地接受公民身份教育。最近 10 多年以来欧盟地区对高校公民教育的调查研究证实了这一点。例如，欧洲理事会 2002 年发表的一份关于欧洲高校公民教育的研究报告指出，“许多学校认为自己都是通过有关课程的开设间接地向学生传授有关民主与公民责任的知识”，而且这些课程主要集中在人文社会科学[3]，而政治学、经济学、社会学、法律等学科方面的课程学习又是担负这一间接公民教育职责的主要课程。[4] 事实上，在这些课程的学习中，学生也未能主动将这些知识的学习与自己的公民素质培养相联系，而是在之后参与各种社会实践活动时才发现它们对自己公民意识养成的积极作用。例如，学者对英国格洛斯特大学（University of Gloucester-

[1] Bryony Hoskins, Beatrice D'Hombres and Joann Campbell, "Does Formal Education Have an Impact on Active Citizenship Behaviour?" *European Educational Research Journal*, Volume 7, Number 3, 2008, pp. 386 – 402.

[2] Eurydice, *Citizenship Education in Europe*, 2012, available at http://eacea.ec.europa.eu/education/eurydice/documents/thematic_reports/139EN.pdf. 关于欧盟国家中小学积极公民教育中的正规教育方式的详细内容，将在下文详细分析。

[3] Council of Europe, *University as Sites of Citizenship and Civic Responsibility: Final Report*, Strasbourg, 1 August 2002, pp. 43 – 46.

[4] Karlheinz Duerr, Isabel Ferreira Martins, *Strategies for Learning Democratic Citizenship*, Council of Europe, Strasbourg, 19 July 2000, p. 47.

shire）心理学专业的学生进行调查发现，他们尽管进行了有关培养批判性思维的课程学习，但还是认为自己在学校没有接受公民教育，甚至觉得公民教育与他们的学科基本不相关，但这并不妨碍他们认识到批判性思维对他们参与公民政治活动的积极作用（Lannin，2010）。[1] 事实上，批判性思维的养成恰恰是积极公民教育中的一项重要内容。

（四）成人教育阶段积极公民教育中的正规教育方式

在前三个阶段的公民教育活动中，各层级正规教育机构都在学生的公民教育过程中扮演着重要的角色，尤其是在儿童与青少年的公民教育中，中小学校无疑是最重要的教育场景。然而在成人的积极公民教育过程中，尽管成年公民依旧可以通过正规教育途径接受积极公民教育，但正规教育机构的规范课程教育已不再是成人公民教育的主要方式。这一方面在于，欧盟成年公民教育的实际情况表明，只有小部分成年公民参加成人教育活动，而其中通过正规教育方式参加成人教育的人更少[2]，因此，通过正规教育方式进行成人公民教育的成年公民相当有限；另一方面，从欧盟国家高等教育的实际情况来看，绝大部分具有高等教育水平的成年公民基本上是在24岁左右完成高等教育的[3]，换言之，大部分24岁以上的成年公民也不可能仍在进行高等教育阶段的学习，从终身学习的角度来看，他们进入了成人教育时期。

在成人积极公民教育中，正规教育方式主要体现在以下两个方面。

一是成年公民通过弥补高中及以下阶段的正规教育接受公民教育。在竞争越来越激烈的欧盟劳动力市场，具备高中教育水平是成年公民进入劳动力市场的基本条件。[4] 因此，欧盟及其成员国鼓励高中教育水平以下的成年公民积极参加中小学校或专门针对成年学生提供教育服务的教育机构举办的继续教育活动。这种继续教育同样涉及公民教育方面的内容，但这种公民教育必须与这些成年公民的实际情况联系起来，因此无论是公民教育的课程设置、内容安排还是教学方法都与中小学针对儿童与青少年的公民教育有所区别。

二是成年公民通过高等教育阶段接受公民教育。这种情况主要涉及两部分人群：

---

[1] Laura Lannin, *Staff and student conceptions of citizenship education: a case study of the University of Gloucestershire*, 2010, pp. 118 – 119, available at http: // insight. glos. ac. uk/.

[2] 这点可以从欧盟成人教育中的正规教育、非正规教育以及非正式教育的分布情况加以说明。2003年欧盟劳动力调查（Labor force survey）的相关数据表明，欧盟25个国家的25～64岁之间成年公民在接受调查之前的一年里，接受过任何形式（正规、非正规与非正式）教育与培训的人数比例为42%，其中只有4.4%的人接受过正规教育机构提供的教育。参见 Emmanuel Kailis and Spyridon Pilos, Statistics in focus: Population and Social Condition, Lifelong learning in Europe, available at http: //libserver. cedefop. europa. eu/vetelib/eu/pub/eurostat/2005 _ 0002 _ en. pdf。

[3] 欧盟统计局2012年公布的有关数据显示，2011年欧盟国家高等教育中学生的平均年龄情况为：欧盟总体平均年龄为22.1岁。大学生平均年龄低于21岁的有比利时、爱尔兰、法国，其中爱尔兰最低，为20.4岁；超过24岁的有丹麦、奥地利、芬兰、瑞典，其中芬兰最高，为24.9岁。参见 http: //epp. eurostat. ec. europa. eu/tgm/table. do? tab = table&init = 1&plugin = 1&language = en&pcode = tps00061。

[4] Eurydice, *Adult in Formal Education: Policies and Practice in Europe*, p. 27, available at http: // eacea. ec. europa. eu/education/eurydice/documents/thematic_ reports/128EN. pdf.

第一，极少数完成高等教育的成年公民没有进入劳动力市场，继续在高等教育或其他研究机构进行学习与研究活动，如进行硕士、博士学位或同等学历的学习研究工作。[1] 第二，之前没有接受高等教育的成年公民在满足相应条件时开始高等教育。这两部分成年公民有机会在正规高等教育或研究机构中继续接受公民教育。但这种正规公民教育绝大部分通过间接方式进行，换言之，与公民教育有关的内容主要反映在一些社会科学课程的学习与研究中。在这些课程的学习过程中，他们在教师或专家的指导下针对一些与公民意识、公民参与有关的问题进行理论与实证研究，从而进一步提高自身的公民素质。

二、对中小学正规积极公民教育活动的实证分析

21 世纪初，积极公民的培育已经成为欧盟教育与培训制度的主要目的之一（Council of European Union，2001，2009，etc.）[2]，这也充分反映在欧盟成员国中小学校的正规教育之中。尽管公民教育的具体目标与教育内容在欧盟成员国中可能存在各种差异，但培育能为社会发展与福利做出积极贡献的积极公民是各国中小学校公民教育活动的主要目标（Eurydice，2012）。[3] 下文主要依据 Eurydice 2005 年的研究报告《欧洲中小学校公民教育》与 2012 年的研究报告《欧洲公民教育》[4][5]，具体从四个方面来认识最近 10 多年来欧盟中小学校正规教育活动中的积极公民教育情况。

（一）课程开设方式

根据 Eurydice 2005 年与 2012 年的研究报告，欧盟成员国中小学公民教育课程的开设主要有三种方式：一是专门开设公民教育类课程，二是整合至其他几门课程中进行公民教育，三是内化在所有课程中的跨课程公民教育（Eurydice，2005、2012）。[6] 但这三种课程开设方式并非互相排斥，事实上，大部分欧盟国家中小学校的公民教育课程都是三种方式的有机结合。

1. 专门开设公民教育课程进行积极公民教育

这种课程开设方式是指中小学校单独开设公民教育有关的课程（stand - alone course）进行积极公民教育的教学活动（课程术语并不完全相同）。单独开设公民教育有关课程的国家有保加利亚、爱沙尼亚、爱尔兰、希腊、西班牙、法国、塞浦路斯、

---

[1] 此即 2011 年国际教育标准分类中的 ISCED7 与 ISCED8 阶段的学习，参见 International Standard Classification of Education，ISCED 2011。

[2] Council of the EU：The Concrete Future Objectives of Education and Training Systems. Report from the Education Council to the European Council. 5980/01（Brussels，14 February 2001）and Council conclusions of 12 May 2009 on a strategic framework for European cooperation in education and training（"ET 2020"）. OJ C 119，28. 5. 2009.

[3] Eurydice，Citizenship Educatio n in Europe，2012，p. 17，ibid.

[4] Eurydice，*Citizenship Education at school in Europe*，available at http：//www. indire. it/lucabas/lkmw_ file//eurydice///Citizenship_ schools _ Europe _ 2005 _ EN. pdf，*Citizenship Education in Europe*，available at http：//eacea. ec. europa. eu/education/eurydice/documents/thematic_ reports/139EN. pdf.

[5] Eurydice 的欧洲公民教育研究系列报告中涉及的国家主要是欧盟成员国。2005 年研究报告涉及 30 个欧洲国家，其中包括 25 个欧盟成员国；2012 年研究报告涉及 31 个欧洲国家，其中包括 27 个欧盟成员国。

[6] Eurydice，*Citizenship Education at school in Europe*，2005，pp. 17 – 22，ibid；EURYDICE，Citizenship Education in Europe，2012，pp. 18 – 24，ibid.

立陶宛、卢森堡、荷兰、波兰、葡萄牙、罗马尼亚、斯洛文尼亚、斯洛伐克、芬兰以及英国的英格兰地区。其中，爱沙尼亚、希腊、西班牙、法国、葡萄牙和罗马尼亚等国中小学校单独开设的公民教育课程为强制性的义务课程，其他国家皆为非强制性课程（Eurydice，2012）。

2. 整合至其他课程中进行公民教育

这种课程开设方式是指将公民教育整合到历史、地理、语言以及伦理或宗教教育等有关社会科学课程中进行教学。欧盟成员国中除了葡萄牙与英国的英格兰、威尔士与北爱尔兰地区外，其他国家的中小学校都把公民教育整合至其他课程中进行教学活动。

在大部分欧盟国家的中小学校中，公民教育活动既有独立的公民教育课程，也有整合至其他社会科学课程之中的教育活动，两种方式同时存在。这并不意味着两种方式下各自的教学内容互不相同，或者认为后者的教学中没有公民教育方面的实质内容；相反，公民教育内容往往成为整合目标课程中的重点内容。例如，在拉脱维亚中小学中，"拉脱维亚历史"就是一门整合公民教育内容的课程，这一课程的教学目的就包含"为民主拉脱维亚培养负责任的、宽宏忍耐的公民提供支持"；再如，在奥地利，"历史、社会研究与公民教育"是对中学生进行公民教育的一门重要课程，而在初中最后一年中这门课程学习的主要内容就是公民方面的知识（Eurydice，2012）。[1]

3. 跨课程公民教育

在大部分欧盟国家中，不管采取专门开设公民教育课程还是整合至其他社会科学课程的方式，都不意味着主要是这些相关课程的任课教师才承担对学生进行公民教育的责任。事实上，在这些国家中小学校正规课程的公民教育实践中，学校及其所有教师都是学生公民教育的实施者。这就意味着公民教育的相关内容内化到了学校的日常管理与学生所有的课程学习当中。从公民教育课程的开设方式来看，这便是一种学校师资力量全员参与的跨课程教育方式。

根据 Eurydice 2012 年的研究报告，除了保加利亚、德国、希腊、马耳他、荷兰、罗马尼亚、斯洛伐克、瑞典与英国的英格兰地区之外，大部分欧盟成员国中小学校在积极公民教育实践中都强调跨课程公民教育的重要性。根据这些国家的具体情况，跨课程公民教育方式在实践中表现为两种不同的形式。一是大部分成员国政府制定的关于中小学校课程的学习目的中明确包括与公民教育相关的内容，要求学校所有教师在自己所进行的教学活动中肩负起公民教育的责任，这些国家有比利时、捷克、爱沙尼亚、西班牙、法国、拉脱维亚、立陶宛、匈牙利、波兰、芬兰等。如，捷克在 2007 年制定的基础教育课程框架中规定了中小学教育九个方面的目的，其中包括培养"学生的逻辑思维、创造性与解决问题的能力""合作以及尊重别人的工作与成功""独立与值得信仰的人格""与人们一起生活的能力"，这些能力要求本质上就是中小学生公民能力的重要组成部分，构成了捷克中小学生必须培养的核心能力，学校一切教学活动

[1] Eurydice, *Citizenship Education in Europe*, 2012, p. 21, ibid.

都必须积极参与到学生的公民能力培养过程当中。[1] 此外，该课程框架还为公民教育的正规课程教育指定了“民主公民”“在欧洲和全球背景下思考”“多文化教育”等具体课程。再如，法国2008年制定的国家课程大纲明确规定了小学生必须具备的核心知识与能力，当中不但明确包括“社会与公民能力”，而且还具体规定了小学教育期间学生必须掌握的涉及公民意识养成的知识、技能与态度价值观念，如认知法兰西共和国的象征、尊重他人、遵守集体生活的规则、遵守游戏规则，以及在与朋友、成人相处时遵守基本礼仪等。[2]

另一种情况是把公民教育的有关内容设计成具体的跨课程学习领域，在所有教师的共同努力之下完成学生公民教育的任务。如，在爱尔兰，小学阶段的公民教育被整合在一个关于社会、个人与卫生的教育项目中，该项目要求所有教师积极帮助学生在正规与非正式的学习场景中培养公民意识、锻炼公民参与能力，如帮助学生发展自我实现与社区生活能力、培养学生的自尊与自信、为学生提供参与讨论与反思的机会、帮助学生培养负责任的决策能力等。[3] 在意大利的中小学校中，自2010年中小学校改革以来，中小学义务教育阶段形成了一个“宪法与公民”的跨课程学习领域，要求所有教师必须把公民与宪法相关的教学目的整合到自己任教课程的教学过程中，帮助学生了解更多的关于意大利宪法的知识，培养他们的公民意识与公民能力，见表4－2－1。[4]

表4－2－1 欧盟国家中小学校积极公民正规教育中的课程开设情况[5]

课程情况 / 国家	单独开设公民教育课程（开课时间、课程术语）	整合至社会科学课程（开课时间、课程术语）	跨课程公民教育（开课时间、课程术语）
保加利亚	高中：世界与人格	小学：祖国、人与社会 初中：历史与文明、地理、经济 高中：心理学与逻辑、历史与文明、地理与经济、道德与法律、哲学	无
捷克	无	小学：人与世界 初中：人与社会、语言和语言交际 高中：人与社会、语言和语言交际	小学、初中：民主公民、多文化教育 小学、初中、高中：公民能力
丹麦	无	小学与初中：历史、社会研究	无
德国	无	小学：通识 初中、高中：历史、社会研究、政治	无

---

[1] Kateřina Vlcková, *Curriculum in the Czech Republic*, available at http://is. muni. cz/el/1441/podzim2006/PdZZ_CES/um/CDROM_ Curriculum_ EN. pdf.

[2] French Curriculum: *Kindergarten & Primary School*, available at http://teswww. tes. tp. edu. tw/cmsimages/french_ curriculum_ primary. pdf.

[3] Department of Education and Science of Ireland, *Social, Personal and Health Education*: Junior Cycle, available at http://www. curriculumonline. ie/uploadedfiles/PDF/jc_ sphe_ sy. pdf.

[4] Hilary Creek, *Civic Competences for an Active Citizenship: Developing citizenship in schools*, available at http://www. programmallp. it/lkmw_ file/LLP/in_ evidenza/Creek/CIVIC COMPETENCES FOR AN ACTIVE CITIZENSHIP English. doc.

[5] 表4－2－1内容来自Eurydice, Citizenship Education in Europe, 2012, pp. 109－123, ibid。

续表

课程情况 国家	单独开设公民教育课程（开课时间、课程术语）	整合至社会科学课程（开课时间、课程术语）	跨课程公民教育（开课时间、课程术语）
爱沙尼亚	小学、初中、高中：公民学	小学、初中：人格、社会与健康教育、日常法规、经济研究、商业研究	小学、初中、高中：价值能力、社会能力、交际能力与企业家精神
爱尔兰	初中：公民学、社会与政治教育	小学、初中、高中：英语、历史、地理	小学：社会、个人与健康教育
希腊	小学、初中：公民与社会研究 高中：法律与政治机构	小学：环境研究、体育、祖国经济、健康教育、消费者教育、道路安全教育与环境教育、语言	无
西班牙	小学与初中：公民教育与人权 初中：伦理与公民教育 高中：哲学与公民身份	小学、初中、高中：各种不同科目	小学与初中：社会与公民能力
法国	小学：道德规范 初中：公民教育 高中：公民教育、法制与社会	小学、初中、高中：历史、地理、哲学	初中：社会与公民能力
意大利	无	小学与初中：历史、地理、社会研究 高中：历史、哲学、法律、社会研究	小学、初中、高中：宪法与公民身份
塞浦路斯	初中：社会与公民教育 高中：公民教育	小学：历史、现代希腊语言、文学 初中与高中：古代希腊语言 高中：哲学、心理学、社会学	小学、初中、高中：民主态度与行为、公民能力与技能等
拉脱维亚	无	小学：道德/基督教 小学与初中：社会科学、拉脱维亚语言 初中：外语、文学、历史、地理等 高中：政治与法律、历史、经济学、哲学、心理学、语言等	小学、初中、高中：社会与交际技能
立陶宛	初中：公民基础知识	小学：道德教育、立陶宛语言、社会与环境教育 初中：历史、道德教育、立陶宛语言、地理、经济学与企业家精神 高中：历史、道德教育、地理、立陶宛语言、经济学与企业家精神、哲学、法律	小学、初中、高中：社会教育与公民教育

续表

课程情况/国家	单独开设公民教育课程（开课时间、课程术语）	整合至社会科学课程（开课时间、课程术语）	跨课程公民教育（开课时间、课程术语）
卢森堡	高中：公民教育	小学：道德与社会教育、道德与宗教 初中、高中：道德社会教育/宗教与道德教育、历史、地理、文化概论等课程	小学：人际关系方法
匈牙利	无	小学、初中、高中：人类与社会系列课程	小学、初中、高中：社会与公民能力、母语交际能力、学习能力、创新与企业家意识
马耳他	无	小学：社会研究、个人与社会发展 初中：社会研究、个人与社会发展、地理、历史、欧洲研究（选修） 高中：地理、历史、欧洲研究（选修）	无
荷兰	高中：社会研究	小学与初中：人与世界、人与社会等系列课程	无
奥地利	无	小学：通识与社会研究 初中、高中：地理与经济学、生态与环境研究、宗教教育、历史、社会研究与公民教育	小学、初中、高中：公民教育、以各种项目为基础的教育
波兰	初中、高中：社会知识	小学：波兰语言、历史与社会、道德/宗教 初中：波兰语言、历史、哲学、道德/宗教 高中：波兰语言、历史、哲学、道德/宗教、企业家精神导论	初中、高中：社会与公民能力、交际技能、团队合作能力、企业家精神、互相尊重、预防歧视等
葡萄牙	小学、初中：公民训练	无	小学、初中、高中：公民教育
罗马尼亚	小学：公民教育、欧洲教育（选修） 初中：公民文化、跨文化教育（选修） 高中：社会研究 选修科目：公民教育、媒体技能、人权、民主教育、跨文化教育、欧盟机构、国际人权法	高中：社会学、哲学、历史	无

续表

课程情况 国家	单独开设公民教育课程（开课时间、课程术语）	整合至社会科学课程（开课时间、课程术语）	跨课程公民教育（开课时间、课程术语）
斯洛文尼亚	初中：公民教育与道德、公民文化（选修）	小学：斯洛文尼亚语言、外语、环境教育、社会科学、历史、地理 初中：斯洛文尼亚语言、地理、历史、外语、选修科目 高中：斯洛文尼亚语言、外语、社会学、地理、历史	高中：公民文化
斯洛伐克	初中、高中：公民科学	小学：祖国 小学、初中、高中：伦理道德/宗教教育	无
芬兰	初中、高中：社会研究	小学：环境与自然科学 小学与初中：历史、生物、地理	小学、初中与高中：参与型公民与企业家精神
瑞典	无	小学、初中与高中：社会科学、历史、瑞典语言	无
英国（英）	初中、高中：公民身份	无	无
英国（威）	无	无	小学、初中与高中：个人与社会教育框架下的部分内容
英（北爱）	无	无	小学：个人发展与互相理解 初中：地方与全球公民
英国（苏）	无	初中、高中：包含公民教育内容的各种科目	小学、初中与高中：公民教育
比利时（法语区）	无	小学、初中：历史与地理基础知识、法语、语言、运动教育、艺术教育、道德/宗教 高中：历史、道德/宗教、地理、社会与经济科学	小学、初中、高中：与积极公民相关的跨课程活动
比利时（德语区）	无	小学、初中：德语、法语、外语、数学、历史/地理、科学与技术、艺术教育、运动	小学与初中：培养学生对社会发展的奉献意识
比利时（佛兰德语区）	无	小学：与世界相关的社会话题	小学：社会技能 初中与高中：社会中的政治司法内容

（二）欧盟国家中小学校公民教育课程的时间安排

在欧盟成员国中小学校中，正规课程教育中的公民教育时间与公民教育课程开设的方式具有密切关系。这里可以从公民教育的时间跨度与具体课程的教学时间两个方面来分析。在时间跨度方面，又可以从三个角度来区分。从前文的分析可以得知，首先，欧盟中小学生接受公民教育的总体时间基本上与各国初等、中等教育的延续时间一致，大部分国家的学生达到12年，其中，捷克、德国、意大利、拉脱维亚、立陶宛、卢森堡、奥地利、波兰、斯洛文尼亚、斯洛伐克、芬兰、瑞典及马耳他等国的中小学生则达到13年。其次，绝大部分欧盟国家的中小学都采取了把公民教育相关内容整合至社会科学课程中进行教学的实践，这种教学方式的时间跨度在各国并不相同。如，捷克、德国、意大利、卢森堡、奥地利、斯洛文尼亚、斯洛伐克、马耳他等国为13年，比利时法语区、爱尔兰、西班牙、法国、塞浦路斯、拉脱维亚、匈牙利、芬兰、瑞典等国为12年，此外，保加利亚、立陶宛为11年，荷兰为10年，波兰、比利时德语区为9年，比利时佛兰德语区与英国苏格兰地区为6年，希腊、罗马尼亚为4年，丹麦、爱沙尼亚为3年。最后，除了上述两个方面之外，还有部分欧盟国家的中小学校单独开设了公民教育类的具体课程，这种课程的时间跨度在相关国家中也不尽相同。具体来说，法国中小学生学习公民教育类具体课程的时间最长，为12年，葡萄牙为9年，波兰、芬兰、斯洛伐克为6年，爱沙尼亚、英格兰为5年，希腊、西班牙、罗马尼亚为4年，爱尔兰、卢森堡为3年，塞浦路斯、立陶宛、荷兰、斯洛文尼亚为2年，保加利亚为1年。[1]

在具体课程的教学时间方面，对于那种把公民教育相关内容整合至社会科学课程中进行教学的情况，由于各国中小学校正规课程教学实践中社会科学方面的课程在课程名称、开课时间以及课程延续时段等方面的差异性，尤其是公民教育内容被整合的方式以及被整合内容的比重在各门不同的社会科学课程中、在各个不同国家中具有很大的不同，这种课程的教学时间很难确定。因此，我们只能考察那些单独开设的公民教育类课程的教学时间。

从表4－2－1得知，爱沙尼亚、希腊、西班牙、法国、罗马尼亚五国在小学、初中、高中三个阶段都单独开设公民教育类课程，其中前四个国家三阶段的年均最少教学时间分别为爱沙尼亚4.4、17.5、17.5小时，希腊8.8、15.0、15.0小时，西班牙8.3、17.5、35.0小时，法国30.0、28.0、16.0小时（罗马尼亚在小学与初中阶段的年均最少教学时间分别为15.0、10.0小时，高中阶段教学时间不详）。葡萄牙只在小学、初中阶段开设独立的公民教育课程，两阶段年均最少教学时间都为27.0小时。塞浦路斯、波兰、斯洛伐克、芬兰与英国英格兰地区只在初中、高中阶段开设独立的公民教育课程，其中塞浦路斯、波兰、斯洛伐克三国两阶段年均最少教学时间分别为塞浦路斯4.0、8.0小时，波兰16.3、18.6小时，斯洛伐克24.8、6.2小时（芬兰与英国英格兰地区的教学时间不详）。爱尔兰、立陶宛、斯洛文尼亚只在初中阶段单独开设公民教育课程，年均最少教学时间分别为23.0、16.0、17.5小时。保加利亚、卢森堡、荷兰只在高中阶段单独开设公民教育课程，保加利亚与卢森堡的年均最少教学时间依

[1] Eurydice, *Citizenship Education in Europe*, 2012, pp. 19－20, ibid.

次为11.6、21.1小时（荷兰教学时间不详）详见表4-2-2。[1]

表4-2-2 欧盟国家中小学校公民教育课程的时间安排[2]

时间安排 国家	整合课程 的学年跨度	单独开设课程的学年跨度 及年均最少教学时间
保加利亚	11年	1年（高中，11.6小时）
捷克	13年	无
丹麦	3年	无
德国	13年	无
爱沙尼亚	3年	5年（小学：4.4小时；初中、高中：均为17.5小时）
爱尔兰	12年	3年（初中：23.0小时）
希腊	4年	4年（小学：8.8小时；初中、高中：均为15.0小时）
西班牙	12年	4年（小学：8.3小时；初中：17.5小时；高中：35.0小时）
法国	12年	12年（小学：30小时；初中：28.0小时；高中：16.0小时）
意大利	13年	无
塞浦路斯	12年	2年（初中：4.0小时；高中：8.0小时）
拉脱维亚	12年	无
立陶宛	11年	2年（初中：16.0小时）
卢森堡	13年	3年（高中：21.1小时）
匈牙利	12年	无
马耳他	13年	无
荷兰	10年	2年（高中：年教学时间不详）
奥地利	13年	无
波兰	9年	6年（初中：16.3小时；高中：18.6小时）
葡萄牙	无	9年（小学、初中：均为27.0小时）
罗马尼亚	4年	4年（小学：15.0小时；初中：10.0小时）
斯洛文尼亚	13年	2年（初中：17.5小时）
斯洛伐克	13年	6年（初中：24.8小时；高中：6.2小时）
芬兰	12年	6年（初中、高中：年教学时间不详）
瑞典	12年	无
英国（英格兰）	无	5年（初中、高中：年教学时间不详）
英国（威）	无	无

[1] 参见 Eurydice，*Citizenship Education in Europe*，2012，p26.

[2] 表格中“整合课程的学年跨度”与“单独开设课程的时间跨度”参见 Eurydice，Citizenship Education in Europe，2012，p20；单独开设课程时的年均最少教学时间参见 p26，ibid.

续表

国家 \ 时间安排	整合课程的学年跨度	单独开设课程的学年跨度及年均最少教学时间
英（北爱）	无	无
英国（苏）	6 年	无
比利时（法语区）	12 年	无
比利时（德语区）	9 年	无
比利时（佛兰德语区）	6 年	无

（三）欧盟国家中小学校积极公民教育中正规课程教育的目的与主要内容

在分析欧盟积极公民教育的教育目的与教育内容时，我们必须要注意到两个“不同”。一是纵向比较的“不同”。由前文分析可知，欧盟推行积极公民教育的总体目标是把欧盟成员国公民在终身学习的进程中培养成为积极的欧洲公民。由于积极公民教育是一个终身教育过程，因此最终目标需要具体体现为各个阶段的阶段性目的，而阶段性的教育目的又必须通过与公民心智水平、认知能力相适应的教育内容的实施才能实现。因此，在欧盟成员国公民教育的具体实践中，各个不同阶段的积极公民教育活动往往具有不同的教育目的与教育内容。[1] 二是横向比较的“不同”。此即不管是哪个阶段，积极公民教育的目的与内容在欧盟成员国之间也会具有不同表现。这里主要涉及欧盟国家中小学校积极公民教育的主要教育目的与教育内容。

针对中小学校积极公民教育的教育目的与教育内容，欧盟各成员国的教育法规法令或国家课程纲要都有具体而又不同的描述。Eurydice 2005 年的研究报告[2]把欧盟国家中小学校积极公民教育的教育目的归纳为以下三个方面。[3]

一是政治常识学习，即通过中小学校正规课程中的积极公民教育帮助学生掌握民主与人权方面的理论知识，使学生了解政治与社会机构的运作，理解文化与历史的多样性，等等。

二是培育学生成为积极公民必须具备的态度与价值观念，即通过学习帮助学生培养自尊与尊重他人的意识，使他们形成和平解决争执、与他人和谐相处的理念，培养与多元社会相适应的价值观念，等等。

三是鼓励学生积极参与，即在正规课程的积极公民教育活动中，鼓励学生积极参加校园及其所在社区的各种活动，锻炼学生的公民参与能力。

Eurydice 2012 年的研究报告总结了欧盟国家积极公民教育的新发展，其中在积极公民教育的教育目的方面增加了新的内容，即获得批判性思维与分析能力。[4] 这样一

---

[1] 关于欧盟积极公民教育各个不同阶段的教育内容，已经在上一章进行了详细分析，本章不再赘述。

[2] Euryrice 2005 年的研究报告包括 25 个欧盟成员国，也包括罗马尼亚与匈牙利，这两个国家后来成为欧盟成员国并包括在 Euryrice 2012 年的研究报告中。

[3] Eurydice, *Citizenship Education at school in Europe*, available at http: //www. indire. it/lucabas/lkmw_ file//eurydice///Citizenship_ schools_ Europe_ 2005_ EN. pdf, p. 27.

[4] Eurydice, *Citizenship Education in Europe*, 2012, p. 27, ibid.

来，欧盟国家中小学校正规课程中的积极公民教育就形成了四位一体的教育目的。

这四位一体的教育目的在欧盟成员国中小学校积极公民教育的正规课程教学过程中基本上得到了较好的体现。Eurydice 2012 年的研究报告对这一问题进行了分析。在大部分欧盟成员国中，这四个方面的教育目的都完全体现在小学（ISCED 1）、初中（ISCED 2）以及高中（ISCED 3）三个阶段的公民教育课程中，这些国家有保加利亚、捷克、爱沙尼亚、爱尔兰、法国、意大利、塞浦路斯、拉脱维亚、立陶宛、匈牙利、马耳他、奥地利、波兰、葡萄牙、罗马尼亚、芬兰和瑞典，此外还包括比利时的法语、佛兰德语地区以及英国的苏格兰地区。其他国家（或地区）的情况则各有不同。如，在丹麦，不但小学的积极公民教育课程教学中没有这四个方面的要求，而且初中、高中两个阶段的积极公民教育也不要求学生积极参与校园外的社会活动；在德国，政治常识学习与批判性思维、分析能力的养成是三个阶段积极公民教育的共同目的，但积极公民态度与价值观的养成以及积极参与校园及其所在社区的活动只是小学与初中阶段积极公民教育的教育目的；在希腊，鼓励学生参与校园与社区的各种活动未能成为初中阶段积极公民教育的教育目的；在荷兰，小学阶段积极公民教育的教育目的包括积极公民态度与价值观的养成以及积极参与校园及其所在社区的活动，初中阶段则体现为培养学生的积极公民态度与价值观、鼓励学生参加校园与社区活动，高中阶段的教育目的则全面一些，除了不包括鼓励学生参加校园活动之外，涵盖了其他所有内容；等等（Eurydice，2012）。[1]

表 4-2-3　欧盟国家中小学校正规积极公民教育的教育目的[2]

国家＼目的	发展政治常识（基本事实与关键概念）	掌握批判性思维与分析能力	培育积极公民的态度、行为与价值观	鼓励学生参加校园活动	鼓励学生积极参与社区活动
保加利亚	小、初、高	小、初、高	小、初、高	小、初、高	小、初、高
捷克	小、初、高	小、初、高	小、初、高	小、初、高	小、初、高
丹麦	初、高	初、高	初、高	初、高	
德国	小、初、高	小、初、高	小、初	小、初	小、初
爱沙尼亚	小、初、高	小、初、高	小、初、高	小、初、高	小、初、高
爱尔兰	小、初、高	小、初、高	小、初、高	小、初、高	小、初、高
希腊	小、初、高	小、初、高	小、初、高	小、高	小、高
西班牙	小、初、高	小、初、高	小、初、高	初	小、初
法国	小、初、高	小、初、高	小、初、高	小、初、高	小、初、高
意大利	小、初、高	小、初、高	小、初、高	小、初、高	小、初、高
塞浦路斯	小、初、高	小、初、高	小、初、高	小、初、高	小、初、高
拉脱维亚	小、初、高	小、初、高	小、初、高	小、初、高	小、初、高

[1] Eurydice, *Citizenship Education in Europe*, 2012, p. 29, ibid.

[2] 表 4-2-3 内容来自 Eurydice, *Citizenship Education in Europe*, 2012, p. 29, ibid。

续表

目的 国家	发展政治常识（基本事实与关键概念）	掌握批判性思维与分析能力	培育积极公民的态度、行为与价值观	鼓励学生参加校园活动	鼓励学生积极参与社区活动
立陶宛	小、初、高	小、初、高	小、初、高	小、初、高	小、初、高
卢森堡	小、初、高	小、初、高	小、初、高	小、初、高	初、高
匈牙利	小、初、高	小、初、高	小、初、高	小、初、高	小、初、高
马耳他	小、初、高	小、初、高	小、初、高	小、初、高	小、初、高
荷兰	高	高	小、初、高	小、初	小、初、高
奥地利	小、初、高	小、初、高	小、初、高	小、初、高	小、初、高
波兰	小、初、高	小、初、高	小、初、高	小、初、高	小、初、高
葡萄牙	小、初、高	小、初、高	小、初、高	小、初、高	小、初、高
罗马尼亚	小、初、高	小、初、高	小、初、高	小、初、高	小、初、高
斯洛文尼亚	小、初、高	初、高	小、初、高	小、初、高	小、初、高
斯洛伐克	初、高	小、初、高	小、初、高	小、初、高	小、初、高
芬兰	小、初、高	小、初、高	小、初、高	小、初、高	小、初、高
瑞典	小、初、高	小、初、高	小、初、高	小、初、高	小、初、高
英国（英）	初、高	初、高	小、初、高	小、初、高	小、初、高
英国（威）	初、高	小、初、高	小、初、高	小、初、高	小、初、高
英（北爱）	初、高	小、初、高	初、高	小、初、高	小、初、高
英国（苏）	小、初、高	小、初、高	小、初、高	小、初、高	小、初、高
比利时（法语区）	小、初、高	小、初、高	小、初、高	小、初、高	小、初、高
比利时（德语区）	小、初	小、初	小、初		
比利时（佛兰德语区）	小、初、高	小、初、高	小、初、高	小、初、高	小、初、高

关于欧盟中小学校积极公民教育中学生必须掌握的知识与技能，本书在前一章中根据积极公民的内涵，已从政治常识、批判与创造性思维、态度与价值观以及公民参与技能四个方面进行了具体分析，这里不再重复。此处关注的是要求学生理论上必须掌握的知识与技能在各国中小学校积极公民教育实践中是否得到了具体体现。对于这一问题，Eurydice 2012 年的研究报告同样进行了详细分析。报告把欧盟中小学校实践中的积极公民正规教育活动的主要教育内容分为知识与理解、参与技能两大方面。其中，知识与理解方面被细分为本国社会与政治制度、人权、民主价值观、公平与正义理念、文化多样性、容忍与反歧视、可持续发展、民族国家身份与归属意识、欧洲身份与归属意识、欧洲历史文化与文学、欧洲主要政治经济与社会问题、欧盟机构的运行、世界历史文化与文学、国际主要政治经济与社会问题，以及国际关系、国际组织的运作等 15 个主题；参与技能被具体分为公民技能、社会技能、交际技能与跨文化技能 4 个方面。欧盟国家中小学校正规课程积极公民教育的实际教育内容如表 4-2-4 至表 4-2-6 所示。[1]

[1] 表 4-2-4 至表 4-2-6 中的内容均来自 Eurydice，*Citizenship Education in Europe*，2012，pp. 30-33，ibid。

表4－2－4　欧盟国家中小学校正规课程积极公民教育的主要教育内容：知识与理解（一）

内容 国家	本国社会与政治制度	人权	民主价值观	公平与正义理念	文化多样性	容忍与反歧视	可持续发展	民族国家身份与归属意识
保加利亚	小、初、高	高	高	小、初、高	小、初、高	小、初、高	小、初、高	小、初、高
捷克	小、初、高	小、初、高	小、初、高	小、初、高	小、初、高	小、初、高	小、初、高	小、初、高
丹麦		初、高	初、高	初、高	初、高	初、高	初、高	初、高
德国	小、初	小、初	小、初、高	小、初	小、初	小、初、高	初	初、高
爱沙尼亚	小、初、高	小、初、高	小、初、高	小、初、高	小、初、高	小、初、高	小、初、高	小、初、高
爱尔兰	小、初	小、初	小、初	小、初	小、初	小、初	小、初	小、初
希腊	小、初、高	小、初、高	小、初、高	小、初、高	小、初	小、初	小、初、高	小、初、高
西班牙	小、初、高	小、初、高	小、初、高	小、初、高	小、初、高	小、初、高	小、初、高	小、初、高
法国	小、初、高	小、初、高	小、初、高	小、初、高	小、初、高	小、初、高	小、初、高	小、初、高
意大利	小、初、高	小、初、高	小、初、高	小、初、高	小、初、高	小、初、高	小、初、高	小、初、高
塞浦路斯	小、初、高	小、初、高	小、初、高	小、初、高	小、初、高	小、初、高	初、高	小、初、高
拉脱维亚	小、初、高	小、初、高	小、初、高	小、初、高	小、初、高	小、初、高	小、初、高	小、初、高
立陶宛	小、初、高	小、初、高	小、初、高	小、初、高	小、初、高	小、初、高	小、初、高	小、初、高
卢森堡	小、初、高	小、初、高	小、初、高	小、初、高	小、初、高	小、初、高	小、初、高	小、初、高
匈牙利		小、初、高	小、初、高	小、初、高	小、初、高	小、初、高	小、初、高	小、初、高
马耳他	小、初、高	小、初、高	小、初、高	小、初、高	小、初、高	小、初、高	小、初、高	小、初、高
荷兰	小、初、高	小、初、高	小、初、高	小、初、高	小、初、高	小、初、高	小、初、高	小、初、高
奥地利	小、初、高	小、初、高	小、初、高	小、初、高	小、初、高	小、初、高	小、初、高	小、初、高
波兰	小、初、高	小、初、高	小、初、高	小、初、高	小、初、高	小、初、高	小、初、高	小、初、高

续表

内容 / 国家	本国社会与政治制度	人权	民主价值观	公平与正义理念	文化多样性	容忍与反歧视	可持续发展	民族国家身份与归属意识
葡萄牙	小、初、高	小、初、高	小、初、高	小、初、高	小、初、高	小、初、高	小、初、高	小、初、高
罗马尼亚	小、初、高	小、初、高	小、初、高	小、初、高	小、初、高	小、初、高	初、高	小、初、高
斯洛文尼亚	小、初、高	小、初、高	小、初、高	小、初、高	小、初、高	小、初、高	小、初、高	小、初、高
斯洛伐克	小、初、高	小、初、高	小、初、高	小、初、高	小、初、高	小、初、高	小、初、高	小、初、高
芬兰	小、初、高	小、初、高	小、初、高	小、初、高	小、初、高	小、初、高	小、初、高	小、初、高
瑞典	小、初、高	小、初、高	小、初、高	小、初、高	小、初、高	小、初、高	小、初、高	小
英国（英）	初	初	初	初	初	初、高		初、高
英国（威）	初、高	小、初、高	小、初、高	高	小、初、高	初、高	小、初、高	小、初、高
英（北爱）	初	小、初、高	初、高	初、高	初、高		小、初、高	
英国（苏）	小、初、高	小、初、高	小、初、高	小、初、高	小、初、高	小、初、高	小、初、高	小、初、高
比利时（法语区）	小、初、高	小、初、高	小、初、高	小、初、高	小、初、高	小、初、高	小、初、高	小、初、高
比利时（德语区）	小、初、高	小、初、高	小、初、高		小、初	初		小、初、高
比利时（佛兰德语区）	小、初、高	小、初、高	小、初、高	小、初、高	小、初、高	小、初、高	小、初、高	小、初、高

表 4－2－5　欧盟国家中小学校正规课程积极公民教育的主要教育内容：知识与理解（二）

国家＼内容	欧洲身份与归属意识	欧洲历史文化与文学	欧洲主要政治经济与社会问题	欧盟机构的运行	世界历史文化与文学	国际主要政治经济社会问题	国际关系、国际组织的运作
保加利亚	初、高	初、高	初、高	初、高	初、高	初、高	初、高
捷克	小、初、高	小、初、高	小、初、高	小、初、高	小、初、高	小、初、高	小、初、高
丹麦	初、高	初、高	初、高	初、高	初、高	初、高	初、高
德国	初	初	初	初	初	初	初
爱沙尼亚	初、高	初、高	初、高	初、高	初、高	初、高	初、高
爱尔兰	小、初	小、初	初	初	小、初	初	初
希腊	小、初、高	初、高	小、初、高	小、初、高	小、初	小、初、高	小、初、高
西班牙	初	小、初、高	小、初、高	小、初、高	小、初、高	小、初、高	小、初、高
法国	小、初、高	小、初、高	小、初、高	小、初、高	初、高	初、高	小、初、高
意大利	小、初、高	小、初、高	小、初、高	小、初、高	小、初、高	小、初、高	小、初、高
塞浦路斯	小、初、高	初、高	初、高	初、高	初、高	初、高	初、高
拉脱维亚	小、初、高	小、初、高	小、初、高	小、初、高	小、初、高	小、初、高	小、初、高
立陶宛	小、初、高	初、高	初、高	小、初、高	初、高	初、高	初、高
卢森堡	小、初、高	小、初、高	小、初、高	高	初、高	初、高	高
匈牙利	小、初、高	小、初、高	小、初、高	小、初、高	小、初、高	小、初、高	小、初、高
马耳他	小、初、高	小、初、高	高	初、高	初、高	高	初、高

续表

国家＼内容	欧洲身份与归属意识	欧洲历史文化与文学	欧洲主要政治经济与社会问题	欧盟机构的运行	世界历史文化与文学	国际主要政治经济社会问题	国际关系、国际组织的运作
荷兰	小、初、高	小、初、高	小、初、高	小、初、高	小、初、高	小、初、高	小、初、高
奥地利	小、初、高	小、初、高	初、高	初、高	初、高	初、高	初、高
波兰	小、初、高	小、初、高	小、初、高	小、初、高	小、初、高	小、初、高	小、初、高
葡萄牙	小、初、高	小、初、高	小、初、高	小、初、高	小、初、高	小、初、高	小、初、高
罗马尼亚	小、初、高	小、初、高	小、初、高	小、初、高	初、高	初、高	初、高
斯洛文尼亚	初、高	小、初、高	初、高	初、高	初、高	初、高	初、高
斯洛伐克	初、高	初、高	初、高	初、高	初、高	初、高	初、高
芬兰	小、初、高	小、初、高	初、高	初、高	初、高	初、高	初、高
瑞典	小	小、初、高	小、初、高	小、初、高	小、初、高	小、初、高	小、初、高
英国（英）			初、高	初、高	初	初	初
英国（威）			初、高	初、高	初、高	初、高	初、高
英（北爱）			初、高	初、高		初、高	初、高
英国（苏）	小、初、高	小、初、高	小、初、高	初、高	小、初、高	小、初、高	小、初、高
比利时（法语区）	小、初、高	小、初、高	小、初、高	小、初、高	小、初、高	小、初、高	小、初、高
比利时（德语区）	小、初、高	高	高		小、初	高	
比利时（佛兰德语区）	初、高	初、高	初、高	初、高	小、初、高	小、初、高	初、高

表4－2－6　欧盟国家中小学校正规课程积极公民教育的主要教育内容：技能

国家＼内容	公民技能	社会技能	交际技能	跨文化技能
保加利亚	高	高	小、初、高	小、初、高
捷克	小、初、高	小、初、高	小、初、高	小、初、高
丹麦	初、高	初、高	初、高	初、高
德国	小、初、高	小、初、高	小、初、高	初、高
爱沙尼亚	小、初、高	小、初、高	小、初、高	小、初、高
爱尔兰	初	小、初	小、初	小、初
希腊		小、初、高	小	小、初、高
西班牙	小、初、高	小、初、高	小、初、高	小、初、高
法国	小、初、高	小、初、高	小、初、高	小、初、高
意大利	初、高	小、初、高	小、初、高	小、初、高
塞浦路斯	小、初、高	小、初、高	小、初、高	小、初、高
拉脱维亚	小、初、高	小、初、高	小、初、高	小、初、高
立陶宛	小、初、高	初、高	初、高	小、初、高
卢森堡	小、初、高	小、初、高	小、初、高	小、初、高
匈牙利	小、初、高	小、初、高	小、初、高	小、初、高
马耳他	小、初、高	小、初、高	小、初、高	初、高
荷兰	初、高	小、初、高	小、初、高	小、初、高
奥地利	小、初、高	小、初、高	小、初、高	小、初、高
波兰	小、初、高	小、初、高	小、初、高	小、初、高
葡萄牙	小、初、高	小、初、高	小、初、高	小、初、高
罗马尼亚	小、初、高	小、初、高	小、初、高	小、初、高
斯洛文尼亚	初、高	小、初、高	小、初、高	小、初、高
斯洛伐克	初、高	小、初、高	小、初、高	小、初、高
芬兰	小、初、高	小、初、高	小、初、高	小、初、高
瑞典	小、初、高	小、初、高	小、初、高	小、初、高
英国（英）	初、高	初、高	初、高	初
英国（威）	初、高	小、初、高	初、高	初
英（北爱）	初、高	小、初	小、初、高	初
英国（苏）	小、初、高	小、初、高	小、初、高	小、初、高
比利时（法语区）	小、初、高	小、初、高	小、初、高	小、初、高
比利时（德语区）	初、高	小、初、高	初、高	
比利时（佛兰德语区）	小、初、高	小、初、高	小、初、高	小、初、高

注：表4－2－3至表4－2－6中，“小”代表小学阶段（ISCED 1），“初”代表初中阶段（ISCED 2），“高”代表高中阶段（ISCED 3）。表中含义解读：如以保加利亚中小学校积极公民教育技能方面教育内容为例，“公民技能”列中的“高”意为高中阶段的积极公民教育中有关于“公民技能”方面的教育，“交际技能”列中的“小、初、高”意为小学、初中、高中三个教育阶段中都有交际能力方面的教育，其余类推；表格空白处，说明没有相关内容。

在表4-2-4至表4-2-6的内容中，“知识与理解”方面的15个主题实际上可以划分为两个部分，即“积极公民必须具备的政治常识”和“积极公民必须养成的态度与价值观念”，其中，前者又包括民族国家、欧盟与世界三个递进的维度。“技能”方面的4个主题则涵盖了积极公民参与政治、公民社会各种不同活动所必须具备的基本技能。至于欧盟中小学校积极公民教育目的的另一个方面——“培养批判性思维与分析能力”，虽然在教育内容上没有直接对应的部分，但在积极公民教育的正规课程教育实践中这项能力的培养贯彻于教育活动的所有环节。因此，从总体上看，这19个主题形成了当前欧盟国家中小学校积极公民教育正规课程教育的完整内容体系，与欧盟各界对积极公民的要求基本上是一致的。

与此同时，我们也可以发现，“知识与理解”“技能”这两大方面的19个主题的教育内容在欧盟各国中小学积极公民教育中的教育时间与重视程度可能有所不同。在“知识与理解”方面，相比较而言，本国社会与政治制度、人权、民主价值观、公平与正义理念、可持续发展、民族国家身份与归属意识等民族国家维度的有关内容是欧盟国家更为重视的教育内容，但也会存在一些差异。例如，匈牙利中小学校积极公民教育中没有关于本国社会与政治制度方面的教育内容；丹麦不但在中小学校积极公民教育中没有关于本国社会与政治制度方面的教育内容，而且其他各项教育内容在小学生的公民教育中也不存在；而在爱尔兰，所有上述教育内容都只在小学与初中两个阶段的积极公民教育中进行；保加利亚只在高中学生的积极公民教育中进行民主与人权方面的教育；等等。而在涉及欧盟与世界维度的内容上，捷克、爱沙尼亚、意大利、拉脱维亚、匈牙利、荷兰、波兰、葡萄牙等国的重视程度最高，中小学三个阶段的正规积极公民教育中都包含这些内容，而其他国家对相关内容安排的教学时间也都互有不同。在“技能”方面也是如此，捷克、爱沙尼亚、西班牙、法国、塞浦路斯、立陶宛、拉脱维亚、卢森堡、匈牙利、奥地利、波兰、葡萄牙、罗马尼亚、芬兰、瑞典等国的4项技能在中小学校积极公民教育中是全程教育，其他国家的时间安排同样具有差异性。

实践中之所以存在这些差异，原因当然是多方面的。这一般认为与欧盟成员国各国的社会、政治制度、文化传统以及经济发展水平等因素都有一定的关系，但主要原因可能在于各国公民教育的传统与现行公民教育制度的差异。这种现象也从一个侧面反映了这样一个事实：尽管在欧盟的大力推动下培育积极公民已经成为欧盟成员国的共识，但各国对积极公民含义的界定并不完全一致，因而积极公民教育方面的措施也各具特点。

（四）欧盟国家中小学校积极公民教育中正规课程教育的评价考核

在欧盟国家中小学校积极公民教育的实践中，如何对正规的公民教育活动进行考核是一个非常具有挑战性的问题（Eurydice，2005）。[1] 其原因主要在于两个方面。第一，尽管欧盟一些国家的公民教育活动具有多年的实践，但传统公民教育的主要目的是培养“知情的公民”，基本上是只注重公民知识传授的狭义的公民教育，因此，传统

[1] Eurydice, *Citizenship Education at school in Europe*, 2005, p. 60, ibid.

公民教育体系中以评价学生政治常识学习情况为主导的评价方法当然无法适用于当前的积极公民教育实践，因为这一新的公民教育实践的教育内容包括了政治常识、态度与价值观念以及参与技能三个方面的内容，而且在教育过程中学生的参与活动已经越来越被重视。第二，当前欧盟各国中小学校正规的积极公民教育实践采取了不同的教育方法，如有的国家采取的是单独开设公民教育课程的方法，而另一些国家则实行的是整合到社会科学课程进行教学的方法；此外，几乎所有的欧盟国家中小学校都存在跨课程的积极公民教育实践活动。公民教育方法的多样性无疑同样加剧了考核的难度。

根据 Eurydice 2005 年、2012 年的研究报告，对当前欧盟国家中小学校正规积极公民教育的考核问题，本书可以得出如下认识：

第一，欧盟国家总体上对中小学校公民教育的评价与考核非常重视。考核与评价是正规教育活动中的一个非常重要的环节，因为这一环节不但可以检验学生在已经结束的学习活动中取得的效果，而且考核成绩还是学生进入下一个学习阶段的重要依据。Eurydice 2005 年的研究报告《欧洲中小学公民教育》显示，在欧盟所有国家中小学校的正规教育中，公民教育课程的设置与教学已被全面纳入中小学国家课程体系中进行统一管理，各国政府对公民教育活动的评价与考核尤为重视，不但强调对学生在正规公民教育课程中的学习效果的考核，还提倡对中小学校在学生公民教育过程中的表现进行评价。据该报告的分析，在关于中小学公民教育考核评价的具体方式上，欧盟有的国家采取的是提出总体要求的做法，即在国家关于中小学校课程设置与教学的总体规定中，明确考核评价的重要性，并对考核评价的内容、方法提出原则性指导意见，针对公民教育课程的考核评价也纳入总体要求之中。比如，希腊的国家课程设置中包括了对小学、初中、高中三个阶段的学生在独立开设的公民教育课程学习中进行评价考核的原则与要求；斯洛文尼亚小学、中学的国家基础课程大纲针对学生每学年中与公民教育相关课程的考核提出了具体规定。也有的国家对中小学校公民教育的评价考核采取单独管理的方式，即政府有关部门针对公民教育课程评价考核的对象、内容、时间、方法等具体内容单独进行规范。如，西班牙、马耳他官方的单独文件对中小学各个阶段跨课程公民教育方法中的各课程公民方面知识的评价提出了总体规定；罗马尼亚也专门为小学、初中阶段单独开设的公民与公民文化方面的基础课程设定了具体的考核评价标准（Eurydice，2005）。[1]

但需要指出的是，尽管 Eurydice 2005 年的研究报告中强调了欧盟国家对中小学正规公民教育考核评价的重要性，但在学生公民教育课程考核成绩的作用与影响问题上，各国采取的做法并不完全相同。Eurydice 2012 年的研究报告对这一问题进行了分析。[2]该报告认为，在单独开设公民教育课程的欧盟国家中，在决定是否授予学生教育水平合格证或者认定学生是否成功完成小学或初中阶段学习并被准予进入下一阶段学习时，大部分国家一直把中小学学生在单独开设的公民教育课程中的考核成绩纳入评价体系，

[1] Eurydice, *Citizenship Education at school in Europe*, 2005, p. 40, ibid.

[2] Eurydice 2012 年研究报告对这一问题的分析仅涉及那些单独开设的公民教育课程。

也有一些国家不一定系统地把学生公民教育考核成绩纳入考虑，还有个别国家从未考虑这一因素（Eurydice，2012）。❶ 具体情况如表 4 -2 -7 所示。

表 4 -2 -7　单独开设公民教育课程的欧盟国家对学生公民教育考核成绩作用与影响的不同态度❷

对考核的不同态度 不同阶段的单独课程	总是纳入评价体系	不系统地纳入评价体系	从不纳入评价体系
小学阶段单独开设公民教育课程	法国、西班牙、罗马尼亚、希腊		葡萄牙
初中阶段单独开设公民教育课程	法国、西班牙、罗马尼亚、希腊、爱尔兰、芬兰、爱沙尼亚、立陶宛、波兰、斯洛伐克、斯洛文尼亚	英国（英格兰地区）	葡萄牙
高中阶段单独开设公民教育课程	西班牙、荷兰、保加利亚、爱沙尼亚、波兰	芬兰、法国、罗马尼亚、	葡萄牙、希腊

第二，欧盟国家针对中小学校正规公民教育建立了较为全面的考核内容体系。在积极公民培育的问题上，欧盟各界基本达成了共识，即需要从认知、态度与行为三个不同维度对公民进行教育（Kerr etc.，2009）。❸ 这三个维度在积极公民教育内容中分别对应着政治常识与理解、态度与价值观念以及公民参与能力。除此之外，前文还提出，积极公民需要具备批判性思维与创新能力，这点也已经成为欧盟国家中小学校积极公民教育的教育目的之一。但从具体实践来看，欧盟中小学校正规公民教育活动并没有对学生直接进行批判性思维与创新能力的教育，而是把这项教育内容贯彻于前三项内容的教育全过程。结合这些因素，中小学生正规公民教育活动的考核内容至少应该涵盖四个方面，即政治常识、态度与价值观、批判性思维与创新能力以及参与能力。但根据 Eurydice 2005 年、2012 年的研究报告，欧盟国家针对中小学生正规公民教育活动的实际考核内容主要涉及三个方面，即理论知识、态度价值观与参与活动。其中，所有欧盟国家都针对学生进行不同形式的理论知识考核，但在态度价值观与参与活动方面存在一些差别。

Eurydice 2005 年、2012 年的研究报告都对欧盟成员国是否对学生在公民教育中积极参与校园及其所在社区活动进行考核评价的做法进行了分析。Eurydice 2005 年的报告显示，丹麦、德国、爱沙尼亚、爱尔兰、西班牙、希腊、法国、意大利、塞浦路斯、拉脱维亚、匈牙利、马耳他、荷兰、波兰、葡萄牙、斯洛文尼亚、芬兰、瑞典、保加利亚、罗马尼亚，以及英国的威尔士、北爱尔兰与英格兰地区，比利时德语地区等国

---

❶ Eurydice，Citizenship Education in Europe，2012，pp. 72 -74，ibid.

❷ 表 4 -2 -7 内容来自 Eurydice，*Citizenship Education in Europe*，2012，p. 74，ibid。

❸ David Kerr，Avril Keating and Eleanor Ireland，*Pupil Assessment in Citizenship Education*：*Purposes*，*Practices and Possibilities*. Reportof a CIDREE Collaborative Project. Slough：NFER/CIDREE. Published in March 2009 by the National Foundation for Educational Research，2009，p. 43.

家和地区中小学对学生在小学、初中、高中三个阶段的公民参与活动进行考核评价[1]，立陶宛对学生初中、高中两个阶段的公民参与活动进行考核评价，而比利时法语与佛兰德语区、捷克、卢森堡、奥地利、斯洛伐克、英国苏格兰地区等国家和地区则对学生的参与活动不考核（Eurydice，2005）。此外，爱尔兰、西班牙、法国、德国、荷兰、意大利、斯洛文尼亚、保加利亚、斯洛伐克、波兰与拉脱维亚等11个国家涉及学生参与活动的考核更为重视一些，专门为初中、高中学生积极公民教育中参与活动的考核评价制定了中央指导大纲（Eurydice，2012）。[2]

表4-2-8　欧盟国家中小学生正规课程中的积极公民教育的实际考核内容[3]

考核内容 / 考核时间	理论知识	态度与参与活动
初中、高中阶段考核	意大利、荷兰、斯洛伐克	立陶宛
小学、初中、高中三个阶段考核	其他24个成员国	丹麦、德国、爱沙尼亚、爱尔兰、西班牙、希腊、法国、意大利、塞浦路斯、拉脱维亚、匈牙利、马耳他、荷兰、波兰、葡萄牙、斯洛文尼亚、芬兰、瑞典、保加利亚、罗马尼亚，以及英国的威尔士、北爱尔兰与英格兰地区，比利时德语地区等国家和地区
不考核	无	比利时法语与佛兰德语区、捷克、卢森堡、奥地利、斯洛伐克、英国苏格兰地区

第三，考核评价方式呈现出多元化的特征。欧盟中小学校正规公民教育的考核内容包括理论知识、态度与参与活动两个方面，而这两个方面所具有的不同特点又要求采取不同的考核方式。

Eurydice 2005年的研究报告对公民教育理论知识方面的考核问题进行了分析。根据该研究报告，欧盟中小学校的考核形式可以从两个不同的角度来看。一是从考核的评判标准来看，可以是内部评判标准，即由学校或任课教师制定考核标准并组织考核，考核结果通常不会与学生、家长与政府考试部门等外部机构分享；也可以是外部评判标准，即由地方或国家有关专门机构确定统一考核标准，依据统一标准对学生的学习效果进行评价。如果从考核主体来看，前者是内部考核，后者则是外部考核（Kerr etc，2009）。[4] 从欧盟国家中小学校的实践来看，对学生考核依照内部评判标准即采取内部考核形式的国家相对要多些，也有的国家考核中兼备两种评判标准，还有个别国家或地区没有制定有关标准。具体情况如表4-2-9所示。

---

[1] 罗马尼亚与保加利亚2005年还不是欧盟成员国，也包括在EURYDICE的研究对象中。

[2] Eurydice，*Citizenship Education in Europe*，2012，p.75，ibid.

[3] 表4-2-8内容来自Eurydice，*Citizenship Education at school in Europe*，2005，p.42，ibid。

[4] David Kerr，Avril Keating and Eleanor Ireland，*Pupil Assessment in Citizenship Education*：*Purposes*，*Practices and Possibilities*，p.52，ibid.

表 4-2-9　欧盟国家中小学校正规课程中的积极公民教育理论知识考核评判标准（考核主体）❶

评判标准 / 国家（地区）	内部评判标准	外部评判标准	兼备两种评判标准	没有相关评判标准
国家或地区	瑞典、丹麦、立陶宛、德国、波兰、捷克、斯洛伐克、奥地利、匈牙利、意大利、葡萄牙、比利时	西班牙、法国、罗马尼亚、保加利亚、马耳他、斯洛文尼亚	芬兰、爱沙尼亚、拉脱维亚、希腊、爱尔兰以及英国的英格兰与北爱尔兰地区	其他国家或地区

二是从考核的具体形式来看，可以是平时连续考核，即任课教师平时在教学过程中对学生的学习情况进行连续考核；也可以是专门考试，即由任课教师、学校或者外部专门机构组织学生参加正规考试。从欧盟中小学校的实践情况来看，有的国家是小学、初中、高中三个阶段都进行平时考核与专门考试，而有的国家则在初中与高中两个阶段进行。根据 Eurydice 2005 年的研究报告，欧盟大部分国家采取的是小学、初中、高中三个阶段任课教师平时连续考核的方式，个别国家的考核中两种形式都存在，还有个别国家和地区不进行考核（Eurydice，2005）。具体情况如表 4-2-10 所示。

表 4-2-10　欧盟国家中小学校正规课程积极公民教育理论考核具体形式❷

考核时间 / 考核方式	小学、初中、高中三个阶段考核	初中、高中两个阶段考核
平时连续考核	捷克、丹麦、德国、爱沙尼亚、希腊、西班牙、法国、爱尔兰、塞浦路斯、拉脱维亚、立陶宛、匈牙利、马耳他、奥地利、波兰、葡萄牙、斯洛文尼亚、芬兰、瑞典，以及英国英格兰、北爱尔兰、威尔士地区，比利时法语、德语区，罗马尼亚和保加利亚	意大利、斯洛伐克
专门考试	希腊	爱沙尼亚、法国、爱尔兰、拉脱维亚、马耳他、荷兰、波兰，英国英格兰、北爱尔兰、威尔士地区，以及保加利亚
不进行考核	卢森堡、比利时佛兰德语区	

Eurydice 2012 年的研究报告则对欧盟中小学校正规公民教育的学生参与方面的考核问题进行了描述。报告显示，在评价标准方面，一部分国家制定了统一的评价考核标准，这些国家有爱尔兰、西班牙、法国、德国、荷兰、意大利、斯洛文尼亚、保加

❶ 表 4-2-9 内容来自 Eurydice，*Citizenship Education at school in Europe*，2005，p. 41，ibid。

❷ 表 4-2-10 内容来自 Eurydice，*Citizenship Education at school in Europe*，2005，p. 42，ibid。

利亚、斯洛伐克、波兰与拉脱维亚等；另外一些国家则由学校或相关教师自主制定相应的评价标准。

该报告认为，在评价考核方式方面，不管是遵循外部统一标准还是自主确定标准，欧盟国家中小学校对学生这个方面的评价考核主要实行内部平时连续考核方式。具体的考核评价形式可以归纳为两个方面。一是学校或教师把学生在班级、校园以及社区的参与活动作为学生在校学习期间的一项独立内容进行评价考核。其中的主要形式有：为学生建立个人参与方面的档案，对学生在校园及其社区的参与活动通过颁发合格证或者评定分数的方式加以确认，等等。例如，在保加利亚，班级老师为学生参与的校外活动建立个人档案，作为对学生公民教育过程中参与行为的评价；在法国，将视初中学生的校园活动参与情况授予其“校园生活参与等级”与“最终合格证”；在意大利、波兰、荷兰等国家，学校将为学生的校外社区活动评定学分或成绩，而且这种成绩可能直接成为学生综合评价体系中的主要内容。在意大利与波兰，学生这方面的成绩可以被纳入评判学生是否进入下一阶段（如高中阶段）学习的整合评价体系；而在荷兰，学生的社区参与成绩则是必需的，完成 30 个小时的社区服务构成了中学生毕业的必要条件之一。二是把学生在班级、校园及社区的参与活动纳入开设的公民教育课程（包括单独开设的课程与整合至其他社会科学的课程）考核体系进行综合评价。如，在西班牙，国家课程大纲针对初中学生公民教育的“公民身份与人权教育”“伦理与公民教育”课程规定了学生在班级与校园活动参与方面的考核标准；在斯洛文尼亚，包含公民教育内容的历史课程的教师指导手册中指出，教师可以把对学生在班级与学校层级的讨论或辩论中的评价作为课程的替代考核方式；等等（Eurydice，2012）。[1]

第三节 欧盟积极公民教育中的非正规教育及其主要实践

在欧盟积极公民教育的模式中，非正规教育方式必须在各个阶段的公民教育活动中发挥积极作用。非正规公民教育活动在各个不同阶段积极公民教育中的具体形式各有特点，既可以是正规公民教育活动之外的有助于培养积极公民意识、提高公民参与技能的课程学习，也可以是各种有计划有组织的、与积极公民培养具有直接或间接关系的实践活动。本节在简要概括欧盟积极公民教育中非正规教育活动的阶段性表现的基础上，重点介绍欧盟及其成员国两个层次上的活动参与型的非正规公民教育活动。

一、积极公民教育中的非正规教育在各个不同阶段的表现

（一）学龄前儿童阶段积极公民教育中的非正规教育活动

学龄前儿童公民教育中的非正规教育活动是指由各种正规早期教育机构之外的其他机构或组织针对学龄前儿童提供的包含有公民教育内容的教育活动。这类教育活动的主办者可以是一些专门针对儿童素质教育的非正规早期教育机构，也可以是教会、慈善组织等其他社会机构，甚至是社区自发组织起来的读书会、各种兴趣班或者体育

[1] Eurydice，*Citizenship Education in Europe*，2012，pp. 74 – 76，ibid.

俱乐部；这类活动本身具有计划性，但当中与公民教育相关的内容往往是间接的、非系统的。如，教会、慈善机构组织的公益活动培养儿童的爱心，绿色组织的活动帮助儿童形成环保意识，读书会活动有助于儿童在阅读中锻炼信息获取与语言表达，体育俱乐部活动可以培育儿童的团队意识与竞争精神，等等。

（二）中小学阶段积极公民教育中的非正规教育活动

尽管在学术界的研究中，很少有人对非正规教育方式与公民政治参与以及民主发展之间的关系进行实证研究（Kuenzi，2006）❶，但不管是学术界还是从事公民教育的专业人员都一致认为，在中小学生的公民教育过程中，非正规教育方式同样具有重要的作用。根据前文对非正规教育含义及特征的分析可以得知，针对中小学生进行的非正规公民教育活动主要有三个方面：第一，由中小学校之外的其他机构所组织的，中小学生可以参与的，旨在培养积极公民意识、锻炼积极公民参与技能的各种活动。这些机构可以是社区团体、地区性组织、全国性的或欧盟范围内的甚至全球性的各种机构；活动内容既可以直接与公民教育内容相关（如适宜于青少年参加的地区或全国性的公民论坛），也可以是通过开展其他活动而对公民教育具有积极影响（如在参加体育、环保或慈善组织的活动过程中培育团队合作精神和社会责任意识）。第二，在中小学校校园举行的、学校公民教育课程体系以外的、对学生积极公民意识的形成具有直接或间接促进作用的活动。第三，中小学校组织的发生在正规教育机构范围外并且不属于学校公民教育课程体系、有助于中小学生公民教育的活动（如学校组织的夏令营活动、国际交换学生项目等）。其中，前一种情形无疑是一种严格的非正规公民教育；后两者由于与学校具有密切的联系，因此有时被认为是中小学校正规公民教育过程中的必要组成部分（Bîrzéa，2000）。❷

从欧盟国家中小学生公民教育的实践情况来看，由于学生绝大部分时间都与学校的学习活动联系在一起，学生参加第一种非正规公民教育活动的机会相对较少（DARE，2010）❸，因此，针对中小学生的非正规公民教育主要涉及后面两种情况，主要指学校公民教育课程体系之外的各种有计划、有组织地在学校校园内主办的活动，以及学校组织的发生在校园外面的相关活动。

（三）高等教育阶段积极公民教育中的非正规教育活动

从理论上分析，高等教育中的非正规公民教育主要包括两种形式：其一是高等教育机构之外的其他机构提供的与公民教育相关的课程学习，其二是包括高等教育机构在内的各种社会机构组织的与高等教育阶段的正规公民教育具有直接或间接关系的、有助于培养大学生公民意识的各类活动。对于高等教育阶段的学生来说，已经在初等、

---

❶ Michelle T. Kuenzi，"Non - informal Education，Political Participation and Democracy：Findings from Senegal"，*Political Behavior*，Vol. 28，No. 1，March，2006，p. 1.

❷ César Bîrzéa，*Education for Democratic Citizenship*：*A Lifelong Learning Perspective*，available at http：//www. nefmi. gov. hu/letolt/nemzet/eu/Education%20for%20Democratic%20Citizenship. pdf.

❸ DARE（Democracy and Human Rights Education in Europe），*A Europe of Active Citizens*：*Assessment*，*Policy Responses and Recommendations on Active Citizenship Education*，available at http：//www. dare - network. eu/downloads/budapest_ documentation/A_ Europe_ of_ Active Citizens_ conference_ Summary_ Report. pdf.

中等教育中接受了系统的正规公民教育并且在高等教育阶段继续进行正规公民教育的事实决定了他们不太可能进行第一种形式的非正规公民教育。因此，高等教育阶段的非正规公民教育主要体现为学生通过参与各类具有明确目的、周密计划并持续一定时间的活动，有意识地进行公民身份方面的学习。这些活动有的是专门针对高校学生的，也有的是针对青年或者一般公众的；有的活动以唤醒参与者的公民意识、锻炼他们的公民参与技能为中心内容，也有的活动以特定的文化、教育或社会问题为焦点，但参与过程对公民素质的提升具有积极的影响。这些活动对培养高等教育阶段学生的积极公民素质都具有积极的影响。

（四）成人教育阶段积极公民教育中的非正规教育活动

非正规教育方式在成人公民教育中无疑具有非常重要的作用。这是因为成人公民教育中的非正规教育方式与正规教育方式比较，具有以下优点：一是成本低。成年公民通过正规教育方式进行公民教育必须在成年公民重新接受正规教育的背景下进行，成年学生必须为重新接受正规教育付出较多的费用与时间；而非正规的公民教育活动费用较低甚至是免费的，花费的时间也短得多。二是门槛低。成年公民不管是重新接受何种形式的正规教育，从而在这种正规教育中进行公民教育，都需要具备一定的基本入学条件，如必须达到低一级的教育水平等；而非正规公民教育活动往往是零门槛，所有的成年公民都能参加。三是针对性强、效率高。成年公民重新接受正规教育的主要目的是提高自身的文化素质、改善职业前景，公民教育不可能是当中的重要内容，因此，正规教育过程中的公民教育是相对低效的；但针对成年公民的非正规教育活动如果直接或间接地与公民教育联系在一起，就能在丰富成人公民知识、提高公民参与技能方面产生实际的效果。

关于欧盟非正规的积极公民教育活动，有的学者持一种狭义的观点。例如，霍尔福特（John Holford）等人认为，非正规的积极公民教育一般为兼职成人公民教育项目，主要包括两个方面：其一是地方性的成人教育机构或者成人教育领域的非政府组织为成人主办的政治与公民教育课程；其二是工会、雇主或者其他非政府组织筹划的课程，尤其是以提高课程参与者有效参与组织或社会活动水平为重点的课程（Holford et al.，2006）。[1] 本书接受广义的分析思路，认为非正规教育视角下的积极公民教育包括正规教育与培训机构在内的各种社会机构主办的与正规公民教育活动没有直接关系，但对积极公民培育具有直接或间接积极作用的有组织、有计划的活动。这类活动包括两种形式，既可以是以对积极公民教育具有积极影响的课程学习为主导的活动（课程学习主导型），也可以是以有组织、有计划并且具有明确学习目的的各种参与活动为主体的活动（活动参与主导型）。这两种形式的非正规积极公民教育活动又可以有多种不同的表现方式。例如，从活动的组织机构来看，可以有全球性的、欧盟范围内的、成员国的甚至地方性的政府与非政府组织，也可以是企业、工会或其他社会组织甚至热心的

---

[1] John Holford，Roger Patulny & Patrick Sturgis，*Indicators of Non－formal & Informal Educational Contributions to Active Citizenship*，available at https：//crell. jrc. ec. europa. eu/ActiveCitizenship/Conference/05 _ Surrey _ final. pdf，2006，pp. 4－5.

公益人士与慈善家，还可以是提供非正规教育项目的正规教育与培训机构；从与积极公民教育的关系来看，可以是直接以培养成年公民积极公民意识与公民参与技能为主题的教育活动，也可以与成年积极公民教育没有直接关系，但对提高成年公民的积极公民意识具有促进作用的教育活动，等等。

二、活动参与型的非正规积极公民教育活动的案例分析

对于课程学习主导型的非正规积极公民教育活动，正如霍尔福特等人的研究结果所表明的，一般适用于成人的积极公民教育。但他们的研究成果也显示出，欧盟各国成人接受非正规教育的状况无法确定其对积极公民身份的培育具有多大的积极作用（Holford et al.，2006）[1]，这是因为欧盟成人的非正规教育课程学习中几乎没有直接针对积极公民教育的。欧盟统计局于2005～2007年针对欧盟成员国的25～64岁之间的成人的非正规教育状况的调查结果也证实了这一结论。这次调查结果显示，一方面，17国中参加成人教育的成人中，2/3的学员的学习内容只与工作相关；另一方面，成年公民参加成人教育的目的中，最重要的两个目的分别是"找到更好的工作"与"改善职业前景"；此外，在调查中统计出来的所有成人教育活动中，雇主是最重要的组织或提供者，其所提供的教育占所有成人教育的40%（Eurostat，2008）。[2] 而对于活动参与型的非正规积极公民教育活动，它在积极公民教育的各个阶段都广泛存在并且能够发挥重要的作用。这里主要介绍欧盟及其成员国的一些活动参与型非正规积极公民教育活动的案例，以便更好地了解非正规公民教育活动在欧盟积极公民培养过程中的积极作用。

（一）欧盟层次的活动参与型非正规积极公民教育活动

在正规积极公民教育活动与课程参与式的非正规积极公民教育中，欧盟及其机构不是这种公民教育活动的直接参与者，它在当中的主要作用表现为制定欧盟的相关政策决议并督促成员国遵守执行。但在活动参与式的非正规积极公民教育活动中，欧盟与其他各个层次的组织一样，同样成为了这些教育活动的组织策划者。自从欧盟倡导终身学习理念与积极公民建设以来，欧盟在教育与培训方面形成了一系列决议，推行了许多旨在促进欧盟教育与培训发展的活动。欧盟推行的这些活动，从教育方式上看属于非正规教育；从内容上看，有与积极公民教育直接相关的活动，也有与之间接相关的活动。这里主要关注两个方面的活动："青年在行动"（Youth in action）项目与"欧洲公民"（Europe for Citizens Programme）项目。

1. "青年在行动"项目（2007～2013）

"青年在行动"项目是欧盟推行积极公民培育以来所启动的专门为欧盟各国青年提

---

[1] John Holford，Roger Patulny & Patrick Sturgis，*Indicators of Non－formal & Informal Educational Contributions to Active Citizenship*，ibid，p. 16.

[2] Sadiq Kwesi BOATENG，Significant country differences in adult learning，available at http：// http：//epp.eurostat. ec. europa. eu/cache/ITY_ OFFPUB/KS－SF－09－044/EN/KS－SF－09－044－EN. PDF.

供积极公民参与活动的大型教育项目，这一系列教育活动最主要的特征就是非正规性。❶ 项目的法律基础是欧盟议会和欧盟理事会2006 年 11 月通过的一份共同决议，该决议决定在 2007 年 1 月启动这项旨在促进欧盟青年积极欧洲公民培养的历时 7 年的教育活动。❷

（1）项目目的。

欧盟议会和欧盟理事会的共同决议指出，“青年在行动”这一项目的总体性目标有以下五个方面：第一，促进欧盟青年的积极公民意识培育，尤其是推动欧洲公民的形成；第二，为了加强欧盟的社会融合，培养欧盟青年的团结意识与宽宏忍耐精神；第三，增强欧盟各国青年之间的互相理解；第四，为提高欧盟各国青年领域公民社会组织的能力、青年活动支撑体制的质量做出贡献；第五，促进欧盟成员国在青年领域的合作。

这里我们不难发现，首先，在上述五个方面总体目标的相互关系中，第一个目标事实上是处于核心地位的首要目标。只有成功地将欧盟青年塑造为积极公民，并在此过程中不断强化他们的欧洲公民意识，最终才能使欧盟青年成为积极的欧洲公民，因此，欧盟青年的积极公民意识培育是决定欧盟民主政治与公民社会发展方向的关键因素。其他四个目标处于从属地位，这些目标的实现都是为实现这一首要目标创造条件。

其次，五个总体目标也揭示了“青年在行动”项目的几个优先任务。一是“培育欧洲公民”。项目鼓励欧盟青年更多地思考欧洲问题，更多地关注欧盟一体化的未来，形成欧洲公民身份意识。二是“鼓励青年参与”。项目的首要目标是培养欧盟青年的积极公民意识，而不同层次、不同性质活动的积极参与是积极公民的核心内容，因此，这一项目的推行就是为欧盟青年创造参与机会。三是“尊重文化多样性”。尽管都属于西方价值体系中的国家，但欧盟成员国中文化多样性的特征依旧十分明显，因此，欧盟青年要培养成为积极欧洲公民，相互理解、尊重文化多样性、抵制歧视、宽宏忍耐等无疑是其必须具备的基本态度与价值观念。四是“确保机会均等”。积极公民与欧洲公民的培育都是针对所有欧盟青年的，因此必须确保那些由于种种原因导致机会缺失的青年个人与群体具有同等的机会参与“青年在行动”项目。❸

此外，为了达成以上五个方面的总体目标，共同决议还为每一总体目标设定了具体目的。事实上，总体目标与具体目的之间是一种目的与手段的关系。例如，为了实现“促进欧盟青年的积极公民意识培育，尤其是推动欧洲公民形成”这一总体目标，“青年在行动”项目必须致力于实现以下几个具体目标，换言之，“青年在行动”项目需要采取如下相关措施，如给予欧盟青年与青年组织参与欧盟各国社会发展特别是欧

---

❶ Youth in Action: *Programme guide*, p. 7, available at http: //ec. europa. eu/youth/documents/guide13 _ en. pdf.

❷ Decision No. 1719/2006/EC of The European Parliament and of The Council of 15 November 2006: *Establishing the 'Youth in Action' programme for the period* 2007 *to* 2013, *Official Journal of the European Union*, 24. 11. 2006, available at http: //eur – lex. europa. eu/LexUriServ/LexUriServ. do? uri = OJ: L: 2006: 327: 0030: 0044: EN: PDF.

❸ *Youth in Action*: *Programme guide*, pp. 4 – 6, ibid.

盟发展的机会，培养欧盟青年对欧盟的归属意识，鼓励欧盟青年参加欧洲的民主生活，加强欧盟青年在成员国之间的流动，在欧盟青年中培养欧盟的基本价值观念，尤其是互相平等、尊重人权、宽宏忍耐与反对歧视等重要的思想观念，鼓励欧盟青年的主动性、创造性与企业家精神，确保在项目参与以及活动实施过程中遵守男女性别平等的原则，在积极公民教育中为欧盟青年提供欧洲维度的非正规、非正式学习机会与开放的创新机会，等等。为了实现“为了加强欧盟的社会融合，培养欧盟青年的团结意识与宽宏忍耐精神”这一总体目标，“青年在行动”项目必须做到，给予欧盟青年通过参加欧盟层次与国际志愿者活动来表达自己个人承诺的机会，帮助他们参与促进欧洲公民团结的相关活动。❶ 共同决议对“青年在行动”项目总体目标与具体目的的规定，表明这一项目不但具有明确的目的与方向，还规定了为达成目的必须采取的基本措施，而这些基本措施又具体反映为下面将要分析的五项行动。

（2）项目的主要内容。

为了确保上述五个方面总体目标及其相对应的具体目的的实现，欧盟议会和欧盟理事会的共同决议为“青年在行动”项目规划了五大行动。

①“青年为欧洲”行动（Youth for Europe）。

这项行动计划直接与第一个总体目标相呼应，其目的是培养欧盟青年的积极公民意识，加强欧盟各国青年之间的互相理解。为了达到这一具体目的，共同决议提出了如下几个方面的措施：

第一，鼓励欧盟青年参与各个层次、各种性质的民主活动。对于欧盟青年来说，成为欧洲公民必须要积极参与从社区、地区到国家再到欧盟的各个不同层次的民主政治活动，让他们在不断的参与过程中更好地体会民主的真正内涵，认识到积极公民的参与绝不只是简单的赞同或反对，而需要他们运用自己的批判性思维对各种政治与社会问题进行分析，通过各种渠道公开表达自己的意见，并积极为解决问题而提供创造性建议。为此，欧盟需要加强成员国之间的合作，为欧盟青年的民主参与活动提供更多、更好的机会。

第二，支持欧盟青年更好地发挥积极性与主动性。共同决议认识到，要把欧盟青年教育成积极公民，必须大力鼓舞他们充分发挥自己的积极性与主动性，鼓励他们利用自己的智慧，大胆创新，设计出具有地区特色而又反映不同层次参与活动特点的计划与项目，通过参与这些活动将自己的思想付诸实践。这一参与过程不但为欧盟青年提供了践行积极公民的非正规学习机会，还使他们在实践中得到了作为欧洲公民为欧洲发展做贡献的感性认识。❷

第三，为欧盟青年提供相互交流学习的机会。为了进一步培养欧盟青年对欧洲的认同，需要帮助他们充分地认识和理解欧洲各国文化差异这一现实状况。因此，共同

---

❶ 关于“青年在行动”项目总体目标及其具体目标，参见 Decision No. 1719/2006/EC of The European Parliament and of The Council of 15 November 2006：Establishing the ‘Youth in Action’ programme for the period 2007 to 2013，pp. 32 – 33，ibid。

❷ *Youth in Action*：*Programme guide*，p. 34，ibid.

决议提出要为欧盟青年创造相互交换的机会以加深各国青年之间的理解，加强他们对欧洲各种不同文化的了解和学习。

②“欧洲志愿者服务”（European Voluntary Service）。

与“青年为欧洲”行动一样，“欧洲志愿者服务”的主要意图也在于推动欧盟青年的积极公民建设，增强他们之间的相互了解。共同决议认为，组织欧盟青年参加志愿者服务活动也是一条有助于达成这一目的的途径。

共同决议对志愿者服务的性质与形式等内容做出了规定。一方面，志愿者服务在性质上必须是欧盟青年在外国（非本人出生地的“青年在行动”项目的参与国）参加的非盈利、不计报酬的活动，这些活动还必须具有典型的“服务中学习”的特征，即为参加者在跨文化学习或技术交流方面提供非正规学习的机会；另一方面，志愿者服务的活动时间一般为 2 ~ 12 个月，其内容涵盖了文化、青年活动、社会关爱、文化传统、艺术、公民权利保护、环境保护及发展合作等多个方面，欧盟青年既可以单独申请参加志愿者服务活动，也可以小组的形式集体参加那些时间较短的活动。[1]

③“青年与世界”行动（Youth in the World）。

这一行动的目的是促进欧盟青年与参加“青年在行动”项目的非欧盟成员国青年之间的相互理解，或者说，是为了培育欧盟青年国际公民身份或全球公民身份的意识，帮助他们认识除欧盟之外其他国家文化、宗教及社会制度等各方面的多样性与差异性的客观现实，培养他们对国际政治、经济、安全及社会问题的兴趣。

根据共同决议的规定，参与“青年在行动”项目的国家除了欧盟 27 个成员国之外，还有瑞士、挪威、冰岛及其他一些欧盟的邻国，所以，“青年与世界”行动实质上就是欧盟国家青年与“青年在行动”项目中的非欧盟国家青年之间的互动。其主要内容包括两个方面：一是根据欧盟国家与非欧盟国家之间单边或多边的协议安排，相关国家的青年为了了解这些国家文化与社会的多样性现实，互相交换至对方国家去进行语言与文化方面的学习与交流；二是鼓励欧盟国家与非欧盟国家在青年工作方面的合作，特别是在青年组织、青年参与、青年教育与培训等方面进行经验交流，以提高双方青年活动的效率。

④“青年支撑制度”（Youth support systems）。

共同决议决定，为了提高欧盟青年积极公民培育的效率，必须不断地完善欧盟地区青年活动的支撑制度。因此，“青年支撑制度”这一行动的目的就是提高青年活动支撑机制，如那些致力于推动青年参与以及青年教育培训的非政府组织的工作水平及其组织的青年活动项目的质量，以不断提高欧盟青年的公民参与水平。

根据共同决议，欧盟将为以下几个方面的青年活动支撑机构提供支持：一是旨在促进欧盟青年的公民参与活动或者有助于推动欧盟青年教育与培训以及其他相关活动的、欧洲层次上的非盈利的非政府组织；二是有益于推动欧盟及其成员国青年活动尤其是青年民主政治参与活动的欧洲青年组织联合平台——“欧洲青年论坛”（the Euro-

---

[1] *Youth in Action*：*Programme guide*，p. 53，ibid.

pean Youth Forum）组织[1]；三是积极投身于青年工作和青年组织活动的项目策划者、领导者、监督者及青年工作顾问；四是那些旨在介绍、完成、促进青年工作方法创新的活动或项目；五是那些为了提高青年的公民参与水平、培养他们成为积极负责的公民而进行的改善青年获取信息与交流服务条件的信息分享与沟通活动；等等。

⑤“支持欧洲青年领域的合作”（Support for European cooperation in the youth field）。

共同决议指出，为了提高欧盟青年工作的效率，必须加强欧盟国家之间及其与非欧盟国家在青年工作领域的合作。这些合作的内容主要有：支持青年与积极投身于青年工作与青年组织的热心人士以及青年政策制定者之间的合作对话，加强欧盟与青年工作领域的国际组织，特别是欧洲理事会与联合国及其专门机构之间的合作，等等。[2]

（3）项目涉及的国家、参与对象与资金投入。

根据欧洲议会与欧盟理事会的共同决议，“青年在行动”项目的参与国家包括欧盟27个成员国，瑞士、冰岛、列支敦士登、挪威4个欧洲自由贸易联盟成员国，以及克罗地亚[3]与土耳其两个申请加入欧盟的候选国；此外，东南欧、东欧与高加索地区以及地中海地区的24个国家和地区成为这一项目的相邻伙伴国。[4]

共同决议规定，“青年在行动”项目的合格参与对象为项目参与国与相邻伙伴国中年龄为13～30岁的青年[5]，这就意味着“青年在行动”这一项目是欧盟向中学生、大学生以及年龄30岁以下的成年公民提供的最大规模的非正规积极公民教育活动。此外，那些积极投身于青年工作与青年组织活动的其他相关人士也可以参与这一项目的活动。

根据共同决议，欧盟在2007～2013年间共为“青年在行动”项目投入经费8.85亿欧元，上述五项具体行动的经费开支占总投入经费的比例分别为30%、23%、6%、15%、4%。[6]

（4）项目的影响与评价。

“青年在行动”项目以促进欧盟及其他相关国家青年之间的交流合作为主要任务，通过向青年提供非正规教育机会，在欧盟青年的积极公民教育方面发挥了积极作用。项目自实施以来，受到了欧盟各界的好评。

首先，这一项目在欧盟及其他有关国家的青年中产生了较大影响。据统计，在

---

[1] The European Youth Forum（YFJ）is the platform of youth organizations in Europe，representing 99 youth organizations，both National Youth Councils and International Non－Governmental Youth Organizations. The Youth Forum brings together tens of millions of young people from all over Europe，organized in order to represent their common interests.

[2] 关于上述“青年在行动”项目的主要内容，参见 Decision No. 1719/2006/EC of The European Parliament and of The Council of 15 November 2006：Establishing the “Youth in Action” programme for the period 2007 to 2013，pp. 38－43，ibid。

[3] 克罗地亚已于2013年7月1日正式成为欧盟成员国。

[4] *Who can participate*? available at http：//eacea. ec. europa. eu/youth/programme/who_ participate_ en. php.

[5] *Youth in Action*：*Programme guide*，p. 16，ibid.

[6] Decision No. 1719/2006/EC of The European Parliament and of The Council of 15 November 2006：*Establishing the “Youth in Action” programme for the period* 2007 *to* 2013，pp. 36，44，ibid.

2007~2011 年项目实施的 5 年中，共有 72.5 万人参加了项目组织的各种活动，其中青年 54.1 万人，青年领域的工作者 18.4 万人；各国青年组织等活动倡议机构共提交了 8.2 万个活动计划，4 万个各种不同的青年活动项目得到了欧盟的资金资助。具体来说，大约有 34.7 万名青年参加了“青年为欧洲”活动中的 1.5 万个项目，将近 3.1 万名青年参加了“欧洲志愿者服务”活动，超过 7.2 万名青年与青年领域工作者参加了“青年与世界”项目中的交流活动，5.3 万多名青年领域工作者参加了“青年支撑制度”项目组织的活动，等等。❶

其次，项目实施达成了预期目标。根据项目主办机构 2011 年针对活动参加者（青年、青年领域的工作者与青年组织）进行的一次综合调查❷，不管是在提高欧盟青年的能力与技巧方面还是在积极公民教育与欧洲公民意识的形成方面，“青年在行动”项目都取得了积极的成绩。比如，在能力与技巧方面，89.9% 的青年认为参加“青年在行动”项目中的活动提高了他们的外语交际能力，88.2% 的人认为自己的团队合作能力得到了提高，82.2% 的人觉得参与这一项目后自己能更好地把好的想法付诸实践，86.0% 的参与者认为自己与不同意见者之间的谈判协调能力有所提高，76.6% 的人认为自己的逻辑思考与结论推断能力有所改进，68.6% 的人觉得参加这一项目有助于提高自身的学习能力，91.6% 的人认为参与这一项目有助于自身发展。在青年的积极公民意识与公民能力培养这一方面，84.3% 的人认为自己更加愿意为社区或社会的公共利益付出，56.7% 的人更加愿意严肃地讨论政治话题，80.8% 的人认为参加这一项目有助于自己更好地理解不同文化与艺术的价值，91.2% 的人认为自己能更好地与不同文化背景的人相处，78.2% 的人参与这一项目后更加愿意积极参与政治与公民社会活动，79.1% 的人认为这一项目的实施有助于提高社会对弱势群体的关注，78.2% 的人认为自己将来愿意为弱势群体的社会融合付出更多。在欧洲公民身份的认同方面，60.9% 的人认为自己对欧洲问题更加感兴趣，85.6 的人认为参加这一项目有助于自己形成欧洲共同价值观念，86.9% 的人认为这一项目有助于接受欧洲的文化多样性，59.0% 的人觉得通过实施这一项目欧盟的形象得到了改观，73.1 的人认为自己作为“欧洲人”的意识得到了加强，等等。

此外，这一项目的实施对青年领域工作者与青年组织也具有重要的积极意义。例如，87.8% 的青年领域工作者认为参与这一项目使他们获得了在其他场合无法获得的知识与技能，85.3% 的青年领域工作者认为参加这一项目有助于提高自己组织青年进行非正规学习的能力，79.4% 的青年领域工作者认为这一项目能够帮助他们更好地策

---

❶ *Youth in Action*, *Overview of activities* 2007 ~ 2011, available at http://ec.europa.eu/youth/documents/2007_2011_yia.pdf.

❷ *Education and Culture DG*, *Report of the* 2011 *Monitoring Survey on the Youth in Action Programme*, Available at http://ec.europa.eu/youth/focus/doc/monitoring_survey/report_monitoring_survey_2011.pdf. 在以下四个段落涉及的数据中，都是根据该调查中受调查者的两项数据，即“明确肯定”（definitely）与“在一定程度上肯定”（to some extent）的比例相加而来。例如，在关于“青年在行动”项目是否提高了参加者在团队合作方面的能力这个问题中，56.5% 被调查者明确肯定（definitely），31.7% 的受调查者认为在一定程度上提高了他们这个方面的能力（to some extent），两项相加为 88.2%，即 88.2% 的参加者认为参与这一项目有助于他们团队合作能力的提高。

划、实施国际青年活动；90.3%的青年组织认为在这一项目的实施过程中参与青年组织活动的人增加了，79.3%的青年组织认为参加这一项目后组织将更多地关注欧洲事务，72.7%的青年组织表明参与这一项目的过程中其组织的国际活动增多了，等等。[1]

2.“欧洲公民”项目（Europe for Citizens Programme，2007～2013）

与“青年在行动”项目不同，“欧洲公民”项目是面向欧盟成员国及其他有关国家所有公民的积极公民意识培育的活动。项目的法律基础是欧洲议会与欧盟理事会2006年12月12日的共同决议。[2] 该决议决定，为了促进欧盟与欧盟成员国公民之间的相互理解，不断增强欧盟公民的欧洲归属意识，加快欧洲身份认同的进程，在欧盟成员国与其他有关国家中启动一场历时7年的有助于积极公民培养与欧洲公民身份建设的非正规的教育活动。

（1）“欧洲公民”项目的目的与主要议题。

欧洲议会与欧盟理事会关于“欧洲公民”项目的共同决议明确规定了这一项目的总体目标与具体目的。总体目标包括四个方面：第一，在欧盟一体化进程中为欧盟成员国公民创造与欧盟互动、参与欧盟建设的机会；第二，培育基于欧洲共同价值观、历史与文化的欧洲认同意识；第三，培养欧盟成员国公民对欧盟的主人翁意识；第四，通过促进欧洲地区的跨文化对话，增强欧洲公民之间的宽宏忍耐与互相理解以及对文化、语言多样性的尊重。

在总体目标之下，共同决议也提出了如下四个具体目的：使欧洲民众集聚一堂，分享交流经验、意见与价值观念，以史为鉴，共塑欧洲未来；通过与欧洲地区区域性的公民社会组织合作，鼓励欧洲民众针对欧洲公民身份与欧洲民主建设、欧洲共享价值与欧洲共同文化历史展开辩论与反思；弘扬欧洲价值，继承欧盟传统，进一步密切欧盟与民众之间的联系；鼓励项目参与国家的民众与公民社会组织之间的互动，促进跨文化对话，弘扬欧洲的多样性与同一性。这四个方面的具体目的实质上同样是实现四个总体目标的具体措施。[3]

共同决议规定的上述总体目标与具体目的也反映了“欧洲公民”项目优先关注的几个主题。具体而言，第一个主题是“欧盟的未来及其基本价值观”。自2001年欧盟宪法的制定工作启动以来，虽然2004年6月当时的25个成员国就《欧盟宪法条约》草案达成了一致意见，但2005年法国、荷兰两国全民公决否决了该条约，这使得欧盟政治一体化进程面临重大挫折。在这种情况下，欧盟各国民众对欧盟一体化的未来、欧盟代表的核心价值观念等问题进行了深刻反思。而“欧洲公民”项目无疑可以为欧盟民众的反思提供更多的机会。

---

[1] *Education and Culture DG*, *Report of the* 2011 *Monitoring Survey on the Youth in Action Programme*, ibid.

[2] *Decision No* 1904/2006/*EC of the European Parliament and of the Council of* 12 *December* 2006, *establishing for the period* 2007 *to* 2013 *the programme Europe for Citizens to promote active European citizenship*, available At http://eur-lex.europa.eu/LexUriServ/LexUriServ.do? uri = OJ: L: 2006: 378: 0032: 0040: EN: PDF.

[3] 关于“欧洲公民”项目的目的，参见Decision No 1904/2006/EC of the European Parliament and of the Council of 12 December 2006, establishing for the period 2007 to 2013 the programme Europe for Citizens to promote active European citizenship, p.34, ibid。

第二个主题是“积极的欧洲公民”。在欧盟倡导的培育积极公民的进程中，欧洲维度一直是积极公民当中的一个非常重要的方面。积极公民不但要积极参与各个成员国内部的政治与公民社会生活，同样需要以极大的热情关注欧盟事务，积极投身于欧盟的一体化进程与欧洲的重建，换言之，欧盟成员国中的积极公民必须同时是积极的欧洲公民。因此，培养“积极的欧洲公民”构成了“欧洲公民”项目的中心议题。

第三个主题是“跨文化对话”。随着欧盟经济一体化进程的加快与成员国的不断增多，欧盟内部商品与人员的流动速度不断加快、规模不断扩张，欧盟及其成员国内部多种文化共存的现象持续发展。在这一背景下，多元文化之间的冲突及其对欧洲身份构成产生的影响就成为欧洲一体化与积极欧洲公民培养进程中必须解决的问题。而解决多元文化之间的差异与冲突的最有效方式就是开展跨文化对话，以对话的方式帮助民众逐渐理解和接受各具特征的多元文化，最终形成求同存异的多元文化相处的和谐局面。因此，“跨文化对话”同样是“欧洲公民”项目的重要议题。

第四个议题是“欧洲公民的福祉”。在经济全球化进程中，欧盟及其成员国面临越来越多的国际竞争，而欧盟成员国之间经济发展水平的巨大差距又严重制约了欧盟总体的经济竞争能力，尤其是在近几年的金融危机中，欧盟一些国家宏观经济形势不断恶化，这些不利因素使得欧盟经济面临越来越多的挑战。应对挑战需要欧盟及其成员国政府的共同努力与各国民众的积极参与。而民众的参与需要合适的平台，“欧洲公民的福祉”项目无疑是一个很有意义的尝试。

第五个议题是“欧盟政策的影响”。欧盟民众对欧盟一体化进程中各个领域实施的一系列政策措施的评价，对欧盟与民众之间的关系具有重要影响。因此，要不断密切民众与欧盟的关系，培养民众对欧盟的主人翁意识，就必须让民众有更多的机会通过更多的方式参与欧盟政策的形成与实施过程，而“欧洲公民”项目同样能满足民众这方面的要求。❶

（2）“欧洲公民”项目的主要内容。

根据欧洲议会与欧盟理事会的共同决议，为了达成上述目标，“欧洲公民”项目需要采取以下四个方面的行动。❷

①“积极公民为欧洲”行动（Active citizens for Europe）。

这一行动的目的是通过为欧盟民众创造集聚一堂的机会，加强民众之间的互相理解，培养对欧盟的主人翁精神，促进欧洲身份认同的形成。这一行动包括两个方面的具体措施：

第一，“友好城市”（Town – twinning）。通过欧盟各成员国的城市之间结成友好城市，在友好城市的架构下为这些城市的民众创造机会，通过举行一次性或实验性的活

---

❶ 关于“欧洲公民”项目优先关注的主题，参见 Priority themes of the Europe for citizens Programme，Available at http：//eacea. ec. europa. eu/citizenship/programme/priority_ themes_ en. php。

❷ 关于“欧洲公民”项目的主要内容，参见 Decision No 1904/2006/EC of the European Parliament and of the Council of 12 December 2006，establishing for the period 2007 to 2013 the programme Europe for Citizens to promote active European citizenship，pp. 38 – 39，ibid。

动，或者通过多个友好城市协议下举行一年多次活动的机制化方式，鼓励民众参加公民会议、特别大会或者研讨会等活动，帮助不同城市、不同文化背景的民众增强互相理解。

第二，“公民项目”（Citizens' projects）及其支撑措施。这一措施是指“欧洲公民”项目将直接支持那些跨国、多领域的公民参与活动。这些活动将通过信息技术手段等多种方式，为欧盟各国不同行业的民众提供相互交流的机会，鼓励他们就共同关心的欧洲问题交换意见，以增强互相理解及其对欧洲一体化进程的意识。

②“欧洲积极公民社会”（Active civil society in Europe）行动。

这一行动的目的是通过支持欧盟非政府组织、工会、智库、各种联合会以及其他非政府机构的活动，进一步发挥欧盟公民社会组织在欧洲一体化中的作用。欧盟公民社会组织既是民众参加各种政治与公民社会活动的桥梁，本身也是欧盟社会文化、政治以及各种公民参与活动中的重要组成部分。因此，“欧洲公民”项目不但鼓励欧盟范围内的各种公民社会组织通过各种形式的活动为民众的政治以及公民社会参与活动提供机会，尤其提倡各国公民社会组织开展广泛的合作，因为这种合作不但有助于增强各国不同文化的互相理解，还能促进欧洲共同价值观念与欧洲身份认同的形成。

③“共同为欧洲”行动（Together for Europe）。

这一行动是指欧盟与成员国政府及其他广泛的相关机构进行合作，通过举办各种活动，向广大民众宣传欧盟的历史、成就以及价值观念，密切民众与欧盟之间的关系，不断增强民众对欧盟与欧洲的归属意识。这些活动多种多样，如历史事件的纪念、欧盟成就的庆祝、文化艺术活动、各种大型会议等。特别是为了加强民众对积极公民、积极欧洲公民的理解，欧盟委员会将进行一系列研究与民意调查活动，并将相关信息通过各种渠道与广大民众分享。

④“积极的欧洲记忆”行动（Active European remembrance）。

这一行动是指通过为二战期间纳粹政权的受害者以及前东欧国家极权时代的受迫害者举行一系列纪念活动，让欧盟民众牢记历史，更加珍惜欧盟今天的和平、稳定与民主。

（3）“欧洲公民”项目涉及的国家、参与对象与资金投入。

共同决议规定，欧盟成员国是“欧洲公民”项目的当然参加国，同时，这一项目还向欧洲自由贸易区国家、申请加入欧盟的国家以及其他相关国家开放。截至2013年，参与该项目的国家包括欧盟所有成员国，以及前南斯拉夫的马其顿、波黑、黑山共和国、塞尔维亚及阿尔巴尼亚。[1]

与“青年在行动”项目不同的是，“欧洲公民”项目不直接向民众开放。这一项目的直接参加者有各国地方政府及其组织、欧洲公共政策研究机构（智库）、公民团

[1] Program guide: Europe for Citizens 2007 to 2013, p. 17, available at http: //eacea. ec. europa. eu/citizenship. /programme/documents/2013/guide_ 2013_ en_ final%20. pdf.

体、公民社会组织、非政府组织、工会、教育机构、志愿者组织以及业余运动组织等。❶ 这些不同种类的组织向欧盟申请项目活动资金，设计、策划各种活动，吸引民众参与。

欧盟为这一项目提供的资金总额为2.15亿欧元，其资金分配比例大致为："积极公民为欧洲"行动至少45%，"欧洲积极公民社会"行动31%，"共同为欧洲"行动10%，"积极的欧洲记忆"行动4%。❷

（4）"欧洲公民"项目的影响与评价。

"欧洲公民"项目自2007年实施以来，在欧盟成员国产生了较大的影响。尽管根据欧洲议会与欧盟理事会的共同决议，公民社会组织是直接参与"欧洲公民"项目的机构，但在这些组织的努力之下，许多欧洲民众踊跃地参加了当中的各项活动。据不完全统计，在2007～2009年这3年间，至少有280万欧洲民众参与了这一项目中的各项活动，这意味着占欧盟总人口0.5%（成人人口的0.7%）的人群积极参与了"欧洲公民"项目。此外，据调查得知，这一项目的参加者中有超过88%的人向没有参与的人谈论过该项目，这样一来至少又有240万的民众了解了"欧洲公民"项目。❸ 项目的实施对积极欧洲公民身份的构建发挥了积极的影响，获得了欧盟社会各界较好的评价。

首先，"欧洲公民"项目在促进欧盟民众之间的互相理解、欧洲身份认同以及欧洲共同价值观培养方面发挥了积极作用。

欧盟研究机构"公共政策与管理研究所"（PPMI）的调查结果显示，参加"欧洲公民"项目的民众中，大部分人认为这一项目在积极欧洲公民培养方面具有积极影响。具体来说，在弘扬欧洲价值观与培养公民的欧洲身份认同方面，在参与"欧洲公民"项目的民众中，88.9%的人认为自己对欧洲的历史、文化与政治问题有了更多的了解，73.7%的人觉得参加相关活动后对欧洲一体化、欧盟机构与政策有了更多的认识，89.1%的人认为自己进一步意识到了欧洲社会共同的文化传统与身份认同，88.2%的人认为"欧洲公民"项目有助于增进欧洲民众之间的团结，77.5%的人更多地认同自己的欧洲人身份，76.5%的人更加认为自己是欧盟的一份子。❹

在增强欧洲民众的相互理解方面，92.2%的人认为通过参加"欧洲公民"项目自己对其他欧洲国家人民的生活有了更多的了解，90.4%的人愿意更多地参与增强欧洲各国联系的活动，89.6%的人相信欧盟将继续努力缩小成员国之间在社会、经济方面的差距，81.4%的人认为自己对其他欧洲国家的人民有了更好的了解，80%的人愿意

---

❶ Who can participate in the Europe for Citizens Programme? available at http://eacea.ec.europa.eu/citizenship./programme/who_participate_en.php.

❷ 关于"欧洲公民"项目资金分配情况，参见 Decision No 1904/2006/EC of the European Parliament and of the Council of 12 December 2006, establishing for the period 2007 to 2013 the programme Europe for Citizens to promote active European citizenship, pp. 38－39, ibid。

❸ ECORYS, *Interim Evaluation of the Europe for Citizens Programme* 2007－13, p. 65, available at http://ec.europa.eu/citizenship/pdf/doc1227_en.pdf.

❹ PPMI, "Europe for Citizens" Survey 2012, pp. 18－19, available at http://ec.europa.eu/citizenship/pdf/efc_survey 2012_report_final_february_en.pdf.

更加尊重其他欧洲国家的人民，85.8%的人愿意为欧洲其他国家的人民提供帮助，74.9%的人表示对欧洲其他国家面临的困难更加关心。[1]

民众对“欧洲公民”项目的积极评价还表现在该项目的“乘数效应”方面，即参加该项目的民众不但希望自己有更多的机会参与这些活动，同样还期盼有更多的人参与进来。如，88%的参与者愿意与朋友、家人、同事谈论自己的参与经历，81%的人向其他人推荐过这些活动，78%的人希望参加更多的类似活动，等等。[2]

其次，“欧洲公民”项目对欧盟公民社会组织的发展同样具有重要的积极意义。

对于参与该项目的公共机构、非政府组织等公民社会组织而言，“欧洲公民”项目对其改善自身的组织管理水平、提高工作效率等方面都有积极影响。如，在参与该项目的公民社会组织中，82%的组织认为参加该项目不但提升了组织的工作能力，还提高了组织员工的工作技能与自信心。[3] 其主要原因在于，参加“欧洲公民”项目不但使欧盟公民社会组织进一步扩大了其组织活动的广度与深度，促进了其工作方式的创新，还为其投入更多的类似活动创造了更好的环境。

（二）欧盟成员国的活动参与型非正规积极公民教育活动

在欧盟成员国积极公民教育的实践中，活动参与型的非正规公民教育活动为欧盟国家公民不同教育阶段的积极公民教育开辟了重要的第二课堂，其作用与影响正在逐步扩大。这种重要作用尤其体现在成人教育阶段的积极公民教育活动方面（ETGACE，2003）。[4] 由于欧盟学界专门研究非正规积极公民教育的成果比较匮乏，这里只能借鉴当前欧盟学界研究积极公民教育成果中所涉及的活动参与型的非正规积极公民教育活动的研究内容，在了解欧盟成员国非正规积极公民教育活动特征的基础上，分析一些成功的个案。

1. 欧盟成员国非正规积极公民教育活动的一般特点

最近几年来，在欧盟学界研究积极公民教育的成果中，相对较多地涉及非正规积极公民教育内容的主要有以下几个。例如，2007年欧盟委员会下属的教育文化总局[5]的研究报告《积极公民教育研究》，该报告对包括欧盟当时25个成员国在内的33个欧洲国家[6]的积极公民教育进行了案例分析，在其遴选出来的57个成功案例中，57%的

[1] 本段落中除了第一个数字外，其他几个数字都是由两个数字相加得来。例如，以“90.4%的人愿意更多地参与增强欧洲各国联系的活动”为例，PPMI的问卷调查题为“参加这些活动后，我愿意更多地参与增强欧洲各国联系的活动”，有7个可供选择项，其中“同意”占34.4%，“强烈同意”占56%，这两项相加得出结论，“90.4%的人愿意更多地参与增强欧洲各国联系的活动”。参见PPMI，“Europe for Citizens” Survey 2012，pp. 18 – 19，ibid。

[2] ECORYS，Interim Evaluation of the Europe for Citizens Programme 2007 – 13，p. 69，ibid.

[3] Ibid，p. 63.

[4] ETGACE，*Lifelong Learning*，*Governance and Active Citizenship in Europe*，2003，p. 100，available at ftp：// ftp. cordis. europa. eu/ pub/citizens/docs/hpse – ct – 1999 – 00012etgace_ eur21533final. pdf.

[5] 即Directorate General for Education and Culture，简称DG Education and Culture。

[6] 这33个国家中包括罗马尼亚、保加利亚与克罗地亚，罗马尼亚与保加利亚于2007年加入欧盟，克罗地亚于2013年加入欧盟。

案例是非政府组织从事的非正规教育活动（DG Education and Culture，2007）[1]；欧盟学者杰里兹·克瑞克（Janez Krek）等人关于欧盟积极公民教育的系列研究报告之一《欧盟教育机构中的参与型公民：优秀实践报告》（Krek et al.，2012）[2]，在这一报告中，研究人员同样对欧盟成员国参与型公民的培养进行了案例分析，这些优秀案例只有少数为学校的正规课程公民教育活动，也未涉及非正式或临时的公民参与活动（Krek etc.，2012）[3]，绝大部分都是非正规的公民教育活动。依据这些研究成果对欧盟成员国成功的非正规教育的案例分析，成功的非正规积极公民教育活动一般具有以下几个方面的特点：

（1）具有详细周到的活动计划。非正规积极公民教育虽然没有正规积极公民教育所具有的严格的教学计划与教学大纲，但也不似非正式教育那样具有极大的随意性。在进行非正规积极公民教育活动之前，教育活动的组织者需要制定详细的活动计划。计划当中应该明确活动参与的对象（接受教育者），如针对特定人群还是适合所有人群；需要规定明确的学习内容，如与积极公民教育直接相关或者间接相关；必须具有明确的学习目的，即活动能给参与者带来明确的预期学习效果；此外，还需要设计出与活动目的相适应的主要活动方式，等等。

（2）严谨与创新相结合。好的计划是非正规积极公民教育的前提条件，但计划的实施需要项目本身具有严谨的步骤和结构。尤其是那些在全国及以上范围实施的复杂项目，以及以培养参加者政治参与意识与参与技能为主要目的的计划或项目，相关的策划与组织主体必须为项目的实施制定严谨的步骤，并委派相关专业人士对每一环节进行监控，以确保每一步骤都能达到预期目标。与此同时，虽然结构严谨是非正规积极公民教育活动成功的必要条件，但它却不能阻碍创新，相反地要为创造性思维的发挥提供合适的环境。事实上，欧盟国家成功的非正规积极公民教育活动往往也是组织者与参与者共同发挥创造性思维的实践活动（Krek etc.，2012）。[4]

（3）构建全面的伙伴关系。非正规积极公民教育活动一般都是由不同层次的非正规教育与培训机构组织起来的，这些组织或策划主体在项目实施过程中往往可能遇到某些方面的困难。而这些困难可以通过与其他相关机构建立伙伴协作关系加以解决。这种合作的对象与方式多种多样，如地方政府与中央政府及其相关部门、中小学校及大学等正规教育与培训机构、本国与欧盟乃至全球领域的非政府组织、本国企业与跨国公司、地方与全国性的工会组织等机构或组织都可以成为互相合作的伙伴；而专业人才与其他资源的共享、经验的交流往往是这种合作的主要方式。尤其需要强调的是，上述研究报告中收集的非正规积极公民教育的成功案例在实施过程中都还非常重视与

[1] DG Education and Culture, *Study on Active Citizenship Education*, 2007, available at http://ec.europa.eu/education/more-information/doc/activecit_en.pdf.

[2] Janez Krek, Bruno Losito, Rebecca Ridley and Bryony Hoskins, *Participatory Citizenship in the European Union Institute of Education: Good Practices Report*, 2012, available at http://ec.europa.eu/citizenship/pdf/report_3_good_practice.pdf.

[3] Ibid, p. 7.

[4] Ibid, p. 33.

社区以及媒体的合作，因为与社区的合作可以为非正规积极公民教育活动的参与者提供真正的参与公民社会活动的机会，让他们在积极公民实践中为社区做出贡献；与媒体的合作则可以与更多的民众分享非正规积极公民教育的成果（Krek etc.，2012），从而发挥非正规积极公民教育的乘数效应（DG Education and Culture，2007）。[1]

（4）民主参与和情景学习为主导的多种学习方式相结合。欧盟国家积极公民教育非常重视教育方式（学习方式）的创新，这点在非正规积极公民教育实践中也得到了充分体现。从上述两份案例研究报告来看，成功的非正规积极公民教育活动在教学方法上的优点在于：第一，这些活动往往运用了多种多样的教学方法，如认知法（知识或信息传授）、讨论或辩论、研讨会、伙伴学习、模拟实践、理论联系实际、游戏、新媒体利用等（DG Education and Culture，2007）。[2] 第二，成功的非正规积极公民教育活动都强调以下两点：一是学习者在活动中的民主参与，也就是说，教育活动的进行必须体现民主的原则，参与者可以在学习过程中自由地发表自己的想法与建议（DG Education and Culture，2007）[3]；二是在情景中学习，即非正规积极公民教育活动的学习内容必须与现实生活密切相关，这就要求教育活动的策划者在安排学习内容时必须立足于具体实际，确保参与者在参加相关政治、社区或公民社会活动的实际过程中学习，或者为参与者创造与具体实际相吻合的模拟场景，从而保证学习活动取得预期效果（Krek etc.，2012）。[4]

（5）充分利用互联网等现代信息技术。互联网等现代信息技术手段已经成为现代国家民众政治社会化的重要工具，无疑是欧盟国家积极公民教育的重要方式。尤其在一些成功的非正规积极公民教育实践中，互联网及其相关工具的运用已经构成它们的主要运作方式。这主要表现为，通过互联网，非正规积极公民教育活动的参与者可以获取相关的政治与公民知识，可以畅所欲言地谈论现实的政治、社区或公民社会中发生的各种现象，对政治家与政府各个部门的工作进行网络监督，并针对问题的解决提出自己的建议，等等。事实上，这种以互联网及其相关工具为主要载体的非正规积极公民教育方式已经构成了积极公民参与活动的重要方式（Krek etc.，2012）。[5]

2. 欧盟成员国非正规积极公民教育活动的案例分析

在前面分析非正规积极公民教育活动基本特征的基础上，这里再对一些成功的实践活动进行案例分析。需要指出的是，这里非常有限的案例无法代表欧盟国家非正规积极公民教育的全貌，但对我们了解非正规积极公民教育活动的特点与发展趋势还是有所帮助的。案例的来源主要是前文介绍的《积极公民教育研究》《欧盟教育机构中的

---

[1] Janez Krek, Bruno Losito, Rebecca Ridley and Bryony Hoskins, *Participatory Citizenship in the European Union Institute of Education: Good Practices Report*, p. 31, ibid; DG Education and Culture, *Study on Active Citizenship Education*, p. 6, ibid.

[2] DG Education and Culture, *Study on Active Citizenship Education*, p. 40, ibid.

[3] Ibid, p. 38.

[4] Janez Krek, Bruno Losito, Rebecca Ridley and Bryony Hoskins, *Participatory Citizenship in the European Union Institute of Education: Good Practices Report*, p. 32, ibid.

[5] Ibid, p. 33.

参与型公民：优秀实践报告》《公民的影响：欧洲公民项目的二十五个特征》[1]，以及其他相关资料。

（1）比利时安特卫普世界小学的“虚拟王国”项目。[2]

世界小学是位于比利时历史名城安特卫普旧城区移民工薪阶层生活区的一所小学，1997年时该校95%的学生来自摩洛哥和土耳其移民家庭，学校意识到学生生源的单一性易于导致文化冲突与社会疏远，不利于学生的成长，因此采取各种措施来改善这一状况。“虚拟王国”项目就是学校采取的措施之一。项目的主要内容是，把学校虚拟成为一个“王国”，由学生选举产生“国王”与“王后”以及其他“官员”负责“王国”的治理；每个班级则被虚构成为一个“地区”或“城市”，同样选举产生“议员”与“市长”，负责“地区”或“城市”的日常管理，从而使整个学校在学生眼中如同一个国家在运转，学生们都可以参与“王国”的民主治理活动。

①项目目的。

“虚拟王国”项目参与者为6~12岁的小学生，其主要目的为：为学生创造机会参加虚拟的民主治理活动，帮助他们了解政府与政治的运行程序，培养学生团结协作与尊重文化多样性的意识，帮助他们形成批判性、创造性思维，鼓励他们积极参与社区活动，等等。

②项目的实施。

“虚拟王国”项目从2002年起实施。项目理念由学校老师提出，具体活动内容由教师与家长共同设计。教师与家长每年举行四次会议，就项目的具体进展、遇到的问题以及活动内容的设计进行讨论。在项目具体执行过程中，学生作为主体依据项目设计自主地组织所有活动；教师也全程发挥重要作用，如对学生进行指导、承担与校外相关主体的协调等。除了家长之外，项目执行中还邀请社区其他人士参加。此外，项目得到了地方与政府的微薄经费支持，大约每年2000欧元，主要用于艺术表演与文字资料的印刷。

③项目的影响。

“虚拟王国”项目实践活动的成功引起了社会的极大关注，被比利时教育部认为是小学生积极公民教育中最好的非正规教育案例。项目的理念与方式在相关研讨会上多次被推荐，研究人员还将其介绍到其他国家。项目的积极价值表现在以下几个方面：首先，学生在公民政治参与方面得到了许多锻炼。例如，通过竞选成为“王国”的“国王”“部长”或“城市”的“市长”与“市政议员”，学生们积极参与了“虚拟王国”（即学校）的日常管理，这样不但使学生对民主政治的基本含义获得了初步的理解，还锻炼了他们的政治参与能力。其次，学校的民主气氛得到了加强。众多的研究表明，学校积极公民教育取得成功的一个重要条件就是学校或班级、课堂具有民主的

---

[1] European Commission, *The citizen's effect*: *25 features about the Europe for Citizens programme*, Luxembourg: Publications Office of the European Union, 2012.

[2] 项目英语名称为“Land Ahoy - The Kingdom Diversia”，以下关于该项目的主要内容参见 DG Education and Culture, *Study on Active Citizenship Education*, pp. 80 - 85, ibid。

氛围。[1] 只有在民主的氛围中学生才能真正参与到班级与校园的治理中，从而获得其人生关于民主政治的初步感性认识。这点在“虚拟王国”项目的实践活动中得到了充分体现。学生们在“虚拟王国”与“虚拟城市”的治理中提出的各种建议被学校采纳并加以实施，使学生体验到学校不再只是枯燥乏味的学习场所，而是他们可以发挥创造性、批判性思维并且可以带来变革的地方。从这个意义上说，“虚拟王国”项目同样加强了学校的民主氛围。最后，教师与家长也得到了积极公民教育的机会。对于参与这一项目的教师与家长而言，一方面，参与活动是没有报酬的志愿者服务，有助于提高他们的奉献意识；另一方面，在活动过程中教师与家长需要经常沟通协商，这又利于他们培养团队合作精神。因此，“虚拟王国”项目事实上为教师与家长提供了与学生同时接受非正规积极公民教育的机会。

④项目成功的因素。

“虚拟王国”项目作为一项非正规的积极公民教育活动，其成功的因素主要在于：第一，学生在“虚拟王国”中真正的民主参与。学生在“虚拟城市”与“虚拟王国”的选举中充分遵循民主原则，选举产生能真正代表自己意愿的代表，组成“城市”与“王国”的管理阶层，而这些“管理者”也真正能做到代表学生的利益。第二，自由决策。项目实施中教师与家长只发挥指导、协调作用，不对学生实施的具体活动施加自己的影响。这样就确保学生在“城市”与“王国”的管理中按照自己的意愿进行，从而为学生提供了独立思考、发挥主动性与创造性、在不同意见中进行协商，最后达到求同存异的锻炼机会。第三，与社区的互动。“虚拟王国”项目在实施过程中一直坚持与校园所在的社区进行互动。一方面，“城市”与“王国”一些具体活动的场景就是社区，并且积极邀请社区居民参与活动；另一方面，社区对“王国”的活动也非常感兴趣，并为学生提供参与社区活动的机会。这样，学校与社区的互动为学生参与能力的锻炼创造了条件。第四，教师与家长的热情支持。“虚拟王国”项目从策划到实施都离不开教师与家长的参与，尤其是家长的配合与支持。这也说明，对学生的积极公民教育活动不管是采取正规、非正规还是非正式的方式，与家长的影响总是密不可分的。

（2）瑞典青年组织国家委员会[2]的“发挥作用”项目。[3]

瑞典青年组织国家委员会（以下简称瑞典青国委）是瑞典各种青年组织的协调管理机构。在瑞典的100多万青年中[4]，大部分人都在某种程度上参与了青年非政府组织的活动，可见瑞典青年组织在帮助青年公民的政治与社会参与方面发挥着重要作用。瑞典青国委认为，作为青年组织的协调管理机构，它能通过各种不同方式帮助青年组

---

[1] Gary Homana, Carolyn Barber and Judith Torney – Purta, *Assessing School Citizenship Education Climate: Implications for the Social Studies*, available at http://www.civicyouth.org/PopUps/WorkingPapers/WP48Homana.pdf.

[2] The National Council of Swedish Youth Organisations, the LSU.

[3] 项目英语名称为“To Make A Differrence”，简称为 TMD；以下该项目的主要内容请参见 DG Education and Culture, *Study on Active Citizenship Education*, pp. 129 – 137, ibid。

[4] 此处指 17 ~ 23 岁的青年公民。

织在积极公民教育过程中发挥更大的作用，比如，为全国100多个青年组织建立一个平台，为其提供发表意见、分享经验，尤其是对一些国内外相关决策的形成施加影响的机会。“发挥作用”这一项目就是其中的一项具体措施。

①项目的目的。

“发挥作用”这一项目是瑞典青国委“全球行动、地方增权”活动的组成部分。项目的直接目的是促进瑞典国内的青年组织（瑞典青国委的成员组织）之间以及与其他国家青年组织之间在青年活动管理与倡导方面分享经验，加强彼此之间的合作。通过这一具体目的的达成，加强瑞典青年组织的能力建设，使它们在瑞典青年与瑞典国内外青年政策制定过程之间发挥桥梁作用，为瑞典青年的国内外政治参与和公民社会参与提供更为有效的形式。

②项目内容。

该项目由两部分内容构成。一方面，瑞典青国委通过这一项目为来自全国青年组织的优秀青年领袖进行能力培训，帮助他们参与国内、国际青年政策的制定过程，在青年与青年政策制定之间发挥“桥梁”的作用，既帮助瑞典国内的青年组织了解国内与国际青年政策领域的问题与发展趋势，又可以代表瑞典青年在国内与国际青年政策制定过程中反映自己的意见，从而有效地缩短瑞典青年的政治参与与政策结果之间的距离，使青年认识到自己在政策形成中能够“发挥作用”，从而进一步调动广大青年政治与社会参与的积极性。另一方面，瑞典青国委还为自己的成员组织建立了一个平台，加强各个青年组织与那些公民参与积极性不高的青年群体之间的联系。“发挥作用”项目每年举办两次为期两天的研讨会，青年组织利用此机会向青年们介绍其所关注的国内或国际问题，从而为他们提供根据自己所了解的信息决定参与何种活动的机会。

③项目的作用与影响。

这一项目的实施得到了瑞典青年的高度评价。其主要作用与影响表现在如下几个方面：第一，项目对瑞典青年的国内与国际的政治参与方式进行了有益的探索。积极公民教育的核心环节是公民对政治、公民社会领域的积极参与，而公民参与的积极性又取决于参与是否能够达到预期效果。瑞典青国委“发挥作用”这一项目的最大亮点在于，对全国青年组织遴选出来的青年精英进行能力拓展培训，帮助他们参与瑞典国内与国际青年政策的制定过程，从而使青年意见得到在政策制定中反映并被采纳的可能性。第二，项目在瑞典青年精英分子的培养过程中发挥了积极作用。从欧盟国家积极公民教育的实践来看，青年往往是当中最为重要的一个接受教育的群体。在青年对政治、公民社会的积极参与中，精英的示范作用具有重要的意义。青年精英分子不但拥有自己良好的专业知识或职业技能，还具有良好的组织协调与沟通能力，在动员青年的政治与公民社会参与中能发挥重要作用。瑞典青国委“发挥作用”这一项目的主要内容之一就是对青年精英的培训，这充分体现了对青年精英作用的认可。据统计，在该项目实施过程中的2002~2005年间，有来自瑞典全国70多个青年组织的1000多名青年精英接受了相关培训，这些精英的相关知识与经验又通过瑞典青国委的有关活动直接被10000多名青年组织以及其他组织的积极分子分享，此外，还有更多的青年活跃分子通过瑞典青国委网站了解了这些信息。[1] 由此可见，“发挥作用”这一项目确实发挥了较大的积极影响。第三，项目在动员消极青年公民参与政治和公民社会活动方面也做出了积极贡献。在当前的欧盟成员国中，公民在政治与公民社会参与方面的消极态度是一个广泛存在的问题，瑞典也不例外。“发挥作用”项目在这一方面也进行了有益的尝试。瑞典青国委在项目实施过程中，不但鼓励各个青年组织通过研讨会的方式吸引那些消极的青年公民去关注国内外的重大社会问题，而且还在瑞典青国委网站建立了相关数据库供民众使用，这在提高他们的参与积极性方面也发挥了一定的积极作用。第四，项目促进了瑞典青国委与青年组织之间的联系。在项目实施过程中，瑞典青国委通过培训、网络等方式更好地收集各个青年组织的意见与经验，从而既能更准确地把握青年公民的思想动态并以之作为策划青年活动项目的依据，又能将青年活动中成功的经验在全国范围的青年组织中进行推广，因而对青年组织工作效率的提高同样发挥了积极作用。

④项目的成功因素。

瑞典青国委“发挥作用”这一项目之所以被认为是非正规积极公民教育中的成功案例，主要原因体现为两个方面。一方面，该项目在方法上表现为知识、信息、经验传播与能力培训、参与实践的具体结合。项目在实施中既重视瑞典青年组织之间在青年活动策划、动员青年参与等方面的经验分享以及与其他国家青年组织之间的合作，又强调对青年活动精英分子的能力拓展训练，还努力探索青年参与政治活动的新途径，是一种集分享经验、提高能力与创造机会三位一体的创造性的非正规积极公民教育方式。另一方面，其在组织与运作过程中，通过多个主体之间的合作做到了资源的优化利用。该项目虽然是瑞典青国委策划的非正规积极公民教育活动，却是在多维主体合作过程中顺利实施的。首先，100 多家瑞典青年组织不但是这一项目的参与者，同样是组织者与管理者，它们不但为项目提供了资源、分享了经验，还直接组织了许多具体的青年活动。其次，项目实施中还得到了青年活动领域外的其他主体，尤其是政府部门的支持，如政府稳定的经费支持，以及根据项目主题邀请相关领域具有丰富专业知识与政治参与技能的政府官员担任培训教师，这些都为项目的成功提供了重要保障。最后，国际合作同样具有重要意义，项目实施中在瑞典外交部与瑞典国际发展局的帮助下开展了国际合作，如，与联合国下属有关机构以及其他国际组织的合作有助于瑞典青年更好地了解国际问题，与其他国家青年组织的合作则可以取长补短，等等。

（3）斯洛伐克的“罗姆人增权之声”项目。[2]

罗姆人[3]是斯洛伐克第二大少数民族。2001 年斯洛伐克官方估计罗姆人总人数大约 8.9 万，约占斯洛伐克人口的 1.6%；但非官方的统计数据中，罗姆人总数可能达到

---

[1] DG Education and Culture, Study on Active Citizenship Education, p. 133, ibid.

[2] 项目英语名称为“Empowerment of Roma Voice”，下文关于该项目的主要内容请参见 DG Education and Culture, Study on Active Citizenship Education, pp. 138 – 144, ibid。

[3] 罗姆人（Roma）即吉卜赛人。

40 万，为斯洛伐克总人口的 8%。[1] 长期以来，斯洛伐克的大部分罗姆人都无法融入斯洛伐克主流社会，生活在城市郊区甚至是偏远的定居点。经济方面，罗姆人生活贫困，合法工人的失业率是斯洛伐克平均失业率的数倍；教育方面，大约只有 8% 的罗姆人接受了基本的技能培训，只有极少数人达到中等以上的教育水平，罗姆人聚居区的“吉卜赛小学”办学条件远低于其他学校，实际上处于名存实亡的状态；社会条件方面，罗姆人群体长期信息闭塞，几乎没有机会接受政府政策方面的宣教活动，也无法获取医疗保健等政府提供的社会福利。罗姆人总体上面临的这种落后的经济与社会环境决定了他们在斯洛伐克政治生活中缺乏话语权，公民的政治与社会参与机会非常有限。2004 年以后的几年间，斯洛伐克为了达到欧盟提出的入盟条件而削减财政开支，罗姆人的困难进一步加剧。[2] 在这种背景下，斯洛伐克的罗姆人在进行各种抗议示威活动的同时，也采取了其他一些积极的自救措施。“罗姆人增权之声”项目就是在这种情况下应运而生的。

①项目目的。

“罗姆人增权之声”活动最初是斯洛伐克罗姆人自发组织起来的维护自己公民权利的活动，后来在荷兰一家非政府组织（SPOLU）的支持下，开始转变为面向罗姆人与其他民众的非正规的公民教育活动。这一项目的总体目标是通过改善罗姆人与其他居民的关系，帮助罗姆人融入斯洛伐克主流社会，即实现罗姆人的“社会融合”。其具体目的又包括以下几点：一是通过社区工作对罗姆人进行动员，唤醒他们的参与意识；二是对罗姆人中的群众领袖进行智力投资，即通过培训提高他们的动员、组织、协调能力；三是树立当地群众领导的责任意识，帮助他们成为值得地方政府及其他权威部门信赖的伙伴；四是加强社区结构；五是建立基于平民组织的网络架构；等等。[3]

②项目的主要内容。

与上述目的相对应，“罗姆人增权之声”项目的主要内容可以区分为两个方面：第一，重建罗姆人社区组织。长期以来，斯洛伐克罗姆人团体尽管一直在努力为自己争取合法权益，但始终没有取得任何突破性的进展。其原因之一就是，罗姆人内部的矛盾削弱了他们的力量，因此没有能形成一个诉求一致的团体。之所以出现这种状况，是因为罗姆人组织过去几乎没有组织平民活动，因而没有任何群众基础。因此，“罗姆人增权之声”项目的主要活动内容之一就是积极开展平民活动，唤醒罗姆人普通民众的参与意识，为罗姆人增权活动创造群众基础，进而建立可持续的罗姆人组织与社区组织网络体系。第二，对罗姆人社区的群众领袖进行培训，不断提高他们的组织领导能力。缺乏具有责任意识与领导才能的民众领袖是罗姆人长期维权过程中遭受挫折的另一个重要原因。因此，“罗姆人增权之声”项目的另一项主要内容就是塑造罗

---

[1] *National Democratic Institute for International Affairs*, Slovakia, Roma Political Participation In Slovakia, 2003, p. 3, available at http://www.ndi.org/files/1619_ sk_ romaparticipPDF. pdf.

[2] National Democratic Institute for International Affairs, Slovakia, Roma Political Participation In Slovakia, ibid, pp. 3 – 5.

[3] DG Education and Culture, *Study on Active Citizenship Education*, ibid, p. 140.

姆人群众领袖，即通过遴选一批积极分子进行培训，既丰富他们的理论知识，又锻炼他们的领导能力，而且不断强化他们的责任意识，从而帮助他们成为担当责任的群众领袖。[1]

③项目的作用与影响。

"罗姆人增权之声"项目自2004年开始，持续了3年。项目实施得到了斯洛伐克罗姆人的积极评价。首先，罗姆人社区活动不断增加，民众的参与意识明显提高。在项目的实施过程中，斯洛伐克的一些罗姆人社区与定居点举行了许多小规模的社区活动，这些活动多以社区环境改善、公共设施维修、社区居民互助等为主要内容，民众的社区参与积极性不断提高，为政治参与与公民社会参与打下了基础。其次，民众领袖的领导组织能力得到了锻炼机会。具有责任心的积极分子通过项目组织的各种培训活动提高了自身素质，并在实践中通过组织各种小范围的社区活动锻炼了组织、动员与协调能力；与此同时，民众领袖还担负起与地方政府及其他有关部门之间沟通的责任，这也在一定程度上锻炼了他们的政治参与能力。最后，加强了罗姆人之间的团结。罗姆民众通过参加社区活动，互帮互助、和睦相处的意识不断增强，不同社区与定居点之间的联系也持续增多，罗姆人社区之间及其与其他民族社区之间的信任程度也都得到了提高。[2]

④项目的成功因素。

"罗姆人增权之声"项目之所以被认为是斯洛伐克成功的非正规积极公民教育实践活动，一个非常重要的原因就在于该项目的目标对象是欧盟积极公民教育难以发挥影响的少数民族这种特定群体。对于很少有机会接受积极公民教育的罗姆人而言，项目的定位无疑凸显了其重要的实践意义，也是其能取得明显成效的原因之一。与此同时，立足实际也是项目成功的重要因素。项目推行的各种具体活动从策划到具体实施，都与罗姆人所面对的实际情况密切联系，这样，民众参与的积极性被很好地激发，在参与解决事关切身利益问题的过程中，民众的社区参与技能也有所提高。此外，项目提供的实践机会同样发挥了积极作用。例如，在对罗姆人民众领袖的培训中，项目更多地为他们提供的是实践机会，而不是理论知识的传授，即让他们更多地在社区中组织策划各种小规模、小范围的民众参与活动，锻炼自己的领导能力。[3] 总之，立足罗姆人实际的多样化实践正是"罗姆人增权之声"这一项目的主要特征。

（4）荷兰的"霍赫芬'直接参与民主'工作室"项目。[4]

自20世纪90年代以来，在欧洲一些发达国家的民主政治体制中，为了弥补代议制民主的不足之处，人们开始越来越多地关注另一种民主形式——直接参与型民主。虽然从理论上看，在民主政治制度中这两种方式应该相互融合、互为补充（Dalton，Cain

[1] Ibid，pp. 139 – 141.

[2] DG Education and Culture，*Study on Active Citizenship Education*，ibid，pp. 142 – 143.

[3] DG Education and Culture，*Study on Active Citizenship Education*，ibid，p. 144.

[4] 该项目英语名称为"The Forges of Hoogeveen"。

& Scarrow, 2003)[1]，但在实践中直接参与型民主怎么运行，如何在代议制民主的主导地位下处理这两种不同形式民主之间的关系，这是理论界十分关注的问题（Scarrow, 2001）。[2] 自欧盟倡导积极公民培育以来，欧盟及其成员国已经将公民的直接参与视为欧盟民主政治发展的重要任务，而如何提高公民直接参与的积极性、进行富有效率的参与活动也就构成了欧盟成员国积极公民教育的一项重要内容。在这一方面，荷兰进行了有益的探索。近10年来，在荷兰的地方民主政治中，政府与民众共同努力，推行了许多富有创造性的公民直接参与治理的实践活动，这里所关注的“霍赫芬‘直接参与民主’工作室”项目就是其中一个具有典型意义的公民参与活动案例。[3]

①项目主要目的。

霍赫芬是荷兰东北部的一个城镇，市区与乡村共有5.5万多的人口。霍赫芬地区近20年来一直在尝试公民的直接参与实践活动。“霍赫芬‘直接参与民主’工作室”项目就是在总结以往经验的基础上开始实施的。该项目的总体目的是通过探索创造性的公民民主参与方式，充分调动民众参与的积极性，提高霍赫芬地区民主治理的效率。这一总体目的还可以进一步分为三个方面的具体目标：其一，通过动员居民参与邻里社区的治理改善社区环境，提高居民在社区、政治及公民社会等三方面的参与技能与自我效能；其二，通过居民的参与活动提高相互之间的信任与合作精神，从而不断加强社区的融合；其三，在项目实施过程中加强民众与其他有关各方及其之间的相互合作，提高民众对当地政府与其他机构的信任程度。[4]

②项目主要内容。

“霍赫芬‘直接参与民主’工作室”项目在运行过程中包括11个要素，分别为：未来议程，即居民为了改进社区邻里环境提出的短期或长期项目；6个参与伙伴，包括地方议会、3家房产公司、警察局与1家福利机构；片区指导者，代表6个参与伙伴参与工作室活动，并负责居民与参与伙伴之间的沟通；指导委员会，代表6个参与机构行使权力；合作进行社区建设的模式；3次审查，即决定在短期或长期项目中民众可以做什么、决定什么，需要什么帮助以及需要其他人做什么；游戏规则；6个阶段，即项目从策划到完成需要经历的各个阶段；预算，即当地政府为项目的实施投入的财政开支；等等。

以上这些要素在霍赫芬民众直接参与民主的过程中都具有重要的意义。而这种参

---

[1] Russell J. Dalton, Bruce E. Cain and Susan E. Scarrow, “Democratic Publics and Democratic Institutions”, in B. E. Cain, R. J. Dalton & S. E. Scarrow (Eds.), *Democracy Transformed? Expanding Political Opportunities in Advanced Industrial Democracies*, 2003, pp. 250 – 276, Oxford: Oxford University Press.

[2] Susan E. Scarrow, “Direct democracy and institutional change: a comparative investigation”, *Comparative Political Studies*, 2001, 34 (6), pp. 651 – 665.

[3] 下文关于这一项目的有关内容主要来自 Casper Geurtz & Ted Van de wijdeven, Making Citizen Participation Work: The Challenging Search for New Forms of Local Democracy in The Netherlands, *Local Government Studies* Vol. 36, No. 4, pp. 531 – 549, August 2010. Janez Krek, Bruno Losito, Rebecca Ridley and Bryony Hoskins, Participatory Citizenship in the European Union Institute of Education: Good Practices Report, ibid, pp. 105 – 109。

[4] Casper Geurtz & Ted Van de wijdeven, *Making Citizen Participation Work: The Challenging Search for New Forms of Local Democracy in The Netherlands*, ibid, pp. 531 – 549.

与活动具体又是通过事关邻里社区环境建设方面的短期与长期项目的实施来实行的。在短期项目的实施中，首先，社区民众自主提出自己的建议，然后由一个大约 15 个居民组成的发起人小组在居民团队、片区指导者的协助下对所有的项目建议进行评估与遴选，再由全体居民对遴选出来的项目建议进行投票表决，决定最终实施的项目，最后根据当地财政的预算分配经费，启动项目。在长期项目实施中，首先由专业人士与社区居民共同提出项目发展计划，再由一个包括 6 个相关机构的片区指导者与政府官员在内的协调小组将评估后的项目计划提交给指导委员会，指导委员会评议后提交给当地政府，最后政府决定是否立项与预算开支。[1]

③项目的影响与评价。

作为一种鼓励公民社区参与和政治参与的创新方式，“霍赫芬‘直接参与民主’工作室”项目无疑获得了成功。一方面，项目得到了当地居民的认同，从 2007 年出现第一个工作室之后，短短几年里增加至 20 多个；另一方面，这种实践方式在荷兰以及整个欧盟地区都引起了较多的关注，学术界对这一直接参与民主方式给予了肯定。这一项目的作用主要在于三个方面：一是充分调动了居民对邻里社区事务参与的积极性。如，在邻里社区建设的短期项目方面，越来越多的居民愿意提出自己的项目建议，参与项目表决投票也非常踊跃；在长期项目的确立过程中，居民同样非常积极地提出自己的建议。二是居民的公民参与能力得到了锻炼。通过积极提出项目建议，对项目进行评价、表决，与相关参与伙伴及政府部门的互动，居民不但提高了参与技能，还对自己作为公民的参与效能有了新的认识。三是促进了社会融合。在项目实施过程中，各种利益主体之间的关系得到了显著的改进，团结合作、互相信任的社区氛围得以形成。[2]

④项目成功的因素。

“霍赫芬‘直接参与民主’工作室”项目之所以被认为是非正规积极公民教育中成功的实践活动，背后的因素主要有：第一，政府与其他相关机构的紧密合作。在该项目的实施中，6 个参与伙伴无疑发挥了重要作用，其既是项目的组织者，又是参与者，还担负起与其他没有直接参与项目的主体之间的协调工作，事实上，在其作用之下，居民的民主参与变成了全社会共同努力的结果。第二，项目结构严谨，程序规范。项目的程序、结构中包括 11 个要素，这些要素保证了每一个具体的邻里社区建设项目都是在民主程序中公开公正地产生的，从而为社区建设项目的实施奠定了坚实的群众基础。第三，项目立足于邻里社区，具有深厚的“地气”。在积极公民教育的过程中，公民的参与意识绝非抽象地凭空产生，必须要置于具体的生活、学习或工作的社会环境当中（Hoskins etc，2012）。[3] 霍赫芬推行的这种直接民主参与活动不但是一种积极

---

[1] Janez Krek, Bruno Losito, Rebecca Ridley and Bryony Hoskins, *Participatory Citizenship in the European Union Institute of Education. Good Practices Report*, ibid, pp. 106 –107.

[2] Casper Geurtz & Ted Van de wijdeven, *Making Citizen Participation Work: The Challenging Search for New Forms of Local Democracy in The Netherlands*, ibid, pp. 531 –549.

[3] Bryony Hoskins, David Kerr, Hermann J. Abs, Jan Germen Janmaat, Jo Morrison, Rebecca Ridley, and Juliet Sizmur, *Participatory Citizenship in the European Union Institute of Education*: *Analytic Report*, p. 5, 2012, available at http://ec.europa.eu/citizenship/pdf/report2_analytic_report.pdf.

公民教育的“情景学习”，而且这一“情景”还与民众切身利益相关，这可以说是项目吸引民众的关键之处。

（5）德国的“电子民意”项目。❶

在欧盟推行的积极公民教育活动中，以互联网为主要代表的现代信息技术得到了广泛运用。对于具备互联网等信息技术物质条件的现代社会公民来说，他们不但可以利用这些技术去学习公民知识，而且还能将它作为一种实现公民各个层次、各种类型参与活动的重要平台。❷尤其是在对政府公共治理活动与政治选举活动的监督方面，互联网等信息技术手段已经成为公民参与的主要方式。因此，欧盟成员国的非正规积极公民教育实践中涌现出许多以互联网等信息技术为主要载体的例子，如，捷克的“我们的政治家”网站提供了政治家们的详细信息，成为民众关注政治家的主要场所；保加利亚公共与环境发展研究所创办的网站“为了公平的选举”，其目的就是通过唤醒公民对选举的参与意识来预防收买选票或操纵选举等违法现象的发生；等等。这里主要关注德国的“电子民意”项目。❸

①项目目的。

“电子民意”项目是德国电子民意有限责任公司❹创办的一家网站，其宗旨是通过互联网民意调查的方式为公民的政治参与提供专业服务。具体来说，就是通过该公司与地方政府达成协议，有偿使用“电子民意”网站提供的服务。通过这种民意调查与公民网络政治参与服务外包的方式，地方政府鼓励公民利用该网站的在线会议、网络访谈、民意调查等各种工具积极参与政府部门的各项治理活动，从而达到提高政府治理效率与培养公民积极参与意识的双重目的。❺

②项目主要内容。

“电子民意”项目接受地方政府的委托，有偿为它们提供以下各方面的服务，这些服务也就构成了这一项目的主要内容。第一，公民民意调查。通过网站的民意调查板块，运用定性与定量的分析方法，准确了解公民在各个方面的需求及其对政府具体政策的意见或者对政府总体表现的满意程度。第二，公民参与政府预算方案的制定。通过网站公布政府预算的细节与进展情况，公民在对预算知情的情况下发表自己的意见，使地方政府的预算方案更加科学、合理。第三，收集公民的建议。地方政府在市政建设等方面做出决定时必须充分听取所有利益相关方的意见，网站可以成为政府与其他利益相关方沟通的渠道。第四，公民提问。公民可以在网站就自己关心的事项提出疑问，并得到有关方面的解答。第五，个性服务。网站还可以针对地方政府的特别需要

---

❶ 项目英语名称为“eOpinio”。

❷ NIACE，*ICT in active citizenship*，available at http：//www. niace. org. uk/sites/default/files/39_ ICT. pdf.

❸ 以下该项目的主要内容来自 Janez Krek，Bruno Losito，Rebecca Ridley and Bryony Hoskins，*Participatory Citizenship in the European Union Institute of Education*：*Good Practices Report*，pp. 74 – 77；以及该项目网站 http：//www. eopinio. com（German only）。

❹ 公司名称为“eOpinio GmbH”。

❺ Janez Krek，Bruno Losito，Rebecca Ridley and Bryony Hoskins，Participatory Citizenship in the European Union Institute of Education：Good Practices Report，p. 76，ibid.

提供相应的服务，等等。[1]

③项目的影响与评价。

“电子民意”项目的实施对民众参与意识的培养无疑具有积极的意义。一般情况下，民众参与规模与地方政府接受网络调研的问题的性质相关，但总体上相关公民群体中在前面四周里会有1% ~2%的人参与进来。在这些参与人群中，40岁以上公民占的比重更高一些，其中年龄最大的84岁。这说明，该项目提供的这种基于网络平台的电子参与模式可能更有利于促进年长公民的政治参与。对地方政府来说，这种问政于民的方式带来的优点也是显而易见的，向“电子民意”项目服务外包节省了政府的财政开支，其模块式的标准程序又提高了工作效率；更重要的是，快速与公民互动，及时了解他们的需求与建议，这对改进地方政府治理效率具有重要的积极作用。[2]

④项目成功的因素。

“电子民意”项目被研究人员视为成功的非正规积极公民教育活动，其主要原因在于公民参与政治活动方式上的创新。地方政府通过服务外包，由专业的网络公司来组织公民与政府相关部门的互动，既节省了财政支出，又提高了政府部门的工作效率。与此同时，对公民来说，由于网络参与的便利性与16岁以上的公民都可以参与的广泛性，公民参与的程度与范围有了不断扩大的可能，这对促进公民的参与活动、提高参与效率同样具有重要的积极意义，无疑是实行非正规积极公民教育的有效措施。[3]

第四节　欧盟积极公民教育中的非正式教育及其实现形式

欧盟积极公民教育中的非正式教育活动是指公民个体在正规与非正规公民教育活动之外所进行的有意或无意的、有助于积极公民意识养成的自我教育活动。这种公民教育活动一般发生在公民个体参与活动、获取信息以及人际交往等场景中，对积极公民培养的影响更为全面和持久。此处在简要分析非正式公民教育活动的阶段性表现的基础上，着重利用有关数据，从欧盟民众的活动参与、信息获取与人际交往三个主要方面说明非正式公民教育在欧盟积极公民教育中的实际状况。

一、非正式教育在欧盟积极公民教育不同阶段的表现

（一）儿童早期积极公民教育中的非正式教育

学龄前儿童公民教育过程中的非正式教育活动是指儿童在正规早期教育机构与非正规教育之外的其他教育场景中接受的、对儿童公民素质培养产生影响的相关教育活动。这类教育活动通常发生在学龄前儿童所处的家庭、社区或其他非直接提供教育服务的场所中，具有零散、间接、非计划性、非自觉性、无意识性等特点，强调儿童在这些活动中潜移默化地接受公民意识的熏陶。比如，学龄前儿童在家庭中通过与父母

[1] http：//www. eopinio. com（German only）.

[2] Janez Krek，Bruno Losito，Rebecca Ridley and Bryony Hoskins，*Participatory Citizenship in the European Union Institute of Education*：*Good Practices Report*，p. 77，ibid.

[3] Ibid，p. 12.

家人的互动逐渐培养爱心与奉献精神，在与家人共同进行的远足中亲近自然而形成环保意识，在邻里社区与伙伴的互动过程中培养朴素的民主意识，在参观博物馆的过程中受到历史教育，等等。

非正式教育无疑是儿童积极公民教育中最有效的方式，因为在这种方式中符合儿童心智发展水平的“寓教于乐”与“寓教于玩”的教育原则能够得到最充分的体现，让儿童在玩耍中找到乐趣，在乐趣中接受公民意识的熏陶，只有这样，学龄前儿童的积极公民意识培养才能取得真正的效果。

1. 玩耍是儿童的基本公民权利

儿童作为公民，其基本权利必须得到社会的充分保障，而“玩耍的权利是儿童对社会的第一个要求，任何一个社会如果侵犯这种权利将会对其公民的身心造成深远、持久的影响”（David Lloyd George，1926）[1]。儿童玩耍的权利得到了国际社会的广泛认可，1989 年联合国通过的《儿童权利公约》明确规定“儿童应该拥有与其年龄相称的玩耍与娱乐权利”。但是现实中不但经济社会欠发达的落后国家的儿童特别是学龄前儿童的这种基本权利正受到越来越多的侵害，而且欧美等发达国家中儿童的这种权利的现状也令人堪忧（Ginsburg，2007）。[2] 例如，在美国的一些州中，法律规定 4 岁的儿童需要进行统一的标准化考试（Astuto & Ruck，2009）[3]，这样一来，学龄前儿童的学习压力将不断加大，自由玩耍与娱乐的机会必将被学习取代。

2. 玩耍对学龄前儿童教育具有非常重要的作用

尽管学术界对“玩耍”的定义莫衷一是，但这并不妨碍大家对玩耍的重要性的认识。大部分学者都认为玩耍是儿童时期的关键活动，有助于儿童自己创造机会去探索与学习（Ozanne & Ozanne，2011）。[4] 学术界对此进行了许多实证研究，如，有的学者研究了幼儿园学习阶段的教室游戏活动可以有效地提高学龄前儿童的说和写能力（Saracho，2001）[5]；有的学者研究发现，经常参加“扮演游戏”对儿童的“陈述结构与陈述回忆能力”具有积极的影响（Kim，1999）[6]；等等。这些研究结果都表明，玩耍活动对提高儿童教育的效果具有重要的积极影响。

3. 玩耍是学龄前儿童接受公民教育的有效途径

玩耍是帮助学龄前儿童接受公民知识、培育公民意识的最有效途径，这不但在于学龄前儿童的身心与智力水平决定了玩耍与娱乐活动为他们提供了发挥自己创造力与

---

[1] Lucie K. Ozanne and Julie L. Ozanne, “A Child's Right to Play: The Social Construction of Civic Virtues in Toy Libraries”, *Journal of Public Policy and Marketing*, Vol. 30 (1), Spring 2011, p. 264.

[2] Kenneth Ginsburg, “The Importance of Play in Promoting Healthy Child Development and Maintaining Strong Parent – Child Bonds”, *Pediatrics*, 119 (1), 2007, pp. 182 –91.

[3] Jennifer Astuto, Martin D. Ruck, “Early Childhood as a Foundation for Civic Engagement”, Ibid, p. 264.

[4] Lucie K. Ozanne and Julie L. Ozanne, “A Child's Right to Play: The Social Construction of Civic Virtues in Toy Libraries”, ibid.

[5] Saracho, O. N., “Enhancing Young Children's Home Literacy Experiences”, *International Journal of Early Childhood Education*, 2001, 5, pp. 135 –141.

[6] Sook – Yi Kim, “The effects of storytelling and pretend play on cognitive processes, short – term and long – term narrative recall”, *Child Study Journal*, 1999, Vol. 29, Issue 3, pp. 175 –191.

想象力的机会，而且还在于玩耍活动也是他们最能接受的探索自然、认识社会的方式。此外，玩耍活动还为儿童融入集体、培养社会认同提供了朴素的实践机会，因为在各种玩耍活动中，儿童的权利与责任意识、自尊与自信心以及团队意识与协作精神都能得到不同程度的培养（Ozanne & Ozanne，2011）[1]，而所有这些正是积极公民教育对学龄前儿童公民教育的基本要求。

（二）中小学积极公民教育中的非正式教育

中小学生积极公民教育中的非正式教育是指发生在正规与非正规积极公民教育活动之外的，中小学生在日常的生活、学习环境中有意或无意的逐渐积累公民知识、培养公民态度、锻炼公民参与技能的过程（Maslowski et al.，2009）。[2] 与中小学生的非正规公民教育活动一样，非正式的公民教育包括发生在学校这一正规教育场景之内与之外两个方面。

学校场景内的非正式公民教育活动是中小学生非正式公民教育的主要方面。校园内的这些非正式公民教育活动也被视为学校公民教育的非正式课程或隐藏课程[3]，主要指中小学生在校园内一切正规与非正规公民课程学习之外的，与教师、同学之间互动过程中的学习行为，这种随机的、日常的学习过程能够潜移默化地对学生的积极公民意识培养产生积极影响，但对学生而言，这种积极公民意识方面的培养一般是无意识地、不自觉地进行的。比如，与教师的互动不但有助于学生感受到教师的公民意识，还可以培养学生与教师之间的平等关系，甚至培养学生勇于挑战权威的意识；与同学的交往既可以促进学生之间的相互尊重与相互帮助，又能够促进学生宽容忍耐价值观念的形成；参与班级与学校的日常管理活动一方面有益于学生对民主治理概念的初步理解，另一方面也为学生政治参与能力的锻炼提供了机会；等等。

与此同时，学校场景之外的非正式公民教育活动也不能被忽视。一般情况下，中小学生在学校场景外的非正式公民教育活动表现在家庭与社区两个环节。家庭作为儿童与青少年从事公民学习的重要场景，主要作用就体现在非正式教育方面，如，学生在家中通过电视、网络或者与父母家人的讨论，或者耳闻父母家人互相之间进行的涉及政治议题的讨论等渠道，有意或无意地获取与公民意识有关的政治或社会方面的各种信息（Bunescu et al.，1999）。[4] 总之，家庭的政治化氛围、父母及其他年长家人的公民态度、价值观念与公民行为对孩子的积极公民意识养成具有直接或间接的影响。

---

[1] Lucie K. Ozanne and Julie L. Ozanne，"A Child's Right to Play：The Social Construction of Civic Virtues in Toy Libraries"，ibid.

[2] Ralf Maslowski，Heiko Breit，Lutz Eckensberger and Jaap Scheerens，"A Conceptual Framework on Informal Learning of Active Citizenship Competencies"，in Jaap Scheerens（Editor），*Informal Learning of Active Citizenship at School：An International Comparative Study in Seven European Countries*，Springer Netherlands，2009，pp. 16－21.

[3] César Bîrzéa，*Education for Democratic Citizenship：A Lifelong Learning Perspective*，ibid.

[4] Gheorghe Bunescu，Emil Stan，Gabriel Albu，Dan Badea and Octavian Oprica，"Cohesion and Diversity in National Identity：Civic Education in Romania"，in Judith Torney－Purte，John Schwille and J0－Ann Amadeo（Eds.），*Civic Education Across Countries：Twenty－four National Case Studies from IEA Civic Education Pproject*，Amsterdam：IEA，1999，pp. 497－533.

社区是中小学生在校园外接受非正式公民教育的另一场景。这主要指中小学生在学校与家庭所处的社区里、在与成人及其伙伴的各种互动中获得一些有益于积极公民意识培养的感性体验，如，在与同学伙伴共同参加正规与非正规积极公民教育活动之外的体育、慈善、环保等活动的过程中培养团结、忠诚、奉献、环保意识以及互相之间的友谊，在日常交往过程中分享各自的价值观念，在多文化背景的社区里逐渐形成文化、种族平等的理念，等等。同样，中小学生在家庭与邻里社区得到的这种积极公民意识方面的熏陶大部分情况下也是无意识、不自觉地进行的。

（三）高等教育中的非正式积极公民教育

在高等教育阶段，学生的学习方式与生活方式与中小学校学生相比已经发生了很大的变化。在学习方面，学生逻辑思维与分析批判能力有了较大的发展，学习的能动性与自觉性也有了进一步提高，探索、研究、讨论、参与逐渐成为他们主要的学习方法；在生活方面，家庭已经不再是他们主要的日常活动场景，校园、社区成为他们生活的两个中心区域，社交活动成为他们生活中的重要组成部分。在这种情况下，高等教育阶段学生的非正式公民教育也发生了变化。学生的非正式公民学习主要表现在三个方面。第一，日常人际互动过程中的非正式学习。这主要指学生在校园、社区中与教师及管理层、同学、朋友之间进行的所有交往过程中自觉或不自觉地涉及与公民意识培育相关的行为。第二，在正规与非正规学习之外，日常生活中通过书籍、媒体、网络等工具进行的学习活动，即借助这些途径有意或无意地获得了与公民教育相关的信息。第三，在正规与非正规积极公民教育之外，日常生活中参与校园或社区活动过程中的学习，即发生在校园或社区中的偶然性参与活动（如参加一次有组织的请愿活动、因政治原因对某种产品的消费进行临时性的抵制），或者是参与校园内的各种民主管理活动，或者是作为某一团体的成员参与团体的日常活动（如作为校园内人权保护组织成员而进行的日常活动），等等。

（四）成人教育中的非正式积极公民教育

对于成年公民而言，一方面，工作压力与家庭义务可能成为他们进行正规与非正规公民学习的障碍；另一方面，成年公民的自律能力与认知水平决定了他们具有较强的进行自我公民教育的可能性。因此，形式多变而又不受时空限制的非正式公民教育不但是最便于实施的成人公民教育方式[1]，而且还被一些学者认为是培育社区与基层民主氛围、提升成年公民参与社区活动的有效形式（Schugurensky，2006）。[2] 成年公民的

[1] 这点同样可以由欧盟成人教育中的正规教育、非正规教育以及非正式教育的分布情况得到间接说明。2003年欧盟劳动力调查（Labor force survey）的相关数据表明，欧盟25个国家的25～64岁之间成年公民在接受调查之前的一年里，进行过任何形式（正规、非正规与非正式）教育与培训的人数比例为42%，其中只有4.4%的人接受过正规教育机构提供的教育，16.5%的人参加过非正规教育，而进行了非正式教育的人达到32.5%。参见Emmanuel Kailis and Spyridon Pilos，Statistics in focus：Population and Social Condition，Lifelong learning in Europe，available at http：//libserver. cedefop. europa. eu/vetelib/eu/pub/eurostat/2005_ 0002_ en. pdf。

[2] Daniel Schugurensky，"Informal Learning in Local Democracy"，in Vi Bekerman，Nicholas C. Burbules and Diana Silberman - Keller（Eds.），*Learning in Places：The Informal Education Reader*，New York：Peter Lang Publishing，2006，pp. 163 - 182.

非正式公民教育（学习）主要包括以下三种形式。一是通过正规与非正规积极公民教育学习活动之外的个人学习行为有意或无意地接受了公民教育，如成年公民在家里、图书馆或其他场所通过阅读、上网或观看影视节目等方式不自觉地学习与公民知识相关的内容。二是偶然地、非自觉地通过与他人互动接受了公民教育，如成年公民在与家人、邻居、同事、朋友的日常互动活动过程中了解有关公民知识，增强自己的公民意识。三是成年公民在正规与非正规积极公民教育活动之外的公民参与过程中接受了公民教育。例如，成年公民有时参加了公民政治或公民社会活动（如选举、听证会、讨论会、抗议、请愿等），虽然自己没有意识到接受了某种形式的公民教育，但这些活动事实上使他们学习到了其他场景中无法接触到的知识，对他们的公民意识与公民参与能力将带来潜移默化的影响，从而为他们以后在类似场景中的参与行为提供了积极的借鉴（Schugurensky，2006）。[1]此外，成年公民作为公民社会组织的成员参与组织的日常活动同样也是一种非正式的公民教育活动。

二、欧盟非正式积极公民教育的实现形式

关于非正式积极公民教育的具体表现形式，霍尔福特等人在他们的研究中列举了七种形式，分别为阅读报刊杂志、浏览网页、收看电视或收听广播节目、参加正式的公民活动、加入志愿者组织、与家人朋友之间涉及政治等话题的非正式谈话以及参与非正式的组织或网络（Holford，2006）。[2] 结合前文对积极公民教育各个阶段的非正式教育方式的具体分析，这里可以把这些非正式积极公民教育的具体实现形式概括为三个主要方面，即活动参与型的非正式积极公民教育、信息获取型的非正式积极公民教育和人际交往型的非正式积极公民教育。由于长期以来学界对非正式公民教育的研究不予重视（Schugurensky & Myers，2008）[3]，因此关于非正式积极公民教育的理论文献与实证研究都非常匮乏。这里只能通过一些数据来分析欧盟非正式积极公民教育三种实现形式的简要情况。

（一）活动参与型的非正式积极公民教育

活动参与型的非正式积极公民教育，指公民在所有正规与非正规积极公民教育活动之外的活动参与过程中受到的积极公民教育。这种参与活动又大概可以区分为两种情况。

1. 公民政治参与活动

公民参与是积极公民身份的中心环节。因此，不管是学生还是成人，都可能也必须积极参加一些正式与非正式的公民政治活动。公民政治领域的参与方式多种多样，德尔顿（Russell J. Dalton）把这些参与形式概括为以下六种：投票、竞选活动、直接与官员联系、社区政治活动、抗议及其他争议形式的政治活动、互联网政治活动（如访

---

[1] Daniel Schugurensky, "Informal Learning in Local Democracy", ibid.

[2] John Holford, Roger Patulny & Patrick Sturgis, "Indicators of Non – formal & Informal Educational Contributions to Active Citizenship", ibid, p. 13.

[3] Daniel Schugurensky, John P. Myers, "Informal Civic Learning Through Engagement in Local Democracy: The Case of the Seniors' Task Force of Healthy City Toronto", in Kathryn Church, Nina Bascia, Eric Shragge (eds.), *Learning through Community: Exploring Participatory Practices*, Springer; 2008 edition, p. 73.

问政治网站、发送邮件、递交电子请愿等）（Dalton，2014）。[1] 一般来说，这些活动可以是有组织的活动，也可以是公民独自的个人行为。但需要指出的是，尽管有些活动（如投票、参加竞选活动等）具有计划性、组织性特点，但是，一方面由于它们并非具有明确目的的学习活动，另一方面公民的参与行为一般是临时的、偶然的，因此即使公民参与过程中带有学习的意图，这些参与活动仍然不属于非正规积极公民教育的范畴，但它们对参与者无疑都能发挥积极的公民教育作用。

在各个层次的选举活动中，积极投票无疑是欧盟公民最为常见的正式的政治参与活动，它既是欧盟积极公民身份所承载的最基本的政治权利，也是公民政治参与活动中的主要方式之一。为了尽可能保证自己选票的政治效能，公民在投票之前需要对各个政党或者候选人的竞选大纲与政策主张充分了解，并对这些议题进行批判性分析，从而确定哪个政党或候选人的政治政策倾向与自己的利益具有最大的交集；有时，公民为了帮助自己的意愿候选者获得更多的选票，还会主动参与他们的竞选活动，在家人、朋友、同事之间宣传他们的竞选纲领。毫无疑问，所有这些相关活动都是公民践行积极公民身份的表现。因此，尽管“选举活动涉及太多问题，许多人即使在一些问题上不同意一个政党或者候选人的意见也会为其投票”（Dalton，2014）[2]，但这既不妨碍公民行使自己的公民权利，也不会影响公民在投票过程中可能得到的公民意识教育。表4－4－1中的数据反映了最近几年欧盟国家青年公民参与各种选举活动的情况，数据表明，一半以上的青年公民拥有在选举投票活动中接受积极公民教育的机会。

表4－4－1　欧盟各国青年公民近三年参与各层次政治选举投票活动的情况[3]

			欧盟27国					
			56%					
比利时	保加利亚	捷克	丹麦	德国	爱沙尼亚	爱尔兰	希腊	西班牙
73%	56%	60%	56%	53%	44%	56%	66%	61%
法国	意大利	塞浦路斯	拉脱维亚	立陶宛	卢森堡	匈牙利	马耳他	奥地利
64%	71%	59%	65%	48%	49%	39%	76%	62%
荷兰	波兰	葡萄牙	罗马尼亚	斯洛文尼亚	斯洛伐克	芬兰	瑞典	英国
60%	52%	48%	63%	63%	52%	64%	49%	38%

除了在选举活动中投票之外，欧盟国家公民的政治参与活动还表现为公民积极参与请愿、游行示威、抵制产品等非正式的政治活动。公民在参与这些政治活动的过程中，首先需要就活动内容收集信息，并在互相之间分享、评价有关信息；然后，公民就活动的主题进行协商，通过理性交换意见尽可能达成内部共识，确定活动的具体组织形式并

[1] Russell J. Dalton, *Citizen Politics*, *the sixth edition*, Sage Publication, Inc., 2014, pp. 38－39.

[2] Ibid, p. 39.

[3] 表4－4－1数据来自2013年的“欧洲晴雨表”（Eurobarometer）。参见Flash Eurobarometer 375, EUROPEAN YOUTH: PARTICIPATION IN DEMOCRATIC LIFE, available at http://ec.europa.eu/public_opinion/flash/fl_375_en.pdf。

且形成明确的政治诉求；最后，按照计划有步骤地实施活动。在这一过程中，积极公民身份必须具备的政治参与意识、团队合作精神、民主协商意识都能够得到充分的反映。因此，公民对这些活动的参与同样既是践行积极公民身份的具体表现，也是接受积极公民教育的过程。只不过一般情况下公民参加这些活动的主要目的是表达自已强烈的政治诉求，而非某种知识或技能的学习，因此，这些参与行为属于非正式的积极公民教育活动。表4－4－2中的数据为欧盟各国公民参与这三种非正式政治活动的表现，从中反映出大部分欧盟国家的大部分公民拥有机会并且愿意接受这种非正式的积极公民教育活动。

表4－4－2　欧盟各国公民的非正式政治活动参与状况❶

非正式政治活动／国家	请愿		产品抵制		合法示威	
	已经参加	愿意参加	已经参加	愿意参加	已经参加	愿意参加
瑞典	81.6%	15.4%	24.3%	58.8%	22.9%	61.1%
西班牙	40.2%	34.7%	7.2%	28.6%	37.6%	31.6%
斯洛文尼亚	33.6%	38.4%	7.2%	46.7%	12.7%	50.5%
斯洛伐克	37.5%	28.6%	2.3%	22.8%	5.4%	27.0%
罗马尼亚	10.9%	2.5%	1.8%	13.6%	7.3%	25.0%
葡萄牙	21.0%	32.0%	4.6%	28.1%	11.7%	29.5%
波兰	21.2%	50.4%	3.6%	38.5%	8.5%	44.5%
荷兰	50.1%	30.3%	11.0%	30.7%	21.5%	31.2%
卢森堡	59.4%	26.8%	13.1%	40.2%	35.7%	41.0%
立陶宛	15.4%	42.6%	1.8%	36.4%	7.7%	53.0%
拉脱维亚	16.5%	40.4%	4.2%	29.8%	17.2%	42.2%
意大利	51.7%	33.1%	12.9%	38.3%	38.5%	36.2%
爱尔兰	54.4%	29.3%	10.3%	37.4%	15.9%	37.6%
匈牙利	15.2%	31.3%	2.0%	18.0%	4.0%	21.5%
希腊	19.0%	34.3%	6.3%	19.9%	22.8%	28.6%
英国	66.3%	20.5%	13.4%	32.7%	14.9%	30.3%
德国	57.7%	30.0%	8.7%	38.0%	30.4%	37.7%
法国	68.0%	22.3%	17.1%	48.1%	45.0%	31.9%
芬兰	55.1%	36.0%	25.9%	53.1%	16.0%	49.8%
爱沙尼亚	21.5%	30.3%	3.3%	29.8%	5.9%	34.8%
丹麦	67.1%	19.6%	18.6%	40.0%	34.4%	33.9%
捷克	33.0%	33.9%	5.0%	29.0%	12.0%	40.5%
保加利亚	9.7%	29.6%	2.8%	17.8%	8.4%	34.2%
比利时	61.2%	24.7%	10.9%	35.3%	29.7%	34.7%
奥地利	49.6%	29.9%	9.3%	37.8%	16.6%	35.8%
塞浦路斯	19.7%	29.3%	2.8%	11.8%	24.8%	24.2%
马耳他	35.7%	30.1%	9.6%	28.6%	17.6%	24.1%

❶　表4－4－2数据来自2008年的“欧洲价值调查”（European Values Survey）。参见http：//zacat. gesis. org/webview/。

2. 公民社会参与活动

积极参与公民社会活动同样是积极公民身份的基本要求。公民社会活动参与一般指公民参与非政府组织、各种协会、社区服务组织等非政治类组织的活动过程。[1] 这种形式的参与活动虽然不以明确直接的公民意识学习行为为主要内容，但强调参与行为对公民意识培养的间接影响。如，公民在参与过程中形成的团结、互助、合作意识有利于促进社会资本的形成，从而对推进社会融合发挥积极的促进作用；就互相关心的社会问题交换意见，在辩论、说服的过程中以平等、宽容的态度谋求共识，从而提高民主协商的意识和能力；公民参与过程中对社区公共利益的关心有利于促进公民德性的培育，对欧盟以及全球范围内的公共问题的关注有助于他们形成欧洲公民与全球公民的身份意识；等等。由此可见，积极参与公民社会活动也是欧盟公民接受非正式积极公民教育的重要方式。

表4－4－3和表4－4－4反映的是欧盟国家青年公民参与公民社会活动的有关情况，其中列举了欧盟各国青年公民在公民社会参与方面相对频繁的活动类型。表中数据表明，体育运动是青年公民中最常见的公民社会参与活动。表面看来，体育运动与公民参与是两个不同的领域，但洛佩兹（Mark Hugo Lopez）等人调查研究的经验数据表明，体育运动与公民意识具有比较明显的正相关关系，换言之，经常参加体育锻炼的公民比不参加体育锻炼的公民更愿意参加公民政治与公民社会活动（Lopez et al.，2006）（见表4－4－5）[2]；此外，巴利（Richard Bailey）的研究也表明，体育和体育运动对社会融合与社会资本的发展也具有潜在的积极作用（Bailey，2005）。[3] 因此，对于欧盟国家的青年公民而言，积极参加体育运动无疑也是进行非正式积极公民学习的重要方式。与此同时，表4－4－3中的数据还表明，2013年与2011年相比，欧盟青年公民对维护社区公益、促进保护人权、气候环境全球性问题等方面的关注也在不断提高。

表4－4－3　欧盟青年公民参与公民社会活动的主要类型[4]

活动类型 时间	运动俱乐部	青年俱乐部或其他类似组织	以改善社区为目的的当地社区组织	文化组织	促进人权或全球发展的组织	与气候变化或环境问题积极相关的组织
2013年	35%	22%	15%	14%	8%	7%
2011年	34%	18%	11%	14%	5%	3%

---

[1] DIRECTORATE GENERAL OF DEMOCRACY AND POLITICAL AFFAIRS, *Code of good practice on civil participation Background paper prepared by the Secretariat for the meeting*, *of the Civil Society and Democracy grouping*, Council of Europe, 25 June 2008.

[2] Mark Hugo Lopez and Kimberlee Moore, *Participation in Sports and Civic Engagement*, The Center for Information & Research on Civic Learning & Engagement, February 2006.

[3] Richard Bailey, "Evaluating the relationship between physical education, sport and social inclusion", *Educational Review*, Vol. 57, No. 1, February 2005, pp. 71－90.

[4] 表4－4－3数据来自2013年的"欧洲晴雨表"（Eurobarometer）。参见 Flash Eurobarometer 375, EUROPEAN YOUTH: PARTICIPATION IN DEMOCRATIC LIFE, ibid。

表 4-4-4　欧盟 27 国青年公民参与公民社会活动的分布情况❶

活动类型 / 国家	运动俱乐部	青年俱乐部或其他类似组织	以改善社区为目的的当地社区组织	文化组织	促进人权或全球发展的组织	与气候变化或环境问题积极相关的组织
欧盟 27 国	35%	22%	15%	14%	8%	7%
比利时	46%	32%	17%	22%	13%	10%
保加利亚	23%	16%	9%	14%	8%	10%
捷克	30%	18%	11%	18%	6%	7%
丹麦	48%	28%	16%	10%	12%	7%
德国	42%	27%	16%	18%	8%	8%
爱沙尼亚	26%	14%	7%	6%	1%	2%
爱尔兰	53%	37%	36%	13%	12%	10%
希腊	30%	15%	12%	10%	5%	10%
西班牙	38%	24%	14%	18%	12%	10%
法国	44%	23%	13%	12%	5%	6%
意大利	25%	15%	14%	13%	6%	4%
塞浦路斯	19%	8%	5%	7%	5%	4%
拉脱维亚	25%	23%	16%	13%	6%	6%
立陶宛	15%	14%	7%	6%	2%	4%
卢森堡	48%	38%	21%	25%	13%	13%
匈牙利	19%	11%	10%	7%	3%	6%
马耳他	25%	19%	12%	13%	5%	6%
奥地利	36%	21%	16%	16%	11%	10%
荷兰	59%	27%	13%	18%	14%	6%
波兰	19%	13%	12%	10%	5%	1%
葡萄牙	31%	26%	21%	20%	9%	8%
罗马尼亚	16%	12%	8%	8%	5%	5%
斯洛文尼亚	26%	14%	9%	16%	3%	2%
斯洛伐克	32%	23%	13%	23%	11%	9%
芬兰	30%	25%	17%	11%	14%	7%
瑞典	48%	24%	14%	12%	13%	9%
英国	38%	28%	25%	12%	9%	7%

❶ 表 4-4-4 数据来自 2013 年的“欧洲晴雨表”（Eurobarometer）。参见 Flash Eurobarometer 375，EUROPEAN YOUTH：PARTICIPATION IN DEMOCRATIC LIFE，ibid。

表4－4－5　18～25岁公民体育运动与公民意识之间的关系❶

公民指数	参加体育运动者	不参加体育运动者
志愿者	31.9%	20.9%
定期志愿者	15.4%	9.7%
能够发挥作用	30.4%	28.2%
为解决社区问题付出	7.4%	5.8%
政治指数	参加体育运动者	不参加体育运动者
投票注册	57.8%	40.1%
在2000年大选中投票	44.1%	32.5%
声音指数	参加体育运动者	不参加体育运动者
写信	5.5%	5.4%
产品抵制	16.3%	12.3%
参加市政会议	5.6%	6.5%
签署请愿邮件	9.6%	11.4%
签署书写形式的请愿	13.0%	13.7%
在公共场合发表自己的意见是否感觉轻松	39.7%	31.5%
新闻关注度	参加体育运动者	不参加体育运动者
密切关注一般新闻	40.5%	25.9%
密切关注体育新闻	34.1%	13.6%
密切关注政治新闻	7.9%	3.9%
样本数量	362	513

（二）信息获取型的非正式积极公民教育

信息获取型的非正式积极公民教育，指公民在所有正规与非正规积极公民学习活动之外的，在日常活动中利用各种媒介工具获取资讯的过程中有意或无意地接收了有关公民意识和公民参与方面的信息，从而受到的积极公民教育。

1. 现代欧盟国家公民信息获取过程的特点

在当代欧盟社会中，大众信息传播异常发达，公民的信息获取过程具有如下特点：一是信息获取工具多种多样。一般来说，这些媒体工具可以区分以下几个主要类别：第一，纸质印刷类媒体。这类媒体属于传统媒体，主要包括报纸、杂志、书籍、宣传图画、资讯小册子等各种印刷品。第二，电子技术类媒体。这类媒体以电子技术为基础，主要包括电影、电视与广播等。第三，数字技术类媒体。指以数字技术与微电子技术为支撑，以互联网为操作平台，以智能手机、各式电脑及其他数码电子产品为物理载体的所有媒体工具。二是信息来源以市场化、商业化主体为主导。从公民信息获取的来源来看，欧盟国家中虽然政府公共媒体机构依旧在信息提供过程中发挥重要的

❶ Mark Hugo Lopez, Research Director, and Kimberlee Moore, Participation in Sports and Civic Engagement, ibid.

作用，但市场化、商业化主体已逐渐成为信息提供的主要主体。三是信息内容的多元化。一方面，从信息内容所涉及的社会领域来看，政治、经济、文化、科技、教育、环境等社会各个方面都包括其中；另一方面，从其所涉及的地域层次来看，社区、地方、国家、欧盟以及全球信息应有尽有。四是对信息甄别、筛选的能力要求不断提高。随着信息传播的市场化、商业化进程的加快，以及信息内容多元化程度的进一步提高，公民在获取信息过程中面临的“辨识”难度也不断加大，换言之，公民需要不断提高自身的信息甄别、筛选能力才有可能确保自己所获取信息的中立性与客观性。

2. 公民获取公民意识和公民参与相关信息过程中公民教育作用的机制

在公民日常所获取的大量信息中，有许多与公民意识和公民参与相关的内容。这些内容从信息传播者的角度来看，一般都存在一定程度的“政治社会化”意图，即通过自身有组织、有计划的信息供给过程来潜移默化地、间接地实现对信息接收者进行公民教育的目的。因此，公民不管在信息获取过程中是否具有明确的接受政治教育或公民意识教育的意图，都在信息供给者的帮助下了解、分析了这些特定的信息，并进行了价值判断，直至最终采取某种相应的行动。毫无疑问，这一过程就是典型的非正式公民教育活动。

公民意识和公民参与相关的信息传播是如何发挥非正式公民教育作用的呢？这里可以借鉴黑格与哈罗普在《比较政府与政治》一书中关于政治沟通（political communication）机制的分析来对此进行简要的解释。黑格与哈罗普认为，一般来说政治信息传播模式包含五个相关的重要因素，即信息发出者、信息本身、信息发送渠道、信息接受者与信息影响，而信息影响的机制包括强化（reinforcement）、议程设定（agenda - setting）、构筑框架（framing）、间接记忆效应（priming）四个环节（Hague & Harrop, 2013）。[1] 据此，我们可以对与公民意识和公民参与相关的信息传播发挥公民教育作用的过程进行具体分析。首先，公民意识和公民参与相关的信息传播发挥公民教育作用的五个要素分别为：第一，信息发出者，可以是致力于推动公民教育的任何政府或非政府主体，也可以是与公民教育活动无关的其他社会机构；第二，信息内容，即任何与公民知识、公民态度价值观以及公民参与相关的内容；第三，信息传播渠道，即现代社会存在的各种各样的媒体工具；第四，信息接受者，即任何特定群体或一般社会公众；第五，信息影响，即信息接受群体中产生预期公民教育效果。其次，这些与公民教育有关的信息发挥教育作用的机制表现为：第一，强化，媒体传播的与公民教育相关的特定信息进一步强化了公民群体对相关问题的立场；第二，议程设定，媒体对相关公民教育信息的大量报道使得这些内容成为公众普遍关注的议题，而对其他问题的关注则处于次要地位；第三，构筑框架，媒体传播这些与公民教育相关的信息的具体方式，如记者的措辞、图片画面的内容等，与信息接受者产生心理共鸣，从而诱导他们做出信息传播者期望的行为；第四，间接记忆效应，媒体传播这些与公民教育相

[1] Rod Hague and Martin Harrop, *Comparative Government and Politics*, the ninth Edition, Palgrave Macmillan, 2013, pp. 112 - 124.

关的信息的内容及其具体方式所间接包括的原则或标准最终被信息接收者接受，并且可能被他们运用于其他场景。[1] 这样一来，媒体关于这一特定内容的公民教育相关信息的传播就发挥了它的公民教育作用。

表4－4－6中的相关数据从一个侧面反映了欧盟各国民众通过各种媒体对政治的关注程度，表明大部分欧盟民众在利用媒体工具获取信息过程中受到非正式积极公民教育的机会是比较多的。

表4－4－6　欧盟国家公民通过电视、广播、报纸等媒体对政治的关注程度[2]

关注度 / 国家	每天关注	一周数次	一周1～2次	不经常	从不
瑞典	65.7%	12.2%	12.7%	8.0%	1.4%
西班牙	43.9%	21.3%	13.2%	13.7%	8.0%
斯洛文尼亚	42.9%	20.6%	13.5%	17.0%	6.0%
斯洛伐克	46.7%	25.0%	10.3%	14.7%	3.3%
罗马尼亚	36.5%	19.0%	9.2%	26.9%	8.3%
葡萄牙	46.4%	28.0%	12.3%	8.5%	4.7%
波兰	34.7%	27.5%	16.5%	17.5%	3.9%
荷兰	53.0%	17.0%	10.7%	13.2%	6.1%
马耳他	35.2%	30.6%	13.6%	13.4%	7.2%
卢森堡	51.6%	17.5%	10.5%	12.4%	8.0%
立陶宛	58.0%	17.9%	8.1%	11.9%	4.0%
拉脱维亚	52.4%	25.0%	10.8%	9.5%	2.3%
意大利	53.7%	16.5%	8.6%	12.3%	8.8%
爱尔兰	29.4%	21.4%	15.7%	22.8%	10.7%
匈牙利	37.5%	20.4%	13.4%	21.0%	7.8%
希腊	52.5%	26.9%	7.7%	9.4%	3.5%
英国	34.7%	13.9%	14.9%	18.0%	18.4%
德国	57.5%	25.2%	7.8%	7.2%	2.3%
法国	58.4%	15.1%	10.5%	10.3%	5.7%
芬兰	39.5%	17.1%	13.7%	21.9%	7.7%
爱沙尼亚	48.5%	22.5%	13.1%	12.4%	3.4%
丹麦	68.4%	13.9%	9.7%	6.4%	1.7%
捷克	26.7%	26.5%	16.8%	24.5%	5.5%
塞浦路斯	42.6%	28.6%	9.0%	11.8%	7.9%
保加利亚	51.0%	21.9%	11.6%	11.6%	3.9%
比利时	48.3%	16.6%	10.6%	15.5%	8.9%
奥地利	52.1%	20.3%	13.6%	10.6%	3.4%

[1] Rod Hague and Martin Harrop, *Comparative Government and Politics*, the ninth Edition, Palgrave Macmillan, 2013, pp. 112－124.

[2] 表4－4－6数据来自2008年的“欧洲价值调查”（European Values Survey）。参见 http://zacat.gesis.org/webview/。

（三）人际交往型的非正式积极公民教育

人际交往型的非正式积极公民教育，指公民在与他人的日常互动中产生的有助于自身积极公民意识培养的效果。这种形式的非正式积极公民教育活动可以发生在校园、工作场所、家庭、社区以及休闲、娱乐等社交场所中的任何时刻，它具有日常性、随意性等特点，是公民通过全方位践行积极公民身份进行自我教育的重要形式。这是因为，第一，公民在各个场景的互动过程中可以分享与积极公民身份相关的信息，比如针对发生在政治、经济等社会各方面的重要问题发表自己的观点，并且展开讨论，从而有助于积极公民认知能力的提高；第二，公民之间的日常互动过程实际上也是公民践行积极公民所必须具备的态度与价值观的过程，换言之，学习、工作、家庭、社区及社交领域既是公民展现自身公民德性的场所，也为公民提供了见贤思齐、进行自我反省的机会，因此，这一过程为公民不断提高公民德性提供了重要机会；第三，公民的互动过程有时也是公民共同参与政治活动与社会活动的过程，在参与中公民以民主、自由、平等、互相尊重等价值观为准则，为促进各个层次公共善的发展做出积极贡献，可见，公民的交际活动对积极公民实践能力的锻炼也具有积极意义。

这里同样利用2008年欧洲价值调查中的一些相关数据从儿童、青少年与成人两个角度来分析。对于儿童与青少年来说，家庭是他们接受非正式积极公民教育的重要场所，而这种家庭的非正式教育活动尤其是他们在积极公民的态度与价值观方面的培养主要又是通过与父母等家庭成员互动来进行的。表4-4-7中的数据表明，在欧盟国家中，虽然不同国家的民众在鼓励家庭培养的重要价值观方面的观点呈现出多元化的特点，但在“责任意识”“忍耐与尊重”这两个方面价值观的培养上，几乎所有欧盟国家的大部分民众对家庭互动的积极作用都是认可的。而根据前文的分析，这两个方面恰恰是积极公民情感与价值维度中的重要内容。

表4-4-7　欧盟民众关于家庭在培养儿童（青少年）态度与价值观方面作用的观点❶　单位:%

价值观／国家	礼貌	独立	努力工作	责任意识	忍耐与尊重	决心与毅力	节俭	无私
瑞典	77.2	64.6	9.4	87.1	91.2	51.1	32.3	31.1
西班牙	84.5	38.0	20.7	83.4	81.5	24.3	35.6	1.6
斯洛文尼亚	81.7	71.7	32.5	72.7	72.0	45.9	33.0	31.0
斯洛伐克	78.2	69.5	85.9	78.5	51.6	26.6	49.8	26.4
罗马尼亚	96.6	60.8	91.1	80.2	74.4	59.6	61.3	51.8
葡萄牙	68.1	37.3	69.5	70.2	67.8	25.4	45.3	38.9
波兰	58.8	40.1	82.1	72.7	73.9	41.2	44.0	19.0
荷兰	86.9	47.9	21.0	87.1	85.4	34.9	33.7	22.7
马耳他	70.7	34.4	49.6	69.7	58.8	21.6	55.3	48.8
卢森堡	85.1	52.1	51.1	80.4	82.5	43.6	46.3	32.3

❶　表4-4-7数据来自2008年的“欧洲价值调查”（European Values Survey）。参见http：//zacat. gesis. org/webview/。

续表

价值观 国家	礼貌	独立	努力工作	责任意识	忍耐与尊重	决心与毅力	节俭	无私
立陶宛	39.2	73.7	81.6	75.0	54.0	33.3	40.2	26.6
拉脱维亚	67.3	69.0	79.1	79.9	72.6	46.5	57.6	24.9
意大利	79.9	40.4	38.8	83.1	71.1	33.9	43.6	40.8
爱尔兰	87.9	61.2	60.1	63.5	74.2	42.7	40.2	52.0
匈牙利	82.7	76.6	75.9	76.6	70.8	29.3	49.1	34.3
希腊	79.0	41.4	28.9	72.1	53.6	49.6	30.9	28.4
英国	92.3	49.1	44.3	48.8	79.3	36.9	27.8	50.1
德国	78.6	71.5	17.0	83.9	73.1	47.9	43.8	5.0
法国	68.9	28.0	47.7	69.8	86.2	39.9	41.5	40.7
芬兰	88.2	50.7	7.4	89.5	86.7	47.8	21.4	27.8
爱沙尼亚	78.5	24.9	82.8	84.9	76.8	45.4	46.5	15.8
丹麦	76.1	79.7	4.5	81.2	86.7	27.1	9.4	63.4
捷克	77.1	64.9	73.9	62.0	50.4	33.2	42.1	34.5
塞浦路斯	84.9	36.7	35.4	67.1	66.1	35.5	27.0	38.5
保加利亚	71.3	42.8	87.0	80.4	65.2	64.6	42.3	33.5
比利时	81.1	32.7	36.7	72.4	82.2	33.5	45.4	22.5
奥地利	77.6	65.7	12.9	78.5	68.7	30.6	42.9	10.0

对于欧盟各国的成年公民而言，社会交际是他们休闲时间里的重要活动，而在交际互动中往往可能涉及与积极公民意识相关的内容。表4－4－8中的数据反映了欧盟民众在休闲时间里与“高尚人士”（nice people）交往的意愿，表4－4－9中的数据则表明大部分民众有可能在与朋友的交往中谈论政治话题。由此可见，对欧盟成年公民来说，人际交往型的非正式积极公民教育同样能够发挥重要的作用。

表4－4－8　欧盟民众对休闲时间里与“高尚人士”交往的重要性的认识❶　　单位:%

态度 国家	非常重要	相当重要	不重要	根本不重要
瑞典	34.4	49.3	14.9	1.4
西班牙	38.6	50.3	9.3	1.8
斯洛文尼亚	51.9	42.2	5.5	0.3
斯洛伐克	44.3	47.0	7.1	1.6
罗马尼亚	45.0	47.1	7.1	0.8
葡萄牙	40.1	53.7	5.9	0.3

❶　表4－4－8数据来自2008年的“欧洲价值调查”（Europear Values Survey）。参见http：//zacat. gesis. org/webview/。

续表

国家＼态度	非常重要	相当重要	不重要	根本不重要
波兰	38.7	55.2	5.8	0.2
荷兰	48.1	46.4	5.4	0.1
马耳他	73.2	22.7	3.7	0.4
卢森堡	61.6	34.0	3.9	0.5
立陶宛	21.3	62.6	15.0	1.2
拉脱维亚	33.4	57.5	8.1	1.1
意大利	48.2	42.9	7.8	1.0
爱尔兰	53.0	42.7	3.4	0.9
匈牙利	35.4	51.6	12.1	0.9
希腊	47.9	46.3	5.5	0.3
英国	41.5	50.3	7.7	0.6
德国	36.1	49.7	13.0	1.2
法国	67.7	29.3	2.6	0.4
芬兰	25.9	56.4	15.3	2.4
爱沙尼亚	35.4	51.6	11.5	1.5
丹麦	40.8	49.4	8.8	1.0
捷克	44.1	46.9	7.7	1.3
塞浦路斯	68.9	28.1	2.5	0.5
保加利亚	41.9	49.6	8.2	0.3
比利时	57.5	38.2	3.6	0.6
奥地利	45.0	44.4	9.4	1.3

表 4－4－9　欧盟民众与朋友谈论政治话题的可能性❶　　单位:%

国家＼可能性	经常讨论	偶尔讨论	从不讨论
瑞典	11.2	69.6	19.2
西班牙	9.2	47.1	43.7
斯洛文尼亚	6.7	58.5	34.8
斯洛伐克	9.1	60.1	30.9
罗马尼亚	6.7	51.2	42.1
葡萄牙	13.4	44.0	42.6
波兰	14.0	59.9	26.1

❶ 表 4－4－9 数据来自 2008 年的“欧洲价值调查”（Europear Values Survey）。参见 http：//zacat. gesis. org/webview/。

续表

可能性 国家	经常讨论	偶尔讨论	从不讨论
荷兰	16.8	62.2	21.0
马耳他	9.8	55.2	35.0
卢森堡	16.8	58.6	24.6
立陶宛	9.4	67.5	23.1
拉脱维亚	14.7	62.1	23.2
意大利	19.1	53.4	27.5
爱尔兰	12.2	48.1	39.8
匈牙利	7.3	56.2	36.5
希腊	22.6	49.9	27.5
英国	12.9	45.3	41.7
德国	23.5	61.8	14.7
法国	17.7	54.6	27.7
芬兰	11.6	67.0	21.4
爱沙尼亚	11.5	67.2	21.3
丹麦	27.4	55.8	16.9
捷克	9.9	63.5	26.6
塞浦路斯	13.6	47.5	38.8
保加利亚	15.7	54.4	29.9
比利时	9.2	54.2	36.6
奥地利	17.2	62.9	19.9

第五章　欧盟积极公民教育的成效与问题

欧盟积极公民教育不但是欧盟国家公民教育领域的重要创新实践活动，同样也是欧盟促进民主政治与公民社会建设进程的一项重要举措。在10多年的实践中，欧盟积极公民教育取得了积极的成效。如，通过积极公民教育活动，大部分民众不但对本国的政治制度、民主价值以及经济、文化等社会各方面的发展情况更加了解，对欧洲一体化与全球化进程也给予了更多的关注；公民参与社区、社会与民主政治活动的意识不断增强，批判性、创造性思维逐渐养成，公民参与效率进一步提高。与此同时，欧盟积极公民教育也存在一些问题。这主要表现为：作为一种以全过程学习与全方位学习为指导原则的公民教育模式，其主要实践活动依旧体现为中小学校教育阶段的正规公民教育活动，而全过程学习中的其他阶段的公民教育、全方位学习中的非正规与非正式公民教育没有得到全面充分的实施。

第一节　欧盟积极公民教育的成效——基于ICCS研究结果的分析

欧盟国家对积极公民教育实践成效的研究主要是针对中小学阶段的正规公民教育活动进行的。英国学者霍斯金恩斯在研究教育与培训对欧盟积极公民培育的影响时，曾这样写道："一个经常遇到的问题是，许多国际调查的焦点是正规教育，调查的目标人群通常是义务教育阶段或者义务教育阶段末期的学生，因此，尽管在积极公民的学习过程中非正规、非正式渠道与正规渠道一样发挥着重要作用，但要想获得学生校外的积极公民学习的全部情况很困难；在公民不同年龄阶段的积极公民学习方面也存在这个问题——成人积极公民学习方面的信息要比中小学学生少得多。"（Hoskins，2006）[1] 霍斯金恩斯提到的这个问题在当前欧盟积极公民教育研究领域依旧存在，除了中小学阶段正规公民教育之外，有关其他各个阶段、各种方式的积极公民教育的研究成果依旧非常缺乏。因此，本节对欧盟积极公民教育成效的分析也只能针对中小学阶段的正规公民教育来进行。

当前对欧盟地区中小学正规公民教育进行跨国研究的成果主要有两个方面：一是Eurydice 2012年《欧洲公民教育》。这一成果对包括欧盟所有成员国在内的31个欧洲国家中小学公民教育的实践进行了研究，其中欧盟27个成员国中小学教育阶段的积极

[1] Bryony Hoskins, *Draft Framework for Indicators on Active Citizenship*, European Commission, DG JRC - CRELL, 2006, p. 9.

公民教育情况在本书第四章第一节中进行了较详细的分析。二是国际教育成就评价联盟（IEA）自2009年起组织的关于国际公民意识和公民教育研究项目（ICCS）。❶ 该研究项目对包括欧盟大部分成员国在内的38个国家和地区的8年级学生的公民意识与公民教育状况进行了定量研究，其中关于欧盟成员国的研究成果被认为是对这些国家初中阶段积极公民教育成效进行评价的主要文献依据。❷ 此处介绍“国际公民意识和公民教育研究项目”（ICCS）对欧盟国家初中阶段积极公民教育成效的研究结果。

一、ICCS研究及其欧盟参与国家的基本情况

（一）ICCS研究的基本框架

国际教育成就评价联盟自20世纪70年代以来，进行了三次中小学校公民教育的跨国研究。第一次是1970～1971年在芬兰、西德、瑞典、美国、爱尔兰、以色列、意大利、荷兰、新西兰、英国、伊朗等11个国家进行的“六门课程研究”，公民教育是这次国际比较研究的课程之一。❸ 第二次是1999～2000年在比利时、保加利亚、塞浦路斯、捷克、丹麦、英国（英格兰）、爱沙尼亚、芬兰、德国、希腊、匈牙利、意大利、拉脱维亚、立陶宛、挪威、波兰、葡萄牙、罗马尼亚、俄罗斯、斯洛伐克、斯洛文尼亚、瑞典、瑞士、美国、智利、哥伦比亚、澳大利亚、中国香港等28个国家和地区进行的国际公民教育研究（Cived）。❹ 第三次即2009～2010年进行的国际公民意识和公民教育研究（ICCS）。

1. ICCS研究的目标人群

ICCS研究的目标人群包括两个方面：一是参与国中约14岁的8年级学生，如果8年级学生平均年龄在13.5岁以下，则由9年级学生参加。二是教师，即在接受调查期间样本学校8年级学生常规课程的任课教师与学校校长。在参与ICCS研究的38个国家和地区中，共有5300名校长、62000名教师与140000名8年级学生参与了这次调查研究活动（Schulz et al.，2010）。❺ 因此，ICCS研究无疑是有史以来最大规模的一次初中阶段公民教育跨国研究。

2. ICCS研究的主要问题

根据IEA的研究报告，ICCS研究主要涉及的问题包括六个方面。第一，不同国家之间以及同一国家中的学生在公民意识与公民身份方面的概念理解、参与能力方面存在哪些差异；第二，自1999年国际公民教育研究以来学生的公民知识与公民参与发生了哪些变化；第三，青少年参与公共与政治生活的兴趣与倾向以及不同国家之间或者

---

❶ IEA：The International Association for the Evaluation of Educational Achievement is an independent，international cooperative of national research institutions and governmental research agencies. ICCS：International Civic and Citizenship Education Study.

❷ *A Europe of Active Citizens*：*Assessment*，*Policy Responses and Recommendations on Active Citizenship Education*，International conference Budapest，November 11，2010.

❸ http：//www. iea. nl/six_ subject_ civic_ education. html.

❹ http：//www. iea. nl/cived. html.

❺ Wolfram Schulz，John Ainley，Julian Fraillon，David Kerr and Bruno Losito，*ICCS* 2009 *International Report*：*Civic knowledge*，*attitudes*，*and engagement among lower secondary school students in* 38 *countries*，IEA，2010，p. 3.

同一国家中影响这种兴趣与倾向的因素；第四，青少年对近年来公民社会所面临的威胁、公民社会对这种威胁所做出的反应及其未来发展的看法；第五，中小学校与教育制度中的哪些方面与公民意识、公民身份教育的成就及态度相关；第六，学生个人与社会背景中的哪些因素——如性别、社会经济背景、语言背景等——与学生公民意识、公民身份教育的成绩及态度相关。（Schulz et al.，2008）❶

3. ICCS 研究的主要内容

ICCS 研究对参与国初中阶段公民教育的评价主要从三个维度进行，即内容维度、情感—行为维度和认知维度。其中，内容维度包括公民社会与制度、公民原则、公民参与以及公民身份认同四个方面，情感—行为维度包括价值信仰、态度、行为意图与行为本身四个方面，而认知维度则由知情、推理与分析两个部分组成（Schulz et al.，2008）。❷ 无疑，此处三个评价维度即是对中小学校公民教育内容的概括，尽管与本书第二章中对欧盟积极公民的认知维度、情感维度与实践维度的分析不同，但 ICCS 研究中三个维度的具体内容同样可以归纳为公民知识、公民态度与公民参与三个领域，因此，ICCS 研究的主要内容与欧盟积极公民教育的内容是一致的。

4. ICCS 研究的主要工具

作为国际公民教育领域权威的量化比较研究，ICCS 研究的主要方式是数据收集与分析，而背景数据收集又是通过测试与问卷进行的。具体来说，ICCS 研究的主要工具包括表 5 - 1 - 1 中的六个方面。

表 5 - 1 - 1　ICCS 研究的主要工具❸

工具名称	时间	对象
国际认知测试	45 分钟	学生
国际性学生问卷	40 分钟	学生
地区模块工具❹	约 30 分钟	学生
教师问卷	约 30 分钟	教师
学校问卷	约 30 分钟	校长
国家背景调查	30 ~ 60 分钟	各国研究协调人员或指定人员

（二）ICCS 研究中的欧洲模块及欧盟参与国公民教育的基本情况

在 ICCS 研究的 38 个参与国家和地区中，共有 24 个欧洲国家，其中包括 22 个欧盟成员国、2 个非欧盟成员国（瑞士与列支敦士登）。这 22 个欧盟国家分别为奥地利、比

---

❶ Wolfram Schulz, Julian Fraillon, John Ainley, Bruno Losito and David Kerr, *International Civic and Citizenship Education Study*: *Assessment Framework*, IEA, 2008, pp. 9 - 10.

❷ Ibid, p. 13.

❸ Wolfram Schulz, Julian Fraillon, John Ainley, Bruno Losito and David Kerr, *International Civic and Citizenship Education Study*: *Assessment Framework*, IEA, 2008, p. 46.

❹ 此指 ICCS 为亚洲、欧洲、拉美地区的目标学生设计的地区性工具。

利时（佛兰德语地区）[1]、保加利亚、塞浦路斯、捷克、丹麦、英格兰、爱沙尼亚、芬兰、希腊、爱尔兰、意大利、拉脱维亚、立陶宛、卢森堡、马耳他、荷兰、波兰、斯洛伐克、斯洛文尼亚、西班牙、瑞典（Kerr et al.，2010）。[2]

1. 欧洲模块工具

ICCS 研究中的欧洲模块是指针对欧洲国家的目标对象设置的特定研究工具。其目的在于调查学生与欧洲相关的公民知识、公民认同以及公民参与的情况，具体而言，欧洲模块试图回答以下几个方面的问题：第一，学生的欧洲身份认同程度；第二，学生关于欧洲不同文化间互相关系的态度；第三，学生对少数族裔、移民、人口自由迁移、劳动力市场开放持何种观点；第四，学生对欧洲议会、欧盟理事会、欧盟委员会等欧盟机构的信任程度；第五，学生是否支持欧盟规模的进一步扩大；第六，学生对欧洲国家语言的学习与使用情况；等等。[3] 在前文的分析中提到，在欧盟国家的积极公民教育的过程中，欧洲维度的内容必须在认知、情感与参与三个方面得以充分的体现，而 ICCS 研究中的欧洲模块工具恰恰为欧盟参与国家评价积极公民教育中的欧洲维度内容实施情况提供了可能。

欧洲模块工具的实施就是在 ICCS 研究的国际性模块（国际性的认知测试与国际性的学生问卷）的基础上补充欧洲维度的调查内容，具体包括两个方面。一是欧洲维度的认知测试，即接受调查的学生在 12 分钟内完成欧洲维度的有关公民意识与公民身份方面的知识、分析与推理的测试。二是欧洲维度的学生问卷调查，要求调查对象在 17 分钟内完成欧洲维度的公民意识与公民身份以及学生背景方面的问卷调查（Kerr et al.，2010）。[4]

2. 欧盟参与国公民教育的环节与主题分布

本书在第四章第一节中已经根据 Eurydice 2012 年的《欧洲公民教育》报告对欧盟国家中小学正规公民教育的教学方法、时间、内容、考核形式等重要方面进行了较为详细的介绍。这里根据 ICCS 研究的欧洲报告，进一步了解欧盟参与国初中阶段公民教育的教学过程（process）与教学主题（topic），以对欧盟国家积极公民教育的实施情况有进一步的认识。

ICCS 研究将参与国初中阶段学生公民意识与公民身份的教育过程分为公民意识与公民身份的知识与理解、交流方式、为学生创造参与校园以及社区活动的机会、分析与观察学校与社区发生的变化、反思与分析、培育国家认同意识、培养积极参与意识等七个方面（Schulz et al.，2010）。[5] 根据 ICCS 的欧洲报告，欧盟 22 个参与国在这七

---

[1] 本节各表格中的比利时皆指 Belgium（Flemish），即比利时佛兰德语地区。

[2] David Kerr，Linda Sturman，Wolfram Schulz and Bethan Burge，*ICCS 2009 European Report：Civic knowledge，attitudes，and engagement among lower－secondary students in 24 European countries*，IEA，2010，p. 20. 2009 年欧盟共有 27 个成员国，德国、法国、葡萄牙、罗马尼亚与匈牙利 5 个国家没有参与 ICCS 的研究。

[3] *A Europe of Active Citizens：Assessment，Policy Responses and Recommendations on Active Citizenship Education*，International conference Budapest，November 11，2010，p. 27.

[4] David Kerr，Linda Sturman，Wolfram Schulz and Bethan Burge，*ICCS 2009 European Report*，ibid，p. 22.

[5] Wolfram Schulz，John Ainley，Julian Fraillon，David Kerr and Bruno Losito，*ICCS 2009 International Report：Civic knowledge，attitudes，and engagement among lower secondary school students in 38 countries*，IEA，2010，p. 48.

个方面的重视程度互不相同。

表 5-1-2　欧盟参与国初中阶段公民意识与公民身份教育过程中的重要环节❶

内容 / 国家	公民意识与公民身份的知识与理解			沟通与交流方式		创造参与机会		分析观察变化过程		对各种参与机会的反思与分析	培育国家认同与忠诚意识	培养积极的公民政治参与和公民社会参与意识
	基本事实认知	关键概念理解	关键价值观与态度的理解	讨论与辩论	项目与书面作业	学校决策过程	社区活动	校园	社区			
奥地利	●	●	●	☆	☆	☆	☆	○	○	☆	☆	☆
比利时	☆	●	●	●	☆	●	☆	●		●	○	☆
保加利亚	●	●	●	●	●	☆	☆	☆	●	☆	●	●
塞浦路斯	☆	☆	☆	☆	☆	☆	☆	☆	☆	☆	☆	☆
捷克	●	●	☆	○	☆	☆	☆	☆	☆	○	○	○
丹麦	●	●	●	●	☆	☆	○	○	☆	☆	☆	☆
英格兰	●	●	●	●	●	●	☆	☆	☆	●	☆	●
爱沙尼亚	●	●	●	☆	○	○	○	○	○	○	●	●
芬兰	●	●	●	☆	☆	☆	☆	○	☆	☆	☆	●
希腊	●	●	●	●	☆	●	☆	○	☆	○	●	●
爱尔兰	●	●	●	●	●	☆	☆	☆	☆	☆	☆	●
意大利	●	●	●	☆	☆	☆	●	☆	☆	☆	●	●
拉脱维亚	☆	☆	●	●	●	☆	☆	☆	☆	☆	●	☆
立陶宛	●	●	●	☆	☆	☆	☆	○	○	○	☆	●
卢森堡	☆	●	●	●	●	☆	☆	●	☆	☆	☆	●
马耳他	●	●	●	●	●	●	●	●	●	●	●	●
荷兰	☆	●	●	☆	☆	○	○	○	●	○	☆	●
波兰	●	●	☆	☆	○	☆	☆	☆	☆	☆	●	☆
斯洛伐克	●	●	☆	☆	☆	○	○	○	○	○	☆	☆
斯洛文尼亚	☆	●	●	●	☆	☆	☆	☆	☆	○	☆	☆
西班牙	●	●	●	●	☆	●	☆	☆	☆	●	○	●
瑞典	●	●	●	☆	○	●	☆	○	○	☆	☆	●

注：●代表主要重视环节；☆代表次要重视环节；○代表不重视。

如果把表 5-1-2 的内容与欧盟国家积极公民的认知、情感与实践三个维度结合起来分析，则可以发现，所有 ICCS 研究中的欧盟参与国初中阶段的积极公民教育都重视公民知识（基本事实、关键概念以及重要价值观和态度）的学习，即认知能力的培

❶ David Kerr, Linda Sturman, Wolfram Schulz and Bethan Burge, *ICCS 2009 European Report*, ibid, p. 37.

养；除比利时（佛兰德语地区）、捷克与西班牙之外的大部分国家都重视学生情感维度的培养，如培养学生的国家、民族认同意识与忠诚精神；绝大部分国家（捷克除外）都重视培育学生的积极参与意识，除捷克、丹麦、爱沙尼亚、荷兰、斯洛伐克等国之外的其他国家都重视为学生提供参与校园与社区活动的机会，此外，除捷克、爱沙尼亚、希腊、立陶宛、荷兰、斯洛伐克以及斯洛文尼亚之外的其余15个国家还重视学生对各种参与机会的反思与分析。这表明积极公民的实践维度同样成为绝大部分欧盟国家积极公民教育中的重要内容。

表5－1－3是ICCS欧洲报告对欧盟参与国初中阶段公民教育内容中的主题分布情况的概括。12个主题中既有欧盟国家积极公民身份认知维度的内容，如法制与法院、经济与经济学、议会与政府制度；也有积极公民价值观念与态度方面的组成部分，如人权、不同文化种族间的理解与尊重、和平解决争端与宽容忍耐等；还体现了积极公民参与方面的要求，如投票选举、志愿者活动、环境保护等。此外，民族国家的法制与政治制度、区域性机构与组织、国际社会与国际机构这些主题还反映了欧盟积极公民身份中的民族国家、欧洲维度与全球三个层次的统一。虽然22个欧盟国家在这12个主题中的重点分布各不相同，但从总体上看，ICCS研究中的欧盟参与国的公民教育实践都不同程度地体现了积极公民身份认知、情感与实践三个维度以及民族国家、欧洲与全球三个层次的融合与统一。

表5－1－3　欧盟参与国初中阶段公民意识与公民身份教育中的主题❶

主题／国家	人权	法制与法院	不同文化与种族之间的理解	议会与政府制度	投票与选举	经济与经济学	志愿者团体	矛盾与冲突的解决	通信研究（如媒体）	全球社会与国际组织	地区机构与组织	环境问题
奥地利	☆	☆	●	●	☆	●	☆	☆	●	☆	☆	●
比利时	☆	○	●	☆	●	☆	○	●	●	☆	○	●
保加利亚	●	☆	●	●	☆	●	☆	☆	☆	☆	●	●
塞浦路斯	●	☆	☆	☆	●	☆	●	☆	☆	☆	●	●
捷克	☆	☆	☆	●	☆	○	○	○	☆	☆	☆	☆
丹麦	☆	☆	●	●	☆	●	☆	☆	☆	☆	☆	☆
英格兰	●	●	●	●	●	●	●	●	●	●	●	●
爱沙尼亚	●	●	●	●	☆	●	●	☆	☆	☆	☆	○
芬兰	●	☆	●	●	●	●	☆	☆	●	☆	●	●
希腊	●	☆	☆	☆	●	☆	☆	☆	●	☆	☆	☆
爱尔兰	●	●	●	●	●	☆	☆	●	☆	●	●	●
意大利	●	○	●	☆	☆	☆	●	☆	●	☆	●	●
拉脱维亚	●	●	☆	☆	☆	☆	☆	☆	☆	☆	☆	☆

❶ David Kerr, Linda Sturman, Wolfram Schulz and Bethan Burge, *ICCS* 2009 *European Report*, ibid, p. 39.

续表

主题 / 国家	人权	法制与法院	不同文化与种族之间的理解	议会与政府制度	投票与选举	经济与经济学	志愿者团体	矛盾与冲突的解决	通信研究（如媒体）	全球社会与国际组织	地区机构与组织	环境问题
立陶宛	●	☆	☆	●	●	☆	☆	○	☆	☆	☆	☆
卢森堡	●	☆	●	☆	☆	☆	●	●	●	☆	☆	●
马耳他	☆	●	☆	●	☆	●	●	☆	●	●	●	●
荷兰	●	☆	●	☆	☆	○	○	●	○	●	☆	☆
波兰	☆	☆	☆	●	●	☆	☆	☆	☆	☆	●	●
斯洛伐克	●	●	●	●	●	☆	○	☆	☆	●	●	☆
斯洛文尼亚	●	○	☆	☆	☆	☆	☆	☆	☆	☆	☆	●
西班牙	●	●	●	●	●	☆	☆	●	☆	●	●	●
瑞典	●	☆	●	☆	☆	☆	☆	☆	●	●	○	●

注：●代表主要重点；☆代表次要重点；○代表不重视。

二、ICCS 研究中欧盟国家初中阶段积极公民教育的成效

积极公民所具有的各种公民知识、公民态度与价值观念以及公民参与技能无疑都是通过各种场景中的学习或教育活动获得的。但学习或教育活动在积极公民的形成过程中是如何发挥作用的？对此，学者霍斯金恩斯进行了分析。其认为，公民通过正规、非正规、非正式的学习或教育活动逐渐掌握公民能力（civic comptence），具备公民能力的个人才可能成为积极公民（Hoskins，2006）。[1] 霍斯金恩斯进一步解释了学习（教育）活动与积极公民形成之间的影响因素。首先，个人的各种学习行为在培养公民能力的过程中将受到如下因素的影响：一是个人因素，如年龄、性别、种族、宗教信仰、教育水平等；二是社会家庭因素，如社会经济地位、父母教育水平等；三是教育因素，如学校资金来源、办学模式（男女混合学校还是单一性别学校、单一文化还是多元文化等）；四是地域因素，如城乡区别、文化构成、经济发展水平、政治社会与文化资源供给水平等（Hoskins，2006）。[2] 其次，具备公民能力的公民是否成为积极公民，这同样面临一些重要的制约因素。一是客观制约因素，如不能为公民参与活动支付相关的费用或者安排相应的时间、无从获取有关公民参与活动的有关信息等；二是主观因素，如对公民政治参与活动缺乏兴趣或者失去信心；三是社会环境因素，如家庭、社区或者同事、社交朋友之间缺乏公民政治参与活动的氛围（Hoskins et al.，2008；Mascherini et al.，2009）。[3] 此外，霍斯金恩斯等人的研究尽管没有具体针对正规教育中的公民

---

[1] Bryony Hoskins, *Draft Framework for Indicators on Active Citizenship*, CRELL, 2006.

[2] Ibid.

[3] Bryony Hoskins, Béatrice d'Hombres and JoAnn Campbell, *Does Formal Education Have an Impact on Active Citizenship Behaviour?* CRELL, 2008; Massimiliano Mascherini, Anna Rita Manca, Bryony Hoskins, *The characterization of Active Citizenship in Europe*, Luxembourg: Office for Official Publications of the European Communities, 2009.

教育活动进行，但证实了正规教育活动与欧盟积极公民行为之间存在明显的正相关关系。(Hoskins et al, 2008)[1]

由此可见，各个不同教育阶段的公民教育活动对积极公民培育的成效主要体现在三个方面，即受教育者的认知能力、情感能力以及实际参与公民政治活动和公民社会活动的程度。这正是ICCS研究评价参与国公民教育实际成效的基本思路，即通过对参与国目标学生的公民知识、公民情感（身份认可与公民态度及价值观）与公民参与进行定量分析，来认识各国公民教育的实际状况。这里需要指出的是，虽然ICCS研究没有也不可能将目标学生接受的公民教育明确区分为正规、非正规与非正式公民教育活动，但非正规与非正式公民教育无疑是目标学生公民教育活动中的重要组成部分。因此，目标学生的公民知识、公民情感与公民参与水平必然是这三种不同公民教育形式共同作用的结果。

下文依据ICCS研究欧洲报告中的有关内容，从公民知识、公民情感与公民参与三个方面介绍ICCS研究对欧盟参与国初中阶段积极公民教育成效的分析。

（一）欧盟参与国学生的公民知识

本书第二章认为，欧盟积极公民的公民知识是指积极公民必须具备的关于民族国家以及欧盟与全球的基本知识。这些知识包括政治、经济、文化、社会与生态五个主要方面，历史与现状两个维度，民族国家、欧盟（欧洲）与全球三个层次。但了解这些基本知识并非积极公民知识能力的全部内容，积极公民知识能力还包括依据这些基本知识在践行积极公民态度与价值观、积极参与各种公民活动时所体现出来的分析与推理能力。在ICCS的定量研究中，公民知识是一个广义概念，指目标学生在公民社会与制度、公民原则、公民参与和公民身份认同四个方面的知情、分析与推理能力[2]，其中，公民社会与制度、公民原则、公民参与和公民身份认同四个方面的比重分别为40%、30%、20%、10%，知情、分析与推理两个维度各自比重为25%、75%（Schulz et al.，2010）。[3] 因此，总体上看，ICCS研究中的公民知识与本书提出的欧盟积极公民的知识能力是一致的。以下依据ICCS欧洲报告从一般公民知识和关于欧盟的公民知识两个方面分析目标学生的公民知识能力。

1. 目标学生的一般公民知识

ICCS研究中的一般公民知识是针对所有参与国目标学生进行的公民知识能力评价，评价内容涉及民族国家与国际社会（全球）两个层次，涵盖公民社会与制度、公民原则、公民参与和公民身份认同四个方面以及知情、分析与推理两种能力。表5-1-4是ICCS欧洲报告关于欧盟参与国目标学生一般公民知识的评价。

---

[1] Bryony Hoskins, Béatrice d'Hombres and JoAnn Campbell, *Does Formal Education Have an Impact on Active Citizenship Behaviour*? CRELL, 2008.

[2] Wolfram Schulz, Julian Fraillon, John Ainley, Bruno Losito and David Kerr, *International Civic and Citizenship Education Study*: *Assessment Framework*, IEA, 2008, p. 13.

[3] Wolfram Schulz, John Ainley, Julian Fraillon, David Kerr and Bruno Losito, *ICCS* 2009 *International Report*: *Civic knowledge*, *attitudes*, *and engagement among lower secondary school students in* 38 *countries*, IEA, 2010, p. 60.

表 5-1-4　欧盟参与国目标学生的公民知识水平❶

国家	公民知识		
	年级	年龄	平均分
芬兰	8	14.7	576 (2.4)
丹麦	8	14.9	576 (3.6)
瑞典	8	14.8	537 (3.1)
波兰	8	14.9	536 (4.7)
爱尔兰	8	14.3	534 (3.8)
意大利	8	13.8	531 (3.3)
斯洛伐克	8	14.4	529 (4.5)
爱沙尼亚	8	15.0	525 (4.5)
英格兰	9	14.0	519 (4.4)
斯洛文尼亚	8	13.7	516 (2.7)
比利时（佛兰德语区）	8	13.9	514 (4.7)
捷克	8	14.4	510 (2.4)
立陶宛	8	14.7	505 (2.8)
西班牙	8	14.1	505 (4.1)
奥地利	8	14.4	503 (4.0)
马耳他	9	13.9	490 (4.5)
拉脱维亚	8	14.8	482 (4.0)
希腊	8	13.7	476 (4.4)
卢森堡	8	14.6	473 (2.2)
保加利亚	8	14.7	466 (5.0)
塞浦路斯	8	13.9	453 (2.4)
ICCS 欧洲平均值		14.4	514 (0.8)
荷兰	8	14.3	494 (7.6)

注：①括号中的数字指标准误差；②荷兰未达到样本要求。

根据 ICCS 的评价框架，目标学生的公民知识得分被分为三个等级。其中，563 分以上属于三级水平（最高），这部分学生“不但能够把社会、政治机构及其影响的过程与支配它们的法律与制度机制联系起来，还能对制度化政策与公民行为的利益、动机及其可能后果做出确切的假定；他们能够对给定的立场、政策或者法律依据支撑它们的原则进行整合、辩护与评价；他们熟悉广泛的国际经济势力与积极参与的战略本质”。479～562 分为二级水平，这部分学生“熟悉代议制民主这一政治制度的广义概念；他们能够识别制度与法律保护、促进社会价值与原则的方式；能够认识到公民作为代议制民主中的投票人潜在的作用，可以从特定的政策、法律（包括人权）事例中

❶ David Kerr, Linda Sturman, Wolfram Schulz and Bethan Burge, *ICCS* 2009 *European Report*, ibid, p. 48.

总结出一般性的价值与原则；他们还理解积极公民的影响可以超出当地社区的范围，并能概括出积极公民个人对公民社会与世界的作用”。395～478分为一级水平，这部分学生“知道平等、社会融合、自由是民主的基本原则，并把日常生活中维护或者挑战它们的事例与原则本身联系起来；他们了解个人作为积极公民的基本概念，认识到个人遵守法律的必要性；能把个人行为过程与可能结果、个人性格特征及其影响公民社会变化的能力关联起来”（Schulz et al.，2010）。[1] 依据ICCS的这种评价标准，表5－1－4中的22个欧盟参与国中，芬兰、丹麦两国目标学生的公民知识达到了三级水平，希腊、卢森堡、保加利亚、塞浦路斯4国的目标学生为一级水平，其他16国均为二级水平。此外，15个国家高于ICCS公民知识国际平均分值（500分[2]）。由此可见，大部分欧盟参与国的初中学生在积极公民的知识能力方面都达到了较高的水平。

2. 目标学生关于欧盟的公民知识

欧盟积极公民的知识能力强调公民必须掌握有关欧盟的基本知识，如，要求公民了解欧盟的演变历程与发展方向，掌握欧盟的基本概况如成员国数量、欧盟面积人口以及总体的发展水平与国际地位，了解当前欧盟的治理结构以及欧盟各主要机构的运行机制及其与成员国之间的互相关系，等等。ICCS的欧洲模块就是针对24个欧洲参与国的目标学生进行的关于欧盟内容的公民知识评价。但与前文分析的一般公民知识能力的评价不同，有关欧盟的公民知识评价重点在认知领域，主要检查目标学生对欧盟及其机构、欧盟法律与政策以及欧元三个方面的“知情”水平（Kerr et al，2010）。[3] 表5－1－5反映的是目标学生回答8个关于欧盟及其机构的问题的相关情况，表5－1－6为目标学生关于欧盟法律与政策方面的认知状况，表5－1－7则是他们对欧元的了解情况。

表5－1－5　欧盟参与国目标学生对欧盟及其机构的“知情”水平[4]

国家	“参与国”是否为欧盟成员国	欧盟是否为国与国之间的政治、经济伙伴组织	一国加入欧盟时该国人民是否得到新的政治权利	辨认欧盟“盟旗”	欧盟成员国的数量	一国申请加入欧盟需满足的一项要求	欧洲议会的会议地址	谁投票选举欧洲议会成员	关于欧盟资金筹措	关于欧盟是否扩大规模的认识
奥地利	98	74	68	96	67	37	77	39	50	60
比利时	100	91	59	92	61	47	76	37	38	57
保加利亚	99	91	74	98	66	28	73	41	39	46
塞浦路斯	98	76	85	98	71	57	74	21	40	63
捷克	99	86	64	97	71	32	83	25	41	59

[1] Wolfram Schulz, John Ainley, Julian Fraillon, David Kerr and Bruno Losito, *ICCS* 2009 *International Report: Civic knowledge, attitudes, and engagement among lower secondary school students in 38 countries*, IEA, 2010, p. 62.

[2] Ibid, p. 16.

[3] David Kerr, Linda Sturman, Wolfram Schulz and Bethan Burge, ICCS 2009 European Report, ibid, p. 49.

[4] Ibid, p. 52.

续表

国家	"参与国"是否为欧盟成员国	欧盟是否为国与国之间的政治、经济伙伴组织	一国加入欧盟时该国人民是否得到新的政治权利	辨认欧盟"盟旗"	欧盟成员国的数量	一国申请加入欧盟需满足的一项要求	欧洲议会的会议地址	谁投票选举欧洲议会成员	关于欧盟资金筹措	关于欧盟是否扩大规模的认识
丹麦	99	93	54	85	50	60	62	26	63	55
英格兰	96	86	56	66	35	37	22	45	35	38
爱沙尼亚	99	90	72	99	50	27	68	33	51	58
芬兰	99	89	59	97	45	30	60	33	54	65
希腊	98	76	69	95	56	42	74	28	42	54
爱尔兰	99	88	68	87	56	33	59	49	33	50
意大利	99	81	60	97	62	34	75	44	46	68
拉脱维亚	97	86	66	98	52	36	63	29	48	52
立陶宛	99	87	71	98	60	39	69	27	46	68
卢森堡	99	71	71	96	63	39	64	36	41	50
马耳他	99	79	74	97	54	50	72	44	39	51
波兰	99	89	65	99	55	55	87	38	49	68
斯洛伐克	99	90	49	99	75	42	88	68	42	64
斯洛文尼亚	99	85	63	99	70	33	83	26	35	74
西班牙	99	82	60	97	49	38	48	35	42	47
瑞典	97	83	68	76	50	58	51	37	43	42
荷兰	99	88	67	92	44	42	63	40	49	57

注：①表中前三个问题为判断题，其余七个问题为选择题；②表中数字表示被调查学生中正确回答各个问题的百分比；③表中每个数字都存在一定值的标准误差，详情参见原始文献；④荷兰未达到样本要求。

表 5-1-6　欧盟参与国目标学生对欧盟法律与政策的认知状况❶

国家	欧盟决定你们学校关于欧盟方面的教学内容	欧盟的目的是促进欧盟内部的和平、繁荣与自由	所有欧盟国家都已签署了《欧洲人权公约》	欧盟制定了减少污染的法律	欧盟补贴成员国农民采用环境友好型的耕种方法	欧盟所有公民根据法律能做什么
奥地利	71	84	79	61	51	30
比利时	76	95	91	71	38	27
保加利亚	53	90	89	81	69	31
塞浦路斯	45	82	84	73	60	31
捷克	69	92	86	62	56	32

❶ David Kerr, Linda Sturman, Wolfram Schulz and Bethan Burge, ICCS 2009 European Report, ibid, p. 55.

续表

国家	欧盟决定你们学校关于欧盟方面的教学内容	欧盟的目的是促进欧盟内部的和平、繁荣与自由	所有欧盟国家都已签署了《欧洲人权公约》	欧盟制定了减少污染的法律	欧盟补贴成员国农民采用环境友好型的耕种方法	欧盟所有公民根据法律能做什么
丹麦	80	93	91	72	47	33
英格兰	57	89	85	56	50	50
爱沙尼亚	68	92	89	79	52	31
芬兰	72	95	93	70	48	42
希腊	53	80	80	67	49	33
爱尔兰	68	91	89	70	53	21
意大利	64	92	86	67	35	33
拉脱维亚	49	88	75	64	54	33
立陶宛	59	95	81	82	73	29
卢森堡	65	84	79	65	43	33
马耳他	56	82	84	70	57	23
波兰	67	91	88	71	75	30
斯洛伐克	62	94	90	63	60	39
斯洛文尼亚	69	89	87	80	40	26
西班牙	49	83	82	70	44	56
瑞典	71	92	87	72	56	30
荷兰	75	91	88	73	41	19

注：①表中前五项为判断题，最后一项为选择题；②表中数字表示被调查学生中正确回答各个问题的百分比；③表中每个数字都存在一定值的标准误差，详情参见原始文献；④荷兰未达到样本要求。

表5-1-7　欧盟参与国学生对欧元的认知状况❶

国家	欧元是欧洲所有国家的官方货币	欧元是所有欧盟国家的官方货币	以欧元作为官方货币的国家中欧元纸币的设计都相同	欧盟国家以欧元为官方货币能得到何种优势
奥地利	60	40	72	63
比利时	53	31	73	74
保加利亚	64	52	71	58
塞浦路斯	56	39	45	57
捷克	86	68	74	74
丹麦	80	77	76	73

❶ David Kerr, Linda Sturman, Wolfram Schulz and Bethan Burge, ICCS 2009 European Report, ibid, p. 56.

续表

国家	欧元是欧洲所有国家的官方货币	欧元是所有欧盟国家的官方货币	以欧元作为官方货币的国家中欧元纸币的设计都相同	欧盟国家以欧元为官方货币能得到何种优势
英格兰	72	73	62	50
爱沙尼亚	80	62	64	63
芬兰	83	36	84	73
希腊	66	36	58	63
爱尔兰	69	51	67	66
意大利	71	52	55	74
拉脱维亚	70	58	69	56
立陶宛	68	49	72	69
卢森堡	51	31	70	62
马耳他	57	36	62	60
波兰	86	80	73	69
斯洛伐克	84	48	68	72
斯洛文尼亚	62	37	54	75
西班牙	53	35	61	64
瑞典	71	69	77	57
荷兰	57	31	63	80

注：①表中前三项为判断题，最后一项为选择题；②表中数字表示被调查学生中正确回答各个问题的百分比；③表中每个数字都存在一定值的标准误差，详情参见原始文献；④荷兰未达到样本要求。

由表5－1－5至表5－1－7中的相关数据可以看出，欧盟国家的积极公民教育开展以来，随着欧盟维度的内容越来越被重视，中学生对欧盟方面知识的了解也在增加。如，绝大部分学生能辨认欧盟的“盟旗”，知道本国是否为欧盟成员国，大部分学生对欧盟的目的以及欧盟在人权保护、减少污染方面的法律有所了解，一半以上的学生知晓欧元的基本知识。但学生对欧盟相关知识的了解仅限于基本的事实，对于欧盟机构、欧盟法律与政策以及欧元的更加具体的信息，学生的“知情”水平仍比较低。

（二）欧盟参与国学生的公民身份认可与价值认同

在欧盟的积极公民教育中，公民身份的情感维度同样构成了积极公民身份的重要内容，因为“积极公民身份最终要谈的是个人与群体对他们理论上所属于的社会或者共同体的依附程度，因此除了身份认可与价值问题之外，积极公民身份还与促进社会融合和凝聚力相关”（EC，1998）[1]。积极公民的情感维度包括民族国家、欧盟与全球三个层次，具体内容则由公民身份认可与价值体系的认同两个方面组成，前者指公民对民族国家、欧盟与全球形成的归属意识，后者指公民对这三个层次的共同价值体系

[1] European Commission, *Education and active citizenship in the European Union*, 1998, p. 10.

的实践意识。欧盟积极公民教育对公民情感维度的重视在ICCS的研究中也得到了体现。ICCS欧洲报告第四章、第五章中的相关内容就反映了欧盟参与国初中阶段公民教育在学生的公民身份认可与公民态度方面的重要进展。

1. 欧盟参与国学生的公民身份认可

欧盟国家学生的公民身份认可包括民族国家、欧盟与全球三个层次。表5-1-8中的数据反映了ICCS研究中所有欧洲参与国（22个欧盟成员国与瑞士、列支敦士登）的受调查学生对民族国家的身份认可意识，表5-1-9表明了欧盟国家学生对欧盟的认可与归属意识，表5-1-10则反映了欧盟22个国家学生的欧洲身份认可及其与民族国家、全球公民身份认可之间的关系。

表5-1-8　欧洲参与国学生对民族国家的身份认可意识❶　单位:%

	强烈不同意	不同意	同意	强烈同意
我国国旗对我来说重要	5	13	40	43
我国政治制度运行良好	9	29	51	11
我非常尊重我的国家	3	10	48	40
我们应该为国家的成就感到骄傲	3	11	45	41
生活在我国我感到骄傲	3	12	40	44
我国非常尊重环境	10	35	42	14
总体来说，与其他许多国家相比，我国是一个更适合生活的国家	8	24	40	28

表5-1-9　欧盟参与国学生对欧盟的认可与归属意识❷　单位:%

国家 \ 对欧盟的认同	我觉得自己是欧盟的一份子	我为自己国家是欧盟成员国感到骄傲
奥地利	76	80
比利时	63	88
保加利亚	71	88
塞浦路斯	73	85
捷克	61	79
丹麦	66	84
英格兰	56	81
爱沙尼亚	72	87
芬兰	63	89
希腊	75	87
爱尔兰	75	93

❶ David Kerr, Linda Sturman, Wolfram Schulz and Bethan Burge, *ICCS* 2009 *European Report*, ibid, p. 157.

❷ Ibid, p. 74.

续表

国家 \ 对欧盟的认同	我觉得自己是欧盟的一份子	我为自己国家是欧盟成员国感到骄傲
意大利	90	95
拉脱维亚	54	73
立陶宛	64	91
卢森堡	73	88
马耳他	71	77
波兰	71	87
斯洛伐克	81	93
斯洛文尼亚	75	91
西班牙	83	91
瑞典	50	81
荷兰	88	20

注：①荷兰未达到样本要求；②表中每个数字都存在一定值的标准误差，误差详情参见原始文献。

表 5-1-10　欧盟参与国学生的欧洲身份认可及其与民族国家、全球公民身份认可之间的关系❶

单位：%

国家	我把自己看作欧洲人	我把自己先视为欧洲公民，然后再视为民族国家公民	我把自己先视为欧洲公民，然后再视为世界公民
奥地利	92	31	62
比利时	91	27	69
保加利亚	86	44	73
塞浦路斯	88	53	63
捷克	92	37	66
丹麦	92	29	66
英格兰	82	50	66
爱沙尼亚	90	31	70
芬兰	97	43	76
希腊	91	32	63
爱尔兰	90	47	75
意大利	97	47	77
拉脱维亚	81	39	61
立陶宛	94	32	69
卢森堡	93	45	63
马耳他	86	37	66
波兰	92	25	74

❶ David Kerr, Linda Sturman, Wolfram Schulz and Bethan Burge, *ICCS 2009 European Report*, ibid, p. 69.

续表

国家	我把自己看作欧洲人	我把自己先视为欧洲公民，然后再视为民族国家公民	我把自己先视为欧洲公民，然后再视为世界公民
斯洛伐克	97	37	78
斯洛文尼亚	96	37	78
西班牙	93	44	74
瑞典	87	39	69
荷兰	88	20	65

注：①荷兰未达到样本要求；②表中每个数字都存在一定值的标准误差，误差详情参见原始文献。

结合表5-1-8至表5-1-10中关于欧盟参与国学生的公民身份认同方面的数据可以发现，大部分学生具有强烈的民族国家身份认可与爱国意识，绝大部分学生都形成了欧盟（欧洲）归属意识，大部分学生业已认可了世界公民身份。在民族国家身份认可与欧洲身份认可之间，大约有1/3的学生认为欧洲身份认可先于民族国家身份认可；而在欧洲身份认可与世界公民身份认可方面，则大约有2/3的学生认可欧洲公民身份对世界公民身份的优先地位。

2. 欧盟参与国学生的价值认同

价值认同是指公民在身份认可的基础上对社群或共同体核心价值体系的心理归附与实践意识。欧盟国家积极公民的价值认同主要表现为，公民必须接受民族国家、欧盟社会以及全球体系中的普遍价值观念，要求公民在对以民主、自由、人权、平等、多元、宽容、和平为主要内容的普遍价值体系充分认知的基础上，在公共与私我两个领域积极践行这些价值观念。ICCS欧洲研究中的有关内容也对欧盟积极公民的价值认同进行了分析，即通过了解学生对多元文化背景下的平等、自由、宽容等价值观念的态度来评价他们对民主社会普遍价值的认同程度。表5-1-11反映的是欧洲参与国（22个欧盟成员国与瑞士、列支敦士登）学生对多元文化社会中不同民族（种族）平等权利的态度，表5-1-12反映的是他们对移民平等权利的认识。两表中的数据表明，在欧盟参与国中，大部分中学生对民主社会的自由、人权、平等、多元、宽容等核心价值观念都是认可的。

表5-1-11　欧洲参与国学生对多元文化社会中平等权利的认识[1]　单位:%

	强烈不同意	不同意	同意	强烈同意
在我国所有种族群体都应该拥有平等的机会去接受良好的教育	2	6	47	45
在我国所有种族群体都应该拥有平等的机会得到一份好工作	2	9	48	41
学校应该教育学生尊重所有种族群体的成员	3	10	44	44
应该鼓励所有不同种族的成员去竞选政治公职	6	25	48	21
所有不同种族的成员应该拥有同样的权利与责任	3	8	44	44

[1] David Kerr, Linda Sturman, Wolfram Schulz and Bethan Burge, *ICCS* 2009 *European Report*, ibid, p. 61.

表 5-1-12 欧洲参与国学生对移民权利的认识状况[1] 单位:%

	强烈不同意	不同意	同意	强烈同意
移民应该拥有继续使用自己语言的机会	7	21	48	24
移民家庭的孩子应该得到与其他孩子一样的教育机会	3	6	43	48
在我国生活数年的移民应该得到选举中投票的机会	5	18	47	30
应该允许移民继续遵循自己的习俗与生活方式	6	17	50	27
移民应该拥有与其他任何人一样的的权利	4	12	44	40

注：24 个欧洲参与国（22 个欧盟成员国与瑞士、列支敦士登）。

值得一提的是，随着欧盟一体化进程的加快，欧盟国家公民在欧盟内部自由迁徙的现象越来越多。欧盟内部的这种移民现象在就业、教育、社会保障与文化认同等许多方面对欧盟各国公民带来新的挑战。因此，对这种内部移民的态度也与欧盟积极公民的价值认同具有密切的关系。ICCS 也关注了这一问题。表 5-1-13 反映了欧盟国家中学生对欧盟内部移民现象的认识，数据表明了大部分学生的积极支持态度，这同样可以说明，自由、平等、多元等核心价值观念已经内化成为他们个人价值观中的重要组成部分。

表 5-1-13 欧盟参与国学生对欧盟内部移民现象的认识[2] 单位:%

国家	欧洲国家公民应该允许在欧洲任何地方生活与工作	允许其他欧洲国家公民在我国生活是有益的，因为他们带来了不同的文化	允许其他欧洲国家公民在我国工作有益于我国经济	欧洲公民应该自由地在欧洲任何地方旅行，这样他们可以更好地了解其他欧洲文化
奥地利	88	61	71	84
比利时	80	74	63	84
保加利亚	95	87	81	92
塞浦路斯	91	75	72	83
捷克	95	71	69	92
丹麦	82	78	75	84
英格兰	80	74	64	78
爱沙尼亚	96	84	75	94
芬兰	90	80	71	91
希腊	91	77	63	83
爱尔兰	85	74	58	82
意大利	93	78	69	91
拉脱维亚	92	76	58	87

[1] David Kerr, Linda Sturman, Wolfram Schulz and Bethan Burge, *ICCS* 2009 *European Report*, ibid, p. 162.

[2] Ibid, p. 98.

续表

国家	欧洲国家公民应该允许在欧洲任何地方生活与工作	允许其他欧洲国家公民在我国生活是有益的，因为他们带来了不同的文化	允许其他欧洲国家公民在我国工作有益于我国经济	欧洲公民应该自由地在欧洲任何地方旅行，这样他们可以更好地了解其他欧洲文化
立陶宛	95	85	69	94
卢森堡	90	74	79	88
马耳他	89	74	71	86
波兰	95	82	76	92
斯洛伐克	97	84	70	92
斯洛文尼亚	92	81	77	89
西班牙	94	86	75	88
瑞典	86	76	68	87
荷兰	79	71	68	81

注：①表内数据为被调查学生对四个关于欧盟内部移民现象观点的同意与强烈同意的人数比例之和；②表中每个数字都存在一定值的标准误差，误差详情参见原始文献；③荷兰未达到样本要求。

（三）欧盟参与国学生的公民参与实践活动

在欧盟倡导的积极公民身份中，公民参与无疑处于中心地位，它要求公民在努力提高公民知识水平、自觉遵守和维护社会公共价值体系的基础上最终积极投身于社区、地方、民族国家、欧盟以及全球各个层次的公民政治活动与公民社会活动。因此，积极公民教育的终极目的就是通过不断提高公民的参与意识与参与水平来促进民主政治与公民社会的持续进步。当然，对于不同年龄阶段的公民来说，公民参与的形式、内容与规模也都互不相同，因此，中学生的公民参与无论在哪个方面都无法与成年公民相提并论。在 ICCS 的研究中，对样本学生的公民参与方面的调查主要从三个角度进行：一是学生的公民参与意识，这主要通过学生所表现出来的对民族国家、欧盟与全球三个层次上的政治与公民社会问题的兴趣来加以认识，如表 5－1－14 所示；二是学生与公民参与活动相关的行为，主要反映为学生在校园内外表现出来的与政治活动、公民社会活动相关联的行为，如通过各种媒体关注各个层次的政治与社会问题，或与同学、家人讨论这些问题，等等，如表 5－1－15（一、二）所示；三是学生的实际参与行为，即学生在接受调查之前业已参与的公民政治与公民社会活动，如表 5－1－16 和表 5－1－17 所示。表 5－1－18 反映了学生参与未来各层次选举的意愿。

从表 5－1－14 中的数据来看，欧盟国家的初中学生中，平均有接近 40% 的学生对自己所生活社区内的政治问题有兴趣；大约有一半左右的学生对本国政治与社会问题有兴趣；大约有 1/3 的学生关心欧洲与国际政治问题；对其他国家政治问题的关注程度最低，只有将近 1/4 的学生表示了自己的兴趣。表 5－1－15（一）中的数据表明，电视节目是学生了解政治、社会问题的主要渠道，大约有 2/3 的学生至少每周通过观看电视节目关注本国与国际新闻，有 1/3 多一点的学生每周通过电视关注欧洲新闻；

表5－1－15（二）则反映了学生与父母、朋友讨论政治与社会问题的情况，绝大部分学生都没有经常进行这方面的活动。表5－1－16和表5－1－17反映的是学生参与公民社会活动的实践情况，其中，表5－1－16中的数据表明大部分学生没有参与过国内的公民社会活动，表5－1－17的数据则说明学生参与欧洲层次公民社会活动的情况比国内同类活动的情况要好些。表5－1－18中的数据表明，尽管学生没有达到法定的参与选举的年龄，但大部分学生都表达了参与未来各层次选举的意愿。

表5－1－14　欧盟国家学生对各个层次政治与社会问题的兴趣程度[1]　　单位：%

国家	当地社区内的政治问题	国家层次的政治问题	其他国家的政治问题	国际政治问题	欧洲政治问题
奥地利	62	62	33	42	50
比利时	46	51	24	32	47
保加利亚	46	51	24	32	47
塞浦路斯	37	43	23	29	40
捷克	33	43	20	21	25
丹麦	38	34	26	32	29
英格兰	39	51	30	34	31
爱沙尼亚	47	50	29	37	41
芬兰	21	29	19	24	25
希腊	46	52	26	39	47
爱尔兰	42	56	30	37	35
意大利	59	71	31	47	55
拉脱维亚	35	64	26	35	42
立陶宛	41	70	26	38	52
卢森堡	36	52	34	39	45
马耳他	39	54	21	29	35
波兰	45	54	29	37	40
斯洛伐克	31	40	18	26	35
斯洛文尼亚	24	33	20	22	31
西班牙	44	52	22	34	38
瑞典	29	35	22	23	24
荷兰	31	33	16	22	23

注：①表内数据为被调查学生对各个层次政治与社会问题非常有兴趣和相当有兴趣的人数比例之和；②表中每个数字都存在一定值的标准误差，误差详情参见原始文献；③荷兰未达到样本要求。

[1] David Kerr, Linda Sturman, Wolfram Schulz and Bethan Burge, *ICCS* 2009 *European Report*, ibid, p. 109.

表 5-1-15　欧盟参与国学生与公民参与相关的活动的情况（一）❶　单位：%

国家	每周		每周、每天或几乎每天		
	看电视关注欧洲新闻	看报纸关注欧洲新闻	看电视关注本国与国际新闻	看报纸关注本国与国际新闻	上网关注本国与国际新闻
奥地利	37	33	58	52	19
比利时	34	21	62	33	14
保加利亚	43	23	72	37	38
塞浦路斯	25	11	49	16	21
捷克	53	23	65	41	45
丹麦	33	13	69	28	31
英格兰	27	20	56	41	25
爱沙尼亚	46	33	75	53	50
芬兰	28	23	50	48	29
希腊	32	9	56	17	18
爱尔兰	28	25	50	40	12
意大利	52	23	78	36	31
拉脱维亚	49	21	76	37	36
立陶宛	44	24	76	45	40
卢森堡	44	32	59	48	21
马耳他	32	18	64	28	25
波兰	37	21	78	48	44
斯洛伐克	38	26	73	51	39
斯洛文尼亚	35	20	54	32	32
西班牙	48	16	73	25	18
瑞典	30	26	49	51	31
荷兰	42	19	62	31	27

注：①表中每个数字都存在一定值的标准误差，误差详情参见原始文献；②荷兰未达到样本要求。

表 5-1-15　欧洲参与国学生与公民参与相关的活动的情况（二）❷　单位：%

	从不或几乎不	每年（至少一年一次）	每月（至少一月一次）	每周（至少一周一次）
与父母讨论政治与社会问题	52	26	15	8
与朋友讨论政治与社会问题	65	22	9	3
与父母讨论其他国家正发生的事	27	35	28	10
与朋友讨论其他国家正发生的事	43	34	18	5

注：24 个欧洲参与国（22 个欧盟成员国与瑞士、列支敦士登）。

❶ David Kerr, Linda Sturman, Wolfram Schulz and Bethan Burge, *ICCS* 2009 *European Report*, ibid, p. 113.

❷ Ibid, p. 167.

表 5-1-16　欧洲参与国学生国内公民社会活动的实际参与程度❶　　单位:%

	从未参加	一年之前参加过	最近一年内参加过
政党或工会的附属青年组织	92	4	4
环境组织	77	17	7
人权组织	88	8	4
为社区提供帮助的志愿组织	72	18	10
为社会事业筹集资金的组织	62	23	15
以种族为基础的文化组织	89	7	4
致力于某一问题的青年小组	75	15	10

注：24 个欧洲参与国（22 个欧盟成员国与瑞士、列支敦士登）。

表 5-1-17　欧洲参与国学生欧洲层次公民社会活动的实际参与程度❷　　单位:%

	从未参加	一年之前参加过	最近一年内参加过
在当地组织但有欧洲其他国家的人们参与的活动	66	21	13
所在城市与其他欧洲城市之间的友谊活动	71	21	9
其他欧洲国家举行的音乐、舞蹈或电影节	65	22	14
其他欧洲国家举行的运动会	64	20	16
本国与其他欧洲国家间的学生交流活动	75	15	10
学校组织的去其他欧洲国家的旅游	62	20	17
休闲时间或假期参观欧洲其他国家	27	28	46
欧洲其他国家的展览、节日或其他艺术、文化活动	53	27	20

注：24 个欧洲参与国（22 个欧盟成员国与瑞士、列支敦士登）。

表 5-1-18　欧盟参与国学生在达到法定投票年龄之后的政治参与意愿❸　　单位:%

国家	可能或者一定将在下面的选举中投票		
	地方选举	国家选举	欧盟选举
奥地利	83	82	77
比利时	75	72	52
保加利亚	78	69	55
塞浦路斯	76	75	59
捷克	67	50	38

❶ David Kerr, Linda Sturman, Wolfram Schulz and Bethan Burge, *ICCS 2009 European Report*, ibid, p. 169.

❷ Ibid, p. 168.

❸ Ibid, p. 168.

续表

国家	可能或者一定将在下面的选举中投票		
	地方选举	国家选举	欧盟选举
丹麦	80	89	54
英格兰	75	72	43
爱沙尼亚	78	73	30
芬兰	85	85	53
希腊	83	77	68
爱尔兰	89	87	73
意大利	91	88	78
拉脱维亚	81	77	62
立陶宛	88	88	58
卢森堡	69	73	64
马耳他	81	86	60
波兰	82	77	50
斯洛伐克	74	75	64
斯洛文尼亚	79	81	43
西班牙	87	85	68
瑞典	81	85	63
荷兰	76	74	59

注：①表中每个数字都存在一定值的标准误差，误差详情参见原始文献；②荷兰未达到样本要求。

总之，通过对 ICCS 研究中以上三个方面的分析，笔者认为，一方面，欧盟国家初中阶段的积极公民教育取得了初步的成效。例如，在公民知识能力方面，绝大部分学生的一般公民知识水平达到了二级以上，对欧盟层次公民知识的基本事实也都有较好的掌握；在公民身份与公民价值认同方面，大部分学生在强烈的民族国家公民身份认同基础上形成了欧盟（欧洲）以及全球公民的身份意识，并且在实践中积极践行民主社会的自由、人权、平等、多元、宽容等核心价值理念；在公民参与方面，大部分学生已经形成了初步的政治参与意识，表示自己在成年以后将积极参与各个不同层次的选举活动。另一方面，初中学生的积极公民教育也存在一些问题，如，各国学生在公民知识能力方面相互之间存在较大的差距，不少学生对多元文化背景下的权利平等、迁徙自由持否定态度，尤其在公民参与方面，大部分学生都没有积极参与各个层次的公民社会活动（Kerr et al，2010）。❶

❶ David Kerr，Linda Sturman，Wolfram Schulz and Bethan Burge，ICCS 2009 European Report，ibid，pp. 145 – 146.

第二节　欧盟积极公民教育实践中存在的主要问题

积极公民教育活动的目的是通过全过程与全方位的公民教育将欧盟公民培养成为知情、认同、参与型的积极公民。换言之，公民接受公民教育的四个阶段与三种方式在积极公民培育过程中必须形成一个有机结合的整体，共同发挥各自的积极作用。但在欧盟积极公民教育的实践中，由于受到各国政治制度、民主进程、教育体制、经济水平以及文化传统等各种因素的影响，全过程与全方位的积极公民教育并没有得到全面的实施。问题主要表现为两个方面：一是全过程方面高等教育与成人教育阶段的公民教育基本缺失；二是全方位方面非正规与非正式公民教育方式的重要作用未曾得到充分发挥。[1]

一、高等教育与成人教育阶段的公民教育基本缺失

正如前文所指出的，高等教育是公民个体进行积极公民教育的进阶阶段，这一阶段的学生尽管经历了前一阶段较为全面的公民教育，但需要进一步理解本国与欧盟的民主政治制度，养成公民责任与职业责任，培养批判性思维、独立思考能力及协商沟通能力以提高公民参与能力。成人时期的积极公民教育不但是成年公民的积极公民意识与公民参与技能“升级”的阶段，对那些未曾经历前几个阶段公民教育的部分成年公民而言，它还承担着积极公民教育的“补课”责任。因此，高等教育与成人教育阶段的积极公民教育是必不可少的。然而在实践中，欧盟积极公民教育在这两个阶段都没有得到充分体现。

（一）高等教育的积极公民教育职能弱化

这一问题主要表现在以下三个方面。

1. 高校没有为公民教育创造良好的条件

尽管20世纪90年代以来，欧盟高等教育游离于公民教育体系之外的状况有了一定程度的好转，至少在欧盟学术界和政策研究机构中，人们已经就高等教育必须承担积极公民教育职能这一问题达成了基本共识，但是这种共识并没有很好地在高等教育的实践中加以贯彻。到目前为止，欧盟高校仍没有真正做到如同《伦敦公报》所要求的把培育积极公民作为高等教育机构的首要任务。首先，绝大部分欧盟高校都把公民教育活动视作科学研究与传播知识的附属活动来进行。虽然大学生可以通过很多人文社会科学课程的学习进一步丰富自己的公民知识，但总体上高校既没有为公民教育确定具体的教学目标，也未曾形成完整的公民教育课程与内容体系，大学生公民知识的传

---

[1] 在积极公民教育的各个阶段中，学龄前儿童教育阶段是公民个体积极公民意识的萌芽时期，学龄前儿童在这一时期接受的公民教育对后续几个阶段的公民教育具有基础性作用。但局限于他们的身心状况与认知水平，学龄前儿童的公民教育不可能构成这一时期教育活动的主体内容，欧盟各国的积极公民教育实践因而没有在学前教育阶段全面展开。此外，由于欧盟国家成人教育对象主体为25～64岁之间处于就业时期的成年公民，对64岁以上的公民（公民退休之后）的教育在实践中总体上缺乏关注。因此，此处对欧盟积极公民教育存在的问题的分析也不包括学龄前儿童与64岁以上的公民这两个群体。

授具有任意、分散、凌乱的特点。其次，高校没有充分动员所有教学科研人员参与大学生公民教育过程。在这方面，不但参与公民教育活动的教学科研人员只占高校教学科研团队的很低比例，而且由于教师与学生除了在有限的教学与研究活动中能够互动之外，其他大部分时间里彼此的活动都缺乏交集，因此教师的公民活动对学生不会产生直接的影响，其作为公民的社会行为难以在学生中发挥应有的示范作用。最后，高校为大学生提供的参与学校治理的机会非常有限。尽管欧盟绝大部分国家都有立法规定大学生可以参与学校的治理活动，但实践中大学生对学校治理的影响非常有限。因为不但只有极少数的“学生精英”有机会进入学校的治理机制，学生代表能发挥影响的也只限于校园问题、学校环境以及学习内容等主要与学生学习相关的事务，而在诸如学校预算、教学科研人员的聘用与考核、学生录取等重要问题的决策过程中，学生代表的意见几乎不受重视，甚至有些学校根本不会征询学生的意见，连听证会都不会举行。❶

2. 欧盟高校教师进行公民教育的自觉性与积极性不够

一些有关欧盟高校公民教育的实证研究表明，绝大部分欧盟高校的教学科研人员都没有意识到大学生的公民教育也是他们的重要职责。他们认为，公民教育应该是大学生自己的责任，他们在高等教育期间的公民教育应通过间接学习与个人自己的经验来完成，因为大学生不但具备了高等教育之前的公民教育基础，而且在大学有关课程的学习中学到了多元主义、民主政治、公民权利、政治参与、政治心理学等相关知识，进一步丰富了他们的公民知识体系，此外，高校学习期间大学生能够获得许多参与校园、社区甚至政府政治活动的机会，从而不断积累公民参与活动的经验，由此可见，大学生具备了“自我公民教育”的能力。❷ 因此，欧盟高校公民教育就出现了这样的局面：在大学生公民知识的学习方面，只有人文社会科学相关课程的教师不自觉地、间接地传授相关知识；在学生社区或政治参与的实践活动中，也只有极少数专门负责指导学生社区实践的教师才会给学生提供具体的指导意见。大学教学科研团队之所以对学生公民教育产生这种消极心态，表面上是强调大学生自觉进行自我公民教育的必要性，但真实原因在于，高校公民教育是为社会培育更加合格的公民以推动国家民主政治与公民社会的建设，是一种“公共产品”，而高校师资团体追求的是不断创新的科研成果，这些科研业绩是属于他们自己的“私人产品”，能直接满足他们对效用最大化的追求。由此可见，公民教育活动与他们追求的效用目标背道而驰，他们当然不愿意在公民教育方面花费自己有限的时间与精力。

3. 大学生缺乏参与政治活动的机会

欧盟倡导的积极公民教育强调受教育者在社会各个方面的全方位参与，积极的政治参与则是当中最为重要的内容。但在欧盟国家高校里，大学生参与政治活动的机会相对缺乏。一方面，大学校园里与政治内容相关的活动受到限制。比如，在欧盟的中东欧成员国中，人们认为大学不应该像转轨之前一样为国家的政治生活服务，大学必

---

❶ Council of Europe, Sjur Bergan (editor), The University as Res Publica: Higher Education Governance, Student Participation and the University as a Site of Citizenship, pp. 20 –23.

❷ Ibid, p. 44.

须“去政治化”，因此，学校不允许大学生在校园里成立政治组织，即使是那些已经加入政党组织的学生，学校也不鼓励他们参加政治活动。[1] 另一方面，参加校园外政治活动的机会也相对有限。欧盟高校学生虽然有众多的机会参加社区甚至更大范围里的社会活动，但这些活动主要集中在两个方面：一是学校安排的如职业训练、专业实习、学生交换等包含实践参与的教学活动，二是社区或社区以外的社会公益活动。除了学生作为公民可以参加体制内的政治活动，如各层级的选举投票之外，学校并不鼓励学生参加体制外的政治活动，如集会、游行、请愿等。因此，在这种情况下，大学生公民教育过程中体验政治参与的机会与积极公民培育的目标存在较大的差距。

（二）成年公民接受积极公民教育的机会匮乏

对这一问题的剖析必须置于欧盟成人教育的大背景下进行。成人公民教育是成人教育内容的重要组成部分，一国成人公民教育的发展水平与成人教育的规模、组织形式以及内容结构具有密切的关系。

自欧盟及其成员国推行终身学习理念以来，为了全面了解欧盟成员国成人教育的发展水平，欧盟有关机构在成员国的协助下，在过去10多年中对欧盟国家25～64岁之间成年公民的学习状况进行了多次调研。如，2003年欧盟劳动力调查（Labor force survey）进行的调查发现，欧盟25个国家的25～64岁之间的成年公民在接受调查之前的一年里，接受过任何形式（正规、非正规与非正式）教育与培训的成年公民的平均比例为42%，其中，4.4%的人参加了正规教育，16.5%的人接受过非正规教育，32.5%的人进行过非正式教育。成人教育状况在成员国之间具有较大的差异，例如，奥地利、斯洛文尼亚、卢森堡以及丹麦4国的比例达到或超过了80%，分别为89%、82%、80%、80%；而希腊与匈牙利则低于20%，分别为17%、12%。[2] 而在58%的未进行教育与培训的人群中，主要制约因素是他们的教育水平，换言之，教育水平越低越不会参加任何形式的成人教育与培训。而2009年欧盟劳动力调查数据显示，欧盟25～64岁之间的成年公民在接受调查前的4个星期中进行过正规、非正规教育与培训的人口比例为9.3%，其中，丹麦的这一比例最高，也只有31.6%；而保加利亚、罗马尼亚两国的比例最低，分别为1.4% 和1.5%。[3]

欧盟统计局于2005～2007年同样对欧盟成员国的25～64岁之间的成人的正规与非正规教育状况进行了调查。[4] 从后来公布的17个国家[5]的调查结果来看，欧盟成人教育

---

[1] Committee for Higher Education and Research, Final General Report, February 2002, Universities as Sites of Citizenship and Civic Responsibility, Ibid, p. 17.

[2] Emmanuel Kailis and Spyridon Pilos, *Statistics in focus: Population and Social Condition, Lifelong learning in Europe*, available at http: //libserver. cedefop. europa. eu/vetelib/eu/pub/eurostat/2005_ 0002_ en. pdf.

[3] Eurydice, *Adults in Formal Education: Policies and Practice in Europe*, available at http: //eacea. ec. europa. eu/education/eurydice/documents/thematic_ reports/128EN. pdf.

[4] *Task force report on adult education survey*, available at http: // epp. eurostat. ec. europa. eu/cache/ITY_ OFFPUB/KS－CC－05－005/EN/KS－CC－05－005－EN. PDF.

[5] 这17个国家为匈牙利、希腊、波兰、意大利、西班牙、拉脱维亚、立陶宛、法国、比利时、塞浦路斯、奥地利、爱沙尼亚、斯洛伐克、德国、英国、芬兰、瑞典，17个国家的人口占当时欧盟27国总人口的83%。

的基本状况具有如下特点：首先，从接受成人教育的人口规模来看，欧盟总体成人教育的水平偏低，国与国之间的差距较大。调查结果显示，欧盟17国中25~64岁的成年公民在过去一年中参加成人教育的平均比例为35.7%，瑞典、芬兰、英国3国民众的比例最高，分别为73.4%、55.0%、49.3%；而匈牙利、希腊、波兰与意大利4国的比例偏低，分别为9.0%、14.5%、21.8%、22.2%。[1] 其次，从成人教育的方式来看，非正规教育占主导地位。调查结果显示，在接受过正规与非正规教育和培训的人群中，只有6%的人接受了正规形式的教育。[2] 再次，从成人教育的内容来看，在进行过非正规教育与培训的成年公民中，绝大部分人学习的内容都是直接与工作相关。调查结果显示，一方面，17国中参加成人教育的成人中，2/3的人学习内容只与工作相关；另一方面，成年公民参加成人教育的目的中，最重要的两个目的分别是“找到更好的工作”与“改善职业前景”；此外，在调查中统计出来的所有成人教育活动中，雇主是最重要的组织或提供者，其所提供的教育占所有成人教育的40%。[3] 最后，教育程度与技能水平低的群体以及失业人群参加成人教育的可能性低。总体上看，17国中没有参加成人教育的人群中，教育水平低的人口平均占比超过80%，失业人口平均占比为75.7%，技能水平低的白领平均占比为55.3%，技能水平低的蓝领平均占比为70.5%。[4]

上述有关调查的数据表明，欧盟成员国的成人公民教育状况并不乐观。这一方面在于，欧盟平均大约有60%左右的25~64岁之间的公民没有进行任何形式的学习和培训，对这部分公民来说，他们接受成人公民教育的机会当然就更少了；另一方面，即使是在参加过成人教育和培训的人群中，大部分人也是出于工作的考虑，而并非为了提高自己的积极公民意识和锻炼公民参与方法与技能。由此可见，对欧盟及其成员国来说，在不断扩大的成人教育规模中采取有效措施进一步加强成人积极公民教育无疑是很有必要的。

二、非正规与非正式公民教育方式的重要作用未充分发挥

欧盟积极公民教育要求充分发挥正规、非正规与非正式三种教育方式的作用，为公民个体创造一个全方位的公民身份学习环境。但由于公民个体在其接受公民教育的各个阶段，学习方式会受到心智水平、认知能力、教育进阶、经济状况、职业规划、家庭责任等许多因素的影响，因此，在不同时期的公民教育中，正规、非正规与非正式三种公民教育方式发挥作用的程度也不一样。一般来说，中小学阶段与高等教育阶段作为公民接受正规教育的黄金时期，公民教育活动主要通过正规学习方式进行；在其他两个阶段，尤其是在成人的公民教育中，则是非正规与非正式的学习方式发挥主导作用。而在不同阶段相应的公民教育方式发挥主导作用的同时，其他方式的重要辅

[1] Sadiq Kwesi BOATENG, *Significant country differences in adult learning*, available at http://epp.eurostat.ec.europa.eu/cache/ITY_ OFFPUB/KS-SF-09-044/EN/KS-SF-09-044-EN.PDF.

[2] Ibid.

[3] Ibid.

[4] Ibid.

助作用都不应忽视。然而在欧盟积极公民教育的具体实践中，从总体上看，非正规与非正式方式的重要作用未曾得到充分的发挥。

（一）非正规公民教育活动的作用弱化

非正规学习方式在公民教育中的作用，主要取决于两个重要因素：一是公民个体参与非正规教育活动的机会，二是这些学习活动所包含的公民教育方面内容的多少。从欧盟积极公民教育活动中非正规教育方式运用的实际情况来看，存在的问题表现为两方面。

一方面，对欧盟中小学阶段与高等教育阶段的学生而言，虽然他们所进行的非正规学习活动相对而言与积极公民素质的养成具有更为密切的关系，但他们参与非正规教育活动的机会少。如，据欧盟统计局有关数据表明，在2007～2014年的八年间，欧盟28国15～24岁的人群中，接受非正规教育与培训的平均比例分别为9.2%、9.4%、9.3%、9.3%、9.1%、9.2%、11.7%、11.9%；成员国之间同样存在较大的差距，丹麦、塞浦路斯、瑞典三国目标人群进行非正规教育与培训的比例相对较高，其中八年间丹麦的这一比例分别为30.1%、31.9%、34.0%、34.5%、34.4%、34.0%、31.9%、29.5%，塞浦路斯分别为28.8%、29.3%、29.5%、28.2%、27.6%、27.8%、29.5%、29.9%，瑞典依次为24.1%、28.1%、27.5%、29.6%、28.9%、30.3%、31.7%、31.8%；而罗马尼亚、斯洛伐克与波兰三国的这一比例则非常低，其中，罗马尼亚七年间（2010年无数据）分别为0.8%、0.7%、0.3%、1.2%、1.1%、1.7%、1.5%，斯洛伐克八年间分别为2.1%、1.9%、1.3%、1.0%、1.6%、1.0%、1.2%、1.6%，波兰八年间则依次为2.3%、2.2%、2.1%、2.3%、1.9%、1.9%、2.0%、2.3%。[1] 导致这种状况的原因可能是多方面的，如，由于这两个阶段中学生的主要任务是顺利完成相应阶段的正规教育，因此，他们参与非正规教育活动的时间和精力有限；与此同时，成员国的经济发展水平、社会文化传统以及教育实践经验等多种因素也会制约着针对这些学生群体的非正规教育活动的规模；等等。但毋庸置疑的是，目标人群参与的非正规教育与培训活动越少，他们通过非正规学习方式进行积极公民教育的机会也就越匮乏。尽管在这两个阶段正规教育方式占据了积极公民教育活动的主导地位，但缺少了非正规教育方式的重要辅助作用，教育效果无疑会受到不利影响，尤其是学生通过非正规教育与培训中的实践活动践行积极公民身份的可能性更会下降。

另一方面，对于25～64岁的成年公民来说，虽然他们接受正规教育的机会减少了，但相对充分的非正规教育与培训活动为他们提供了许多继续接受教育的机会。因此，相对于15～24岁的学生群体，成年公民参与非正规教育活动的比例要高得多。如，欧盟统计局有关数据显示，2007年欧盟25国的25～64岁的成年公民中，32%的人参加过非正规教育与培训活动，其中，瑞典、芬兰与荷兰三国的这一比例分别达到69.4%、51.2%、42.1%，而匈牙利的这 比例最低，为6.8%[2]；而同年，这几个国

[1] http://appsso.eurostat.ec.europa.eu/nui/show.do?dataset=yth_educ_060&lang=en.

[2] Eve－Liis Roosmaa & Ellu Saar, "Participation in non－formal learning in EU－15 and EU－8 countries: demand and supply side factors", International Journal of Lifelong Education, 2102, 31: 4, 477－501.

家的15～24岁的人群中进行了非正规教育与培训的比例分别为24.1%、10.6%、3.6%、2.6%。尽管参加非正规教育与培训活动的25～64岁间的成年公民相对多一些，但正如前文所分析的，不但他们当中大部分人是出于职业选择与职业晋升的目的参加这些教育与培训活动，而且雇主是这些非正规教育与培训活动的主要组织者，因此，绝大部分进行过非正规教育与培训的成年公民接受教育与培训的内容都直接与他们的就业状况相关。虽然这些成年公民不断学习、努力工作、积极进取等行为本身与积极公民身份的基本要求是一致的，但需要指出的是，不以积极公民的认知、情感与实践为中心内容的教育活动对积极公民培养的作用毕竟是间接的、有限的。与此同时，大部分成年公民因为种种原因未能参加这些非正规教育与培训活动，这些活动对积极公民教育间接、有限的作用对他们来说更是无从谈起。由此可见，非正规教育方式在成年公民的积极公民教育过程中应有的重要作用同样无法发挥。

（二）非正式公民学习活动的氛围没有全面形成

非正式教育方式在积极公民教育过程中发挥作用的程度同样取决于两个重要因素，即公民个体进行非正式学习的频率以及这些学习活动与积极公民教育的相关程度。从前一个因素来看，由于非正式学习包括学习主体在正规与非正规学习范围之外进行的有意识和无意识的全部学习活动，涵盖了学习主体日常活动中的活动参与、信息（知识）获取与人际交往等多个方面，因此，公民个体非正式学习的频率理论上要比正规与非正规学习的频率高得多，其通过非正规方式接受公民教育的可能性也大得多。但实践中，大部分欧盟民众并没有积极参与非正式的学习活动。欧盟统计局2005年从是否利用书籍、杂志等印刷材料，是否利用计算机与互联网，是否利用教育广播或录音、录像材料，是否利用图书馆、学习中心等学习设施进行学习这四个方面对民众的非正式学习情况进行了调查。调查数据显示，欧盟25国中25～64岁的成年公民中在接受调查前的一年里进行非正式学习活动的平均比例为33%，其中，奥地利、斯洛文尼亚、芬兰三国的比例分别高达86%、78%、70%，而西班牙、希腊、匈牙利三国的比例则只有16%、14%、6%。[1] 这些数据尽管无法反映欧盟民众非正式学习的全貌，但在一定程度上说明了2/3的欧盟成年公民没有有意识地通过上述方式进行非正式的知识学习活动。无论这些非正式的学习活动与积极公民教育是否直接相关，对大部分的欧盟成年公民而言，他们都失去了通过这种有意识的非正式学习方式进行积极公民教育的机会。

从后一个因素来看，公民个体所进行的非正式学习活动的内容与积极公民教育的联系越密切，他们通过这种方式接受积极公民教育的效果就越明显。本书第四章第四节的相关内容从公民个体日常生活中的活动参与、信息获取与人际交往三个方面分析了欧盟民众非正式学习活动与积极公民教育的相关性，从而论证了非正式教育对欧盟积极公民教育的积极作用。但需要指出的是，并非所有欧盟民众的非正式学习活动都

---

[1] Emmanuel Kailis, Spyridon Pilos, “Lifelong learning in Europe”, 2005, available at http://ec.europa.eu/eurostat/documents/3433488/5574436/KS－NK－05－008－EN.PDF/417e9b51－aee3－42c8－88f3－314e2cdd7a96.

与公民意识、公民参与相关。如，2008 年欧洲价值调查的数据显示，在斯洛文尼亚、西班牙、罗马尼亚、波兰、英国、芬兰、意大利、爱尔兰、卢森堡、匈牙利等国，超过 20% 的民众从不或很少通过电视、报纸、网络等媒体关注政治问题；在西班牙、斯洛文尼亚、捷克、罗马尼亚、马耳他、爱尔兰、匈牙利、英国、塞浦路斯等国中，超过 30% 的民众在人际交往活动中从不与人谈论政治方面的话题；再如，2013 年“欧洲晴雨表”的相关数据表明，欧盟 27 国中接受调查的青年公民在过去一年里，44% 的人没有参加任何层次的政治选举活动，44% 的人没有参加任何公民社会组织的活动，79% 的人表明在自己的人生中不愿意成为任何政治选举中的候选人。[1] 这些情况说明，在欧盟大力推进积极公民教育的进程中，仍有不少民众在非正式学习中排斥与公民教育相关的内容，或者根本对那些有益于积极公民教育的非正式学习活动不感兴趣。由此可见，非正式学习方式在积极公民教育中对这些民众的作用依旧是有限的。

[1] Flash Eurobarometer 375, EUROPEAN YOUTH: PARTICIPATION IN DEMOCRATIC LIFE, ibid.

第六章　欧盟积极公民教育对中国的启示

2007年党的十七大报告明确提出“加强公民意识教育，树立社会主义民主法治、自由平等、公平正义理念”，2010年颁布的《国家中长期教育改革和发展规划纲要（2010～2020年）》进一步贯彻十七大报告的要求，进一步强调了要“培养社会主义合格公民”。党和政府的这些重要认识表明，社会主义公民教育的重要性与紧迫性不断凸显，将逐渐占据当代中国教育的核心地位。在进一步推进中国特色的公民教育进程中，我们既要立足国情，又要放眼世界，在继承发扬中国优秀传统文化、坚守社会主义基本制度的同时，积极借鉴西方国家公民教育理论和实践的科学成分，努力培养一代又一代的中国特色积极公民。

第一节　培养“知、情、行合一”的中国特色积极公民

在欧盟倡导的积极公民身份中，公民积极参与各个层级的政治与公民社会活动无疑是其中的核心内容，但公民参与显然不能反映欧盟积极公民身份的全部内涵。因为除了公民参与之外，公民对社群、国家甚至超越民族国家之外的共同体的认知及其在这些不同场景之中形成的文化价值认同与身份归属意识无疑也是积极公民身份中的重要内容。因此，欧盟积极公民身份是公民认知、情感归属与积极参与这三个因素的统一体。这三个要素同样对构建中国特色积极公民具有重要的借鉴价值。

一、中国特色积极公民的认知维度

中国特色积极公民要求公民首先必须是知情的公民，换言之，他们既要对自己的公民效能与公民参与能力具有准确的评价，又要对个体相互之间以及个体对群体的依赖关系具有充分认知，还需要对自己生活、学习、工作所处的特定场所（社区、学校、工作机构与其他相关群体结构），对赋予自己公民身份的国家，以及对超越本国疆界的世界这三个层次的各方面信息具有基本的把握。这三个方面的认知是培育中国特色积极公民情感归属和积极参与的前提条件。

1. 公民对自我的公民效能与参与能力的认知

中国特色积极公民身份的构建首先需要公民个体准确认知自我。这种自我认知具体体现为两个方面。第一，公民个体需要充分认知自我的公民效能。公民效能指公民在特定环境中通过自己的积极行为对环境施加某种影响的能力。换言之，公民个体作为某一群体的成员，其在群体组织中的积极参与行为将有可能使得组织的相关决策符合自我意愿，也就是说，公民个体必须树立一个牢固的信念，即公民参与是公民身份

的价值目标，只有通过公民参与才能带来组织的变革。事实上，这也是“主人翁意识”在中国特色积极公民身份构建过程中的基本要求。中国人民作为社会主义社会与国家的主人，积极参与无疑是人民治理社会与国家的主要形式，这就要求人民在培育自己的积极公民意识时必须坚信自己的各种积极参与行为可以为社会、国家甚至世界的变革做出积极的贡献。第二，公民个体需要对自己的参与能力进行正确的评价。公民自我效能是培养公民参与意愿的心理基础，而公民具体践行自己的参与意愿还有赖于不断丰富自己的公民知识、提高自己的公民参与能力。由于任何公民个体在任何时候具备的公民知识与公民技能都是有限的和片面的，因此，公民必须正确地认识自身的不足，自觉培养公民的终身学习意识，通过不断接受各种形式的公民教育来提高自己的公民参与能力。

2. 公民对个体相互依赖关系以及个体与群体、国家之间依赖关系的认知

中国特色积极公民决不能是自由主义公民身份理论倡导的“不受约束的个人”或“原子式个体”，而必须是依附于中国社会传承数千年的优秀传统文化、社会主义核心价值观与其他非民族、非社会主义价值体系中有利于中国社会主义发展的科学合理成分这三者构建的复合价值体系，是既充分依赖群体与国家又相互依赖的公民个体。这种公民个体是具有共同价值观与身份归属基础上的人的全面与自由的发展，他们在追求个体自由与权利的过程中充分认识到公民个体与群体、国家之间以及公民个体互相之间的和谐、依赖关系的极端重要性，从而积极自觉地履行自己对他人、群体与国家的各种责任与义务。只有这样，中国特色社会主义的公民个体的自由发展才能真正做到既维护他人的权利与自由，又不断促进社会整体的和谐进步，从而构建出公民自由、他人权利与社会进步三者之间相互依赖、相互促进的和谐统一体。

3. 对社群、国家以及超越国家的共同体的认知

中国特色积极公民要求公民必须对自身所属的各层级社群具有基本的认知。这一层次的基本认知包括：

（1）对社群的基本认知。这里指的是公民个体对自己学习、工作、生活以及其他活动所处的特定社会组织架构的基本认知。正如前文所分析的，中国特色的积极公民不是“原子式的个体”，也不可能是“孤岛上的鲁滨逊”，而是首先表现为各种不同性质、不同层级社群中的相互联系、相互依赖的成员，这种成员归属关系是构成中国特色积极公民身份的基础。这些社群可以是公民的学习、工作、生活场所，如各级学校、各种企业与其他就业机构、家庭与社区；还可以是公民在学习、工作、生活之外进行其他活动的社会场所，如公民参加的各种不同性质的合法社会组织；等等。公民作为这些社群中的成员，必须对它们的基本状况以及自己在其中的权利义务关系具有基本的认知。

（2）对国家的基本认知。如果说不同社群中的成员身份是中国特色积极公民身份的基础，那么国家赋予的成员身份就是中国特色积极公民身份的主体内容。因此，公民个体对中国这一民族国家的认知就构成了积极公民身份中公民认知体系的核心内容。这种民族国家层面的认知的主要内容可以概括为知识、权利义务与价值观三个方面。

知识方面包括中国历史、地理、政治、经济、文化概况，其中以国家的民主政治制度、市场经济制度与多民族文化并存的文化制度为主体，以政治、经济、社会、文化、环境等方面的现状为主要方面；权利义务方面指依据国家所赋予的公民身份而产生的公民个体与国家、社会之间的权利与义务关系；价值观方面包括中国各民族的优秀传统价值理念、社会主义核心价值观，以及存在于中国社会价值体系之中的有利于中国社会主义发展的非中华民族文化、非社会主义价值观的科学合理成分，这三者在中国特色积极公民身份的价值观认知中的地位互不相同，其中，社会主义核心价值观居于主体地位，优秀传统价值理念与其他文化价值体系中的科学合理成分则处于次要与补充地位。

（3）对世界的基本认知。在全球化时代，任何国家的公民身份都必然具有超越民族国家的世界维度，中国特色的积极公民身份也不例外。随着中国与世界互动程度的日益增强，世界公民的理念必将成为中国特色积极公民身份中不可或缺的组成部分。因此，中国特色积极公民身份中的公民知识体系必须包含下述对世界的基本认知：第一，对中国在世界体系中的地位与作用的认知，即正确认识中国作为发展中国家的国际地位及其所能发挥的作用；第二，对中国在国际互动过程中权利与义务的认知，即认识中国国家主权的权利内容、维护主权的必要性与正当性以及中国作为国际政治与经济主体应当积极承担的责任与义务；第三，对国际政治、经济的制度安排及其发展状况的认知，即了解国际政治经济格局的基本内容，认识经济全球化、政治多极化的发展趋势及其面临的困难与阻力，以及人类社会共同关注的其他问题；第四，对非中华民族与非社会主义的文化体系的认知，即了解其他国家和地区的政治、经济、文化等方面的发展水平及其对中国的潜在影响。

二、中国特色积极公民的情感维度

中国特色积极公民的情感维度是指公民对以国家为主体的各层级共同体形成的一种身份认可与情感归属。这种情感维度是连接公民个体与不同层级社群的桥梁，是将公民个体私善与社群公共善有机结合的粘合剂，因此，对中国特色的积极公民身份来说，情感维度是一项不可或缺的重要内容。中国特色积极公民的情感维度需要从以下三个层次、两个方面进行分析。

1. 中国特色积极公民情感维度的三个层次

中国特色积极公民身份以社群成员身份为基础，以国家公民身份为主体，以世界维度的公民身份内容为补充，因此，其相应的情感维度也包含三个不同的层次。首先，公民个体对不同层级社群的情感归属是中国特色积极公民身份情感维度的基础。互相依赖的公民个体的生存行为都是在一定的社群之中进行的，这就决定了公民个体与社群之间存在一种无法割裂的身份归属关系。在公民个体赖以生存的各种社群中，低层次、小范围社群中的情感归属往往是较高层次、较大范围社群身份认可与价值认同的基础。如，在注重家庭传统美德的中华民族中，家庭中的成员归属意识往往是族群身份认可的基础；在中国这样实行民族区域自治的多民族国家中，种族情感往往是形成国家认同的出发点。因此，在中国特色积极公民身份的情感维度中，首先需要培养公民个体对其赖以生存的各种社群的归属情感，从培养“我爱我家”“我爱我社区”“我爱我校”“我爱我单位”等基本情感出发，最终形成更高层次的情感归属意识。其次，公民个体对国家的情感归属是中国特色积极公民身份情感维度的主体内容。在当代世界各国的政治实践中，公民个体与国家之间的成员归属关系无疑是确定公民身份的核心依据，中国也不例外。因此，只有具备了国家赋予的成员身份，公民个体的自由与政治、经济、社会等方面的各项基本权利才能得到国家的保护，公民个体对其赖以生存的各种社群所形成的归属情感才能免受侵害。与此同时，公民个体必须对国家承担相应的责任与义务，培养对国家的服务意识和奉献精神。从这个意义上说，公民个体对国家的情感归属既是目的又是工具，无疑是中国特色积极公民身份情感维度的主体内容。最后，公民个体对世界的情感归属是中国特色积极公民身份情感维度的有益补充。在全球化与信息化不断加快的进程中，民族国家的政治版图与地理区域对各国公民个体生活的制约开始减少，而不断增加的全球性问题对各国公民个体的影响将不断扩大，这样一来，各国公民个体的公民认知与公民参与活动的时空范围将大大扩张，因此，在公民身份发展过程中，世界维度的内容将不断增加，公民个体超越民族国家的世界认同意识会持续提高。由此可见，在中国特色积极公民身份的情感维度中，对世界公民身份的认同也会加强。

2. 中国特色积极公民情感维度的两个构成方面

中国特色积极公民的情感归属既包括公民对以国家为主体的各层级共同体成员身份的认可，也体现了公民对国家普遍的文化价值观念的认同。身份认可指的是中国特色的积极公民必须自觉接受社群、国家与世界三个层次的成员身份。具体来说，公民个体自觉接受各个不同性质、不同层次社群的成员身份，要求公民个体在家庭、社区、学校、就业场所等场景中进行相应活动时，在享有权利的同时自觉履行对其他公民个体与组织群体的义务；公民个体自觉维护国家所赋予的成员身份，要求公民在自身各项公民权利得到国家尊重与维护的同时，积极履行自己对国家承担的责任与义务，积极维护国家政治、经济、文化与社会等各方面的基本制度；公民个体逐渐认可自己的世界公民身份，要求公民更多地关注全球性事务，并在一些全球性问题的解决过程中积极奉献自己的力量。

价值体系认同指中国特色的积极公民自觉接受中国社会的主流价值体系，并以其作为自己的行为准则。由于在社群或国家针对成员个体的身份归属关系中，身份认可有时不会必然导致价值体系认同的形成（如，人们认可本国赋予的成员身份，但批评抵制本国的价值体系），而价值体系认同则可以进一步强化身份认可（如，一国公民认同、践行本国主流价值观念，从而提高自己作为本国公民的认可程度，更加积极地履行自己对国家的责任与义务），因此，在培养中国特色积极公民的情感归属意识时，价值体系认同无疑能比身份认可发挥更大的作用。当前中国社会的价值体系主要包括三方面，即优秀的民族传统价值理念、社会主义核心价值观以及非民族、非社会主义价值观的其他文化价值体系中的科学合理成分。因此，中国特色积极公民的价值体系认同要求公民个体在充分知晓这些价值体系内容的基础上，进一步在公共与私人两个领域积极践行并且勇敢捍卫这些价值观。

三、中国特色积极公民的实践维度

在前文分析的中国特色积极公民身份的认知维度与情感维度中，认知维度是建构积极公民身份的基础，即积极公民首先必须是知情的公民，公民个体只有在对自身、对自身对以国家为主体的各层级共同体的依赖关系以及这些共同体本身具有了较为充分认知的基础上，才能形成对各层次共同体的归属意识；情感维度是培育积极公民的核心，换言之，公民个体只有成为情感依附型公民，即只有对自身生存所处的社群、国家与世界形成了身份认可与价值体系认同，才能培养出对自己所属的各层级共同体的自豪情感与奉献精神。然而达到认知与情感维度要求的公民，甚至是那些在认知与情感归属基础上能最低限度地参与一些基本政治活动与公民社会活动的公民，都还不能成为完全意义上的中国特色积极公民。因为仅仅将个人培养成为知情与情感依附的公民个体还无法充分体现积极公民身份的全部意蕴，中国特色的积极公民最终需要把自己塑造成充分的“行动主义者”，即公民只有充分地、自觉地参与到政治、经济、文化与社会事务的治理过程，才能充分体现“人民当家作主”这一社会主义民主政治的本质要求。因此，在我们倡导的中国特色积极公民身份中，实践维度是培养积极公民的价值取向，它与认知维度、情感维度共同作用，使得中国特色积极公民成为知、情、行三者的和谐统一体。

1. 中国特色积极公民实践维度的层次

与前面所分析的积极公民认知与情感维度的层次一样，对中国特色积极公民身份的实践维度也可从三个层次来认识。第一层次，任何公民个体都必须进行相应的生活、学习与工作活动，因此，积极公民的实践活动首先表现为公民个体积极地从事这些活动，任何一个好逸恶劳、不思进取的个体绝不可能成为积极公民；而公民个体的这些行为又总是在特定的组织架构（即各种不同层次的社群）中进行的，这就要求他们在生活、学习与工作活动中积极互动并且踊跃参与组织的各项活动。第二层次，由于中国特色积极公民身份的主体内容依旧表现为国家赋予公民个体的身份关系，因此，积极公民实践维度的主要内容是公民个体在社会与国家层面的各种参与行为，其核心内容为通过共产党领导下的人民代表大会制度、民族区域自治制度与基层群众自治制度，依照宪法和法律的规定积极参加国家与社会的治理活动。第三层次，随着公民个体对世界公民身份意识的觉醒，他们将更多地关注甚至参与超越国家政治版图与地理疆域的全球性事务，这一层次的参与行为同样是中国特色积极公民实践维度中不可缺少的组成部分。

2. 中国特色积极公民实践维度的内容

公民个体在践行公民身份的过程中，对其实践活动的内容可以从不同的角度进行多种区分。由于公民个体的生存活动总是在特定的组织架构中进行的，而所有的组织架构都会赋予其一种相应的成员身份，这样一来，公民个体一生中往往具有多重的成员身份，而不同的身份要求公民个体从事不同的活动来进行对应。因此，我们可以将中国特色积极公民实践维度的内容区别为以下几个方面：第一，与公民个体多重成员身份相对应的权利维护活动。公民个体作为不同组织架构（从家庭到国家到世界）的成员，拥有与各种成员身份相对应的不同种类的权利，因此，在权利受到侵害时，公民必须积极依法维护自己的权益。第二，与公民个体多重成员身份相对应的责任与义务的履行活动。不同的组织架构要求其成员积极履行相关的义务，因此，公民个体积极履行各种职责和义务无疑是中国特色积极公民实践维度最基本的内容。第三，公民个体积极践行社会主体价值观。在以民族国家为中心的公民个体依附的多重组织架构体系中，共同的价值观是确保这一复杂体系和谐、有序发展的必要条件，也是指导公民个体在处理基于多重成员身份而产生的繁杂权利、义务关系时必须遵循的准则。因此，中国特色积极公民身份要求公民个体在各种活动中积极自觉地实践并捍卫这些价值观。第四，公民个体出于维护和促进公共善的目的，积极参加各种组织架构的公共活动。公民个体在依法维护基于多重成员身份而产生的各种个人私善的同时，必须为维护和促进公共善做出积极的贡献。因此，公民必须踊跃参与各种以维护和促进公共善为目的的公共活动。中国特色积极公民需要通过在党的领导下依法积极投身于各种政治、经济、文化与社会方面的治理活动，进行自我管理、自我教育、自我服务、自我监督，在维护与促进公共善的同时也不断增加个人私善。这种参与活动充分体现了人民当家作主这一社会主义民主政治的核心要求，因而是中国特色积极公民身份实践维度的关键环节。

第二节 构建培育中国特色积极公民的公民教育体系

欧盟积极公民教育活动是对欧盟国家传统公民教育体制的重大变革，它以公民的终身学习为教育背景，不但将公民教育的内容体系拓展到民族国家、欧盟（欧洲）、全球三个层次和与之对应的公民认知、情感、实践三个方面，还将公民教育活动扩展到公民的整个生命历程和公民接受教育的全部方位，形成了一种多层次、全方面、全过程与全方位的公民教育模式。尽管欧盟积极公民教育活动在实践中存在不少问题，但它不但对推进欧盟积极公民的培育，从而进一步推动欧盟地区的社会融合与民主政治建设发挥了重要的影响，而且为促进西方公民教育理论与实践的发展积累了有益的经验。毫无疑问，它对构建培育中国特色积极公民的公民教育体系同样具有积极的借鉴价值。

一、建立政府主导下的全社会参与的公民教育体制

欧盟推行的积极公民教育事实上是一种政府倡导下的全社会参与的教育活动。一方面，欧盟委员会与欧盟各成员国政府都对此给予了高度重视，例如，欧盟委员会在一系列决议中充分认可了积极公民培育在欧盟社会融合、经济发展与民主政治完善过程中的重要作用，确立了积极公民教育的战略目标，并且制订了相应的行动计划；各成员国政府则紧紧围绕积极公民的培育，不但推出各种改革措施以完善本国公民教育制度、提高公民教育实效，而且根据各国公民教育的国情针对欧盟委员会实施的积极公民行动计划部署了具体的落实方案。另一方面，家庭、社区、企业、非政府组织等其他社会单元也都积极参与，尤其是各层次的非政府组织，它们往往是欧盟积极公民

行动计划具体项目的组织者和实施者。全社会的积极参与充分动员了各种社会资源，为公民个体形成了一个全方位的公民教育体系，从而为积极公民的培育活动创造了极大的便利条件。然而在我国目前的公民教育体系中，不但各级政府的主导作用发挥不够，其他社会单元也基本上游离于公民教育活动之外，因而造成了单独依靠教育机构特别是中小学校进行公民教育的不利局面，这当然不能满足培育中国特色积极公民的需要。

为了扭转这种局面，首先必须强化党和政府的责任意识，充分发挥政府的主导作用。公民身份主体上作为国家依法赋予个体的成员身份，它本身反映了国家与公民相互之间的权利义务关系。确保公民个体的充分教育正是国家对公民个体必须承担的重要义务之一，而公民教育恰恰是公民个体所接受的教育活动中的核心内容，它不但关系着社会主义国家人的全面发展能否顺利实现，也是社会主义民主政治不断进步的必要条件。由此可见，全面推行公民教育是党和政府必须全面承担的重要责任。21世纪初，党和政府对公民教育的责任意识在不断加强，2007年党的十七大报告明确提出“加强公民意识教育，树立社会主义民主法治、自由平等、公平正义理念”，2010年颁布的《国家中长期教育改革和发展规划纲要（2010～2020年）》进一步贯彻十七大报告的要求，强调了“培养社会主义合格公民”的重要性。当前党和政府需要根据我国民主政治与和谐社会进一步发展的要求，借鉴国际社会公民教育活动的有益经验，确立我国公民教育的战略目标与实施纲要，制定具有中国特色的公民教育内容体系，促进公民教育理论与实践活动的创新，为提高公民教育质量创造有利条件。地方政府则应根据各地实际情况制定公民教育计划的实施细则，监督公民教育活动的具体落实。

其次，进行社会动员，努力形成全社会积极参与的公民教育体系。公民个体不但拥有国家赋予的成员资格，同时也是各种不同种类、不同层级的社会组织架构中的成员。这些组织架构与其成员之间同样存在相应的权利义务关系，这就意味着其同样承担着对内部成员进行教育的义务。这种教育活动一般要求与组织架构的宗旨相呼应，但也会体现出公民教育的特征。如，企业对员工的教育主要以与企业宗旨密切相关的职业教育为主，但企业也应该更多地培养员工的奉献精神、参与意识以及批评与创新思维，这样才能更好地促进企业的发展。而企业员工的这些品质恰恰是中国特色积极公民的内在要求，由此可见，企业内部教育本身就是国家公民教育体系的有机组成部分。而家庭不但是公民个体接受教育的起点，而且是公民进行终身学习的重要场所，其在公民教育中的积极作用早已得到全社会的公认。从我国公民意识和道德教育实施的实际情况来看，虽然包括家庭、基层社区、企业与其他社会团体在内的各种非教育机构都承担着相应的公民教育责任，但它们未能充分发挥自身的主观能动性。因此，政府不但需要进一步进行社会动员，鼓励一切非教育机构依法积极参与公民教育活动，还要为它们的参与创造便利条件，消除它们进入公民教育领域的各种官方壁垒。只有这样，政府主导下的全社会参与的公民教育体制才有可能全面形成。

二、树立以终身学习为核心的公民教育理念

欧盟积极公民教育活动是与欧盟学习型社会建设相互促进的，终身学习理念是两者共同的指导思想。欧盟及其成员国政府要求欧盟公民必须终身不间断地接受公民教育，认为只有这样才能达到社会变迁与公民进步相互促进的目的。尽管在欧盟国家当前公民教育的实践中高等教育与成人教育阶段的公民教育没有得到应有的重视，但将公民教育作为公民终身学习的重要组成部分这种理念值得我们充分肯定。我国在长期以来的公民教育实践中，把公民教育的客体基本限定为从小学到大学阶段的在校学生，只重视这一群体在正规教育阶段的公民意识和道德教育活动，而对公民个体在正规教育阶段之前与之后的公民教育的重要性认识不足，特别是实践中长期忽视成人的公民教育活动。如果这种状况长期持续下去，我国公民“知、情、行”三方面的素质都难以适应时代进步与社会变迁的步伐。因此，为了满足培育中国特色积极公民的需要，我们也需要树立以终身学习为核心的公民教育理念。

首先，我们必须培养公民个体终身进行公民意识与公民技能学习的自觉意识。科技革命浪潮在持续不断地对各种社会组织架构带来影响。而作为这些社会组织架构的成员，公民个体必须自觉地紧跟这些社会组织架构变化的节奏。这就要求公民个体必须培养终身不断学习的自觉意识，只有这样，他们才能掌握新的学习方法、运用新的生产方式、体验新的生活模式、适应新的社会管理形式，从而与社会组织架构的变化保持一致。公民个体自觉进行的终身学习的内容当然包括出于维护自身权利、履行成员责任义务、参与各层级社会组织架构公共事务的需要而进行的公民意识与公民技能学习，而这种自觉进行的公民教育正是培养中国特色积极公民的内在要求。

其次，国家需要确立公民终身进行公民教育的基本国策。事实上，终身学习理念一直是中华民族传统文化的重要组成部分，“活到老，学到老”就是它的直接体现。但长期以来这一理念未能在全社会有效地付诸实践，致使我国学习型社会、知识型社会的建设无法取得大的进展，成为我国现代化进程的重要瓶颈之一。近几年来，终身学习的重要性得到了越来越多的认识。如，2010年颁布的《国家中长期教育改革和发展规划纲要（2010～2020年）》把“构建体系完备的终身教育”作为这一期间国家教育改革和发展的战略目标之一；习近平同志向全党强调要注意“本领恐慌”的问题，指出：“全党同志特别是各级领导干部，都要有本领不够的危机感，都要努力增强本领，都要一刻不停地增强本领。只有全党本领不断增强了，‘两个一百年’的奋斗目标才能实现，中华民族伟大复兴的‘中国梦’才能梦想成真。”[1] 由此可见，全党同志形成终身学习的自觉意识对不断提高党的执政水平的极端重要性是不言而喻的。习近平同志的这一思想对于认识全民形成终身学习意识的极端重要性同样具有重要的指导意义。为了满足培养中国特色积极公民的需要，笔者认为，党和政府在此基础上需要进一步做好两方面的工作：一是将终身学习确立为基本国策，借鉴国际经验，立足中国国情，制定终身学习的专门战略规划，出台中长期的具体实施措施，为终身学习提供制度保障与财政支撑，营造终身学习的社会氛围；二是确立公民教育在终身学习中的重要地

[1] 习近平：“在中央党校建校80周年庆祝大会暨2013年春季学期开学典礼上的讲话”，参见 http://politics.people.com.cn/n/2013/0303/c1024－20655810.html.

位，为公民人生各个阶段制定明确的公民教育计划以确保人民接受公民教育活动的延续性，鼓励人们通过不断的公民教育接受新的公民知识、掌握新的公民技能，并为此进行社会动员，创造一切有利条件。只有这样，公民个体的终身公民教育才有可能落到实处。

三、确立知、情、行合一而又具有阶段性特点的公民教育内容体系

尽管欧盟积极公民教育活动在成员国中有各种不同的政策解读与形式多样的实施方式，但培育知情、负责、参与型的积极公民这一战略目标已被各国政府一致接受。为达成这一目标，各国公民教育活动不但注重公民政治知识的传授、批判与创新意识的培育以及民主法治观念的养成，而且特别强调公民参与各层次社区乃至整个社会治理活动的技能培养。这种教育内容的安排无疑代表了当今国际社会公民教育理论与实践的发展方向。但长期以来我国公民意识教育过多地强调其政治动员与道德教化功能，在公民教育的内容安排上具有典型的重知识轻实践、重义务轻权利、重服从轻批判的特征。这种公民教育内容不符合培养中国特色积极公民的要求，将对我国民主政治进程与和谐社会建设产生不利的影响。

因此，我们需要立足于中国特色积极公民的培育，对我国公民教育的内容体系进行完善，既要立足于社会主义民主政治与和谐社会的基本要求，又要反映国际社会公民与公民教育理论与实践的时代特征。具体来说，我国公民教育内容应包括认知教育、情感教育与能力教育三方面的内容。其中，认知教育与中国特色积极公民认知维度的三个层次相对应，主体部分是以国情为主、世情为辅的公民政治常识教育，主要内容包括国家历史、地理概况，国家政治、经济、文化、社会等各方面基本制度与发展水平，国家法治状况，政治决策与国家治理机制，当代世界政治经济概况与全球性问题，国际舞台上的中国，等等。情感教育即身份认可与价值体系认同教育，主要内容由基于公民身份的权利义务教育，以社会主义核心价值观为主体内容、以中华民族优良传统与非民族和非社会主义文化体系的科学合理成分为两翼的价值体系教育这两部分构成。能力教育培养公民个体的实践能力，内容包含两个板块，即公民个体对各种社会问题与社会治理行为进行评价的批判与创新意识教育，以及公民在人生各个阶段参与各种公共活动的方法与能力教育。这三方面的教育内容同等重要，缺一不可，只有这样才能满足培养知、情、行合一的中国特色积极公民的需要。

知、情、行合一的公民教育内容在公民个体不同阶段的公民教育活动中应该体现出不同的特征。学前教育是公民个体接受公民教育的摇篮，这一时期的公民教育应基于学前儿童的心理特征和认知水平寓教于玩，进行以国旗、国歌为主要内容的知识教育，以尊老爱幼、助人为乐、朴素节俭、自信自尊自律为主要内容的价值观教育，以团结协作、融入集体、互相沟通、亲近自然等内容为主导的实践意识教育。小学、中学阶段的教育包含了义务教育，具有强制性、全面性、基础性等特点，是我国公民个体接受公民教育的黄金时期，其教育内容必须循序渐进地涵盖上述三个方面的全部基础性内容。高等教育与职业教育在我国目前尚未普及的情况下只能是部分公民个体接受公民教育的进阶阶段。由于处于这一阶段的学生已经经历了前一阶段较为全面的公

民教育，因此，这一阶段公民教育的内容必须有别于前一阶段。如，在知识方面，帮助学生进一步理解我国基本的社会制度尤其是民主政治制度，密切关注各个层次中的主要社会现实问题；在情感方面，在进一步培养积极公民基本价值观的基础上强化学生对我国社会制度的自信，同时注重公民责任与职业责任的养成；在公民身份实践能力方面，强调训练学生的批判性思维、独立思考能力以及协商沟通能力。成人阶段的公民教育在这里指面向正规教育结束之后的成人公民进行的公民教育。成人时期的公民教育不但是中国特色积极公民意识的不断“升级”阶段，对那些之前没有经历各层次正规教育全部或部分阶段的成年公民而言，其还担负起对他们进行前几个阶段公民教育的“补课”职能，因此，这两方面公民教育的内容也不一样。其中，“补课”的内容主要是公民必须具备的与公民身份相关的基本知识、基本价值观念与实践技能的教育；而“升级”的内容则是在“补课”的基础上，进一步加强以认知各种现实问题为主体的知识强化、以参与意识为核心的公民德性培养以及以民主协商为中心内容的公民能力锻炼。

四、探索全方位的、实践主导型的公民教育模式

欧盟积极公民教育提倡公民在各种正规、非正规以及非正式的教育场景中进行积极的、全方位的公民身份学习活动，因此，欧盟积极公民教育包括正规公民教育、非正规公民教育与非正式公民教育三种不同的教育方式。这三种方式贯穿于欧盟积极公民教育的各个层次、各个阶段以及各个方面内容的公民教育活动中。这三种不同的公民教育方式尽管在欧盟各国积极公民教育实践活动中的具体形式各具特色，实施规模和取得的成效也存在较大的差异，但所反映的全方位的、实践主导型的公民教育模式同样具有重要的借鉴价值。而在我国传统的公民意识与道德教育实践中，各级正规教育机构肩负着教育的主要责任，正规课程中的公民教育一直是公民教育的主要形式，非正规公民教育与非正式公民教育的重要性没有得到充分的认识；同时，学生缺乏实践机会，学习的主动意识、合作意识没有充分形成。这种状况也是与培养中国特色积极公民的要求不相符的。

因此，在探索中国特色积极公民的教育模式过程中，我们必须遵循全方位学习与实践中学习这两大基本原则。

一方面，中国特色的积极公民教育活动必须在各种正规、非正规以及非正式的教育场景中全方位进行。正规公民教育方式、非正规公民教育方式与非正式公民教育方式在公民终身的公民教育过程中都应该充分发挥作用，但在不同阶段的公民教育中，三种方式的主次作用具有不同的表现。如，在学前教育阶段，公民教育应该寓教于乐、寓教于玩，因此，非正式的公民教育活动占据主导地位；在小学、中学教育阶段，正规课程是这一时期学生学习的主要内容，因而绝大部分的公民教育活动也需要在各种直接或间接的正规课程学习中进行；在职业教育与高等教育阶段，由于学生完成了前一阶段以正规课程为主体的公民教育活动，积极公民的认知维度得到了较好的发展，而情感维度与实践维度较为不足，因此，这一时期的公民教育活动应该主要通过以各种参与型活动为主体内容的非正规与非正式的教育方式进行；而对广大的处于后学历

教育时期的成年公民而言，由于他们接受正规教育的机会减少，而非正规教育活动又主要与他们的职业选择或职业晋升相关，因此，这一时期公民教育的主要方式只能是非正式教育方式。

另一方面，中国特色的积极公民教育活动必须为公民个体提供充分的实践机会。充分的公民实践既是中国特色积极公民的价值目标，又是培养积极公民的重要方式，换言之，中国特色积极公民教育必须是一个全方位的实践进程。不管是公民知识的习得、公民情感归属的养成还是公民实践能力的提升，都取决于公民个体在接受公民教育的各个阶段是否得到充分的实践机会。只有通过不断的公民身份实践，公民个体才能认识到自身在公民教育过程中的主体地位，从而不断提高他们在人生各个阶段主动进行公民知识与公民能力学习的积极性；也唯有在不断参与实践的过程中，公民个体才能正确认识自身的公民效能与公民实践能力，充分体会公民个体之间以及公民个体对各层级社会组织架构的依赖关系，从而不断提高参与公共事务、维护公共善的自觉性。因此，在公民个体接受公民教育的各个阶段，在各种不同的公民教育方式中，都必须大力营造开放、民主、合作的学习氛围，积极创造各种有利条件，为公民个体提供尽可能多的参与机会，鼓励他们通过参与行为践行积极公民意识，通过实践提高参与各种公共事务的技能。唯有如此，中国特色的积极公民教育才能真正取得实效，从而为我国社会主义民主政治的建设发挥积极的推动作用。

参考文献

一、英文文献

[1] Aaron Metzger and Judith G. Rochester. Social Cognitive Development and Adolescent Civic Engagement, in Lonnie R. Sherrod, Judith Torney – Purta, Constance A. Flanagan (eds.), Handbook of Research on Civic Engagement in Youth [M]. New Jersey: John Wiley & Sons, 2010.

[2] Adele Diamond. The Early Development of Executive Functions, in Ellen Bialystok, Fergus I. M. Craik (eds.), Lifespan Cognition: Mechanisms of Change [M]. Oxford University Press, 2006.

[3] Adriaan Dierx and Fabienne Ilzkovitz. Economic Growth in Europe: Pursuing the Lisbon Strategy, in Susanne Mundschenk, Michael H. Stierle, Ulrike Stierle – von Schütz, Julia Traistaru – Siedschlag (eds.). Competitiveness and Growth in Europe [M]. Northampton: Edward Elgar Publishing Inc., 2006.

[4] Albert Bandura. Social Foundations of Thoughts and Actions: A Social Cognitive Theory [M]. Englewood Cliffs, NJ: Prentice – Hall, 1986.

[5] Alexandra Dehmel. Making a European area of lifelong learning a reality? Some critical reflections on the European Union's lifelong learning policies [J]. Comparative Education, Vol. 42, No. 1, February 2006.

[6] Alfredo Rodríguez Sedano, Juan Carlos Aguilera, Ana Costa – Paris. The Decline of the Family as a Source of Social Capital in the EU: Some Indicators [J]. Educación y educadores, Vol. 12, No. 3, 2009.

[7] Ali Hamadache. Non – formal education: A definition of the concept and some examples [J]. Prospects, 1991, Vol. 21, Issue 1.

[8] Alison L. Miller and Sheryl L. Olson. Emotional Expressiveness during Peer Conflicts: A Predictor of Social Maladjustment among High – Risk Preschoolers [J]. Journal of Abnormal Child Psychology, Vol. 28, No. 4, 2000.

[9] Alison. M. Sewell and Alison. M. St George. Self – efficacy in the Classroom: Developing the Skills of Citizenship [J]. Children's Social and Economic Education, Vol. 2, No. 3, 1997.

[10] Amartya Sen. Social Exclusion: Concept, Application, and Scrutiny [EB/OL]. http://housingforall.org/Social_ exclusion.pdf.

[11] Amitai Etzioni. The Spirit of Community: The Reinvention of American Society [M]. Crown Publishers: 1st Touchstone edition, 1994.

[12] Amitai Etzioni. The Spirit of Community: rights, responsibilities and the communitarian agenda [M]. Glasgow, Harper Collins, 1995.

[13] Amitai Etzioni. The Common Good and Rights: An Neo – Communitarian Approach [J]. Georgetown Journal of International Affairs, Winter/Spring, 2009.

[14] Amitai Etzioni. The Third Way to a Good Society [M]. Demos, 2000.

[15] Anders Westholm José Ramón Montero and Jan W. Van Deth. Introduction: Citizenship and Involvement in European Democracies, in Jan W. Van Deth, José Ramón Montero, Anders Westholm (eds.), Citizenship and Involvement in European Democracies: A Comparative Analysis [M]. Taylor & Francis, 2007.

[16] Andrea Cornwall and John Gaventa. From Users and Choosers to Makers and Shapers: Repositioning Participation in Social Policy [J]. IDS Bulletin, Vol. 31, No. 4, 2000.

[17] Andreas Follesdal and Simon Hix. Why There is a Democratic Deficit in the EU: A Response to Majone and Moravscik [J]. Journal of Common Market Studies, 2006, 44/3.

[18] Andrew Moravcsik. In Defense of 'Democratic Deficit': Reassessing Legitimacy in the European Union [J]. Journal of Common Market Studies, 2002, Vol. 40, Number 4.

[19] Andrew Peterson. Civic Republicanism and Contestatory Deliberation: Framing Public Discourse Within Citizenship Education [J]. British Journal of Educational Studies, 57: 1, 2009.

[20] Andrew Russell, Edward Fieldhouse, Kingsley Purdam & Virinder Kalra. Voter Engagement and Young People [EB/OL]. July 2002, http://www.electoralcommission.org.uk/_ data/ assets/electoral_ commission_ pdf_ file/0019/16093/youngpplvoting_ 6597-6188_ E_ N_ S_ W_ .pdf.

[21] Anna Emilia Berti. Children's Understanding of Politics, in M. Barrett & E. Buchanan - Barrow (eds.), Children's Understanding of the Society [M]. New York: Psychology Press, 2005.

[22] Anna Triandafyllidou, Tariq Modood and Ricard Zapata - Barrero. European Challenges to Multicultural Citizenship: Muslims, Secularism and Beyond, in Tariq Modood, Anna Triandafyllidou and Ricard Zapata - Barrero (eds.), Multiculturalism, Muslims and Citizenship: A European Approach [M]. Routledge, 2006.

[23] Anne Phillips. Engendering Democracy [M]. Cambridge: Polity Press, 1991.

[24] Anthony B. Atkinson, Eric Marlier and Brian Nolan. Indicators and Targets for Social Inclusion in the European Union [J]. Journal of Common Market Studies, Vol. 42, March 2004.

[25] Audrey Osley & Hugh Starkey. Study on the Advances in Civic Education in Education System: Good Practices in Industrial Countries, in Viola Espinola (ed.), Education for Citizenship and Democracy in a Globalized World: A Comparative Perspective [M]. Regional Policy Dialogue of the Inter - American Development Bank, Washington D. C., July 2005.

[26] Avril Keating, Debora Hinderliter Ortloffb & Stavroula Philippou. Citizenship Education Curricula: the Changes and Challenges Presented by Global and European integration [J]. Journal of Curriculum Studies, 41: 2, 2009.

[27] Barbara Błaszczyk. The Lisbon Strategy: a Tool for Economic and Social Reforms in the Enlarged European Union [EB/OL]. https://papers.ssrn.com/sol3/Data_ Integrity_ Notice.cfm? abid=838147.

[28] Bart van Ark, Mary O'Mahony, and Marcel P. Timmer. The Productivity Gap between Europe and the United States: Trends and Causes [J]. Journal of Economic Perspectives, Vol. 22, Number 1, 2008.

[29] Bernard Crick, *Essays on Citizenship*, London: Continuum, 2000.

[30] Bernard Crick, "A Note on What Is and What Is Not Active Citizenship", 2002, available at http://archive.excellencegateway.org.uk/media/post16/files/033_ BernardCrick_ WHAT_ IS_ CITIZENSHIP.pdf.

[31] Bjorn Hvinden and Rune Halvorsen. Emerging Notions of Active Citizenship in Europe [EB/OL]. 2001, http: //www. shakti. uniurb. it/eurex/esa/PDF/ESA_ Hvinden. pdf.

[32] Blain Neufeld. Political Liberalism and Citizenship Education [J]. Philosophy Compass, 8/9, 2013.

[33] Bologna Process . London Communiqué, Towards the European Higher Education Area: responding to challenges in a globalised world [EB/OL]. 2007, http: //www. bmwf. gv. at/fileadmin/user_ upload/ europa /bologna/eu_ comm_ minconf. pdf.

[34] Brian Barry. How not to Defend Liberal Institutions in Douglass, R. B. ; Mara, G. M. and Richardson, H. S. (eds.) Liberalism and the Good [M]. London: Routledge, 1990.

[35] Bryony L. Hoskins & Massimiliano Mascherini. Measuring Active Citizenship through the Development of a Composite Indicator [J]. Social Indicators Research, February 2009, Vol. 90, Issue 3.

[36] Bryony L. Hoskins. Draft framework on indicators for Active Citizenship [M]. Ispra: CRELL, 2006.

[37] Bryony Hoskins and Ruth Deakin Crick. Competencies for Learning to Learn and Civic Competence: Different Currencies or Two Sides of the Same Coin? [M]. CRELL research paper, EUR 23360. Luxembourg: Official Publications of the European Communities, 2008.

[38] Bryony Hoskins, Cynthia M. H. Villalba and Michaela Saisana. The 2011 Civic Competence Composite Indicator [M]. Luxembourg: Publications Office of the European Union, 2012.

[39] Bryony Hoskins, Beatrice D'Hombres and Joann Campbell. Does Formal Education Have an Impact on Active Citizenship Behaviour? [J]. European Educational Research Journal, Vol. 7, Number 3, 2008.

[40] Bryony Hoskins, David Kerr, Hermann J. Abs, Jan Germen Janmaat, Jo Morrison, Rebecca Ridley, and Juliet Sizmur. Participatory Citizenship in the European Union Institute of Education : Analytic Report [EB/OL]. 2012, http: //ec. europa. eu/citizenship/pdf/report2_ analytic_ report. pdf.

[41] Bryan S. Turner. Liberal Citizenship and Cosmopolitan Virtue, in A. Vandenberg (ed.), Citizenship and Democracy in a Global Era [M]. New York: St. Martin's Press, 2000.

[42] Bryan S. Turner. The Erosion of Citizenship [J]. British Journal of Sociology, 52 (2): 2001.

[43] Casper Geurtz & Ted Van de wijdeven. Making Citizen Participation Work: The Challenging Search for New Forms of Local Democracy in The Netherlands [J]. Local Government Studies, Vol. 36, No. 4, pp. 531 –549, August 2010.

[44] Catherine D. Ennis. Discrete thinking skills in two teachers' physical education classes [J]. The Elementary School Journal, 91, 1991.

[45] Cedefop. Terminology of European Education and Training Policy: A Selection of 100 key terms [M]. Luxembourg: Office for Official Publications of the European Communities, 85, 2008.

[46] Cécile Laborde & John Maynor. The Republican Contribution to Contemporary Political Theory, In Laborde, C. and Maynor, J. (eds.), Republicanism and Political Theory [M]. Oxford: Blackwell, 2008.

[47] CEPS. Working Document, Lost Voters: Participation in EU Elections and Case for Compulsory Voting [EB/OL]. July 2009, http: //www. ceps. eu/files/book/1886. pdf.

[48] César Bîrzéa. Education for Democratic Citizenship: A Lifelong Learning Perspective [EB/OL]. http: //www. okm. gov. hu/letolt/nemzet/eu/Education for Democratic Citizenship. pdf. 2000 –06 –20.

[49] César Bîrzéa. European citizenship as a cultural and political construct [J]. Journal of Social Science Education, 3, 2005.

[50] Chantal Mouffe. Democratic Citizenship and the Political Community, in Community at Loose Ends [M]. edited by the Miami Theory Collective, US: University of Minnesota Press, 1991.
[51] Chantal Mouffe. The Return of the Political [M]. Verso, 1993.
[52] Charles Taylor. Nationalism and Modernity, in Ronald Beiner (ed.), Theorizing Nationalism [M]. Albany: State University of New York Press, 1999.
[53] Chase – Lansdale, L., Gordon, R., Brooks – Gunn, J. and Klebanov. Neighborhood and Family Influences on the Intellectual and Behavioral Competence of Preschool and Early School – age Children, in J. Brooks – Gunn, G. Duncan and L. Aber (eds.), Neighborhood Poverty: Context and Consequences for Children [M]. New York: Russell Sage, 1997.
[54] Chaya S. Piotrkowski, Michael Botsko, Eunice Matthews. Parents' and Teachers' Beliefs About Children's School Readiness in a High – Need Community [J]. Early Childhood Research Quarterly, 18 (2000).
[55] Christian Joppke. Multicultural Citizenship, in Engin F. Isin and Bryan S. Turner (eds.), Handbook of Citizenship Studies [M]. UK, Wiltshire: The Cromwell Press Ltd, Trowbridge, 2002.
[56] Christian Joppke. Transformation of Citizenship: Status, Rights, Identity [J]. Citizenship Studies, 11: 1, 2007.
[57] Claudio Zaki Dib. Formal, Non – formaland Informal Education: Concepts/Applicability [EB/OL]. http: //www. techne – dib. com. br/downloads/6. pdf.
[58] Cyril O Houle, The Design of Education [M]. Second Edition, San Francisco: Jossey – Bass, 1996.
[59] D. Sunshine Hillygus. THE MISSING LINK: Exploring the Relationship between Higher Education and Political Engagement [J]. Political Behavior, Vol. 27, No. 1, March 2005.
[60] Damian Tambini. Post – national citizenship [J]. Ethnic and Racial Studies, 24: 2, 2001.
[61] Daniel A. Bell. Communitarianism and its Critics [M]. Oxford, Clarendon Press, 1993.
[62] Daniel Schugurensky. Informal Learning in Local Democracy, in Vi Bekerman, Nicholas C. Burbules and Diana Silberman – Keller (eds.), Learning in Places: The Informal Education Reader [M]. New York: Peter Lang Publishing, 2006.
[63] Daniel Schugurensky, John P. Myers. Informal Civic Learning Through Engagement in Local Democracy: The Case of the Seniors' Task Force of Healthy City Toronto, in Kathryn Church, Nina Bascia, Eric Shragge (eds.), Learning through Community: Exploring Participatory Practices [M]. Springer; 2008.
[64] DARE. A Europe of Active Citizens: Assessment, Policy Responses and Recommendations on Active Citizenship Education [EB/OL]. http: //www. dare – network. eu/downloads/budapest_ documentation/A_ Europe_ of_ ActiveCitizens_ conference_ Summary_ Report. pdf.
[65] David Goodhart. Too Diverse? [J]. Prospect, February, 2004.
[66] David Kerr and Bruno Losito. Education for Democratic Citizenship 2001 ~ 2004: Tool on Key Issues for EDC Policies [EB/OL]. Council of Europe, Strasbourg, 9 December 2004, http: //www. edchreturkey – eu. coe. int/Source/Resources/Pack/ToolKeyIssuesEDC_ Policies_ En. pdf.
[67] David Kerr. Citizenship Education in the Curriculum: an International Review [J]. The School Field, Vol. X, 1999.
[68] David Kerr, Avril Keating and Eleanor Ireland, Pupil Assessment in Citizenship Education: Purposes,

Practices and Possibilities [M]. Report of a CIDREE Collaborative Project. Slough: NFER/CIDREE, published in March 2009 by the National Foundation for Educational Research, 2009.

[69] David Kerr, Linda Sturman, Wolfram Schulz and Bethan Burge. ICCS 2009 European Report: Civic knowledge, attitudes, and engagement among lower – secondary students in 24 European countries [M]. IEA, 2010.

[70] David L. Boggs. Civic Education: An Adult Education Imperative [J]. Adult Education Quarterly, 42, no. 1, 1991.

[71] David L. Boggs, Adult Civic Education [M]. Springfield: Charles C. Thomas, 1991.

[72] David Natali. The Lisbon Strategy, Europe 2020 and the Crisis in Between, in Eric Marlier, David Natali (eds.), Europe 2020: Towards a More Social EU? [M]. Brussels, 2010.

[73] Dekker, Henk Hrsg. and Meyenberg, Rüdiger Hrsg. Politics and the European younger generation: political socialization in Eastern, Central and Western Europe [M]. BIS Verlag, 1999.

[74] Derek Heater. What Is Citizenship? [M]. USA, Blackwell Publishers Inc, 1999.

[75] Derek Heater. Citizenship: The Civic Ideal in World History, Politics and Education [M]. Third Edition, UK, Manchester University Press, 2004.

[76] Derek Heater. A History of Education for Citizenship [M]. RoutledgeFalmer, 2004.

[77] DG Education and Culture. Study on Active Citizenship Education [EB/OL]. http://ec.europa.eu/educationmore – information/doc/activecit_ en. pdf, 66 – 68.

[78] Diana Owen and Suzanne Soule. Civic Education and the Development of Participatory Norms, Paper prepared for presentation at the Annual Meeting of the American Political Science Association, Washington, D. C., September 2 – 6, 2010.

[79] Dina Kiwan. Active Citizenship: Multiculturalism and Mutual Understanding, in Bernard R. Crick and Andrew Lockyer (eds.), Active Citizenship : What It Could Achieve and How [M]. Edinburgh University Press, 2010.

[80] Dorisa A. Graber. The Rocky Road to New Paradigms: Modernizing News and Citizenship Standards [J]. Political Communication, 20: 2, 2003.

[81] Eamonn Callan. Common Schools for Common Education [J]. Canadian Journal Of Education, 20: 3, 1995.

[82] Eamonn Callan. Creating Citizens : Political Education and Liberal Democracy [J]. Clarendon Press, 1997.

[83] ECORYS, Interim Evaluation of the Europe for Citizens Programme 2007 – 13 [EB/OL]. http://ec.europa.eu/citizenship/pdf/doc1227_ en. pdf.

[84] Education and Culture DG. Report of the 2011 Monitoring Survey on the Youth in Action Programme [EB/OL]. http://ec.europa.eu/youth/focus/doc/monitoring_ survey/report_ monitoring_ survey_ 2011. pdf.

[85] Elaine Andrews Lailas. John Dewey's Theory of Citizenship and Community in the Developing American Democracy as seen through the Philosophy of Pragmatism as a Public Administration Model for the Citizen's Role in Public Governance [EB/OL]. Phd. Dissertation, http://scholar.lib.vt.edu/theses/available/etd – 031599 – 173954/unrestricted/etd4. pdf.

[86] Ellen McGinnis, Arnold P. Goldstein. Skillstreaming in Early Childhood: New Strategies and Perspectives for Teaching Prosocial Skills [M]. Revised Edition, IL: Research Press, 2003.

[87] Emma Jones and John Gaventa. Concepts of Citizenship, a review [M]. IDS Development Bibliogra-

phies – 19, Institute of Development Studies, at the University of Sussex, Brighton, 2002.

[88] Emmanuel Kailis and Spyridon Pilos. Statistics in focus: Population and Social Condition, Lifelong learning in Europe [EB/OL]. http://libserver. cedefop. europa. eu/vetelib/eu/pub/eurostat/2005_0002_ en. pdf.

[89] Erika González García, On the Concept and Models of Citizenship [EB/OL]. http://www. ioe. ac. uk/about/documents/About_ Overview/Gonzalez_ Garcia_ E. pdf.

[90] Ernesto Ganuza. Rethinking the Sources of Participation in Europe [EB/OL]. http://digital. csic. es/.

[91] ETGACE, Lifelong Learning, Governance and Active Citizenship in Europe [EB/OL]. 2003, ftp://ftp. cordis. europa. eu/ pub/citizens/docs/hpse – ct – 1999 – 00012etgace_ eur21533final. pdf.

[92] Eurobarometre. The European Parliament [EB/OL]. March 2008, http://ec. europa. eu/public_ opinion/archives/ebs/ebs_ 288_ en. pdf.

[93] Eurobarometer. Social Capital [EB/OL]. 2005, http://ec. europa. eu/public_ opinion/archives/ebs/ebs_ 223_ en. pdf.

[94] Eurobarometer. Poverty and Social Exclusion Report [EB/OL]. http://ec. europa. eu/public_ opinion/ archives/ebs/ebs_ 355_ en. pdf.

[95] Eurobarometer. Flash Eurobarometer 375, EUROPEAN YOUTH: PARTICIPATION IN DEMOCRATIC LIFE [EB/OL]. http://ec. europa. eu/public_ opinion/flash/fl_ 375_ en. pdf.

[96] European Commission. Quality in and Equality of Access to Health Services [EB/OL]. http://www. euro. centre. org/data/1237457784_ 41597. pdf.

[97] European Commission. COMMUNICATION FROM THE COMMISSION: EUROPE 2020 A strategy for smart, sustainable and inclusive growth [EB/OL]. Brussels, 3. 3. 2010, COM (2010) 2020.

[98] European Commission. The European Platform against Poverty and Social Exclusion: A European framework for social and territorial cohesion [M]. European Union, 2011.

[99] European Commission. Community Action Programme to Combat Social Exclusion 2002 ~ 2006 [EB/OL]. http://ec. europa. eu/employment_ social/soc – prot/soc – incl/vp2002010/guidelines010_ en. pdf.

[100] European Commission. Reinforcing the Open Method of Coordination for social protection and social inclusion [EB/OL]. http://europa. eu/legislation_ summaries/.

[101] European Commission and the Council of the European Union. Joint report by the Commission and the Council on social inclusion [EB/OL]. http://ec. europa. eu/employment_ social/soc – prot/ soc – incl/final_ joint_ inclusion_ report_ 2003_ en. pdf.

[102] European Commission. Communication to the Spring European Council, Working together for growth and jobs – A new start for the Lisbon Strategy [EB/OL]. http://eur – lex. europa. eu/LexUriServ/site/en/com/2005/com2005_ 0024en01. pdf.

[103] European Commission. Commission Staff Working Document: Lisbon Strategy Evaluation Document, Brussels, 2. 2. 2010, SEC (2010) 114 final [EB/OL]. http://ec. europa. eu/europe2020/pdf/lisbon_ strategy_ evaluation_ en. pdf.

[104] European Commission. Communication from the Commission, Europe 2020: A Strategy for Smart, Sustainable and Inclusive Growth, Brussels, 3. 3. 2010, COM (2010) 2020 [EB/OL]. http://ec. europa. eu/eu2020/pdf/.

[105] European Commission. COMMUNICATION FROM THE COMMISSION TO THE COUNCIL AND TO

THE EUROPEAN PARLIAMENT: Efficiency and equity in european education and training systems [EB/OL]. Brussels, 8.9.2006, http://eur-lex.europa.eu/LexUriServ/LexUriServ.do?uri=CELEX:52006DC0481:EN:NOT.

[106] European Commission. Communication from the Commission – European benchmarks in education and training: follow-up to the Lisbon European Council COM/2002/0629 final [EB/OL]. http://eur-lex.europa.eu/.

[107] European Commission. White Paper on Growth, Competitiveness, Employment: the challenges and ways forward into the 21st century [EB/OL]. 1994, http://europa.eu/documentation/official-docs/.white-papers/pdf/growth_wp_com_93_700_parts_a_b.pdf.

[108] European Commission, Teaching and Learning—Towards the Learning Society, Commission White Paper [EB/OL]. 1995, http://europa.eu/documents/comm/white_papers/pdf/com95_590_en.pdf.

[109] European Commission. A memorandum on lifelong learning, Commission Staff Working Paper (SEC (2000) 1832, 30.10.00) [EB/OL]. http://www.bologna-berlin2003.de/pdf/MemorandumEng.pdf.

[110] European Commission. Communication from the Commission: making a European area of lifelong learning a reality (COM (2001) 678, final of 21.11.01) [EB/OL]. http://eur-lex.europa.eu/LexUriServ/ LexUriS erv.do? uri=COM:2001:0678:FIN:EN:PDF.

[111] European Commission. *Education and active citizenship in the European Union* [M]. Luxembourg: Office for Official Publications of the European Communities, 1998.

[112] European Commission. An Intercultural Approach for an European Active Citizenship – Grundtvig 2 – Report from the 1ste meeting. 2005.

[113] European Commission. Learning for Active Citizenship: A significant challenge in building a Europe of Knowledge [EB/OL]. 2005, foreword by Edith Cresson, http://europa.eu.int/eduction//archive/citizen/citiz_en.html.

[114] European Commission. Youth in Action: Programme guide [EB/OL]. http://ec.europa.eu/youth/documents/guide13_en.pdf.

[115] European Commission. The citizen's effect: 25 features about the Europe for Citizens programme [M]. Luxembourg: Publications Office of the European Union, 2012.

[116] European Council. Lisbon European Council 23.03. – 24.03.2000: Presidency Conclusions [EB/OL]. March 2000, http://www.europarl.europa.eu/summits/lis1_en.htm.

[117] European Council. Goteborg European Council 15.06. – 16.06.2001: Presidency Conclusions [EB/OL]. June 2001, http://ec.europa.eu/smart-regulation/impact/background/docs/goteborg_concl_en.pdf.

[118] European Council, the Broad Economic Policy Guidelines (BEPGs) [EB/OL]. http://europa.eu/legislation_summaries/glossary/broad_ec_pol_guidelines_en.htm.

[119] European Council. The birth of the European Employment Strategy: the Luxembourg process [EB/OL]. http://europa.eu/legislation_summaries/employment_and_social_policy/community_employment_policies/c11318_en.htm.

[120] European Council. Cardiff European Council, 15.06. – 16.06.1998, Presidency Conclusions [EB/OL]. http://www.consilium.europa.eu/uedocs/cms_data/docs/pressdata/en/ec/54315.pdf.

[121] European Council. Presidency Conclusions: Cologne European Council 3 and 4 June 1999 [EB/OL].

http：//www. consilium. europa. eu/uedocs/cms_ data/docs/pressdata/en/ec/57886. pdf.

[122] European Council. Education and Training 2010：the success of the Lisbon strategy hinges on urgent reforms [M]. Brussels, 3 March 2004.

[123] European Council. Council conclusions of 12 May 2009 on a strategic framework for European cooperation in education and training（'ET 2020'），OJ C 119，28. 5. 2009.

[124] European Council. University as Sites of Citizenship and Civic Responsibility：Final Report [M]. Strasbourg，1 August 2002.

[125] European Parliament and European Council . Decision No. 1719/2006/EC of The European Parliament and of The Council of 15 November 2006：Establishing the 'Youth in Action' programme for the period 2007 to 2013，Official Journal of the European Union [EB/OL]. http：//eur – lex. europa. eu/LexUriServ/LexUriServ. do? uri = OJ：L：2006：327：0030：0044：EN：PDF.

[126] European Parliament and European Council . Decision No 1904/2006/EC of the European Parliament and of the Council of 12 December 2006，establishing for the period 2007 to 2013 the programme Europe for Citizens to promote active European citizenship，[EB/OL]. http：//eur – lex. europa. eu/LexUriServ/LexUriServ. do? uri = OJ：L：2006：378：0032：0040：EN：PDF.

[127] European Schools Office of the Secretary – General. Early Education Curriculum [EB/OL]. http：//www. eursc. /fichiers/contenu_ fichiers1/1685/2011 – 01 – D – 15 – en – 3. pdf.

[128] The European Union，Charter of Fundamenal Rights of the European Union，Official Journal of the European Communities [EB/OL]. 2000/ C 364/1，pp11 – 15，http：//www. europarl. europa. eu/charter/pdf/text_ en. pdf.

[129] European Values Survey，2008，http：//zacat. gesis. org/webview/.

[130] Eurostat，Combating poverty and social exclusion：A statistical portrait of the European Union 2010 [EB/OL]. http：//epp. eurostat. ec. europa. eu/cache/ITY_ OFFPUB/KS – EP – 09 – 001/KS – EP – 09 – 001 – EN. PDF.

[131] Eurostat，Crime and Criminal Justice，2006 – 2009 [EB/OL]. http：//epp. eurostat. ec. europa. eu/cache/ITY_ OFFPUB/KS – SF – 12 – 006/EN/KS – SF – 12 – 006 – EN. PDF.

[132] Eurostat，Discrimination in the European Union：Perceptions，Experiences and Attitudes [EB/OL]. http：//ec. europa. eu/public_ opinion/archives/ebs/ebs_ 296_ en. pdf.

[133] Eurostat，Housing Statistics [EB/OL]. http：//epp. eurostat. ec. europa. eu/statistics_ explained/index. php/Housing_ statistics.

[134] Eurostat，In 2011，24% of the population were at risk of poverty or social exclusion [EB/OL]. http：//epp. eurostat. ec. europa. eu/cache/ITY_ PUBLIC/3 – 03122012 – AP/EN/3 – 03122012 – AP – EN. PDF.

[135] EUYOUPART. Political Participation of Young People in Europe – Development of Indicators for Comparative Research in the European Union [EB/OL]. http：//www. sora. at/fileadmin/images/content/ Pages/euyoupart_ ergebnisse_ finalcomparativereport. pdf.

[136] Eurydice. Lifelong Learning：the contribution of education systems in the Member States of the European Union [M]. published by the EURYDICE，2000.

[137] Eurydice. The structure of the European education systems 2012/13：schematic diagrams [EB/OL]. http：//eacea. ec. europa. eu/education/eurydice/documents/facts_ and_ figures/education_ structures_ EN. pdf.

[138] Eurydice. Adult in Formal Education：Policies and Practice in Europe [EB/OL]. http：//eacea.

ec. europa. eu/education/eurydice/documents/thematic_ reports/128EN. pdf.

[139] Eurydice. Citizenship Education at school in Europe [EB/OL]. http://www. indirc. it/lucabas/lkmw_ file//eurydice///Citizenship_ schools_ Europe_ 2005_ EN. pdf.

[140] Eurydice . Citizenship Education in Europe [EB/OL]. http://eacea. ec. europa. eu/education/eurydice/documents/thematic_ reports/139EN. pdf.

[141] Eva Feder Kittay. A Feminist Public Ethic of Care Meets the New Communitarian Family Policy [J]. Ethics, 111 (3), 2000.

[142] Florian Pichler and Claire Wallace. Patterns of Formal and Informal Social Capital in Europe [J]. European Sociological Review, Vol. 23, Number 4, 2007.

[143] François Audigier. Basic Concepts and Core Competencies for Education for Democratic Citizenship, Council of Europe, 2000.

[144] Frank Decker. Governance beyond the nation – state: Reflection on the democratic deficit of the European Union [J]. Journal of European Public Policy, 9: 2, April 2002.

[145] Friso van Houdt, Semin Suvarierol and Willem Schinkel. Neoliberal communitarian citizenship: Current trends towards 'earned citizenship' in the United Kingdom, France and the Netherlands [J]. International Sociology, 2011 (26).

[146] Gabriel A. Almond. A Functional Approach to Comparative Politics, in Gabriel A. Almond and James S. Coleman (eds.), The Politics of Developing Areas [M]. Princeton, NJ: Princeton University Press, 1960.

[147] Gabriel Chanan. Active Citizenship and Community Involvement: Getting to the Roots, A Discussion paper, Loughlinstown: *European Foundation for the Improvement of Living and Working Conditions*, 1997.

[148] Gary B. Melton. Children's concepts of their rights [J]. Journal of Clinical Child Psychology, Volume 9, Issue 3, 1980.

[149] Geert ten Dam and Monique Volman. Critical thinking as a citizenship competence: teaching strategies [J]. Learning and Instruction, 14 (2004).

[150] Geoffrey Hinchliffe. Book Review [J]. Journal of Philosophy of Education, Vol. 47, No. 1, 2013.

[151] Gerard Delanty. Models of Citizenship: Defining European Identity and Citizenship [J]. Citizenship Studies, Vol. 1, No. 3, 1997.

[152] Gerard Delanty. Communitarianism and Citizenship, in Engin F. Isin and Bryan S. Turner (eds.), Handbook of Citizenship Studies [M]. UK, Wiltshire: The Cromwell Press Ltd, Trowbridge, 2002.

[153] Gert Biesta. Balancing the Core Activities of Universities: for a University That Teaches, in Roger Sugden, Marcela Valania, James R. Wilson (eds.), Leadership and Cooperation in Academia: Reflecting on the Roles and Responsibilities of University Faculty and Management [M]. Northampton: Edward Elgar Publishing, Inc. 2013.

[154] Gheorghe Bunescu, Emil Stan, Gabriel Albu, Dan Badea and Octavian Oprica. Cohesion and Diversity in National Identity: Civic Education in Romania, in Judith Torney – Purte, John Schwille and JO – Ann Amadeo (eds.), Civic Education Across Countries: Twenty – four National Case Studies from IEA Civic Education project [M]. Amsterdam : IEA, 1999.

[155] Glenda Mac Naughton, Patrick Hughes and Kylie Smith (Eds.), Young Children as Active Citizens: Principles, Policies and Pedagogies [M]. Cambridge Scholars Publishing, 2008.

[156] Gordon Davis & Blain Neufeld. Political Liberalism, Civic Education, and Educational Choice [J]. Social Theory & Practice, 43, 2007.

[157] Graham Smith, Trans – national democratic innovation in the European Union: Flirting with Deliberative and Plebiscitary Design [EB/OL]. http: //www. southampton. ac. uk/.

[158] Greg J. Duncan. Neighborhoods And Adolescent Development: How Can We Determine The Links? in Alan Booth and Nan Crouter (eds.), Does it Take a Village? Community Effects on Children, Adolescents, and Families [M]. State College, PA: Pennsylvania State University Press, 2001.

[159] Guy Neave. The EEC and Education [M]. Trentham, Trentham Books, 1984.

[160] Helen Lawson. Active citizenship in schools and the community [J]. The Curriculum Journal, Vol. 12 No. 2, 2001.

[161] Hilary Creek. Civic Competences for an Active Citizenship: Developing citizenship in schools [EB/OL]. http: //www. programmallp. it/lkmw_ file/LLP/in_ evidenza/Creek/CIVIC COMPETENCES FOR AN ACTIVE CITIZENSHIP English. doc.

[162] Horst W. J. Rittel and Melvin M. Webber. Dilemmas in a General Theory of Planning [J]. Policy Sciences, 1973, 4 (2).

[163] Ian Brinkley, Neil Lee. The knowledge economy in Europe: A report prepared for the 2007 EU Spring Council [EB/OL]. http: //www. theworkfoundation. com/downloadpublication/.

[164] Ilya Somin. Deliberative Democracy and Political Ignorance [J]. Critical Review, 22 (2 – 3).

[165] Iris Marion Young. Polity and Group Difference: A Critique of the Ideal of Universal Citizenship [J]. Ethics, Vol. 99, No. 2, Jan. , 1989.

[166] Irish Taskforce. The Concept of Active Citizenship, Background Working Paper published by the Taskforce on Active Citizenship [EB/OL]. 2007, http: //www. aughty. org/pdf/activecitizen. pdf.

[167] Isaiah Berlin. Two Concepts of Liberty, In Isaiah Berlin: Four Essays on Liberty [M]. Oxford: Oxford University Press, 1969.

[168] ISCED. International Standard Classification of Education ISCED 2011 [EB/OL]. http: //www. uis. unesco. org/Education/Documents/isced – 2011 – en. pdf.

[169] Iseult Honohan. Civic Republicanism [M]. Routledge, 2002.

[170] Iseult Honohan, Active citizenship in contemporary democracy [EB/OL]. http: //www. tascnet. ie/upload/Iseult%20Honohan%20paper. pdf.

[171] Ivan P. Ivanov. Civic Education and Intercultural Education [EB/OL]. http: //www. ivanpivanov. com/ uploads/sources/140_ CIVIC – EDUCATION – AND – INTERCULTURAL – EDUCATION. pdf.

[172] Jaap Scheerens (ed.). Informal Learning of Active Citizenship at School: An International Comparative Study in Seven European Countries [M]. Springer, 2009.

[173] J. Mark Halstead . Liberal Values and Liberal Education, in J. Mark Halstead and Monica J. Taylor (eds.), Values in Education and Education in Values [M]. USA: The Falmer Press, Taylor & Francis Inc, 1996.

[174] James A. Banks. Citizenship education for a pluralistic democratic society [J]. The Social Studies, 81 (5), 1990.

[175] James A. Banks. Diversity and Citizenship Education in Multicultural Nations [J]. Multicultural Education Review, Vol. 1, No. 1, 2009.

[176] James A. Banks. Diversity and Citizenship in Global Times, in James Arthur, Ian Davies and Carole Hahn (eds.), Handbook of Education for Citizenship and Democracy [M]. SAGE Publication Ltd, 2008.

[177] Jan M. A. M. Janssens and Maja Dekovic. Child Rearing, Prosocial Moral Reasoning, and Prosocial Behaviour [J]. International Journal of Behavioral Development, 1997, 20 (3).

[178] Janez Krek, Bruno Losito, Rebecca Ridley and Bryony Hoskins. Participatory Citizenship in the European Union Institute of Education: Good Practices Report [EB/OL]. 2012, http://ec.europa.eu/citizenship/pdf/ report_ 3_ good_ practice. pdf.

[179] Jean – Jacques Rousseau. The Social Contract [M]. Harmondsworth: Penguin, 1968.

[180] Jean – Pierre Gauci. EU Racism Report 2008 [EB/OL]. http://cms.horus.be/files/99935/MediaArchive/publications/shadowReport2008_ EN_ final. pdf.

[181] Jeanne Brooks – Gunn, Greg J. Duncan, Pamela Kato Klebanov and Naomi Sealand. Do Neighborhoods Influence Child and Adolescent Development? [J]. American Journal of Sociology, Vol. 99, No. 2, 1993.

[182] Jencks, C. and Mayer, S. The social consequences of growing up in a poor neighborhood, in L. Lynn and M. McGeary (eds.), Inner – City Poverty in the United States [M]. Washington, D. C.: National Academy Press, 1990.

[183] Jennifer Astuto, Martin D. Ruck. Early Childhood as a Foundation for Civic Engagement, in Lonnie R. Sherrod, Judith Torney – Purta, Constance A. Flanagan (eds.), Handbook of Research on Civic Engagement in Youth [M]. New Jersey: John Wiley & Sons, 2010.

[184] Jens Rydgren. Social Isolation? Social Capital and Radical Right – wing Voting in Western Europe [J]. Journal of Civil Society, Vol. 5, No. 2, 2009.

[185] Jo Shaw. E. U. Citizenship and Political Rights in an Evolving European Union [J]. Fordham Law Review, Vol. 75, 2006.

[186] Joakin Ekman and Erick Amna. Political Participation and Civic Engagement: Toward a New Typology [J]. Human Affairs, 22, 2012.

[187] John Gastil. Adult Civic Education Through the National Issues Forums: Developing Democratic Habits and Dispositions Through Public Deliberation [J]. Adult Education Quarterly, 2004, 54 (4).

[188] John Halliday. Political Liberalism and Citizenship Education: Towards Curriculum Reform [J]. British Journal of educational Study, Vol. 47, No. 1, 1999.

[189] John Holford and Ruud van der Veen. Lifelong Learning, Governance and Active Citizenship in Europe [M]. European Commission, Directorate – General for Research, 2006.

[190] John Holford, Roger Patulny & Patrick Sturgis. Indicators of Non – formal & Informal Educational Contributions to Active Citizenship [EB/OL]. https://crell.jrc.ec.europa.eu/ActiveCitizenship/ Conference/05_ Surrey_ final. pdf, 2006.

[191] John Rawls, Justice as Fairness: A Restatement [M]. The Belknap Press Of Harvard University Press, 2001.

[192] John R. Parkins and Ross E. Mitchell. Public participation as public debate: A deliberative turn in natural resource management [J]. Society and Natural Resources, 2005, 18 (6).

[193] John White. The Aims of Education Restated [M]. London, Routledge and Kegan Paul, 1982.

[194] John W. Maynor. Republicanism in the Modern World [M]. Blackwell Publishing Inc., 2003.

[195] Jonathan Fox. Unpacking "Transnational Citizenship" [J]. Annual Review of Political Science, Vol. 8, 2005.

[196] JonK Maner, C. Nathan DeWall, Roy F. Baumeister and Mark Schaller. Does social exclusion motivate interpersonal reconnection? Resolving the "porcupine problem" [J]. Journal of Personality and Social Psychology, Vol. 92 (1), Januarary 2007.

[197] Jos Berghman. Social Exclusion in Europe: Policy Context and Analytical Framework, in Graham Room (ed.), Beyond the Threshold: The Measurement and Analysis of Social Exclusion [M]. the policy Press, 1995.

[198] Josef Abs & Veldhuis and Hermann Josef Abs. Indicators on Active Citizenship for Democracy – the social, cultural and economic domain, Paper by order of the Council of Europe for the CRELL – Network on Active Citizenship for Democracy at the European Commission's Joint Research Center in Ispra, Italy, August 2006.

[199] Joseph Kahne and Ellen Middaugh. High Quality Civic Education: What Is It and Who Gets It? [J]. Social Education, 2008, 72 (1).

[200] Joshua Cohen, Procedure and substance in deliberative democracy, In Benhabib, S. (ed.), Democracy and Difference, Contesting the Boundaries of the Political [M]. Princeton, NJ: Princeton University Press, 1996.

[201] Julie Nelson & David Kerr. Active Citizenship: Definitions, Goals and Practices: Background Paper [EB/OL]. NFER, Home Office, UK, 2005.

[202] Jürgen Habermas. Citizenship and national identity: Some Reflections on the Future of Europe. In van Steenbergen, B. (ed.) The Condition of Citizenship [M]. Beverly Hills: Sage, 1994.

[203] Karlheinz Duerr, Isabel Ferreira Martins. Strategies for Learning Democratic Citizenship [M]. Council of Europe, Strasbourg, 19 July 2000.

[204] Katherine A. Magnuson, Jane Waldfogel. Early Childhood Care and Education: Effects on Ethnic and Racial Gaps in School Readiness [J]. The Future of Children, Vol. 15, Number 1, Spring 2005.

[205] Kathleen B. Jones. Towards the revision of politics, in K. B. Jones and A. G. Jónasdóttir (eds.), The Political Interests of Gender [M]. London: Sage, 1988.

[206] Kathleen B. Jones. Citizenship in a Woman – Friendly Polity [J]. Signs, Vol. 15, No. 4, Summer, 1990.

[207] Kathleen Knight Abowitz and Jason Harnish. Contemporary discourses of citizenship [J]. Review of Educational Research, 76, no. 4, 2006.

[208] Keith Faulks, Citizenship [M]. Routledge, 2000.

[209] Kenneth Ginsburg. The Importance of Play in Promoting Healthy Child Development and Maintaining Strong Parent – Child Bonds [J]. Pediatrics, 119 (1), 2007.

[210] Kenneth P. Langton and M. Kent Jennings. Political Socialization and the High School Civics Curriculum in the United States [J]. The American Political Science Review, 1968, 62 (3).

[211] Kenneth W. Tolo. The Civic Education of American Youth: From State Policies to School District Practices, Lyndon B. Johnson School of Public Affairs, University of Texas at Austin, Policy Research Project Report, Number 133 (1999).

[212] Kevin Milligana, Enrico Morettib and Philip Oreopoulos . Does Education Improve Citizenship? Evidence from the United States and the United Kingdom [J]. Journal of Public Economics, 88 (9 –

10), 2004.

[213] Lúszló Andor, European Commissioner responsible for Employment, Social Affairs and Inclusion, Europe's social crisis: Is there a way out? [EB/OL]. 2013 - 04 - 12, http: //europa. eu/rapid/press - release_ SPEECH - 13 - 309_ en. htm.

[214] Laura Johnson & Paul Morris. Towards a framework for critical citizenship education [J]. The Curriculum Journal, 21: 1, 2010.

[215] Laura Lannin. Staff and student conceptions of citizenship education: a case study of the University of Gloucestershire [EB/OL]. 2010, http: // insight. glos. ac. uk/.

[216] Lever, Annabelle, A liberal defense of compulsory voting: some reasons for skepticism [J]. Politics, Vol. 28, No. 1, 2008.

[217] Linda S. Bosniak. The State of Citizenship: Citizenship Denationalized [J]. Indiana Journal of Global-Legal Studies, 7 (2): 2000.

[218] Loek Halman and Ruud Luijkx. Social capital in contemporary Europe: evidence from the European Social Survey [J]. Portuguese Journal of Social Science, Vol. 5, No. 1, 2006.

[219] Luce Pepin. The History of EU Cooperation in the Field of Education and Training: how lifelong learning became a strategic objective [J]. European Journal of Education, Vol. 42, No. 1, 2007.

[220] Lucie K. Ozanne and Julie L. Ozanne. A Child's Right to Play: The Social Construction of Civic Virtues in Toy Libraries [J]. Journal of Public Policy and Marketing, Vol. 30 (1), Spring, 2011.

[221] Lyle A. Downing & Robert B. Thigpen. Virtue and the Common Good in Liberal Theory [J]. THE JOURNAL OF POLITICS, Vol. 55, No. 4, November 1993.

[222] M. Eraut. Perspectives on Defining 'The Learning Society' [J]. The Journal of Education Policy, 1997 (12).

[223] Mackerras, Malcolm and Ian McAllister, Compulsory Voting, Party Stability and Electoral Advantage in Australia [J]. Electoral Studies, 1999, Vol. 18.

[224] Madeleine Arnot. 'Gendered Citizenry': new feminist perspectives on education and citizenship [J]. British Educational Research Journal, Vol. 23, No. 3, 1997.

[225] Marcella Milana, Adult Education for Democratic Citizenship in Europe [EB/OL]. available at http: // http: //occid. diped. it/attachments/116_ Milana. pdf.

[226] Margaret Coady . Beings and becomings: historical and philosophical considerations of the child as citizen", in Glenda Mac Naughton, Patrick Hughes and Kylie Smith (eds.), Young Children as Active Citizens: Principles, Policies and Pedagogies [M]. Cambridge Scholars Publishing, 2008.

[227] Maria Herczog. Rights of the Child and Early Childhood Education and Care in Europe [J]. European Journal of Education, Vol. 47, No. 4, 2012.

[228] Maria Joao Rodrigues. Introduction: for a European Strategy at the Turn of the Century, in Bengt - Åke Lundvall, Maria João Rodrigues (eds.), The New Knowledge Economy in Europe: A Strategy for International Competitiveness and Social Cohesion [M]. Edward Elgar Publishing House, 2002.

[229] Maria Olson, Swedish Education Policy on Active Citizenship: Fulfilment of self [EB/OL]. https:// metranet. londonmet. ac. uk/fms/MRSite/Research/cice/pubs/2010/2010_ 297. pdf.

[230] Marga de Weerd, Mireille Gemmeke, Josine Rigter & Coen van Rij. Indicators for monitoring Active Citizenship and citizenship education [M]. Amsterdam: Regioplan Beleidsonderzoek, 2005.

[231] Mark Hugo Lopez and Kimberlee Moore. Participation in Sports and Civic Engagement, The Center for

Information & Research on Civic Learning & Engagement, February 2006.
[232] Martín Carcasson, and Leah Sprain. Deliberative Democracy and Adult Civic Education, in Linda and Muñoz Heide Spruck Wrigley (eds.), Deliberative democracy and adult civic education: New Directions in Adult Civic Education, [M]. October 2012, Jossey – Bass.
[233] Martin Janicko. Structural Unemployment Weakens Europe [EB/OL]. http://finance.yahoo.com/news/, November 1, 2013.
[234] Marvin E. Olsen, Two Categories of Political Alienation [J]. Social Forces, Vol. 47, No. 3, March 1969.
[235] Mary Daly. Social Exclusion as Concept and Policy Template in the European Union [EB/OL]. http://aei.pitt.edu/9026/1/Daly135.pdf.
[236] Maud Eduards. Women's Agency and Collective Action [J]. Women's Studies International Forum, 1994, 17 (2/3).
[237] Maurizio Ferrera, Manos Matsaganis and Stefano Sacchi. Open coordination against poverty: the new EU social inclusion process [J]. Journal of European Social Policy, Vol. 12 (3), 2002.
[238] Michael Keating. So Many Nations, So Few States, Territory and Nationalism in the Global Era [J]. paper presented to Conference: In Search of Justice and Stability: A Comparative and Theoretical Analysis of Canada Belgium, Spain and the UK. McGill University, March 1998.
[239] Michael Lister & Emily Pia. Citizenship in Contemporary Europe [M]. Utgivare: Edinburgh University Press, 2008.
[240] Michael Sandel. The Procedural Republic and the Unencumbered Self [J]. Political Theory, 12 (1), 1984.
[241] Michael Williams, Graham Humphrys. Introduction, in Michael Williams and Graham Humphrys (eds.), Citizenship Education and Lifelong Learning: Power and Place [M]. Nova Science Publishers, Inc., 2003.
[242] Micheal Golby. Communitarianism and education [J]. Curriculum Studies, 5: 2, 2006.
[243] Michele Calandrino. Homelessness and Housing Exclusion in the EU Social Inclusion Process [J]. European Journal of Homelessness, Vol. 4, December 2010.
[244] Michelle T. Kuenzi. Non – informal Education, Political Participation and Democracy: Findings from Senegal [J]. Political Behavior, Vol. 28, No. 1, March, 2006.
[245] Minja Hanfner – Fink, Brina Malnar and Samo Uhan. The National Contexts of Post – national Citizenship [J]. Czech Sociological Review, 2013, Vol. 49, No. 6.
[246] Mitchell Dean. Governmentality, Power and Rule in Modern Society [M]. Los Angeles: Sage, 1999.
[247] Nancy Eisenberg, Ivanna K. Guthrie, Amanda Cumberland, Bridget C. Murphy, Stephanie A. Shepard, Qing Zhou, and Gustavo Carlo. Prosocial Development in Early Adulthood: A Longitudinal Study [J]. Journal of Personality and Social Psychology, 2002, Vol. 82, No. 6.
[248] Natalie Fuehrer Taylor. The rights of woman as chimera : the political philosophy of Mary Wollstonecraft [M]. New York & London: Routledge, 2007.
[249] National Democratic Institute for International Affairs, Slovakia, Roma Political Participation In Slovakia [EB/OL]. 2003, http://www.ndi.org/files/1619_ sk_ romaparticipPDF.pdf.
[250] Nikolas Rose, Powers of Freedom: Reframing Political Thought [M]. Cambridge: Cambridge Uni-

versity Press, 1999.

[251] Niccolo Machiavelli. The Prince (ed. G. Bull) [M]. Harmondsworth: Penguin, 1974.

[252] Niccolo Machiavelli . The Complete Works and Others [M]. Durham, NC: Duke University Press, 1965.

[253] OECD. The Knowledge – Based Economy [EB/OL]. 1996, http://www.oecd.org/science/sci – tech/1913021.pdf.

[254] Óscar García Agustín. Transnational deliberative democracy in the context of the European Union: The institutionalisation of the European Integration Forum [J]. European Integration online Papers, Vol. 16 (2012), Article 10.

[255] Oxfam, *Education for Global Citizenship: A Guide for Schools* (Oxford: Oxfam Development Education) [EB/OL]. http://publications.oxfam.org.uk/oxfam/display.asp? K =_ 20060302160112227, 2006.

[256] Paddy Scannell. Britain: Public Service Broading, From National Culture To Multiculturalism, in Marc Raboy (ed.) Public Broadcasting for the 21st Century [M]. Indiana University Press, 1995.

[257] Pamela Paxton. Social Capital and Democracy: An Interdependent Relationship [J]. American Sociological Review, Vol. 67, No. 2, 2002.

[258] Pavel Zgaga. Higher Education in Transition: Reconsiderations on Higher Education in Europe at the Turn of Millennium [M]. Umeå: Umeå University, 2007.

[259] Pavel Zgaga. Higher Education and Citizenship: 'the full range of purposes' [J]. European Educational Research Journal, Vol. 8, No. 2, 2009.

[260] Peter A. Furia. Global Citizenship, Anyone? Cosmopolitanism, Privilege and Public Opinion, Global Society [J]. 19 (4): 2002.

[261] Peter. H. Schuck. Liberal Citizenship, in Engin F. Isin and Bryan S. Turner (eds.) Handbook of Citizenship Studies [M]. UK, Wiltshire: The Cromwell Press Ltd., Trowbridge, 2002.

[262] Peter Mair and Ingrid van Biezen. Party Membership in Twenty European Democracies [J]. Party Politics, Vol. 7, No. 1.

[263] Peter Ashton. Social Capital – Its Decline, Effect and Why the Current Social Climate Could See a Change in the World [EB/OL]. http://www.sociology.cam.ac.uk/news/sociology_ essay_ winner_ 09_ Ashton.pdf.

[264] Philip H. Coombs and Manzoor Ahmed. Attacking Rural Poverty: How Nonformal Education Can Help [M]. Baltimore: Johns Hopkins University Press, 1974.

[265] Philip Pettit. Republicanism: A Theory of Freedom and Government [M]. Oxford University Press, 1997.

[266] Pippa Norris, Stefaan Walgrave, and Peter Van Aelst. Does protest signify disaffection? Demonstrators in a Postindustrial democracy, in Mariano Torcal, José Ramón Montero (eds.). Political Disaffection in Contemporary Democracies: Social Capital, Institutions and Politics [M]. Routledge: 2006.

[267] PPMI, "Europe for Citizens" Survey 2012 [EB/OL]. http://ec.europa.eu/citizenship/pdf/efc_ survey2012_ report_ final_ february_ en.pdf.

[268] Quentin Skinner. Freedom as the Absence of Arbitrary Power, in Cécile Laborde and John Maynor (eds.), Republicanism and Political Theory [M]. Blackwell Publishing Ltd., 2008.

[269] Ralf Maslowski, Heiko Breit, Lutz Eckensberger and Jaap Scheerens . A Conceptual Framework on Informal Learning of Active Citizenship Competencies, in Jaap Scheerens (Editor), Informal Learning

of Active Citizenship at School: An International Comparative Study in Seven European Countries [M]. Springer Netherlands, 2009.

[270] Raquel Ortega – Argilés, Mariacristina Piva and Marco Vivarelli, The Transatlantic Productivity Gap: Is R & D the Main Culprit? [EB/OL]. http://www.ub.edu/irea/working_papers/2011/201103.pdf.

[271] Rebecca Krebs, Irini Siouti, Ursula Apitzsch, and Silke Wenk. STREP National Report: Disciplinary Boundaries between the Social Sciences and Humanities in Germany. Oldenburg / Frankfurt am Main: STREP Research Integration Project [EB/OL]. 2005, http://www.hull.ac.uk/researchintegration.

[272] Rian Voet. Feminism and Citizenship [M]. London: Sage Publications, 1998.

[273] Richard Bailey. Evaluating the relationship between physical education, sport and social inclusion [J]. Educational Review, Vol. 57, No. 1, February 2005.

[274] Richard Dagger. Republican Citizenship, in Engin F. Isin and Bryan S. Turner (eds.), *Handbook of Citizenship Studies* [M]. UK, Wiltshire: The Cromwell Press Ltd, Trowbridge, 2002.

[275] Richard Dagger. Civic Virtues: Rights, Citizenship, and Republican Liberalism [M]. Oxford University Press, 1997.

[276] Richard G. Niemi and Jane Junn. Civic Education: What Makes Students Learn [M]. New Haven, CT: Yale University Press, 1998.

[277] Richard Pratte. The Civic Imperative: Examining the Need for Civic Education (Advances in Contemporary Educational Thought) [M]. New York: Teachers College Press, 1988.

[278] Robert A. Dahl. The Problem of Civic Competence [J]. Journal of Democracy, Vol. 3, Number 4, October 1992.

[279] Robert D. Putnan. Bowling Alone: American's Declining Social Capital [J]. Journal of Democracy, 6.1 (1995).

[280] Robert D. Putnan. Bowling alone: the Collapse and Revival of American Community [M]. New York: Simon and Schuster, 2000.

[281] Robert D. Putnan (ed.). Democracies in Flux: The Evolution of Social Capital in Contemporary Society [M]. Oxford: Oxford University Press, 2002.

[282] Robert D. Putnan. Making Democracy Work: Civic Traditions in Modern Italy [M]. Princeton: Princeton University Press, 2003.

[283] Rod Hague and Martin Harrop. Comparative Government and Politics [M]. The ninth Edition, Palgrave Macmillan, 2013.

[284] Rosa – María Torres. Amplifying and Diversifying Learning: Formal, Non – formal and Informal Education revisited [EB/OL]. http://www.adeanet.org/adeaPortal/adea/wgnfe/publications/ biennial01/RMTorres%20 – %20ADEA%20Biennale%20outline.pdf.

[285] Russell J. Dalton. The Decline of Party Identifications, In Russell J. Dalton and Martin P. Wattenberg (eds.). Parties without Partisans: Political Change in Advanced Industrial Democracies [M]. New York: Oxford University Press, 2000.

[286] Russell J. Dalton, Bruce E. Cain and Susan E. Scarrow. Democratic Publics and Democratic Institutions, in B. E. Cain, R. J. Dalton & S. E. Scarrow (eds.), Democracy Transformed? Expanding Political Opportunities in Advanced Industrial Democracies [M]. Oxford: Oxford University Press, 2003.

[287] Russell J. Dalton and Steven A. Weldon. Public Images of Political Parties: A Necessary Evil [J]. Western European Politics, Vol. 28, No. 5, 2005.

[288] Russell J. Dalton. Citizen Politics [M]. the sixth edition, Sage Publication, Inc., 2014.

[289] Ruth Lister. Citizenship: Feminist Perspectives [M]. Second edition, Palgrave Macmillan, 2003.

[290] Ruth Lister. Citizenship and gender, in Edwin Amenta, Kate Nash, Alan Scott (eds.), The Wiley - Blackwell Companion to Political Sociology [M]. Wiley - Blackwell, 1 edition, April, 2012.

[291] Ruth Lister . Feminist Citizenship Theory: An Alternative Perspective on Understanding Women's Social and Political Lives, in Jane Franklin (ed.), Women and Social Capital [M]. London South Bank University, 2005.

[292] Sadiq Kwesi BOATENG. Significant country differences in adult learning [EB/OL]. http://epp.eurostat.ec.europa.eu/cache/ITY_OFFPUB/KS - SF - 09 - 044/EN/KS - SF - 09 - 044 - EN. PDF.

[293] Sara Irisdotter Aldenmyr, Ulrika Jepson Wigg & Maria Olson. Worries and possibilities in active citizenship: Three Swedish educational contexts [J]. Education, Citizenship and Social Justice, 7 (3), 2012.

[294] Saracho, O. N., Enhancing Young Children's Home Literacy Experiences [J]. International Journal of Early Childhood Education, 2001 (5).

[295] Sarah Childs and Mona Lena Krook. Should Feminists Give Up on Critical Mass? A Contingent Yes [J]. Politics and Gender, 2 (4), 2006.

[296] Saskin Sassen. Towards Post - National and Denationalized Citizenship, in Engin F. Isin and Bryan S. Turner (eds.), Handbook of Citizenship Studies [M]. UK, Wiltshire: The Cromwell Press Ltd, Trowbridge, 2002.

[297] Simone Chambers. Deliberative democratic theory [J]. Annual Review of Political Science, 01/2003; 18 (6).

[298] Sook - Yi Kim. The effects of storytelling and pretend play on cognitive processes, short - term and long - term narrative recall [J]. Child Study Journal, 1999, Vol. 29 Issue 3.

[299] Stein Ringen. Direct and Indirect Measures of Poverty [J]. Journal of Social Policy, Volume 17/Issue 03.

[300] Stephen Mulhall and Adam Smith. Liberals and Communitarians [M]. Blackwell Publishing Ltd., Second Edition, 1996.

[301] Steven B. Smith, Hegel's Critique of Liberalism [J]. The American Political Science Review, Vol. 80, No. 1 (March, 1986).

[302] Stephen Macedo. Liberal Civic Education and Its Limits [J]. Canadian Journal Of Education, 20: 3, 1995.

[303] Steve Schwarzer. Political Socialization as the Driving Factor for Political Engagement and Political Participation [EB/OL]. March 2011, http://www.elecdem.eu/.

[304] Steven E. Finkel. Can Tolerance be Taught? Adult Civic Education and the Development of Democratic Values, Paper prepared for the conference, "Rethinking Democracy in the New Millennium," University of Houston, February 16 - 19, 2000. Harry Blair, Jump - Starting Democracy: Adult Civic Education and Democratic Participation in Three Countries, Democratization, Vol. 10, No. 1, Spring, 2003.

[305] Susan Hattis Rolef. Public Trust in Parliament: A Comparative Study [EB/OL]. http://www.knesset.gov.il/mmm/data/pdf/me01417. pdf.

[306] Susan E. Scarrow. Direct democracy and institutional change: a comparative investigation [J]. Com-

parative Political Studies, 2001, 34 (6).

[307] Susan James. The good – enough citizen: citizenship and independence, in G. Bock and S. James (eds.) *Beyond equality and difference* [M]. London/New York: Routledge, 1992.

[308] Susan Moller Okin. Justice, Gender, And The Family [M]. Basic Books, 1989.

[309] T. H. McLaughlin. Citizenship, diversity and education: A philosophical perspective [J]. Journal of Moral Education, 21, No. 3: 1992.

[310] Th. Jansen, N. Chioncel and H. Dekkers. Social Cohesion and Integration: Learning Active Citizenship [J]. British Journal of Sociology of Education, Vol. 27, No. 2, April 2006.

[311] Thomas J. La Belle. Formal, nonformal and informal education: A holistic perspective on lifelong learning [J]. International Review of Education, 1982, Vol. 28, Issue 2.

[312] Thomas Siedler. Schooling and Citizenship: evidence from compulsory schooling reforms [EB/OL]. IZA Discussion Papers 2573, Institute for the Study of Labor (IZA), 2007, http://ftp.iza.org/dp2573.pdf.

[313] Tomas Englund, Berit Karseth, Carsten Ljunggren. Educating towards civic and Professional Responsibility – The Future of Higher Education [J]. *Utbildning & Demokrati*, No. 2, 2008.

[314] Veronique Pujas. Global Corruption Report 2003: Western Europe [EB/OL]. available at http://archive.transparency.org/.

[315] Ulrich Beck. Goodbye to All That Wage Slavery: Democracy Can Benefit from the End of Full Employment [J]. New Statesman, 1995, 5, March.

[316] Ulrich K. Preuss. The ambiguous meaning of citizenship, Paper presented at the University of Chicago Law School to the Center for Comparative Constitutionalism, December 1, 2003.

[318] UNESCO, What is Adult Education? UNESCO Answer [EB/OL]. http://uil.unesco.org/fileadmin/keydocuments/AdultEducation/Confintea/en/WhatIsAdult EducationUNESCOAnswers.pdf, 2006.

[319] Victoria Foster. Feminist Theory and the Construction of Citizenship Education, in Kerry J. Kennedy (ed.), *Citizenship, Education and the Modern State* [M]. RoutlgeFaimer, 1997.

[320] Wilfred Carr and Anthony Hartnett. Civic Education, Democracy and the English Political Tradition [J]. Teria De La Education, Vol.Ⅵ, 1994.

[321] Will Kymlicka. Contemporary Political Philosophy [M]. 2nd edition, New York: Oxford University Press, 2002.

[323] Will Kymlicka and Wayne Norman. Return of the Citizen: A Survey of Recent Work on Citizenship Theory [J]. Ethics, Vol. 104, No. 2, 1994.

[324] William A. Galsto. Liberal Purposes: Goods, Virtues, and Diversity in the Liberal State [M]. Cambridge: Cambridge University Press, 1991.

[325] William Morgan and Matthew Streb. Building Citizenship: How Student Voice in Service Learning Develops Civic Values. [J]. Social Science Quarterly, 82, 2001.

[326] Wim van Oorschot, Wil Arts and John Gelissen. Social Capital in Europe: Measurement and Social and Regional Distribution of a Multifaceted Phenomenon [J]. Acta Sociologica, June 2006, Vol. 49 (2).

[327] Wolfram Schulz, John Ainley, Julian Fraillon, David Kerr and Bruno Losito. ICCS 2009 International Report: Civic knowledge, attitudes, and engagement among lower secondary school students in 38 countries [M]. IEA, 2010.

[328] Wolfram Schulz, Julian Fraillon, John Ainley, Bruno Losito and David Kerr. International Civic and Citizenship Education Study: Assessment Framework [M]. IEA, 2008.

[329] World Bank, Social Exclusion and the EU's Social Inclusion Agenda [EB/OL]. http://siteresources.worldbank.org/INTECONEVAL/Resources/SocialExclusionReviewDraft.pdf.

[330] Yasemin Nuhoglu Soysal. Limits of Citizenship: Migrants and Postnational Membership in Europe [M]. Chicago: University of Chicago Press, 1994.

[331] Yasemin Nuhoglu Soysal. Changing Citizenship in Europe: Remarks on Postnational Membership and the National State, in David Cesarani and Mary Fulbrook (eds.), Citizenship, Nationality and Migration in Europe [M]. Edition published in the Taylor & Francis e-Library, 2003.

[332] Yong Min Kim. Communitarianism and Civic Education [J]. International Area Review, Vol. 2 No. 2, 1999.

[333] Youniss James, Jeffrey A. McLellan, and Miranda Yates. What We Know about Engendering Civic Identity [J]. The American Behavioral Scientist, 40 (5), 1997.

[334] Zahn-Waxler, C, Radke-Yarrow, M, Wagner, E, Chapman, M. Development of concern for others [J]. Developmental Psychology, 28 (1), 1992.

二、中文文献

[335] 陈家刚. 协商民主与当代中国民主政治的发展 [EB/OL]. 2006-08-30, http://theory.people.com.cn/GB/49150/49152/4756185.html.

[336] 杜海坤, 孙来麟, 黄少成. 美国"主动"公民教育理念和实践及启示研究 [J]. 湖北社会科学, 2014 (6).

[337] 冯建军. 自由主义公民身份与公民教育 [J]. 南京社会科学, 2013 (7).

[338] 何农. 欧洲右翼势力在膨胀 [EB/OL]. 环球网, http://world.huanqiu.com/hot/2012-05/2718780.html.

[339] 全球贫富差距或扩大, 欧盟社会骚乱风险最高 [EB/OL]. 环球网, http://finance.huanqiu.com/world/2013-06/4000419.html.

[340] 康秀云. 美国培育积极公民的志愿服务路径研究 [J]. 外国教育研究, 2012 (7).

[341] 蓝维, 高峰, 等. 公民教育: 理论、历史与实践探索 [M]. 北京: 人民出版社, 2007.

[342] 李丁. 英国青少年公民教育研究 [M]. 北京: 人民出版社, 2012.

[343] 李长伟. 古典传统与公民教育 [M]. 北京: 教育科学出版社, 2010.

[344] 刘丹. 国际公民教育的视界: 主动公民身份再造 [J]. 比较教育研究, 2010 (1).

[345] [法国] 卢梭. 爱弥儿 [M]. 李平沤, 译. 北京: 商务印书馆, 1996.

[346] [英] T. H. 马歇尔, 安东尼·吉登斯, 等. 公民身份与社会阶级 [M]. 郭忠华, 刘训练, 编. 南京: 江苏人民出版社, 2008.

[347] [美] 纳坦·塔科夫. 为了自由——洛克的教育思想 [M]. 郑文正, 译. 北京: 生活·读书·新知三联书店, 2001.

[348] [美] A. 麦金太尔. 德性之后 [M]. 龚群, 戴扬毅, 等译. 北京: 中国社会科学出版社, 1995.

[349] 秦树理. 国外公民教育概览 [M]. 郑州: 郑州大学出版社, 2005.

[350] 饶从满. 主动公民教育: 国际公民教育发展的新走向 [J]. 比较教育研究, 2006 (7).

[351] 任剑涛. 论积极公民——共和主义与自由主义的公民定位分析 [J]. 武汉大学学报 (哲学社会科学版), 2014 (1).

[352] 檀传宝. 公民教育引论：国家经验、历史变迁与中国公民教育的选择 [M]. 北京：人民出版社，2010.
[353] 唐克军. 比较公民教育 [M]. 北京：中国社会科学出版社，2006.
[354] 吴晓玲. 欧洲国家的社会危机与公民资格重建 [J]. 欧洲，2000 (2).
[355] 肖滨. 让公民直面 "res publica" ——当代共和主义塑造积极公民的战略性选择 [J]. 南京大学学报（哲学. 人文科学. 社会科学版），2006 (6).
[356] 修昔底德. 伯罗奔尼撒战争史（上册）[M]. 谢德风，译. 北京：商务印书馆，1983.
[357] 阎凤娇. 重温欧洲大学的发展历史 [EB/OL]. 中国教育报，2008 - 12 - 25，http：//paper.jyb.cn/zgjyb/html/2008 - 12/25/content_ 1984.htm.
[358] 俞可平. 社群主义 [M]. 北京：中国社会科学出版社，2005.
[359] [美] 约翰·罗尔斯. 社会正义论 [M]. 何怀宏，何包钢，廖申白，译. 北京：中国社会科学出版社，1988.
[360] [美] 约翰·杜威. 民主与教育 [M]. 薛绚，译. 南京：译林出版社，2012.
[361] [英] 约翰·洛克. 教育漫话 [M]. 傅任敢，译. 北京：教育科学出版社，1999.

后 记

本书是笔者所承担的教育部人文社科基金一般项目“欧盟积极公民教育及其对中国公民教育的启示（10YJAZH100）”的最终研究成果。

笔者于2010年申报的这一课题虽然有幸被教育部批准立项，但初期研究中所遇到的困难是始料不及的。这是因为：一方面，笔者在开始此课题研究之前的10余年里主要从事国际问题方面的研究，公民教育对自己来说是一个崭新的研究领域，因而需要经历一个研究的“预热期”；另一方面，国内学者对欧盟积极公民教育方面的研究成果非常匮乏，而笔者又没有查阅大量欧盟国家相关文献资料的有效渠道，因此，课题的研究进展并不顺利。就在一筹莫展之际，笔者非常幸运地获得了瑞典政府奖学金，得到了于2013年10月赴瑞典厄勒布鲁大学（Örebro University）进行为期9个月研究的机会。

瑞典厄勒布鲁大学的青年与社会研究中心（YeS）是瑞典高校有关公民素质与公民参与研究的著名研究机构，具有高水平的研究队伍与丰富的研究资料。首席学者之一Erik Amnä 教授是瑞典公民参与研究方面的权威专家，作为主要研究人员多次参加了国际教育成就评价联盟组织的国际公民与公民身份教育研究活动与欧盟组织的关于欧洲公民政治参与方面的研究活动，取得了丰硕的研究成果。笔者在厄勒布鲁大学访问学习期间，得到了 Erik Amnä 教授的悉心指导。与此同时，青年与社会研究中心的 Ali Abdelzadeh 博士也对笔者的学习和生活提供了多方面的帮助。正是在他们的大力支持下，笔者克服了课题前期研究中所遇到的各种困难，最终完成了课题研究任务。因此，在这里，笔者再次向 Amnä 教授和 Abdelzadeh 博士表达最真挚的谢意！

在课题研究过程中，笔者多次得到了尚党卫、殷学东、阎静、文剑英等同事的关心和鼓励。大家虽然研究领域互不相同，但每次交流都能捕捉到思维的火花，非常感谢！

课题成果能够顺利付梓，还必须归功于知识产权出版社的国晓健编辑和她的同事们。虽然与国女士未曾谋面，但她热情、认真、踏实的工作态度给笔者留下了十分深刻的印象，希望以后还有机会得到她的帮助。

当然，笔者还要感谢妻子罗锦秀女士，有了她，才有了我的世界！还要感谢所有关心我的同事与朋友们，有了你们大家，我的世界才变得更精彩。

最后，笔者要说的是，由于主客观多方面的原因，本书肯定存在诸多疏漏与不足之处，期盼得到读者的批评指正。此外，这次课题的研究尽管不是太顺利，却激发了笔者进一步从事公民教育领域研究的兴趣，希望以后通过自己的不懈努力做得更好一些。

颜剑英

2015年8月